U0598393

絜齋集

JD69.201515

（宋）袁燮 撰 李翔 點校

浙江大學出版社
ZHEJIANG UNIVERSITY PRESS

本書受全國高等院校古籍整理研究工作委員會間接資助

點校説明

（一）

《絜齋集》，袁燮撰，其傳見《宋史》卷四〇〇。袁燮字和叔，南宋慶元府鄞縣（今寧波市鄞州區）人，生於宋高宗紹興十四年，卒於宋寧宗嘉定十七年。袁燮進士及第，歷任江陰尉、知江州、都官郎官、禮部侍郎兼侍讀、寶文閣直學士等職。

袁燮，作爲「甬上四先生」之一，是陸九淵心學在浙東的主要傳播者，對于推動南宋浙東學術繁榮有突出貢獻，在寧波乃至浙東學術史上都有較高地位。袁燮留世的文集除《絜齋集》外，還有《絜齋家塾書鈔》，該書是袁氏家塾講學之作，對陸九淵心學多有發揮，是研究其心學思想的主要材料；《絜齋毛詩經筵講義》，是袁燮講解《詩經》之作，從解經中闡發治國之理，體現其經世致用的思想。

（二）

《絜齋集》二十四卷。原書共二十六卷，後集十三卷，明初尚有其本，故《永樂大典》多收録，後散轶。

今本《絜齋集》由四庫館臣據《永樂大典》輯出，因前、後集不明，故以類排次，成二十四卷。《絜齋集》第一至第五卷收有袁燮上書皇帝的二十八首奏疏；卷六有策問十八首，多爲袁燮對時政的系列看法；卷七，其中論十四篇，涵蓋史論和關于邊防的論述，另有雜著八篇，主要收録一些袁燮與他人的書信；卷八包括爲他人作品做的序四首和題跋四十七首；卷九、十收録一些袁燮爲祠堂、州學、文人藏書樓等寫的記，共三十二首；卷十一至卷十六有行狀十二首，其中不少是爲鄞縣鄉人撰寫；卷十七至卷二十一，收入墓表四首及志銘三十七首，其中包括袁燮祖父輩的墓表，還有不少慶元府文士的碑銘；卷二十二，有廟碑一首和祭文十三首；卷二十三及卷二十四，分别收録古體詩五十七首、近體詩一百二十首。

今本《絜齋集》據《永樂大典》輯出，而《永樂大典》已散佚不全，故今主要版本有四庫本、武英殿聚珍本，及民國二十四年（一九三五）商務印書館的《叢書集成初編》本（以下簡稱叢書集成本）。叢書集成本據武英殿聚珍本影印，不過已加句讀，中華書局于一九八五年又據商務叢書集成本重新影印。另外，台灣新文豐出版公司于一九八五年編纂《叢書集成新編》（以下簡稱《新編》），其將《叢書集成初編》已出及未出部分全部補齊，因《叢書集成初編》已收有《絜齋集》，所以《新編》據此影印，此本多在台灣流傳。

（三）

此次點校以武英殿聚珍本《絜齋集》爲底本，以四庫本、叢書集成本爲校本。底本若有誤脱，據本校改，并在每卷后附校勘記加以説明。若底本不誤，與校本有出入，則從底本，不出校勘記。若兩疑不能決，則一併在校勘記中註明。

底本中出現的異體字，一律徑改爲正體字，不出校。關於這部分改正，筆者主要參考許逸民《古籍字體轉换釋例》［《古籍整理釋例》（增訂本），北京：中華書局，二〇一一年］中所列「《新華字典》繁體字正體與異體對照表」。

在對底本進行標點時，參考了叢書集成本已有的句讀，争取做到標點准確。標點符號照通行用法。

御製題袁燮絜齋集六韻

學爲君子儒，體用亦相符。性格雖宗陸，身名未異朱。燮，師事陸九淵，得其指授，具有原本。又少以名節自期，立朝屢進讜言，所至政績皆可紀。在南宋諸儒中，可謂學有體用者。具詳《宋史》本傳。邊情言頗悉，民務政多殊。集中劄子幾及三十首，其料敵論邊，深得要領。而陳民務，述治要，亦切實可見施行。向惟散見《永樂大典》中，今爲裒輯得廿四卷。雖未必能盡還原書之舊，亦可存十之六七，因命刊刻，以廣流傳。大典昔割玉，裒編今合珠。虛車祛藻繪，實地有功夫。傳世固如此，詩文餘事乎。

乾隆乙未仲夏

目録

卷一

卷二

卷三

卷四

卷五

卷　六

卷　七

卷　八

卷九

卷十

卷十九

卷二十

卷二十一

卷二十二

卷二十三

卷二十四

附　録

臣等謹案：《絜齋集》，宋袁燮撰。燮，字和叔，鄞縣人。登進士第，歷官禮部侍郎，寶文閣直學士，追謚正獻，學者稱「絜齋先生」。事蹟詳《宋史》本傳。

燮初與同里沈焕、楊簡、舒璘，以道義相切磋，後師事陸九淵，得其指授，具有原本。又少以名節自期，立朝屢進讜言，所至政績皆可紀，在南宋諸儒中，可謂學有體用者。

生平著述，有《絜齋集》二十六卷，《後集》十二卷，其目見于馬氏《經籍考》，久佚不傳。厲鶚撰《宋詩紀事》，搜討未獲，遂并其人而没之。今獨散見于《永樂大典》中者，裒集編次得文二百三十九首，詩一百七十七首。雖未必盡合原目之數，而所存亦云富矣。燮詩文淳樸質直，不事粉繪，而真氣流溢，頗近自然。其剖析義理，敷陳政事，亦極剴切詳明，足稱詞達理舉。蓋儒者之言，語無枝葉，固未可概以平近忽之也。惟《永樂大典》内于前、後二集，標識未明，無可辨別。謹以類排纂，厘爲二十四卷，而以燮子甫，所作後序一篇附之，用存其舊。

甫，舉嘉定七年進士第，一官至兵部尚書，以才略顯，亦有傳在《宋史》中。蓋能承其家學者云。乾隆四十五年六月恭校上。

總纂官庶子　臣　陸錫熊

侍讀　臣　紀昀

纂修官編修　臣　黃良棟

卷一

奏疏

都官郎官上殿劄子

臣恭惟仁聖在上，涵育群生，無有遐邇，同一覆載，施惠務從其厚，用刑寧過于輕，無愧于古聖人用心矣！孟軻有言：「以不忍人之心，行不忍人之政，治天下可運于掌上。」明效大驗，何其速也！今陛下求治不爲不久，而稽其效驗，尚爾遲遲，何可不思其故歟！

臣聞古者大有爲之君，所以根源治道者。一言以蔽之曰：「此心之精神而已。」心之精神，洞徹無間，九州四海，靡所不燭。故《書》曰「光被四表，格于上下」，又曰「帝光天之下，二帝之精神也」，曰「明明我祖，萬邦之君。德日新，宣重光，三王之精神也」。二帝三王，終日乾乾，自强不息，故能全此精神，以照臨天下。明並日月，不遺微小，至于今仰之。漢之宣帝、唐之太宗，雖未極純懿，而能勉彊振作興起，治功爛然可觀，而史皆以厲精稱之，亦可謂英主矣。陛下視今之治，具已畢張乎未乎？民生已舉安乎未乎？更化以來，招延俊彦，隨才授職，責其成效，治具似已張矣。而頹綱未至于盡舉，宿弊未免于猶在，則難以謂之畢張。都城之内，財貨疏通，米價至平。閭閻熙熙，遠過曩日，民生似亦安矣。而遠方之民，凋敝乎財賦之煩，愁苦乎刑戮之慘，雖當豐歲，猶不聊生，則難以謂之舉安。陛下尊居宸極，臨制萬方，惟所欲爲，其誰能禦？今也雖有仁心仁聞，而大有爲之效，猶未至于昭明彰著。歲月蹉跎，所就止此，豈不深可惜歟！

臣願陛下毋以寬裕温柔自安，而必以發强剛毅相濟。朝夕警策，不敢荒寧，以磨厲其精神；監觀往古，延訪英髦，以發揮其精神。日進而不止，常明而不昏，則流行發見，無非精神矣。謹所從出，出則必行，宣布四方，無不鼓舞，號令之精神也。褒一有德，而千萬人悦；戮一有罪，而千萬人悚，賞罰之精神也。有正直而無邪佞，有恪恭而無媮惰，有潔清而無貪濁。布滿中外，炳乎相輝，人才之精神也。民間逋欠，不可催者悉蠲之；中外冗費，凡可省者盡節之。其源常浚，其流不竭，財用之精神也。將明恩威，以馭其衆；士致死力，以衛其長。勇而知義，一能當百，軍旅之精神也。黎元樂其生業，習俗興于禮遜，五穀屢豐，百嘉咸遂，民物之精神也。

明主精神在躬，運乎一堂之上。普天之下，事事物物，靡不精神，豈非帝王之盛烈歟！昔我藝祖，秉上聖之資，當寓縣分裂之際，整齊乾坤，如再開闢，端門軒豁，無有壅閉。謂左右曰：「此如我心，小有邪曲，人皆見之矣。」大哉聖謨，此二帝三王所以日用其力者乎！《詩》曰：「周雖舊邦，其命維新。」新者，精神之謂也。陛下誠能以藝祖爲法，則我宋之維新，亦當常如創業之初矣。一元之氣，周流磅礴，化成萬物，日新無已，天地之精神也。惟陛下省察。

輪對陳人君法天劄子

臣一介疏庸，遭逢盛際，誤蒙拔擢，寖歷清華，每自念無以稱塞，惟有罄竭愚忠，庶幾仰酬天造。臣聞人君之德，莫大于敬天，尤莫大于法天。蓋法天者，敬天之實也。宅天位之尊，精神運用，形見于天下者，無往而非天，是之謂敬天之實。徒曰「敬之」，而不能法之，亦猶心慕其人，不知效其所爲，豈真能有益于己也哉！

陛下光紹丕圖，垂及二紀，嚴恭寅畏，常如一日，雖古帝王篤于敬天者，殆無以過。然古之敬天，未嘗不以天爲法，陛下内揆于心，其皆與天無間歟？抑猶有未合者歟？

夫天猶父也，君猶子也。子克肖其父，父必爲之喜，而譴怒不作矣；君克配乎天，天必降之福，而災變不生矣。陛下敬天之心，不爲不至，而前年日有食之，不盡如鈎，去年大旱之後，飛蝗塞空。星變異常，一夕再見，今年月日復相繼薄食，則是天意猶未解也。得非法天之誠，猶有可議者歟！臣愚不識忌諱，謹條四事切于當世者，上干天威，惟陛下裁赦而垂聽焉。

其一曰：臣聞天下大器也，惟達天德者爲能舉之。在《易之乾》，「天行健，君子以自强不息」，宜健而弱，非天德也。故君德弱不能進，紀綱弱則不張，法度弱則不修，號令弱則不行。治内而弱，則中國不尊；治外而弱，則四裔不懾。君天下者當無時而不强，豈可一日而弱哉！且女真之將亡，無智愚皆知之。陛下愛惜生靈，遵養時晦，似未害也。而揣摩迎合之流，遂欲苟安于無事，有言不可者，則詆之曰「是欲用兵爾」。加以是名，時所至諱，則不敢復言，蓋所以結其舌也。而不知我能自奮，則威聲震疊，自足以不戰而屈人兵。我不自强，而示人以弱，適足以召兵，又豈能息兵哉！韃靼、夏人自昔雄盛，新興諸豪，兵力亦强，皆知中國之弱，日夜垂涎，伺隙而作，吾將若之何？竊恐兵端寖啓，而禍患未易平也。陛下以是思之，豈可不法天行健，磨厲精神，破庸人之論，以彊中國之威哉！

其二曰：臣聞人主之大柄有二，曰「慶賞」，曰「刑威」而已。然本于公則天下服，出于私則公道廢。皋陶之《陳謨》曰：「天命有德，五服五章哉；天討有罪，五刑五用哉。」奉天而行，所謂公也。陛下更化以來，招延俊彦，屏去回邪，固已上合乎天心矣。然用違其才，則如勿用；言而不行，與不言同。忠良不得以展布，賢智未免于湮鬱，天之命德，豈其然乎！或依勢作威，敢于專殺，而姑務含容；或黨附權姦，罪不容誅，而陰求收拭；或貪墨著聞，士論不齒，而復官與祠；或總戎締交，賄賂公行，而匿瑕含垢。天之討罪，豈其然乎！持此二柄，而不原乎天，則朝綱廢弛，國勢陵夷矣。陛下思之至此，豈可不大明公道，而力救斯弊哉！

其三曰：臣聞惟天惠民，惟辟奉天，人君之仁民，必如天之無不愛可也。旱蝗相仍，民大饑困，上軫淵衷，多方賑卹，可謂仁矣。然長民之吏，慮蠲放太多，未必能以實告，故饑民不可勝計，而濟糴不能遍及。或轉于溝壑，或輕去鄉井，或群聚借糧，或肆行剽掠。無所得食，勢固宜然。今春既分矣，而艱食猶衆，不知其飢餓而死，抑有以虐我而讎其上者乎。昔者東晉之末，李雄、李特之流，初起不過流民，寖盛乃能據蜀。監觀往事，可爲寒心。我朝内帑之儲，本爲凶荒之備，耗于侈用，誠爲可惜。所宜特發睿斷，申敕攸司，止絶他費，專以救荒爲急。推廣天心，大施仁政，則垂絶之命續，而作亂之萌折矣。

其四曰：臣聞廣謀從衆，則合于天心。聰明明畏，皆自乎民，所以爲天；疇咨乎衆，舍己從人，所以爲聖。今侍從之臣，所以資獻納之益也。日近清光，而不聞有所咨訪，通進一司，所以達庶僚之言也。虚名僅存，而不聞有所規箴，則是朝廷之舉事，實不與天下共之也。天下之大，當與天下共圖之，豈可不稽謀于衆哉！患人才之難得，稽謀于衆，必當有超卓逸群之彦；患國計之未豐，稽謀于衆，必將有取與不窮之術；患邊備之未修，稽謀于衆，必將有禦敵制勝萬全之良策。觸類而長之，凡事關利害，皆廣咨博訪，是爲至公，是爲天心，豈復有不當者哉！

臣區區愚忠，陳此四事，一本于天者，蓋如此。陛下天資粹美，聖心淵静，行此四者，易于轉圜。而臣猶慮陛下未能盡行者，諂諛之風未息，蒙蔽之患方深爾。惟私是徇，則不知有公；惟利是趨，則不知有義。詭隨以求合，脂韋以取容，隔絶上下，交相爲欺。萬一陛下少惑其説，則凡忠鯁之言，何自而能行哉？故孔子曰「遠佞人，佞人殆」，而孟軻亦云：「與讒諂面諛之人居，國欲治可得乎？」

崇觀、政宣之際，此徒實繁。所以靖康之禍，至大至酷，今日所當深戒也。去秋大饗明堂，至誠昭假，熙事告成，群臣争爲歸美之詩，極其稱贊。陛下深念旱蝗之餘，抑而不納，此足以窒導諛之源矣。臣願陛下益堅此志，無甘佞辭，惟正人是親，惟忠言是聽，此固天心所望于陛下也。奉而承之，于以祈天永命，不其休哉。尊崇異教，齋素禱祠，事天之末節爾，君子無取焉。故臣終始以敬天之實，上裨聖德，惟陛下勉思臣言，天下幸甚。取進止。

輪對陳人君用人劄子

臣聞君子爲陽，小人爲陰，陰足以干陽，則君子之道消；中國爲陽，四裔爲陰，陰足以干陽，則中國之勢弱。是故善爲天下者，當使陽制陰，而不當使陰干陽。今淫雨爲災，兼旬未止，此乃陰盛而陽微也。君子道消，中國勢弱，此其證也，豈小故哉！

陛下謹天之戒，敬天之怒，則當求其所以弭災消變之策。富弼有言：「天子無職事，惟辨君子、小人而進退之，此天子之職也。」人望之所屬者，登進而不遺；公論之所非者，擯斥而不用，君子、小人粲然如黑白之明。邪不害正，陰不干陽，此誠弭災消變之上策也。往時陛下奮發乾剛，誅鋤元惡，收還威柄，登崇俊良，天下喁喁，翹首以觀日新之政。一二年來，正論漸微，正途漸梗，賢者相率潔身而去。忠言嘉謨，以宗社生靈爲念者，寖不如更化之初。而諂諛緘默，以順爲正，自營其私者，尚多有之。此豈天意之所望哉！

《立政》一書，實萬世人主用人之法。其言曰「籲俊尊上帝」，又曰「克知三有宅心，灼見三有俊心，以敬事上帝」。然則人主尊天事天之實，莫急于用賢，其理明甚。抱魁傑之器，而沈伏于下僚，棲遲于遠外，不獲展盡其所長，非天所以生賢之意也。一春多雨，及夏尤甚，霖霪不已，蠶麥俱傷，且有餘于今，必不足于後。旱澇隨之，饑荒繼之，吾民重困而勢益岌岌矣。皆由未合天心，所以災變若此。金國垂亡，而輒敢侵犯王略，無所忌憚，皆由君子道消，所以召侮如此，此天所以大警陛下也。豈可不推原天意，一舉一錯之間，益致其謹歟！

《書》曰：「惇德允元，而難任人，蠻夷率服。」案：惇德，原本避宋光宗諱作崇德，今改從經文。《傳》亦云：「進英俊以彊國本，本彊則精神可以折衝。」陛下必欲今日國勢恢張，威聲震疊，亦惟擇夫剛毅正直不肯詭隨。公論之所屬，而猶沈伏于下僚，棲遲于遠外者，拔舉而尊禮之。則精神立變矣，誰敢侮之！

夫正直之士，其言鯁切，故人主易以疏；諂諛之臣，其言軟美，故人主易以親。然鯁切者，譬諸良藥，雖苦口難受，而足以治病；軟美者，譬諸醇酒，雖適口可悦，而足以亂德。金人見侵，中國之大病也。汲汲治之，猶恐不及，又豈可遲緩乎！以忠言爲良藥，亟服之而不疑，自然元氣充實，外邪不能入矣。堯舜之聖，急于親賢；漢高帝之興也，納善若不及；唐太宗聞馬周之賢，召而未至，四輩督促。古者聖賢之君，大抵皆然。伏惟陛下毋以兹事爲可少緩，明詔二三大臣，獎拔忠賢，不啻饑渴，天下幸甚。取進止。

輪對陳人君宜納諫劄子

臣聞天下有一日不可不明者，正道也；天下有一日不可不用者，正人也。用正人則正道明，用邪人則正道鬱。正道明，則黜陟有序，而治本立；正道鬱，則是非顛倒，而權綱紊。

恭惟陛下履位之初，委任賢相，網羅天下正直之士，鱗集于朝。人情翕然，以爲治本可立，太平可致。而欲竊威權者從旁睨之，不便于己，有嫉惡之心。彭龜年逆知其必亂天下，嘗因面對，顯言其姦。陛下悚然開納，賜坐從容，俾罄其説。龜年亦盡誠無隱，退而稱頌聖德寬明，容受讜直。臣時備數學官，實親聞之，深爲天下賀。然龜年繼以罪去，而權臣根據自若，于是乎姦心寖長，無所忌憚。群邪和之，排斥善類，積而至于無故興師，幾危社稷。嚮若陛下篤信龜年之忠，折姦邪于萌蘖之初，豈至是哉！

雖然往者不可及，來者猶可追。正人端士，今不爲乏，惟陛下用之爾。《書》曰：「有言逆于汝心，必求諸道；有言遜于汝志，必求諸非道。」此萬世人主聽言之法也。言雖忤意而合于道，斯忠言矣；言雖可喜而悖于理，斯不忠矣。往年龜年所進，合于道之言也。今日復有指陳闕失，盡忠無隱者，即龜年之言也。陛下追思龜年，蓋嘗臨朝歎息。語輔臣曰：「斯人猶在，必大用之。」褒贈溢于常典，榮名冠于西清。擢其後嗣，寘諸班列，固已深知龜年之忠矣。陛下此時之心，即二帝三王敬賢納諫之心也。常存此心，急聞剴切之言，崇奬樸直之士，若龜年之効忠者，接踵而至矣。

一龜年雖没，衆龜年繼進，何憂天下之不治哉！　昔天聖中，御史曹修古，論事鯁切，忤宮闈意，謫守小郡，不幸而卒。其後仁宗深知其忠，嘆其用之不盡，優贈以官，無子而官其婿。察其如修古者，敬而聽之，自是忠言讜論，源源而來。孔道輔、范仲淹、包拯、韓琦、富弼、歐陽修、余靖、王素、蔡襄、唐介、趙抃、范鎮、司馬光之流，皆以端亮切直，相望于三四十年之間。以君德則修明，以朝綱則清肅，以深仁厚澤，則結于人心而不可解。忠諫之有益于國，豈不明甚！

伏惟陛下念忠臣之愛君，仰仁宗以爲法，使士氣常伸，而正途常闢，則光明盛大之治，復見于今日矣。且臣聞之風俗無常，惟上所導。導之以正直，則人心皆趨于正直矣；導之以邪佞，則人心皆趨于邪佞矣。此誠風俗之樞機，而治亂安危之所由分也，可不謹歟！惟陛下留神省察。取進止。

輪對陳人君宜勤于好問劄子

臣不佞，四月六日，猥以庸陋，獲對清光，敷陳治道，勸陛下以延訪英髦。讀畢，臣復口奏，申述延訪之意，謂陛下欲周知是非得失之實，要在勤于好問。陛下首肯再三，聖語云「問則明」。于是悚然深服聖人謨訓如此之簡且切也。退而與朝士言，亦無不稱贊聖言之簡要。陛下既洞見此理，臣以爲必能日與賢臣往復問答，開廣聰明，期大有爲于天下。而側聽十旬，陛下端拱淵默，尚如曩時。臣竊惑焉，豈聖意自有主耶！

臣聞《易之乾》曰：「君子學以聚之，問以辨之。」乾，君德也。謂學雖甚富，而心有所疑，不辨不明此，所以貴乎問也。《中庸》曰：「舜其大知也與，舜好問而好察邇言。」仲虺告成湯曰：「好問則裕，自用則小。」以是知勤于好問，實帝王之盛德。陛下既知如是而明，則當知夫反是而暗。明則光輝旁燭，無所不通；暗則是非得失，懵然無辨。豈不大相遠哉！

且今日在廷之臣，孰有某善？孰有某能？孰可以當重任？孰可以辨一職？孰爲人望所歸？孰爲清議所貶？陛下能盡知之乎？當今之務，何者爲綱？何者爲目？何者當先？何者當後？所未立者何事？所未革者何弊？陛下能盡知之乎？吏貴乎廉，而貪濁者衆；吏貴乎良，而慘酷者繁。或催累年積欠，鞭箠不止；或借朝廷威令，羅織無辜。此百姓所以不堪其苦也。陛下能盡知之乎？將帥擁兵，固有忠于爲國者矣，而多徇私者；固有勇于立功者矣，而多怯懦者；固有勤于閱習者矣，而多苟簡者。掊克日甚，名籍多虚，此緩急所以不可仗也。陛下能盡知之乎？

凡此數條，臣竊料陛下未必盡知也。夫以聖德純茂而于此，未能盡知，其故何哉？亦惟端拱淵默，而罕發于清問而已。今宰執奏事患臨政雖久，而治功未立，皆由此也。或以爲人主一言之失，史官書之，天下議之，問而不當，不如勿問。臣竊謂不然。自古帝王之言，豈能無失？惟得賢臣開陳救正，歸于至善而已。豈可畏人之譏議，而終于不問哉！陛下誠能自今以往，有疑必問，咨訪宰執，日益加詳。至于從臣之獻納，臺諫之奏陳，百官之輪對，監司郡守之升殿者，人人咨訪，究其所藴，必將披瀝肝膽，效其忠誠。而事無鉅細，豈有所不知哉？

臣又聞皇太子天資英粹，率由善道，可謂盛德矣。而于接對官僚之時，亦罕有所訪問。蓋非不欲問也，其意以爲聖父淵默于上，而子道亦當爾也。臣嘗觀一介之士，欲自植立者，苟有所疑，亦必咨問。况主器之重，所關甚大，而可不以是爲急乎！此在陛下以身帥之，陛下躬好問之誠，率之于上，而以臣所奏，宣示東宫，曉然知好問之益。每一月具所語官僚問答之，語悉以上聞，則智慮日明，德業日充，誠宗社無疆之休也。願陛下毋忽臣言，幸甚。

輪對陳人君宜崇大節劄子

臣聞天下有大體，人君有大德，先其大者而衆善從之，則天下可以大治。闇于大而明于小，難乎其致治矣。陛下視今之治效爲何如哉？以言乎財計則未裕；以言乎兵力則未彊；以言乎人才則忠實可仗者寡；以言乎民生則愁苦無聊者衆。明聖在上，而是數端者，未滿人意如此，人皆疑之。

以臣管見，或者君人之大節猶有可議歟！《易》曰「大哉乾元，萬物資始」，又曰「大哉乾乎，剛健中正，純粹精也」。《論語》：「大哉堯之爲君也！惟天爲大，惟堯則之。蕩蕩乎，民無能名焉。巍巍乎其有成功也。」乾惟其大，所以能首出庶物；堯惟其大，所以能光宅天下。大則足以兼小，小則烏能兼大，是故君子大之爲貴。古有言曰：「大節非也，小節是也。」吾無以觀其餘矣，夫小節亦豈可略哉？蓋慮夫君人者，安于小而不志于大，故抑揚其辭，以恢廣人主之心云爾。

竊聞近者禁中銀器，頗有遺失，掌者不虔，加以責罰，法當然爾。而陛下惻然憫念，易之以錫，樸素如此，可謂儉矣。不忍以器物累人，俾貪者息心，而掌者無責，可謂仁矣。臣願陛下充而大之，自一身之儉，充而至于中外冗費，靡所不節；自一念之仁，充而至于四海九州，皆歸吾仁。豈不恢恢乎其大哉！

齊宣王不忍一牛之觳觫，以羊易之。孟子勉之曰：「古之人所以大過人者，無他焉，善推其所爲而已。」故推恩足以保四海。唐開成之主，舉衫袖以示近臣，曰「此衣三澣矣」。柳公權箴之曰：「貴爲天子，富有四海，當進賢退不肖，納諫諍，明賞罰，則可以致雍熙。服澣濯之衣，乃末節爾。」

由是觀之，人君于小大之辨，可不嚴哉！天下大器也，唯大君能舉之。伏惟陛下恢洪志氣，無自菲薄，篤信聖人之言，力行先王之道，立大規模，成大功業，以隆我宋不拔之基，豈非大君之所爲哉！古人恥君不及堯舜，事中常之主，猶欲引于當道。況陛下天資粹美，聖心淵静，足以與古帝王匹休，而猶有未及爲者。此臣所以發于中憤，不能自默也。孔子曰：「爲仁由己，而由人乎哉。」惟陛下自强不息，日進無疆，宗社幸甚，天下幸甚。取進止。

輪對陳人君宜結人心劄子

臣聞保邦之策，其威聲在備禦，其根本在人心。人心有膠漆之固，則國勢有嵩岱之安。何憂乎外裔之不服？何慮乎姦雄之竊窺？此保邦之善策也。

夫所謂結人心者，當如何哉？孟子有言：「得其民有道，得其心，斯得民矣。得其心有道，所欲與之聚之，所惡勿施爾也。」政令行乎上，而欲惡因乎民，無所攖拂，豈有不感悦者哉！感悦益深，則根本益固矣。陛下視今之生靈，果皆樂其業乎？今之政令，果皆便于民乎？朝廷之意，未嘗不以忠厚爲主，而奉行之吏，往往多以苛刻爲能。

園田再給，畝輸千錢，未爲過也。然歉歲糴價翔踴，則輸錢爲便；豐年粒米狼戾，則輸租爲優。今概取之，已不樂矣。况既輸錢中都，而州縣督租如故，是再輸也，其肯服乎？楮法之更敢減落者，没入貲産，至明白也。然疑似之間，初非減落而遽繩以法，已摽撥者，亦併籍之。朝廷雖已給還，而未給者觖望，能無怨乎？罪麗于法，正其刑可也，或嚴行科罰，而因以爲利。逋負官物，責之償可也，或赦令已蠲，而督趣不休。秋苗之斛面日增，關市之征税日重。此豈吾民之所欲哉！民所不欲而日夜施之，財匱于下，無以相養，能不涣散乎！

陛下毋謂京邑之内，民物熙熙，可以爲慶。當知自此而往，騷騷不如，誠爲可憂。我太宗皇帝，嘗因觀燈御樓，美京輦人物之盛。宰臣吕蒙正對曰：「乘輿所在，士庶走集，故繁盛如此。都城不數里，飢寒而死者甚衆，不必盡然。」願視近以及遠，先正大臣，規正人主，愷切如此。臣愚，亦望陛下樂聞忠言，以廣視聽。如是而爲民之所欲，如是而爲民之所惡，靡不知之，然後肆頒明詔，誕告萬邦。政令之不便于民者更之；

官吏敢爲民害者去之；逋負之不可催理者蠲之。枯旱之久，濡以甘雨，豈不足以悦人心，召和氣，而洽隆平之化哉！

前日之嘆息愁恨，今日之謳歌鼓舞，在陛下一轉移之間爾。人心既固，國勢日張。孟子所謂「施仁政於民，可使制梃，以撻秦楚之堅甲利兵者」，將驗于今日矣。

昔皇祐中，范鎮建言備契丹，莫若寬河北、河東之民；備靈夏，莫若寬關、陝之民；備雲南，莫若寬兩川、湖嶺之民；備天下，莫若寬天下之民。此至論也！惟陛下亟圖之。

輪對陳人君宜達民隱劄子

臣聞子夏問於孔子曰：「何如斯可謂民之父母矣？」孔子曰：「四方有敗，必先知之，此之謂民之父母矣。」至哉聖言！子有疾痛，則父母知之；民有疾痛，則人主知之。其知之最先，故救之最切。

洪惟我藝祖，有父母斯民之仁，嘗詔諸州長吏視民田，旱者蠲其租，勿俟報，蓋慮其稍緩，有拯救不及者。嗚呼！可謂至切矣。仁宗明道中，江淮旱蝗，命范仲淹安撫。時民有食烏昧草者，仲淹擷以進御，且請宣示六宫貴戚，以戒侈心。案《范仲淹年譜》，事在明道二年八月其言切矣，而不以爲忤。豈不曰：「民之艱食，固人主所欲急聞者歟！」人主雖儉，而六宫貴戚或侈，亦足以傷財而害民。此仲淹所以併及之，而仁宗所以嘉納之也。

今陛下躬行儉約，誠心愛民，同符于藝祖，匹休于仁宗矣。然不知黎庶之疾苦，果能盡達于冕旒之前乎？近而京輦米斗千錢，民無可糴之資，何所得食？固有餓而死者，有一家而數人斃者。遠而兩淮、荆襄，米斗數千，强者急而爲盜，弱者無以自活。官給之粥，幸有存者，而無衣無褐，不堪隆冬，或以凍死。遺民氣息僅屬，雖逢春和，豈能遽有生意乎？淮西漕臣目其饑羸困斃之狀，摹寫爲圖，觀者無不愍惻。不知亦嘗進御，如范仲淹之進烏昧草乎？陸贄有言：「流俗之弊，多徇諂諛。揣所悅意，則侈其言；度所惡聞，則小其事。」深譏當世奏荒之不以實也。今聖德寬仁，監司郡守〔一〕固宜皆以實告，然願陛下更咨詢之，使閭閻纖悉之情，畢達于几席之間，如家至而親見之，則父母斯民之意篤矣。

臣聞古者制國用必于歲之杪，曷爲其必于是時也。五穀多寡，歲終畢見，可量入以爲出，歉歲用度，非豐年比故也。今當饑饉艱危之時，中外支費猶如豐登之歲，可乎？小民嗷嗷仰哺方切，坐視則不忍，賑卹則不給。惟有裁節冗費，上自乘輿服御，下至百司庶府，無所不節，以爲施惠之具，或可以救。不然，將何望耶？側聞去冬，陛下臨朝，深以得雪爲喜，而又軫念饑民之寒，更糴爲濟，以直給之，聖意切矣。臣願陛下更推廣之，凡立事貴乎舉要，惟救荒獨不可略。條目愈詳，則惠澤愈廣，故成周以荒政十有二聚萬民。當是時富藏天下，民生熙熙，雖遭水旱，可無菜色，而賑饑之具，多端如是。蓋不敢不如是也！

陛下宜深思此意，凡可以加惠吾民者，無所不用其極。寧過乎詳，毋失之略，庶乎恩意周洽而赤子可活矣。周世宗五季之君爾，猶曰：「民猶子也，安有子倒垂而父不解者？」今以聖主如天之仁，豈其撫摩涵育，有所未及乎？民困極矣，惟速救之，豈獨生靈之幸？實宗社之幸。取進止。

校勘記

〔一〕監司郡守原作「竪司郡守」，不通。今據四庫本、叢書集成本改。

卷二

奏疏

輪對建隆三年詔陳時政闕失劄子

建隆三年，二月甲午，詔：「自今每五日，百官以次轉。對並須指陳時政闕失，朝廷急務，或刑獄冤濫，百姓疾苦。事關急切者，許非時上章，不候次對。」

臣聞國家之務，有緩有急，急者宜先，緩者宜後，不可易也。苟不明乎先後之序，而緩其所當急，譬之拯溺救焚，而欲從容以待之，其能免于焚溺乎！太祖肇造區夏，虛懷聽納，凡轉對臣僚，必欲指陳急務，且許非時上章。聖訓如此，當時群臣，誰敢以泛泛不切之語，上瀆天聽哉！孟子曰：「智者無不知也。」當務之爲急，堯舜之智，而不遍物。急先務也，聖如堯舜，不可復加矣，而不過乎急其所當急。然則緩急之序，其可紊乎？

今天下之務，固有甚急者矣。而群臣進對者，不能盡遵皇祖之訓，或陳不急之務，苟塞一時之責，是誠何心哉！爵祿之念重，指陳利害，或與時忤，有妨榮進。不若姑舉細故，下可以計日俟遷，上可以不次拔擢，自爲身計，不得不然。操是心以事君，豈得謂之忠臣哉！惟其言不盡忠，所以刑獄之冤濫，百姓之疾苦，凡事關急切者，明主不得以盡知。且夫人命至重，賊殺不辜，漢法甚嚴，雖張敞之才，不免罪廢。

今仁聖在上，而牧守苛酷。或罪不至死，輒行腰斬；或盜不盡獲，誅及主將。輕蔑朝廷，專恣無忌，此藝祖所謂刑獄冤濫者。陛下亦聞之乎？

吾民困于征斂，非一日矣，而近年尤甚。已放而復催，已輸而復納，刻肌及骨，無所赴愬，此正藝祖所謂百姓疾苦者。陛下亦聞之乎？

北方大擾，群雄並興，中原遺黎，皆欲相率以歸我。納之則未有供億之資，拒之則失其歸嚮之意，所當深思極慮，求兩全之策。而江淮帥臣，敢行一切之政，所在張榜，流民並與約回，盜賊並行勦戮。夫慕義來歸，不過此兩項爾，而拒絕如此之嚴，安得不怨？古人有言「愚夫愚婦，一能勝予」，怨豈在明？不見是圖。今使北方之民，皆與我爲仇敵，皆將致死于我。不知吾之帥臣，將何以禦之？力不能禦，苟爲所勝，則江陵不固，而吴蜀斷而爲二，豈小故哉！此正藝祖所謂事關急切，非時上章者。陛下亦聞之乎？

臣願陛下申嚴藝祖之訓，凡轉對臣僚，惟急務是陳。敢有循襲舊態，毛舉細故者，黜責一二，以勵其餘，則佞諛之風，變而爲忠鯁矣。北人來歸，嚴于拒絕，事關安危，不可不審。欲望明詔大臣，廣咨博訪，求夫策之至當，有安而無危者，此今日最急之務也。惟明主亟圖之。

輪對乾德三年内庫金帛用度劄子

乾德三年三月，太祖以軍旅饑饉，當預爲之備，不可臨時厚斂于民。乃于講武殿後，别爲内庫，以貯金帛，號曰「封樁」。凡歲終用度，贏餘之數皆入焉。

至景德四年十月，真宗謂群臣王旦等曰：「太祖以來，有景福内庫，太宗改名『内藏庫』所貯金帛，備軍國之用，非自奉也。二聖平荆湖、西蜀、嶺表、江左、河東，所費巨萬，皆出于是，不取于民。」以陳彭年所撰《内藏庫記》示之。

臣聞傅説告高宗曰：「惟事事，乃其有備，有備無患。」國朝之有内帑，所以爲軍旅凶荒之先備也，歲月愈深，則儲蓄愈富。自太祖肇始，至于太宗財貨山積，每千計用一牙籤記之。名物不同，籤色亦異，制敵救荒之具，沛然有餘，此真宗所以形于嘆美也。

今陛下躬行儉約，崇尚樸素，雖大禹之菲飲食、惡衣服、卑宫室，何以過此？不知内帑之積，足以爲兵荒之備否乎？聞之道路，陛下宫中用度，比之先朝，僅及其半，此節儉之至也。不知所節之財，皆歸諸内帑否乎？七八年來，東内無供億之費，而房廊宫莊之入，無異往時，大農不得而預也。不知悉輸于内庫否乎？淳熙間，臨安守臣，始以羨餘緡錢爲獻，每歲十萬，復益之每季一獻，遂至四十萬，皆入禁中，以充博弈之用，此乾道以前之所無有也。陛下游心淡泊，不邇聲色，宫掖之内，無復此樂。不知此四十萬緡，復何所歸乎？

如使此等錢，皆歸内帑，日積月累，財計安得不裕？神宗元豐中，所儲羨財，凡三十二庫，較之三朝，又過之矣。神宗志在有爲，所以先爲之備，不得不然也，陛下可不鑒觀于此哉！

金人衰微，行且滅矣。金亡之後，群雄紛然，皆與我爲敵國。而吾所以待之者，亦惟曰「和戰兩端」而已。與之戰乎？安得兵力如是之勁；與之和乎？安得歲幣如是之多。此誠未易處也。

然則今日之内帑，其可不汲汲爲緩急之先備哉！藝祖嘗言：「北人精兵，不過十萬，我以二十絹易一首級，費絹二百萬，而北裔盡矣。」偉哉！英姿雄略，經畫大事，如指諸掌，惟其先事而有備也。陛下當今日可爲之時，誠能講求乎可爲之具，亦何向而不濟。此内帑之儲，所以不可不愛惜也。

抑人有言「累土可以爲山」，何者？積之使然也。又曰「江海不能實漏巵」，何者？有所自洩也。故儲蓄則爲莫大之利，而滲漏則爲莫大之害。謹其隄防，明其要束，常如先朝之時，則内帑之豐，亦當無異于先朝矣。惟聖主亟圖之。

輪對咸平元年彗出營室北劄子

咸平元年，正月甲申，有彗，出營室北。三月甲午，詔百官極言得失，上謂輔臣曰：「朕即位以來，罔敢暇逸，今彗出，甚異。奈何？」宰臣吕端等言：「變在齊魯分。」上曰：「朕以天下爲憂，豈獨一方耶？」參知政事李至曰：「陛下此言，可以卻妖矣。」丁酉，彗滅。

臣聞人主克謹天戒，凡有災異，皆當恐懼修省，益修厥德，豈有此疆爾界之别耶？譬之人有疾病，或發于頭目，或發于胸腹，或發于手足。雖所在不同，皆吾身也，其可或憂或否乎？彗者，除舊布新，天之大變也。分野之説，古雖有之，然通天下一體，齊魯之災，即京師之災也。庸君姑以分野自寬，聖主則惟災異是懼。

真宗自謂以天下爲憂，豈獨一方？可謂聖君之謨訓矣。昔宋景出人君之言三，熒惑爲之退舍。今真宗畏天之言，深切著明如此，其感悟宜如何？自甲午至丁酉，甫三日爾。而彗遽滅，天人之感通，豈不捷哉！聖主遇災而懼，同符周宣。而陰陽占驗之語，猶曰「某分某野」，不無避忌，此乃諛悦之言，不可不察也。天下之患莫大乎聽諛悦之言，諛言進則正論息矣。惟聖主審思之。

輪對熙寧三年太白晝見劄子

神宗熙寧三年，九月二十五日，司天監言「太白晝見」。距九年冬，數出晝見，占者以爲主兵，而河湟、湖南、安南用兵，兹其應也。

臣聞夜則見，晝則伏，不敢與太陽敵，星之常也。當伏而見，與日争明，失其常矣，故其占主兵。兵戈將動于下，則金星先變于上。吁可畏哉！我神宗皇帝，憤北方之彊，故先從事于西戎，所以斷匈奴臂也。于是乎復洮岷，克梅山，降木征。而南則有交州之役，兵連而不解。金星晝見之應，昭然不誣。

自陛下踐阼以來，星變屢矣，而太白之失常，未有如今歲之甚者。蓋自五月二十一日，以迄于今，涉歷五旬，晴必晝見，前代之所無，有史策之所不載，有識之士深爲國憂之。陛下誠心畏天，每遇水旱，減膳徹樂，憂形于色，引咎責躬，齋潔致禱，凛乎有淵冰之懼。今而星變異常，其占主兵，乃疆埸將擾，事變方殷之兆也。而九重之上，晏然自若，不以爲憂，何哉？

董仲舒有言：「國家將有失道之敗，而天乃先出災異，以譴告之。不知自省，又出怪異以警懼之。尚不知變，而傷敗乃至。」以此見天心之仁愛人君，而欲止其亂也。金星晝見之久，可謂怪異矣。此乃天心仁愛陛下，欲出此大異，以警懼之也。而陛下曾不以爲虞，迨夫傷敗之至，雖悔其可追乎！

臣仰觀乾象，俯察人事，竊料今日之勢，雖欲幸其無變而不可得。夫既不能無變，而吾之將帥則庸懦，師徒則畏怯，財用則匱乏，藩籬則疏漏，其果可以應敵乎？將擁兵于外，而專事交結，多方掊尅，以充苞苴。軍人愁苦無聊，而主將恬不加恤，名曰教閲，未始頒賞，無以激厲，誰復振作？以不教之卒，而使之戰鬬，則有望風遁逃而已。此今日之大弊也。

自古名將守邊，其財皆得自用。以勵士卒，則人人慕賞，争自奮于功名；以遣間諜，則冒死不顧，密窺敵之動息。太祖之任邊將，得此道矣。中興之初，岳飛、韓世忠之流，皆有不可勝用之材，此所以能擒敵而制勝也。今之任將，毋乃與此異乎？城壁之經營，固所當務也，而板築並興，則恐力有不及，不若擇其至急者先之。合數城之力，以築一城，則無患乎不堅；合數城之兵，以守一城，則無患乎不足。他日或有遺力，則又築其次急者，至于公論皆以爲可緩者，則姑已之。

昔者漢惠帝之三年春，發長安六百里内男女十四萬六千人，城長安。六月，發諸侯王列侯徒隸二萬人，城長安。五年，發長安六百里内男女十四萬五千人，城長安。九月，長安城成。夫以漢家全盛之時，築一城易事爾。而三年之間，三興大役，始克爲之。

今邊方單弱如是，而乃欲于一二年之内，辦集兹事，其可得乎？力既不及，飾辭罔上，勢所必至，其可恃以爲固乎！臣所謂藩籬疏漏者，此也。陛下誠能因此星變，慨然發憤，大修武備。將帥也，師徒也，財用也，藩籬也，皆大變于前日，則可以待不虞矣。不然，固未知其所終也。臣不勝憂國愛君之心，惟聖主察之。

輪對紹興十一年高宗料敵劄子

紹興十有一年，二月丙子，上謂大臣曰：「中外議論紛然，以金逼江爲憂，殊不知今日之勢，與建炎不同。建炎之間，我兵皆退保江南，杜充書生，遣偏將輕與金戰，故金得乘間猖獗。今韓世忠屯淮東，劉錡屯淮西，岳飛屯上流，張俊方自建康進兵前渡。金窺江，則我兵皆乘其後。今雖虚鎮江一路，以檄呼其渡江，亦不敢來。」後卒爲上所料。

臣聞英主之興，所以能折服彊敵。尊崇國勢者，惟其經營處置得其要而已。捕虎豹者，必以陷穽。設之于此，而使鱣鮪、虎豹，墮其術中，則足以制其死命矣。高宗之制勁敵，用此術也。金人既陷壽春，乘勝進兵，衆人皆以爲憂。而高宗曾無懼色，豈姑以是安衆心哉！蓋先事經營，多方布置，至嚴至密。敵或迫江，則王師皆尾其後。彼雖兇彊，豈敢輕舉妄動，而送死于我哉！高宗之制敵，可謂得其要矣。

今日金運既衰，韃靼方盛，聞已提兵渡大河，圍陳蔡，攻潼關。金人之勢益蹙，其亡指日可待。則是朝廷所當熟慮者，非金人，乃韃靼也。方興之勢，精鋭無敵，豈可不豫爲之備！誠得中興諸將，分布于江淮、襄漢之間，委之閫外，聽其所爲。或衝其胸，或擣其脊，或擊其左右。使敵人躊躇四顧，而不知所出，則吾可以必勝矣。雖然良將未易得也，採之于公論，公論之推，必人材之傑然者也。紀律必嚴，教閲必精，方略必審，威聲必震，而何患乎大功之不集哉！竊聞今之邊防，疏略未備，守禦諸將多不得人。而韃靼之勢，駸駸將逼，甚可懼也。經營布置，能如高宗，則亦可以如高宗之不懼矣。惟聖主亟圖之。

代武岡林守進治要劄子

臣一介庸愚，寸長無取，誤蒙陛下拔擢，付以邊壘。伏自思念，無以稱塞，夙夜兢惕，靡敢遑處。今兹獲造闕廷，咫尺天顔，平生管見，得以效其萬一。天下大務，固非疏遠小臣所敢僭議，然聖明在上，千齡一遇，而不能以此時罄竭愚忠，仰酬天造，則臣之罪大矣。

臣自待次累年，屏伏田里，因能究觀古今，頗識興衰理亂之故。嘗以爲物有綱領，事有管攝，五寸之矩，足以盡天下之方，惟其要而已。爲治而不得其要，則艱苦而無成；論治而不舉其要，則散漫而無統。

是用述所聞，誦所學，作書十篇，名曰《治要》。其目曰：「一代之興，自有規模，書稱成憲，詩歌舊章。」遵先王之法而過者，未之有也。作《遵法》。言路四闢，則下情無壅于上聞。作《求言》。搜選不遺，則賢能争奮于巖穴。作《舉賢》。民者，邦之本也，固其本，則邦寧。作《安民》。風俗，國之脈也，其脈不病，雖瘠不害。作《正俗》。官，所以治事也，在得其人，毋取于繁。作《省官》。兵，所以衛國也，貴其可用，徒多無益。作《省兵》。官與兵省，而財不匱矣。作《裕財》。刑者，侀也，一成而不可變。作《恤刑》。居安思危，有備無患，古之善經也。作《制敵》。

臣之區區，雖不能盡知天下之利害，然蚤夜以思，妄論天下之要務，無出于此十者。位卑而言高，何所逃罪？伏惟陛下赦其狂愚，萬幾之閒，特賜省覽，儻有可采，裁而行之。豈惟少裨聖治，而微臣遭逢聖代，死且不朽矣。取進止。案：原目十篇，今缺《舉賢》《安民》《恤刑》《制敵》四篇。又《省兵》《裕財》二篇，僅有數語，缺文亦多，今無可考補。

臣聞治天下之道，不可以溺于卑，亦不可以過于高。自三代而後，類皆趨近效而無遠圖，以爲吾紀綱粗張，法度粗修，民生粗安，斯亦足矣。豈必建宏遠之規模，而成帝王之極功乎？是之謂溺于卑。間有英鋭之主，謂治效不當如是之瑣瑣也，乃慕高遠，求諸上古，必欲蕩蕩巍巍之法〔一〕，復見于今。志則大矣，而其效邈然，是之謂過于高。夫溺于卑者，固不足論；而過于高者，徒勞無益。斟酌二者，而求乎至當，其惟一代之家法乎。

自古帝王之興，必有家法，規模于開創之初，持守于太平之日。後世子孫遵而行之，自足以治，豈必慕高遠而求諸上古哉！繩祖武者，可以安天下；由舊章者，可以固王業。紛更高皇之約束，雖嘉唐虞，樂商周，而無益也。得失是非，黑白較然，則當今之務，宜將安取。臣竊以爲治要所在，惟我成憲，是訓是式，則可以不勞而成功矣。

在昔五代之際，四海殽亂，民用不寧，上帝憫之，生我藝祖。以神聖英武之資，首攘姦凶，光啓洪業，王道廢而復興，人紀亂而復正。規模廣大，傳之無窮，列聖承之，靡所更改，此我宋帝王之業，所以與天無極者也。繼自今文子文孫，舍祖宗何法哉！ 今夫有一家者，乃祖乃父規模于前，爲子孫者猶必世守之。況以天下之大，神聖之所建立哉！ 蓋我祖宗之御天下，道德仁義，以爲之本；法制紀綱，以爲之具。其更事多，故其燭理明；其爲慮遠，故其立法密。損益前代，斟酌事宜，根本乎聖心，發揮乎事業。坦然大中，至正之道，質諸百聖而不惑，建諸天地而不悖。如大禹之有典有則，以貽子孫；如文武之有謨有烈，以啓後人也。聖上緝熙之學，日就月將，固嘗御經幄，命儒臣，進讀《寶訓》，繼以正説。

所以繩祖武由舊章者，至矣盡矣。臣復何言！ 而臣聞之李絳曰：「知之不行，無益也；行之不至，無益也。」方憲宗慨想貞觀、開元之盛，欲庶幾二祖之風烈，而李絳告以斯言，所以勉其君者切矣。故臣願吾君雖聖性得之，猶復加聖心焉。且臣聞之，有遵法之君，要必有奉法之臣，唱焉而不和，則治道闕矣。

夫崇寬大而本忠厚，此祖宗之心，聖上之心也，而奉承于下者，未必不失之嚴刻。裕州縣以寬民力，此祖宗之心，聖上之心也，而奉承于下者，未必不厚于取民。其餘庶事，懼或皆然，則大有戾于祖宗之訓。是豈吾君之心哉！ 要必致察于此，使中外臣子，罔不惟成憲是守，斯可矣。臣所言者凡十，皆治要也。而以《遵法》冠于篇首，則尤其要者行之以一，則是九者無所不合，豈不復見祖宗之盛乎！ 漢魏相，以爲古今異制，方今務在奉行故事而已。數具漢興以來國家便宜，奏請施行之，相豈不能遠取前代，顧以爲由漢之治，自足以致治云爾。由是言之，論治道于今日者，亦奚必爲過高之説哉！ 案：以上《遵法篇》。

臣聞下情之通塞，安危理亂之所由分也。天下如人之一身，血氣周流，則可以久安而無疾；上下交通，則可以常治而不亂。昔者先王欲通其情，而憂其不能自達也，是以求之甚急。上自公卿大夫，服休服采，無不可諫。雖百工之微，猶各執藝以諫，初未嘗設爲定員也。庶人謗于道，則庶人有諫；商旅議于市，則商旅有諫。猶懼此心之未孚也。于是有諫鼓，有謗木，有進善之旌。又懼夫勇者雖諫，而怯者或未能也。則爲之法曰：「臣下不匡，其刑墨。」案：「不匡」原本避宋太祖諱，作「不正」，今改從經文。遒人以木鐸徇于路，儆以不諫之刑。古之人豈求夫從諫之美名哉！亦惟曰：「鯁切之不聞，則幽隱之不達。」人主深居九重，而海内是非利害之實，莫能周知，此非小故也。破崖岸，去邊幅，虚心以求之，和顔以受之，猶懼忠告之不至。而况拂抑之，沮遏之，使不得盡其情歟。

臣嘗讀《唐史》，見李絳對憲宗之語，以爲始欲陳十事，俄而去五六，及將以聞，又憚而削其半，故上達纔一二，未嘗不深悲之。夫以忠言進于君，此亦臣子所當然，而乃蓄縮畏忌，一至于是。此無他，順從則利隨，違忤則害至。利害之心勝，故其勢不得不畏，非彼自畏也。雷霆之所擊，萬鈞之所壓，不能使之不畏也。夫使臣下有所畏而不敢言，則諂諛相師，寖以成俗，而人主不得聞其闕失矣。宫禁之崇深，等級之遼絶，耳目之所不及者，雖至大之事，迫切之情，且不得而知，而民之疾苦何自而伸乎！

昔我祖宗之際，詢訪群臣，如恐不逮，晝日不足，繼之以夜。朝臣轉對，許以指陳闕失，言事之官，其多至二十員。諫列因循，或下詔而警之；臣有忠言，或漆匣而藏之。非止在廷之臣，得以盡規也。雍丘一尉，妄言嬪嬙；布衣皂囊，書辭狂悖，而皆不加罪。所以容納讜言，護養風俗，類皆以犯顔敢諫爲忠。至于濮議新法之起，争之者雖以罪去，而繼之者其言益危。彼獨何恃而不恐哉？意者舍己從人，從諫弗咈，其風聲氣習固應有是耶。

比年以來，饑旱相仍，星緯失度，天災時變，如此可言者亦衆矣。而中外臣庶，能奮不顧身，以忠言劘上者，罕聞焉。此豈有所畏，而不敢哉！抑有由焉？蓋自中興之初，用事之臣，力主和議，嚴用刑罰，以鉗不附己者之口。偷合苟容，習以成俗。故雖聖君相繼，急聞切直，而士氣猶未伸也。動其敢言之機，而作其敢言之氣，使其心奮發不能自已者，其必有在矣。夫瑰奇珍怪，産于遐方異域，人皆得而用之。事固未有不求而得，求而不得者。雖然求言易，從諫難，古所謂從諫者，非徒求之謂也。忠雖不忤，善亦不從，以規爲瑱，是謂塞聰，斯其爲聽言也末矣。惟知人臣進諫之難，而樂聞過失，虚懷以改，庶乎忠言罄竭，而下情畢通。是則求言之實也。案：以上《求言篇》。

臣聞風俗之弊，有可以復返之理，患爲政者不能以是爲急爾。簿書期會，斷獄聽訟，世每以是爲急。而至于俗流失，世敗壞，則因恬而不知怪。是何急于彼，而緩于此也？簿書期會，斷獄聽訟，一日不治，其害立見。而風俗所在，雖有不善，未爲深害也。見其可緩之形，而不見其不可緩之實。培養之不加，而縱尋斧焉。廉恥日喪，忠信寖薄，頹靡廢闕，以至于不可收拾。

嗚呼！風俗，國之元氣也。元氣枵然，則身隨之；風俗既壞，則國從之。雖秦之强，隋之富，而元氣不存，則危亡可立而待。是果可緩耶！昔者先王知其甚急也，是以省觀風俗，苟有不善，則切切焉以爲憂。陶冶作成，必使粹然醇厚。人有士君子之行，以爲吾代天牧民，勿使失性，其職當如是也。古人以是爲急務，而後世則忽之，教化不明，而質樸日消，此亦無足怪者。我國家列聖相承，美化流行，習俗丕變，既與古匹休矣。而審觀詳察，則尚有所當正者，承平既久，而侈靡成風也。末習之好，而去本寖遠也。富者競爲驕夸，貧者傾貲效之。歆艷以成俗，侈靡以相高，旦旦伐之，而本真微矣。

臣觀漢文帝以敦樸先天下，而海内望風成俗，翕然化之。唐太宗戒靡麗珍奇之好，而當時風俗素樸，衣無錦繡。夫此二君者，其道德未純于古也。躬行于上，而俗移于下，源清流潔，表端影直，其效固如此也。聖上清心正本，無他嗜好，乘輿服御，一切減損，所以躬率者至矣。而求諸習俗，未覩其效，意者躬行雖力，而法制猶未備歟。

今夫侯王富戚之家，宫室藻繪之飾，器用雕鏤之巧，被服文繡之麗，極侈窮奢，蕩心駭目。公卿大夫之家，婦人首飾，動至數萬，燕豆之設，備極珍羞，其侈汰如此。及從而問其然？則曰：「吾有所效也。」京邑四方之極，古人所以原本樞機者在是，而靡麗爲甚，來者無所取則，亦惟末習是效。故近歲以來，都邑之侈，遍于列郡，而達于窮鄉。此豈小故而可不正哉！

唐柳澤有言：「驕奢起于親貴，綱紀亂于寵倖。制之于親貴，則天下從；禁之于寵倖，則天下畏。」我真宗時，銷金服飾，其禁嚴甚，然累下制令，而犯者不絕。故内則自中宫以下，外則自大臣之家，悉不得以金飾衣服，復申嚴禁，布于天下，自此無復犯者。以其自近始，而法禁明也。

聖上恭儉之化，形于宫掖，聞于天下久矣。而臣猶慮夫貴戚大臣之家，有漸于薄俗，而侈靡相尚者。法禁之行，當自是始。行于一二，以勵其餘，而風俗可移矣。古人舉事，必有以大服天下之心，故法禁可行。寬于貴戚大臣，而急于士民之家，則人不服。何者？彼固以爲吐剛而茹柔也。躬行以爲之本，法禁以爲之具，而行之自貴戚大臣始。貴戚大臣既正，則遠近莫不一于正。此則正俗之要也。案：以上《正俗篇》。

臣聞唐虞官百，夏商官倍，成周六卿之屬三百六十，建官如此之簡也。夫其建官之簡，宜其庶事多闕，而至纖至悉，靡有不舉。夏商之制，臣不得其詳。而成周之制，則有《周官》在，今可覆也。自衣服、飲食之微，羽角、荼炭之末，陰陽、巫祝之技，至于鼃黽之去，蠹物之除，妖鳥之射，類有職掌，而當時不病其冗也。古之制官，因事而設，理之所不可無也。

《書》曰：「無曠庶官，天工人其代之。」夫所謂天者，豈遠于人乎！即理之所當然者是矣。有是理，則有是事，即有是官。設官分職，惟理所在，則雖繁而甚簡。何者？理盡而止，不容有贅焉者也。三代而上，公卿百執事之職，一定而不可增損，達此理而已矣。兩漢而下，建置漸繁，至隋唐而尤甚。體統不明，官職紊亂，于是乎省官之議興焉。

夫當流弊既極之後，豈可無變通之術？而所謂變通者，未易言也。省之而得其道，則人心帖然，誰敢不服？省之而悖于理，則怨謗四集，未能革弊而人心先不悦矣。此不可以不深察也。昔張延賞嘗省官矣，而道路訾謗；柳仲郢亦嘗省官矣，而議者厭服。省官一也，而人心之應乃爾不同。此無他，延賞不得其道，而仲郢能當于理故也。在理不可不省，而人心皆以爲當然，何爲而不服哉！

省官之説，在今日誠不可緩，而理所當然者，不可不講也。某局，事至簡也，而官猥衆，省之可也；某局，事至劇也，而官亦多，勿省可也。或出于先王之所創立，或出于末世之所建置，當因則因，當革則革，概之以理可也。舉事以理，而私意不行焉，則人心必服。雖有不服者，事久論定，而亦從之矣。雖然，此猶其流也。遏其流不若疏其源，今日之官所以冗，豈非所從入者太多乎？即其所從入者裁節之，此所以疏其源也。

昔藝祖之法，自臺省六品、五品諸司，一郊而任一人。自兩制以上，一歲而任一人。而仁宗之世，則損其數。至于神宗之初，宗室袒免之外，不復推恩，袒免之内，以試出任。夫聖人豈樂此矯拂人情哉！蓋曰：「此而不節，則來者日衆，官不足以處之，而日益冗矣。」

紹興之初，以一官而兼數職。今也，以一官而分數人。閒曹冗局可省者衆，推求其端，何以至此？近者聖斷赫然，自宰執以下，任子無不減損，固已疏其源矣。持之至堅，確乎不變可也。延閣秘殿之職，任子之自出者，勿庸輕授可也。戚里恩澤之濫，可損者損之；府史胥徒之員，可汰者汰之。凡無益于國而坐縻廩禄者，省之又省，而冗官之弊革矣。夫舉事而咈人情，固聖人所不爲。惟理所在而能疏其源，則其弊自去，而人不驚，又何以至于怨哉！《易》曰：「通其變，使民不倦，神而化之，使民宜之。」臣以爲省官之方，要必出于此可也。案：以上《省官篇》。

自古患無良將，不患無精兵。得良將以統率之，御之以道，束之以法，怯者可使勇，弱者可使强。案：以上《省兵篇》。

冗官之未省，冗兵之未汰，皆不可言政事。此蠹財之大者也。案：以上《裕財篇》。

校勘記

〔一〕蕩蕩巍巍之法　四庫本、叢書集成本均作「蕩蕩巍巍之治」。

卷三

奏疏

論立國宜正本劄子

臣生稟惷愚，不識忌諱，每思古人有言，事君有犯而無隱，此臣子之職也。況叨論思獻納之列，尤當以是爲職者乎？臣聞天下猶巨舟也，漏焉而窒之，斯不溺矣；天下猶大厦也，敧焉而扶之，斯不傾矣。陛下視今日之勢，安耶？危耶？强耶？弱耶？如其安且强也，雖方盛之强鄰，猶嚮風而慕義。今者蕞爾殘金，猶敢肆其憑凌，則中國之不安不强，亦已甚矣。舟漏而不窒，室敧而不扶，則將若之何？此臣所爲夙夜懍懍，食不甘味，寢不安席也。陛下可不深念之哉。

臣聞小大之臣，咸懷忠良，則朝廷之勢尊；邪正雜糅，忠讒並進，則人主之勢孤。夫以土宇之廣，民物之衆，共戴之以爲君，可謂不孤矣。然忠臣良士，助焉者寡，又豈能獨運天下乎？

昔嘉祐中，張昪爲中丞，彈劾不避權要。仁宗勞之曰：「卿孤特乃能如是。」昪對曰：「臣樸學愚忠，託身睿主，不可謂孤。今陛下之臣，持禄養交者多，赤心謀國者少，陛下似孤立也。」仁宗爲之感動。

嗚呼！一言悟主，于斯見之，可謂至忠至切矣。陛下觀今日在廷之臣，其皆赤心而謀國者乎？抑亦有持禄養交者乎？君譬則腹心也，臣譬則手足也，一體相須，休戚利害，靡不同之。國步方艱，當求所以康濟之策；國威未振，當思所以恢張之道。痛心疾首，莫敢遑息，人臣之義也。今也不然，惟靡曼是娱，惟珍奇是好，淫侈相高，燕樂無節，同堂合席，不聞箴規，相與恬嬉而已。赤心謀國者，固如是乎！

賢才之于國，猶禦寒之衣裘，養生之穀粟也。汲引善類，無間親疏，奇偉卓犖難合自重之士，尤當極力推挽，俾爲時用，人臣所以報國也。今推賢揚善，固不乏人，而挾私害正，亦或有之。合于己則掩覆其大過，異于己則指摘其小疵，毁譽發于私情，而真才不得展布。赤心謀國者，豈其然乎！

星象屢變，其占爲兵，甚可畏也，而不以爲憂。京輦之下，剽掠公行，非小故也，而不以爲怪。旱潦之後，征科如故，殘民之大者也，而不以爲非。導諛貢佞，偷合苟容，以梯媒寵禄而已。又豈赤心謀國者乎！

此其二三節目爾。其餘宿弊，人主之所當急聞，而人臣之所以不敢盡言者，殆未易悉數矣。夫所爲不敢言者，蓋言之則大拂人情，非所以養交，其交不固，又非所以自安也。植私者衆，赤心者寡，人主少所憑仗，其何以重朝廷乎！

今夫一介之士，利害止于一身，猶以寡助爲戒，必求切磋之交。况于人主宗社安危，所繫非輕，苟非多助，何以爲國！今日之深患也，雖然挽而回之，豈不在我。伏惟陛下發自宸衷，大開言路。藥期于治病，而不嫌于苦口；言取其有益，而無惡于犯顔。惟真才是用，惟公道是行，如天地之無私于覆載，如日月之無私于照臨。聖明當陽，賢俊布列，冀之衛之，共圖斯世。國勢既已安强，皇威自然震疊。區區殘敵，不稱藩面内，則殄滅無餘，又豈能爲中國之患哉！古語有云「正其本，萬事理」。臣不勝惓惓，惟陛下留神省察。取進止。

論國家宜明政刑劄子

臣近者伏觀陛下肆頒明詔，撫諭軍民，具言我直金曲，兵應者勝，于以開曉人心，振作士氣，可謂義舉矣。然臣竊謂事有樞要，物有根本，未有國家不治，而可以排難折衝者。故孟軻曰「明其政刑，雖大國必畏之矣」，又曰「能治其國家，誰敢侮之」。今吾國家之政刑，其皆明乎？抑猶有未明者乎？臣愚不肖，蒙陛下拔擢，寘諸論思獻納之列，而隱情緘默，非忠臣也。用敢以今之政刑猶有未明者，爲陛下言之。

臣聞天下之大勢，有安危，有存亡。關乎安危，猶可言也；關乎存亡，不可諱矣。人孰不知存亡之分，至爲可畏，惟辨之不早耳。今自更化以來，非才不用，凡通敏可喜者，靡不甄拔。高爵重禄，與之不靳，宜其如穀粟之必可以療饑，如衣裘之必可以禦寒也。而考其績效，邈焉未見，國勢寖弱，敵心遂啓，陛下知其所以然乎？則以今日所用之才，非不衆多，而真才則寡爾。似奮發而實怯弱也，似多能而實寡陋也，不皇皇于仁義，而汲汲于榮禄。己不自重，又豈能爲國重乎！國人不服，又豈能服外域乎！今之儒帥，固有德望巋然，舉世推重者矣。分閫瀘南，未爲不用，而地非切要，不足以觀其設施。今之忠賢，亦有慷慨論事，名聞中外者矣。宜還天朝，增重國勢，而遠守支郡，未究所長。舍莫邪而用鉛刀，棄周鼎而寶康瓠，是非顛倒，何以立國？此其政刑未明者，一也。

臣聞邦以民寧，民以財聚，培植加厚，則咸安其業，朘削無已，則不樂其生。今日吾民之困甚矣，征斂太繁而已。輸者責其再納，逋負日積而已。蠲者不免復催，有追胥之擾，有鞭箠之嚴，惟命是從，民財安得而不匱重。以貪吏肆虐，政以賄成，監司牧守，更相饋遺，戎帥所駐，交賄尤腆，而諸司最多之處，抑又甚焉。見得忘義，習以成風，于是乎昔日優裕之郡，今皆凋敝矣。昔日歡樂之民，今皆愁嘆矣。九重之邃，其亦盡知之乎！閭閻疾苦，不徹于冕旒之前；官吏貪殘，自肆于法律之外。虐我黎庶，邦本傾搖，而罕聞有所譴責。此其政刑未明者，二也。

臣聞王畿者，天下之本；京邑者，王畿之本。古昔令王，雖一視同仁，而《周官》所紀，于王國尤厚，所以固其本也。行都之建，垂九十年，生齒雖繁，衣食未裕，其故何哉？蓋自楮幣更新，而蓄財之多者頓耗；自鹽筴屢變，而藏鈔之久者遽貧。比年水旱，民無餘貲，物貨積滯，商旅不行，故大家困竭，而小民焦嗷。市井蕭條，而官府匱乏，勢之所必至也。

抑又有因循而未革者。淳熙中，京邑守臣，別進禁中，緡錢歲以十萬計，後復增之，一季至于十萬，每歲凡四十萬。先朝全盛之時，炎興、隆乾之際，未嘗有此。今何所從出？多方督促，先期進獻。假酒本以充額數，米麥之直，償不以時，商人咸怨，來者益寡。酒政既隳，榷酤不售，何以助經國之費哉？京輦之下，人心不寧，殆孔子所謂「吾恐季孫之憂，不在顓臾，而在蕭墻之内」。此其政刑未明者，三也。

臣聞朝廷之上，一舉一錯，人所觀瞻，不可不謹。罪所當重，而輒輕之；禁所當嚴，而輒弛之，皆非至公無私之道。迎合權姦之意，乞斬一世儒宗，此等惡名，百世不磨，衆所共棄也。而一旦洗滌之，安在其爲公道乎？場屋代筆之罰，先朝之所甚嚴，罪至鞭背，終身不齒。自禁防陵夷，肆行無忌，今春始嚴于法，而仍薄其罪，追止一秩。貪鄙恃利之徒，何憚而不犯法乎！任子銓試，至爲易得，而不能措一辭者，往往倩人爲之，厥費不過千緡，而終身可以祿。仕法非不究之，而官司具文，迄無實效。

夫國不自重，以人而重。忠良布列，重于九鼎；姦諛並進，輕于鴻毛。政具廢而不行，惟此橫暴之徒，重爲民害。浸淫不已，則存亡繫之矣。豈不哀哉！此其政刑未明者，四也。

臣聞赦小過，舉賢才，聖人待物之心甚恕；怙終賊刑，刑故無小，聖人懲惡之意甚嚴。夫亦察其情而已矣。開禧用兵，一時將帥，捍患難，守城壁者，亦不爲無勞。事平之後，乃以廉謹責之，豈漢家宥李廣利，赦陳湯之意乎！今已漸録矣，而未有所任使。頃歲亦有自朝士出守盱眙者，經畫有方，功效漸著，俄以罪見斥，邊人深惜其去。

臣竊以爲臺諫風聞，斥其罪而罷之，公也。明主念其勤勞，赦而用之，亦公也。各有攸當，兩不相損，復何疑于此乎？至于選鋒統制，誑北人之來歸，僞受其降，掠其貨實，而縶以遺敵，投諸死地，絶中原嚮化之心。原情定罪，先王之所不赦，而晏然自若。罰不傷其毫毛，毋乃太寬乎！此其政刑未明者，五也。若此之類，尚多有之。夫政刑苟明，强大之鄰不足畏；政刑不明，微弱之敵不可忽。今我雖率道，而邊臣不體聖意，驅其窮乏就食者，而饑民無不我怨；戮其慕義來歸者，而豪民無不我怨。金雖微弱，然能招群盗而封爵之，赦叛臣而復用之，亦不爲無謀矣。鼓率群怨，有所侵越，何以待之。

嗚呼！處今之世，何可一時一刻不以邊事爲念乎。當宵衣旰食，坐薪嘗膽之時，而優游泮奂，若四方無虞之日，從容拯溺，揖遜救焚，禍至無日矣。可不畏哉！《書》曰「無怠無荒，四夷來王」。陛下清心寡慾，早朝晚罷，不以聲色貨利，汩亂其聰明，亦可謂無怠無荒矣。然古人之所謂「無怠無荒」者，殆不止此。事所當爲，不亟爲之，即怠荒也。兢兢業業，一日二日萬幾，所以爲帝之盛。自朝至于日中昃，不遑暇食，所以爲王之顯。

伏惟陛下若稽古訓，明詔大臣，無一日不熟議邊事，無一日不延見廷臣。合衆多之智謀，求經濟之籌策，掃除姦蠹，修明政刑，自然國勢安强，威聲震疊，而敵無能爲矣。諸葛亮制「八陣法」，敵莫能敗，可謂一代之傑然。賈詡不稱其用兵之能，而美其治國之善。蓋軍國無二道，長于治國，乃所以妙于用兵也。孟軻所謂「明其政刑，雖大國必畏」者，蓋如此。惟陛下急圖之。取進止。

論修戰守劄子

臣區區愚忠，二月三月，獲對威顔，具陳正月雷雪非常之變，宜益修邊防，爲戰守之計。臣非敢爲此臆説也。

按《春秋・魯隱公九年》："三月癸酉，大雨震電。庚辰，大雨雪。"周之三月，夏之正月也。孔子以八日之間，再有大變，故謹而書之。又臣恭覽「國史」，紹興三十一年，正月丁亥，風雷雨雪，一夕交作。侍御史汪澈、殿中御史陳俊卿，皆以爲陰盛陽微，外裔窺中國之象。是冬，金亮果提兵大入。今殘敵衰微，雖非亮比，而雷雪作孽，無異曩時，臣所以不得不先事言之。累月以來，淮襄間，幸稍寧息。然其心變詐萬端，安知不養力蓄鋭，伺隙而作乎？蜀被其害，所過爲墟。雷雪之變，既昭然矣。秋冬之間，又將若之何？

夫備禦有素，雖强大之敵，不足多畏。苟安無策，雖僅存之國，亦能肆毒。而或者之論，則曰："我朝兼愛南北，間不免于用兵，而終歸于和好。今亦和而已矣。豈必他求？"

臣以爲不然。曩時金人，去中國甚遠，糧運難繼，故不敢輕動，而和可以久。今假息之地，密邇于我，利苟在焉，猝焉而至，豈復顧盟好哉！不可，一也。汴都四平，難以立國，欲奪我險，要爲駐足之地。首犯浮光，肆及襄漢，駸駸以至蜀。觀其志願，非專爲歲賜也。彼無求和之意，而我强欲與通和，大有邀索，何以堪之？不可，二也。且所以欲和者，圖省費耳。往年四月，聘使之還，甫入吾界，而犯順之兵亦以是日入。難信如此，和可恃乎？戍可撤乎？輸轉之費，生券之費，猶自若也，夫何省之有？不可，三也。忠義之流，排難解紛，實賴其力，既與敵爲仇矣。彼方仇之，我則和之，倒戈反噬，莫與爲禦。不可，四也。堂堂大朝，卑辭厚禮，謹奉垂亡之國，自示削弱，誰不侮之？不可，五也。推此以往，其不可者，尚多有之。

夫既不可和，則計將安之？曰：

自古立國，固有終不與外裔通好者。石勒來聘，晋焚其幣。苻堅雖强，晋不少屈，而卒成淝水之功。何獨今日欲通好歟？毋溺于宴安，而常軫淵冰之慮；毋樂于順從，而急聞藥石之言。思天變之可畏，懼國勢之將危，無一日不修攻戰之具，無一日敢忘侵侮之耻。選擇將帥如恐不及，練習士卒常若寇至，而絶口勿言通和，此則帝王之雄略也。

嗚呼！財用未足，兵力未强，姑從和好，似爲體國，以通和爲戒。若非體國者，究其實而言之，求和自我，不保其往，將有無窮之悔。絶不通和，事雖難辦，是乃久安之策。然則臣之愚忠，爲國慮也深矣。雖然謀之寡不若謀之衆，臣願陛下肆頒明詔，博謀群臣。凡可以制服敵國者，畢陳于前，而擇其至當者，亟施行之。古者國有大疑，謀及卿士，至于庶人，蓋所以廣其聰明也。庶人猶且及之，而况在廷之臣乎！惟陛下留神，則天下幸甚。

論弭咎徵宜戒逸豫劄子

臣聞《洪範》之有庶徵，古人所以明天人貫通之理也。于「休徵」，則曰「哲時燠若」；于「咎徵」，則曰「豫恒燠若」。何謂哲？明于是非之謂也。何謂豫？安于逸樂之謂也。時者，當其可之謂；恒者，過于偏之謂。人主明于是非，有如黑白，必能憂勤政治，必能總攬權綱，賢必任而不貳，邪必去而勿疑。利于民者，必能興之；害于民者，必能除之。和氣所感，嘉祥必應，此時燠所以順之也。人君安于逸，豫昏而不明，窒而不通，舒緩而不肅，寬柔而無斷。朝廷之政事，不能自有所施設；天下之人才，不能自有所進退。國無定論，人有離心，乖氣所召，災患必作，此恒燠所以應之也。天人一理，隨感而應，可不畏哉！

陛下臨政圖治，不爲不久，而和氣有未充，災異猶未弭。去年久旱，河流斷絶，種麥未及，而田已揚塵，不可復種矣。人皆憂之，曰：「他日其可接食乎？」祈雪未應，人情皇皇，又皆曰：「疫癘其將作乎？螟蝗其將熾乎？」恒燠之爲害如此。至于冬深，雨則降矣，而麥猶未出，雪已作矣，而移時即止。是恒燠之流毒，猶未歇也。

陛下早朝晚罷，不徇于貨色，不盤于遊田，無逸豫之失，而有逸豫之災。此豈可不推原其故歟？以臣所見，所謂逸豫，非必貨色遊田之謂。當邊烽未熄，戎事方殷之際，而優游恬愉，若四方無虞之日，真才未必能用，宿弊未必能革。駸駸焉，日入于頹敝之域，軍民愁怨，無所赴愬，兹非逸豫之所致歟？病已深矣，事已迫矣，汲汲圖之，猶懼不及，又可悠悠乎？毋以嘉祥之略應爲喜，而以餘災之猶在爲懼。肆頒明詔，引咎責躬。曰：「天下其許朕自新，改絃易轍，勇于必爲。」人主作興于上，人臣震悚于下，無敢驕奢，無敢耽樂，朝思夕慮，翼贊明主，同以宗社生靈爲憂，何患乎災異之不消乎？

臣聞人主患無其志，不患無其功。竊觀陛下天資之粹美，聖德之純茂，足以冠群倫，足以恢遠略。所以每獲面對，未嘗不陳二帝三王之道；每侍經幄，未嘗不進憂國愛民之言。誠願陛下勿自菲薄，恢張志氣，卓乎如古大有爲之君。今日恒燠之災，人皆以爲逸豫所致。臣日夜憂思，不知所出。何者？逸豫之失，人主之大戒也。區區殘敵，假息僑寓，我有其備，何患不克？若因循縱弛，無奮發之心，而專以自守爲説。守不能固，寖微寖弱，而遂至于通和，則大事去矣，無可言者矣。堂堂大朝，而委靡至此，可不痛哉！此臣所以惓惓而不自已也。《詩》不云乎「敬天之怒，無敢戲豫」。惟陛下深思此言，常以逸豫爲戒。宗社幸甚，生靈幸甚。

論弭咎徵宜開言路劄子

臣恭聞紹熙二年，仲春月朔，疾雷震驚，繼以大雪，光宗皇帝惕然祇懼。越六日，詔侍從臺諫兩省郎官館職，各條具朝政闕失以聞。一時忠臣良士，獻言者甚衆，當時急務，莫不上達，可謂有應天之實矣。咎徵雖形，邦本自固，姦宄不作，疆埸不聳。豈非變災爲祥之明驗歟？今陛下寬仁恭儉，不敢荒寧，畏天之心，亦已篤矣。乃正月二十四日，氣令甚燠，及夜過半，天大雷電，發于都邑。二十六日，霰集不止，通夕飛雪，積于平地，久而後消。夫雷乃發聲，蟄蟲啓户，著于月令之仲春。今先期而發，已非其時矣。雷，陽也，中國亦陽也。雪，陰也，外裔亦陰也。當春而雪，未爲害也，而作于雷震之餘，陽已發舒，而陰忽用事，不宜積而積。陰盛而陽微，有外裔侵侮中國之象，豈小故哉？蓋自殘金竄伏汴都，陛下不忍拒絶，仍與通好。群盜之歸附者，拒而不納；流民之逃死者，卻而不受。故此曹皆惟我是怨，而金人以我爲怯。糾合群怨，致死于我，侵犯王略，無時無之。陛下履至尊之位，而見輕于垂亡之國，辱莫大焉。其可以不自奮發乎？《虞書》曰「元首起哉」，起云者，奮發之謂也。元首奮發，則國人莫不奮發矣。深懲既往之失，克圖日新之功，恢張紀綱，振起頹惰，以伸中國之威，以破外裔之膽，此所謂奮發也。

臣不暇遠引，姑以近代之事明之。金亮之犯淮也，兵力甚强，自謂長江奄忽可渡。我高宗皇帝曾不少懾，下詔親征，敷奏其勇，而益内修政事。王繼先，醫術之精，罕見其比，所以保衛聖躬者也，臺諫力排其姦，而籍其家貲。劉婕妤，寵冠後庭，中外所知也，一言救解繼先，則斥之不旋踵。張去爲，閹官之長，驕横久矣，亦以臺諫之言，而投諸散地。此三事者，皆行于金亮犯境之日。敵勢雖暴，而聖斷赫然，此國威所以復振，而金亮所以誅滅〔一〕也。

人主之所爲，不必屑屑于細故，惟能舉二三大事，足以聳動天下者。奮發而力行之，則尊居九重，而威震六合，反覆手掌之間爾。雷雪之變，人皆以爲陰盛陽微之故。此乃皇天啓佑上聖，欲以剛濟柔，以威輔德，而成以陽制陰之功也。陛下其可不仰體天意歟？光宗親遭此變，敷求讜言，陛下必欲消變致祥，亦宜開忠直之路，以通天下之情。古者孟春之月，遒人以木鐸徇于路，官師相規，工執藝事以諫，求之如此之切。蓋不如是，無以聞己過，而修闕政也。天災固可畏，然人君修省，則有其象而無其應向也。陰盛而陽微，今也以陽而制陰，蕞爾殘金，豈能抗衡于中國哉！日月中天，爝火自息，臣不勝惓惓，惟陛下留神。取進止。

校勘記

〔一〕誅滅　叢書集成本同，四庫本作「遂却」。

卷四

奏疏

論蜀劄子一

臣竊觀當今之務，惟邊防最切，而其間利害有未易言者。自淮甸以迄蜀，皆邊面也，形勢至廣，不勝其備，要當斟酌時宜而善處之。淮甸廹近中都，論者皆以爲急。然以臣視之，近者固不可緩，遠者尤不可忽。臣請先言蜀中之利害，可乎。

蓋昔者張浚既失五路，力不足以養兵，乃以五路財賦，均之西蜀，增立名色，謂之折估。蜀人由是重困，馴致于今，資用耗竭，人情既岌岌矣。往歲金人至邊，淮襄之間，日尋干戈，獨此一方互市自若，遂啓敵心，乘間深入，殺戮不可勝計。忠義之徒，痛其家之碎於敵也，縞素復讐，義固當爾。而我師追而還之，金躡其後，無所逃死，安得不怨！怨讟並興，慮其難制，盡散之以爲農，則安得而不叛！敵窺其意，從而誘之，幸以忠義自名，終不甘爲敵役。及其未固，汲汲招集，其亦可也。而事權不出於一，諸司各行其意，于是乎紀綱紛亂，姦宄並作，而關外四郡，遂莽爲盜墟。此關乎安危之時也。若救頭然，案：此句上，疑有缺文。

雖危可安，失今不圖，噬臍何及！萬一四郡失守，則西蜀之心摇矣。惟蜀與楚，相依以立，蜀人乖亂，楚將若何？唇亡齒寒之憂，近在眼中矣。淮甸其能自安乎？中都寧不震乎？可爲寒心，可爲慟哭，此其利害，豈直安危也哉！

智者圖事，因禍爲福，轉敗爲功。原紛擾之由，求康濟之策，推赤心置入腹中，則銅馬之流，莫不感悦。釋賊將用其計謀，則李祐之徒，皆能成功。不疑于物，物亦誠焉。古人此論，可謂著明矣。淮西、山東之豪，所以爲我盡力者，誠心待之。蜀之當是任者，誠能效其所爲，開示大信，堅于金石，孰不樂爲吾用！並邊忠義，聲勢相接，若左右手之交相爲援，若兄及弟之共禦其侮。智謀迭出，則殘敵不能支矣。此所謂因禍爲福，轉敗爲功者也。

揚雄有言：「御得其道，則天下狙詐咸作；使御失其道，則天下狙詐咸作敵。」御之爲言，結之以恩信，閑之以法度。不疾而徐，巧于調伏，有致遠之能，而無泛駕之患也。苟非其人，孰任兹事？擯黜其庸懦不才者，更用其望實夙著者。號令一新，精采俱變，元氣既充，外邪消伏。挈諸擾攘之中，置之安全之域，豈惟蜀安？天下舉安！事之樞要，昭然在是也。惟陛下亟圖之。

論蜀劄子二

臣不佞，去歲六月八日，獲對清光，極陳蜀中利害。親聆玉音〔一〕，有忠直可見之褒，足以仰窺聖心，垂意于坤維者如此。蓋此一方去天萬里，安危休戚，艱于上達。形勢何以聯屬？警急何以赴援？非其他諸路比也，故聖心深慮之。

殘寇稔惡，時有侵犯，今春大入，歷興元，寇金洋，遂至大安。我師剿之，殆無遺類，威聲既震疊矣。然變詐之性，巧于窺覘，萬一乘我少懈，奪我江源，順流而下，聲搖東南，將若之何？不可不慮也！

夫藩籬嚴密，彼安得以窺我？根本堅壯，彼安得以搖我？昔孝宗皇帝光臨萬寓，中外敉寧矣，而猶切切焉，惟蜀是憂。命執政大臣，繼踵宣威者，至于三四。又詔制置司，同諸帥臣，銓釋兵將庸懦不堪倚仗者，而易置之。夫宣威之設，不于他路，而獨于蜀。兵將之易置，不施之他路，而獨施之蜀。聖哲之心，深知天下安危，實繫乎此。重此一方，所以重國勢也。

陛下可不繩其祖武，而加重于此哉。蓋今日蜀之急務有六，臣請爲陛下略陳之。夫階、成、和、鳳，蜀之垣墉也。其地險絶，爲吾障蔽，則關内諸郡，雖不立城壁，自然安固。焚蕩以來，外無垣墉之可恃，内無城壁之可依，表裏俱虚，寇寧不益肆其毒乎！人情岌岌，避難而逃者，無復歸志，非小故也，毋憚大費，亟爲之圖。度僧鬻爵，費廣不靳，而責成于郡邑。視其多寡，以爲殿最，磨以歲月，庶可漸復。此其急務一也。

自古巴蜀，號稱多士。諸葛亮奮于隆中，豪傑歸之，如水赴壑。勳名爛然，前後相望，可以今日而無其人乎。屬者沔帥，察其姦欺，立談之間，斷此大事，此固蜀中之儒英也。如此人物，搜揚簡拔，推誠而任用之，何由不濟？此其急務二也。

自古立國，賞必以信，况捐軀犯難，尤爲可念者乎。故曰「軍賞不踰時」，欲民速得爲善之利也。而議者或曰「是不宜厚，厚則貪功而生事」。以宋璟不賞邊功爲説，而不知其時之不同。多難之秋，正藉其力，庸可抑乎？大安之戰，其功甚偉，醲賞以厲其餘，誠不爲過此。其急務三也。

巴蜀天險，民生其間，類多勁武，勇于戰鬭，其天性也。然聚而不教，與無兵同；教而無別，與不教同。擇其傑異者，豐其犒賜，養其力，精其藝，而勵以忠義之節，則有勇而知方矣。推之田野之間，因農隙以習戰。若雄邊子弟，所以著稱于唐者，則民兵亦精矣。此其急務四也。

蜀之境土，與群蠻隣，非我族類，未易調伏。今殘寇敢爾憑陵，安知蠻之不吾窺乎！昔李德裕之節度劍南也，建籌邊樓，而圖其形勢，復卭峽關，以奪其險阻。威望赫然，數年之内，犬吠不驚。其所施設，必有深服其心者矣。已然之效，足以爲法。此其急務五也。

蜀本富饒之地，自折估之法嚴，財益匱，民益貧，重以金人之擾，窮悴無聊。何所越愬？所宜選擇良吏，撫摩愛養，如保赤子，如烹小鮮。仁民之政，務在必行。逋負之物，蠲以惠下，以紓民力，以結人心，以爲手足，捍衛頭目之備，不亦善乎。此其急務六也。

兼此六者，推而廣之，則今日之蜀，猶往時之蜀也。如其不然，潰裂四出，不可復救矣。昔我藝祖，肇造區夏，先取荆南，以通入蜀之路，繼取全蜀，以圖混一之功。宵衣旰食，勤苦至矣。陛下嗣守丕基，可不念當時取蜀之難，而思今日保蜀之策哉！

是故國事之可憂者，莫如蜀；外障之難防者，亦莫如蜀。何者？其地至遠也。有才而無識者，不足以爲蜀帥；有勇而無謀者，亦不足以爲蜀帥。何者？其任至重也。先朝遴選于衆，必以張詠之徒爲之。中興以後，吴玠、吴璘兄弟，實任其責。其才氣之雄，智略之偉，立乎千萬人之上。折衝禦侮，談笑閒爾。然則今日之典方面，鎮全蜀者，其可不以前修自勵哉。付之以衆，人所不敢當之事；期之以衆，人所不能成之功。兼總四路，專其委寄，則威望日益隆；優選寮佐，爲之强助，則謀慮日益廣。此方之疾，庶其有瘳乎？西陲既安，則東南恃以無恐。臣所以披肝瀝膽，控告君父者，非獨爲蜀計，爲天下計，爲宗社計也。嫠不恤緯，憂在宗周，惓惓之忠，惟陛下察之。取進止。

論備邊劄子一

臣竊惟當今之務，有不可一日緩者，邊防是也。自陛下更化以來，今十年矣。築城壁，浚濠塹，繕甲兵，積芻粟，習武藝，申軍律，未嘗一日不爲備禦計也。勤勤葺理，至于今日。宜其十全無闕，物物可仗，邊疆隱然有不可敵之威。强鄰帖然，無敢爲寇之意，其理固當然也。

近者竊聞垂亡之寇，輒敢率其餘衆，侵我疆埸，掠我人民，焚我廬舍，偃然有輕視中國之心。陛下知其所以然乎？然則我之所爲邊防者，未必真可恃也。將帥者，三軍之司命，往時稍有勞績之人，率以罪罷。凡今所用，新進爲多，孰爲智？孰爲勇？朝廷不得而知也。孰爲傑出？孰爲中材？朝廷不得而知也。四顧乏使，聊且用之，是謂之嘗試。任嘗試之將，而責以真才實能之事，豈不難哉！然則何以得良將？曰：「朝廷之上，改絃更轍，作其怠惰苟安之氣，則良將出矣。」敵雖微弱，而交聘未已，所以猶敢桀驁。一旦絶之，出其不意，寧不震慴。若猶侵犯，以兵驅之，觀其戰鬬，而智勇傑出之才，因是表見。折衝禦侮，不患無人，此乃邊防之首務也。

講和誓書，質諸天地，邀諸鬼神，不如約者墮其國，可謂嚴矣。誰敢違之？而敵人輒敢渝盟，豈不自知其非哉！直欲邀我歲幣，故爲此小撓爾。我從而與之，是畏其威也，是示之弱也。堂堂大朝，而見脅于衰殘之小醜，惟其所欲，略不敢較，茲其爲恥辱也大矣。使彼猶在燕山，其國尚强，未嘗棄好，雖與之可也。今失其窟穴〔三〕，不絶如縷，又已渝盟，其可與乎！稽諸公論，萬口一辭，謂不當與。惟淺謀寡識者，或以爲當與爾。一或與之，我氣先索，何以立國！方今韃靼最强，及其他豪傑，崛起于北地者甚衆，見吾怯弱如此，將有吞噬之心。豈不尤爲可慮乎！

昔紹興中，北方强盛，而徽皇梓宫未歸，太母隔在沙漠，高宗不得不與之和，所給歲幣，減于全盛者半。而當時忠臣義士，猶以死争之。及金亮叛盟，親提重兵，大入淮甸。而完顔雍已入于北方，亮尋隕于非命，而雍盡反其所爲，其國再安欲尋舊好，故孝宗減幣而與之和。

今之殘寇，與其强盛之時，固萬萬不侔也。而我之與幣增于隆興，一如紹興之數，毋乃太不稱乎！毋乃太卑辱乎！借寇兵，資盗糧，古人之所深戒也。彼既渝盟，是爲寇盗〔三〕，乃以重幣資之。衰弱之餘，一旦得此，以激厲其衆，又豈中國之利也哉！善立大事者，能反而用之，不以是資敵，而反以制敵。夫今之所患者，財用未充也。然歲幣之數，不爲不厚，足以募勇敢，足以旌戰功。

自今以往，邊防于此取辦，國威由此復伸，此天所以祐我國家也。其弱也易兼，其昧也易攻，摧枯拉朽，不勞餘力，此天所以授陛下復讎雪恥之機會也。殘寇折而入我，韃靼〔四〕及夫群雄，知中國有人，莫不惕息，此天所以啓我昌運也。陛下内揆于心，曉然見夫歲幣之不可與，固守而確持之，則可以奉順天意矣。

臣聞孔子之言曰「爲君難」。何爲其難也？决大疑，定大計，措其國于泰山之安，天下無敵焉，所以難也。勢則不强，威則不振，患人之見陵，重賂以求免。中才常主亦能爲之，何待于聖君乎！願陛下審思之，臣不勝惓惓。取進止。

論備邊劄子二

臣竊惟當今之務，備邊爲急，要當精講而熟計之。吴吕範有言「同舟涉海，一物不牢，則俱受其病」，此至論也。然則今之邊防，其可有一事不備乎？臣職在獻納，不敢緘默，謹以今日六事，公論以爲未備者，上徹淵聽。

臣聞古之立大事者，必定其規模，而乘其機會。譬如農功，日夜以思之，思其始而圖其終，行無越思，所謂規模也。始如處女，敵人開户後，如脱兔，敵不及拒，所謂機會也。夫惟規模素定于胸中，緩急先後，有如王朴平邊之策。故守不爲徒守，而戰不爲浪戰。機會未至，則舒徐以待可爲之時。機會可乘，則果決以奮有爲之略。大功之所由集也。今之防邊，亦果能若是否乎？此公論以爲未備者一也。

臣聞古之善料敵者，必察其虚實，而知其强弱，避實擊虚，避强擊弱，則易爲力。今自問探不明〔五〕，懵不知其所向，不擣其虚而擣其實，不攻其弱而攻其强。豈惟無益，必將自斃，又何以決勝乎？此公論之所以爲未備者二也。

臣聞古者百將一心，三軍同力，如腹心手足之交相爲用，如父子兄弟之無有間隔。《泰誓》曰「受有臣億萬，惟億萬心」。予有臣三千，惟一心，此興亡之所以殊也。今人各有心，異論蜂起，不以國事爲念，而惟己私是逞。甚者他人有能，己則嫉之，造作浮言，播于朝路，使有功者不能自安。豈忠于事君者乎？此公論以爲未備者三也。

臣聞兵不在多，以精爲貴。國初，兵籍不過十五萬，而征伐四出，莫不如意，惟其精也。自秦檜當國，陰與金人相結，沿邊不宿重兵。故大軍屯于江山，有急出戍，給之生券，不爲不多矣。然皆習于驕惰，不堪戰攻，故議者以爲不若令歸舊屯，而以其生券，給沿邊武勇之士。公家支費，不增于前，而守禦得人，遠勝于舊。有安居之樂，而無出戍之勞。新卒列營相望，則大軍可以漸減，闕額勿補，以計消之。誠强兵省費，經久無窮之利也，而不聞施行。此公論之所爲未備者四也。

臣聞善馭軍者，必嚴其紀律。白刃在前，不敢不蹈，以爲退却者必死，而前進者猶可冀其或生也。故惟知主將之可畏，而不知敵人之可畏。出師之日，坐者涕沾襟，卧者涕交頤，一死將至，所以悲爾。今軍人遇敵望風而奔，蓋以爲前進多死，而退卻可幸免也。紀律之不嚴，亦至于此乎！此公論以爲未備者五也。

臣聞善養兵者，必厚其貲財。國初沿邊諸將，久于其職，關市之征，皆得自用。以招募勇士，以旌賞有功，以資給間諜，裕然有餘，未嘗匱乏。中興大將，所蓄之財，亦不可勝計。紹興之末，内帑所賜，犒軍緡錢多至千萬，無所靳惜。今日軍用不饒，既無以豐犒戰士，又主將朘削，而軍人益貧。平居憔悴無聊，臨難豈能死敵？此公論以爲未備者六也。

即此六事推之，其他未備者亦多矣。區區殘寇，敢抗天威，苟不能克，爲千載笑。伏惟陛下嚴飭内外大臣，大修軍政，如臣所陳六事，靡不更張，以實邊防，以彊國勢，當今之急務也。惟陛下亟圖之。取進止。

校勘記

〔一〕親聆玉音　原作「新聆玉音」不通，今據四庫本、叢書集成本改。

〔二〕今失其窟穴　四庫本作「今失其險阻」。

〔三〕是爲寇盜　四庫本作「是爲敵國」。

〔四〕韃靼　四庫本作「蒙古」。

〔五〕問探不明　原本作「間探不明」，不通。叢書集成本作「探問不明」，今據四庫本改。

卷五

奏狀

江州乞祠狀

某一介疏庸，重以衰朽，誤蒙公朝使令，每愧無補毫髮。今春一病，沉緜七旬，百端醫療，始得痊愈。氣血從此消耗，體力常苦倦乏，勉自支撑，每慮曠廢。雖居官貴乎久任，然多病難以素餐，苟不知退，何能逃責？目今時和歲稔，民生奠居，官事稀簡，自可少安愚拙。豈復有所規避，止緣衰憊，不免控陳。伏乞朝廷特賜敷奏，付以祠禄一次，使得優游里巷，休養精神，實餘生之大幸。

辭免除都官狀

某今月一日，準省劄。正月十八日，三省同奉聖旨，袁某除都官郎官。日下前來供職，其江西提舉職事，令江公亮時暫兼權，候正官到日依舊者，寵渥踰涯，省循非據。

伏念某才能駑下，知識卑凡。曩者承乏九江，初無善狀，既而濫承隆旨，復愧罔功。加以年齡遲暮，齒髮凋零，筋力疲憊，老態具見，難以復汙朝列。且七十致仕，著在《禮經》，不知止足，有虧廉耻。方欲披露情愫，引年而歸，忽蒙誤恩，豈宜忝冒。伏乞朝廷特賜敷奏，收還成涣，俾遂退閒，不勝大願。所有省劄，某未敢祗受。

辭免兼國子祭酒狀

某昨于三月内，具申朝廷，乞免兼祭酒。尋準省劄，奉聖旨不允，依舊兼領，今已累月。竊緣監學之職，專領教導諸生，曩以秘書少監兼領。館中職閒無事，時復一到，往往多入學中，得以專一與諸生講習，頗相信向。自兼職經筵，講説之日，多凡三日，始得一到學中。相與講習之時甚少，諸生信向寖不如前。每竊自愧不敢安處，欲乞朝廷特賜敷奏。

辭免陞兼同修國史實録院同修撰狀

某今月十一日，準省劄。三省同奉聖旨，袁某兼同修國史實録院。同修撰者，疊冒殊恩，難安愚分。伏念某，自叨史職，屢閲歲華，憐五技之已，窮嘆三長之蔑有，日虞顯黜，敢覬起升。

伏乞朝廷，特賜敷奏，許仍居于下職。庶少穆于師言，所有恩命，未敢祇受。伏候指揮。

辭免專一編類孝宗寶訓狀

臣今月十六日，伏準省劄。備奉聖旨，令臣專一編類孝宗皇帝寶訓者。臣竊以聖君之鉅典，實爲治道之宏綱，欲總括于群書，必參稽于衆俊。如臣者，見聞淺陋，學術荒蕪，自知無補于明時。屢丐言歸于故里，未蒙從欲，常懼逾涯。矧哀烈祖之明謨，亶謂熙朝之盛舉。尾簪紳之後，或可效于微長；顓筆削之權，實難尸于重任。儻惟冒昧，必速悔尤，伏望聖慈，收還成命，改畀逸群之彦，丕昭垂世之規。臣無任祈天懇切之至。

乞歸田里狀

某孤陋之蹤，來自江右，再登朝列，尸素無補。三年之間，屢求閒退，未蒙從欲，每不遑安。伏念某，學術迂疏，才能譾薄，久塵清貫，積憂薰心。今則疾病侵陵，精神恍惚，顛倒錯亂，如癡如醉。古人所謂「老將至而耄及之」，某既耄矣，復何能爲？自度餘生，來日無幾。某之一身不足自惜，惟是違去松楸，于今九載，不得一見，死不瞑目。伏望惻然興憐，特賜敷奏，許歸田里，得以少延歲月。實出生成之賜，伏候指揮。

又，某近以衰老多病，欲歸田里，具申朝廷，乞賜敷奏。伏準省劄，奉聖旨不允。某竊惟《禮經》，大夫七十而致仕，若不得謝〔一〕，則賜之几杖。蓋必其人碩德重望，足以爲薦紳儀表；崇論宏議，足以補時政闕失。求退之意雖堅，而朝廷藉以爲重。故不許其謝事，而以几杖安之，其禮厚矣。

若某者，曾乏寸長，濫叨班列，車載斗量，何可勝數，既非致治之才，難免腐儒之誚。其留其去，無關重輕，尸位素餐，益增愧悚。此所以不得不去者。

歐陽修、范鎮，人物之冠也。然修年六十有五，鎮年六十有三，皆致其事，先朝從之。某于此兩賢，無能爲役，而行年七十有三矣。若猶顧戀，公論謂何？伏乞朝廷，再賜敷奏，俾遂歸田之請，庶逃貪位之譏。伏候指揮。

乞歸田里第一奏

臣猥繇疏淺，躐處清華，曾無補于涓埃。每自慙于尸素，如臨淵谷，若撻市朝。慨念初心，本自期于超卓，豈宜晚節，乃不顧于廉隅。屢騰告老之章，未遂投閒之志。有識咸嗤其固位，後生亦誚其謀身。既公論之弗容，矧衰年之多病，蕞爾僅存于陋質，頑然有類于枯株。知來日之無多，痛修名之不立。仰祈睿鑑，俯察愚衷。與其瀕于危殆，而始聽其歸，孰若可以支持，而亟從所請。得少延于歲月，實頼于生成。臣無任祈天懇切之至。取進止。

乞歸田里第二奏

臣近以年老衰病，具奏乞歸田里。續準省劄，奉聖旨不允。伏念臣學不足以造古人之精微，行不足以爲當世之凖的。瑣瑣未工于謀國，惓惓惟切于愛君。屢陳逆耳之言，每切攖鱗之懼。聖恩寬大，固靡不容，弱植孤危，終難自立。加以年齡之遲暮，不堪疾病以侵陵，名雖謂之老成，實自慚于昏耄。若猶貪戀，必致顛隮，輒干方命之誅，再控由衷之請。一言不實，是謂欺君。三尺具存，何所逃罪？得即安于故里，實有賴于深仁。臣無任祈天懇切之至。

再乞歸田里狀

某近嘗披露肝膽，乞歸田里。續準省劄，奉聖旨不允。

某竊惟義利之辨，古人甚嚴。所貴乎學士大夫者，惟其見得思義也。若嗜進無厭，苟得無耻，此乃庸鄙小人所爲。安在其爲學士大夫乎！

故孔子曰：「飯疏食飲水，曲肱而枕之，樂亦在其中矣。」不義而富且貴，於我如浮雲。某嘗服膺此訓，乃知人生自有樂地。此心無愧，雖貧且賤，自有真樂；此心有慊，雖富且貴，不堪其憂。故不合于義者，聖人深戒之。義之爲言宜也，非所宜得而得之，非所宜處而處之，皆不可以言義。

某年七十有四矣。平生安于定命，不求榮達。今晚節末路，來日無幾，乃嗜榮冒利，不顧廉耻，豈不有負于初心乎？宜去，一也。供職成均三年有半，未能作新士類，淪胥惡習，尸位素餐，已深負愧。升華禁近，何以堪之？宜去，二也。自嘉定之初，離家去鄉，今已十稔。松楸之念，日深日切。若溘先朝露，将抱恨重泉。宜去，三也。疾病交侵，氣血消耗，目昏華而不明，心怔忡而不寧，行步艱澀，常憂顛仆。宜去，四也。今宰執大臣在朝，無同姓之親，示至公也。某區區微臣，父子同朝，寵榮僥倖，公論其謂何？宜去，五也。

昔孔戣負二宜去，韓愈所以不能留。今某宜去也五，而猶貪而不休，其罪大矣。伏乞朝廷特賜，敷奏保全餘生，獲歸田里。實乾坤大造，伏候指揮。

辭免陞兼侍講狀

某今月十八日，三省同奉聖旨，袁某陞兼侍講。

洊被恩光，彌深震懼，眷經幃之密，勿裨聖學之緝熙。退省庸愚，莫能稱塞，誦説已踰于始望，講明難冒于殊私。

伏乞朝廷，特賜敷奏，俾仍舊職，庶免煩言。所有恩命，某未敢祇受。伏候指揮。

辭免除權禮部侍郎狀

臣今月初七日，三省同奉聖旨，袁某權禮部侍郎。

自天有命，無地措躬。竊惟密邇宸旒，論思禁近，俱公朝之高選，實賢士之榮塗。況乃攝貳春官，典司邦禮，必得寅清之彦，庶逃瘝曠之譏。

如臣者，才不逮人，學未聞道。器業弗充，而疏庸已甚；年齡既暮，而朽鈍無堪。累控忱辭，乞歸故里，未蒙從欲，彌切懷慚。念神武掛冠，所以保全于晚節，若甘泉簪筆，胡能稱報于殊恩。自揣非宜，實難冒處，伏望渙渥，改畀名流。俾歸蓬蓽之居，少駐桑榆之景。所有恩命，臣未敢祇受。謹録奏聞，伏厚敕旨。

再乞歸田里第一奏

臣輒殫愚悃，仰瀆宸聽，臣性資鄙陋，學術迂疏。遭逢聖朝，擢登嚴近，非不欲鞭策罷駑，少圖稱塞，而默自循省，了無寸長。以言其才，則不足以排難解紛；以言其德，則不足以感人動物。叨踰過甚，愧怍益多，所以數年之間，累上投閒之請。未蒙從欲，殊不遑安。忽非意之相干，懔孤蹤之難立。惟知反己，詎敢尤人？既不容于清切之班，盍自放于寬閒之野。

伏乞聖慈，檢照臣節。次乞歸田里奏請，速賜施行。臣無任祈天懇切之至。

再乞歸田里第二奏

臣近者輒控忱辭，乞歸田里，續準省劄，奉聖旨不允。

臣一介疏庸，濫膺任使，非不知事君之義，當致其身。方國家多事之秋，非臣子歸休之日。獨以年齡遲暮，體力衰頽，勉强趨班，名實俱喪。己既不能自重，人亦從而輕之。居論思之地，參勸講之華，而苟容于其間，則朝廷亦輕矣。此臣所以不得不去也。

伏乞聖慈，軫念孤蹤，許歸田里，以安餘生，以全晚節。臣無任祈天懇切之至。

辭免正除禮部狀

臣今月初四日，伏準尚書省劄子，備奉聖旨，除臣禮部侍郎者。

自天有命，無地措躬。竊惟貳職秩宗，公朝高選，必得寅清之彦，庶殫獻納之忠。如臣疏庸，何足比數？姑攝官而承乏，猶懼弗任。若滿歲而爲真，又安能稱？兼臣年齡遲暮，心志昏荒，屢騰告老之章，未遂歸休之願。方欲洊陳于悃愊，豈宜冒處于清華？

伏望聖慈，俯察愚衷，收還成涣。仍乞檢會臣乞歸田里前後奏，請速賜施行，以全晚節。所有恩命，臣不敢祗受，謹録奏聞。伏候敕旨。

再辭狀

寵膺綸綍，懼切淵冰。竊惟論思獻納之班，必得碩大光明之彦。矧春官之有貳，實天秩之攸司，自非窮制作之原，何以舉範防之要？而臣偶緣際會，濫被選掄，攝承雖閲于歲華，朽鈍無裨于國論。深虞汰斥，敢覬褒遷，當懇求閒退之時，乃真拜寅清之命。宜去久矣，貪榮可乎？大有負于初心，必難逃于清議。與其包羞而就列，孰若揣分以遄歸？所有恩命，臣未敢祗受。

伏乞聖慈，赦其方命之罪，改畀時髦。俾歸故里，實天地生成之賜。

辭免正除禮部再申尚書省狀

某近者第二奏，辭免新除禮部侍郎恩命，乞歸田里。續準省劄，奉聖旨不允，不得再有陳請。

某雖至愚，豈不知君父至尊，臣子至卑？方命之罪，萬死莫贖。然内揆于心，有不能自已者。某聞陳力就列，不能者止，人臣之大義也。寡廉鮮耻，貪位慕禄，人臣之大罪也。大義如坦途，大罪如深谷。豈可舍坦途而蹈深谷哉？

某之行年，七十有五矣。齒髮既凋，筋力既憊，精神恍惚，如醉如癡。昧止足之戒，叨論思之列，瘝官曠職，勢所必至。心知不可，懇求歸休，大義當然也。攝官滿歲，進而爲真，雖自古有之。但某于求退之時，被升華之命，若不顧廉恥，居之不疑。公論必曰：「是見利而喜爾，是得遷而留爾。」某雖無是心，而迹或似之。雖家置一喙，何以自解？當白首垂没之年，貽貪位慕禄之誚，厥罪莫大焉。舍大義而不由，觸大罪而不恤。爲臣若此，公朝亦焉用之？此某所以不能自已也。

伏乞朝廷，特賜敷奏，追還成命，許歸故鄉，不勝千萬之幸。

又乞歸田里第一奏

臣一介疏庸，叨塵清貫，無補分毫，如負芒刺。所以數年之間，屢求閒退，非飾辭也。名義至重，此心難欺，既深知其不可，而猶黽勉就列，則是寡廉鮮耻。雖至愚無識，尚何面目見天下賢士大夫乎！公論弗容，士友交謫，皆以爲名教罪人，臣實懼焉。

伏乞聖慈，念臣衰病，放歸田里，保全晚節。臣無任祈天懇切之至。

又乞歸田里第二奏

臣今月初九日，伏蒙聖恩，以臣乞歸田里，特降詔不允者。

臣伏自思念，庸陋之質，久玷班列，宜去固非一日，乃至再瀆聖聰。臣聞所貴乎士君子者，以其明于出處進退之義也。若瑣瑣碌碌，無補事功，公論以爲宜去，而貪榮慕禄，恬不知休，尚得謂之士君子乎！粤目聖朝更化，臣首蒙收召，今十有一年矣。歷官中外，不爲不久，歲月愈深，憂愧愈積。以言乎論思，則不能極陳天下之利害；以言乎講讀，則不能仰裨聖學之高明。

而臣之行年，七十有五。形容憔悴，步履艱辛，目昏華而不明，氣萎弱而不振。每遇朝會，戰戰兢兢，常恐失儀，自知來日無幾，必將溘先朝露。一去松楸，不得再見重泉之下，抱恨無窮，此微臣之所以痛切也。

伏惟聖慈，念臣所陳，無非由衷之語，放歸田里，休養餘生。臣干冒天威，下情無任激切屏營之至。謹録奏聞，伏候敕旨。

辭免除焕章閣學士狀

今月五日，準省劄。正月一日，三省同奉聖旨，袁某除焕章閣學士、提舉南京鴻慶宮。任便居住者，褒遷過甚，震惕靡寧。竊惟學士之真除，允謂公朝之高選，學足以造古人之堂奥，行足以爲當世之楷模。以器業則恢洪，以聲名則煒煜。肆膺妙簡，乃協師言。

如某者，資稟凡庸，年臻耋耄。班寖聯于清切，心每懼于滿盈。自應絶意于榮塗，敢覬升華于邃閣。苟惟冒處，必至疾顛。

伏乞朝廷特賜敷奏，曲憐朽質，亟寢誤恩，庸改畀于名流，庶安全于愚分。所有恩命，未敢祇受，見寄留慶元府軍資庫，伏候指揮。

校勘記

〔一〕若不得謝　原作「一不得謝」，不通。今據四庫本、叢書集成本改。

卷六

策問

祖宗家法

問：《書》稱「監于成憲」，《詩》歌「率由舊章」。良以祖宗之家法，後嗣子孫遵而行之，不可違也。在漢宣帝時，宰臣魏相，好觀漢家故事，數條漢興以來國家便宜，奏請施行之。而唐世人主，亦以太宗爲法，《政要》一書，有正色拱手而讀者。夫古者聖君之可爲法者多矣，顧不取諸彼，而惟其祖宗是憲是式。意者曰：「此自吾家法耶。」恭惟我藝祖皇帝，誕膺天命，光宅四海。繼以太宗、真宗，克紹先烈。煌煌乎聖德神功，與二帝三王，比隆並美。漢唐之君，不足進焉。

慶曆中，樞臣富弼作爲《寶訓》一書，而三朝制度紀綱之法，燦然畢具。誠我國家之「舊章成憲」也。歷代《寶訓》，經筵進讀，用爲龜鑑。豈非萬世大法，可遵而不可易歟！雖然物有本末，事有終始，自古爲天下國家者，未有不以君德爲本。而《寶訓》則首以賞罰，非所當先而先之，豈固有深意耶！

求諫，帝王之盛美也。是書之末，乃始及之，豈其所載無非急務，非必以先後次第言也。三朝立國規模，雖非小智所可窺，求之是書，大略可見。當五季之餘，海內分裂，未易混一也。我祖宗之興，遂能削平禍亂，鞏固基業，傳之罔極。何修何營？而臻此也。上而主威振，朝廷尊；下而民生阜，習俗美。內而以大總小，如臂使指，外而邊陲晏然，四裔賓服。成績爛然，本原所自，亦可即是書而求之歟！

若用人，若考課，若任將帥，若制藩臣，若謹刑罰，若制國用，若禦戎敵。垂諸後世，皆可爲法。稽諸前代，亦皆合乎？今日之治，固當以三朝爲式，然因時制宜，容有不能盡合者。故稱堯舜者曰「若稽古」。若者，順而行之；稽者，參而考之。隨時之義，不能盡循也。然則《寶訓》所載，其事事而遵行之歟？抑擇其宜于今者，用之歟？盍併以告。

宗法

問：古者宗法之立，所以篤親親，厚風俗也。

大宗一，小宗四，合而爲五宗焉。蓋諸侯之庶子，不敢禰其父，而自使其嫡子後之。所謂別子爲祖，繼別爲宗，百世不遷者也。別子之庶子，又不得禰別子，而使其嫡子爲後。所謂繼禰者爲小宗，五世則遷者也。不惟諸侯之別子爲然，而異姓之起家爲大夫者亦如之。

嫡嫡相承，每事諮告。有大宗，以爲小宗之統；有小宗，以爲群弟之倡。小宗雖親盡而遷，大宗則正統自若，故百世而親親之恩，未始絶也。風俗安得而不厚歟！然嘗考諸家之言別子者，其説非一。或曰「君嫡妻之子，長子之母弟也」；或曰「公之子皆別子也」；或曰「諸侯之母弟，不盡爲祖也」；或曰「始封之君，別一人爲祖也」。自今觀之，其亦有的然不可易之説歟。

別子之嫡子，謂之繼别可矣。而禮之有繼别子之所自出，則所繼者，果何人歟？别子之正統，既爲大宗矣。大宗有庶子若孫者，其兄弟自爲宗歟？抑宗小宗歟？古者宗將有事，族人皆侍，事無鉅細，靡不由之。以嫡子當立，而苟非其人，悖理亂常，莫亢厥宗，將何以處之歟？祖遷于上，宗易于下，謂其親盡也。親盡則不相爲宗，于是乎易之，則自五世之外，别爲宗矣。上無所繼，而下自爲宗，可乎？繫之以姓而弗别，綴之以食而弗殊。雖百世而婚姻不通，記以爲周道也。然則宗法莫詳于周矣，或謂夏商之制，與周不類。則庶姓别于上，而戚單于下者，婚姻可通也。而何以爲盛時之法歟？

昔之習于五宗者，若毛萇、杜預、賀循、薛綜之流，其説既詳矣。孰爲得？孰爲失歟？東坡蘇氏，以今無世卿，大宗不可復立，欲復小宗，以收天下不相親屬之心。其説似矣然。

自古安有舍大宗而獨立小宗者？獨立小宗，則五世之後，將漸散而無所屬。親親之道，何以能久歟？試紬繹而言之。

歷象一

問：古之聖人，仰觀于天，以爲日月星辰。垂象雖明，而躔度至微，不可以莫之察也。故在《書》，則有「歷象、璿璣」；在《周官》，有「馮相、保章」。而《月令》所紀，尤爲詳焉。

夫天左旋，日月星辰右轉，《禮經》之語也。而或謂天右旋入海，而日隨之，戾于《經》矣。日昱乎晝，月昱乎夜，陰陽之精，發于光華，厥類均爾。而或又謂日入于海，隔以映月，受光多少，隨日遠近，則是月待日而明也。月不能自明，而衆星爛然，獨能自明乎？

史稱「日有中道，月有九行」。中道者，黄道也。去極雖或遠或近，要不離于黄道。而月出于黄道之南北東西，常失其中。箕之好風，畢之好雨，皆月行失中而然。以理揆之，果信乎否也。

太平，日行上道；升平，日行次道；衰代，日行下道。自漢儒有是言矣。不知此三者之别，皆黄道歟？非歟？以分星，觀妖祥，蓋周保章氏之職。春秋時，有星孛于大辰，而知諸侯之火。歲在星紀，淫于玄枵，而知宋鄭之饑。星土之驗，蓋如此。然周都地中，而柳，南方之宿也，安得而爲周分？齊負東海，而虚危北方之宿也，安得而爲齊分？

漢元年十月，五星聚東井，識者知漢將有天下。而後人非之，謂金、水二星不應，背日而行。則《漢史》所紀，果足爲受命之符乎？

越得歲，吴伐之，而越終有吴；燕得歲，秦滅之，而燕終有秦。福德所在，誠非加兵者之利。而或謂，武王逆歲而伐紂，何耶？五星出東方，何以爲中國之利？月行掩昴，何以破旄頭之國？熒惑守歲而退，何以言速用兵者昌？天道幽微，自鄭之裨竈，見沮于子産，其言卒不驗，曾謂後人而能測究歟？

星家之説，多有取于官名。所謂中執法，柱下史，尚書，從官，謁者，郎將之屬，皆後世官稱爾。不知三代之前，亦有是名乎？有之，曷不經見？無之，而自名之可乎？《班氏漢志》，經星，百一十八名，積數七百八十三名。案：八十三，原本誤「三十八」，今據《漢志》改正。後數術之家，或謂二千五百，而海人之占不存，或謂二百八十三萬一千四百六十四星。

夫星，古猶今爾，而多寡若是不侔。有于交州海中，見南極下衆星，皆古所未名者。則甘石，巫咸，果能無遺乎？言天三家，渾天爲優，而爲推驗。七曜並循赤道，而無黄道者，其器亦疏略矣。果何以推驗乎？觀歷代史，或首列五宫，而次以五星；或上言五星，而後五宫；或詳言中宫，而次以二十八宿。皆非徒然，殆必有意，儒者所宜講也。其悉言之。

歷象二

問：昔者帝堯首命羲和，歷象日月星辰，歷步其數，象占其象也。大舜承之，協時月正日，治歷也，在璿璣玉衡，觀象也。歷數既明，象復參焉，天道于是乎不差矣。

漢歷莫密于太初，日月如合璧，五星如聯珠，清臺所課，未有能及者。行之久遠，可以無差矣。而至建武中，纔百餘年，分度已差。元和之際，去天益遠，得非其初，亦有所未盡耶！

漢之渾儀，古璣衡之遺也。洛下閎，賈逵皆爲之，而張衡尤精。所謂術數窮天地，制作侔造化，宜其盡善無可議者。而淳風譏其推驗七曜，盡從赤道，則是無黄道也。焉有黄道不明，而可推測造化者乎？一行有言，六家之説，迭爲矛盾。以爲蓋天，則南方之度漸狹；以爲渾天，則北方之極寖高。且有不在渾蓋是非之語，則是渾儀，亦不足用耶！

夫歷之精者，既不能無差；儀之善者，又難以盡信。天道何以步占？人時何以敬授乎？孟子曰：「天之高也，星辰之遠也，苟求其故，千歲之日至，可坐而致也。」而史遷乃謂：「天運三十年一小變，百年一中變，五百年一大變。」既曰「變矣」，自五百年以往，變有不可勝窮者。千歲之日，果何以推知乎？

璿璣玉衡，自古以爲觀天象之器，而史遷乃曰「北斗七星也」。以斗定四時，夫豈不可？而遂以爲璣衡，其然乎否乎？盍併陳之。

歷代國祚

問：嘗觀歷代得失盛衰之故，自三代而後，若漢與唐，學者類能言之。三國鼎峙，南北分裂，晋隋混一，五季更禪之時，往往未之深考，故願相與講明之。

魏氏據有中土，天下莫强焉。吴大帝、蜀昭烈，處于偏方，角其智力，卒與之抗衡，並列而爲三。彼何修何營？而遂能爾也。天下既分，合之實難。晋武之世，乃能混區宇以爲一，厥功高矣。然不一再傳，而神州赤縣，淪于劉、石。間關渡江，蕞爾微弱，不數年而建中興之業。王、蘇之變，國勢復岌岌矣。以弱制强，卒清大憝。苻、石之雄，非晋所可敵也。勝于淝水，焚其聘幣，曾不見中國之爲弱。雖以桓温挾震主之威，蓄無君之心，而卒不能移其祚。

夫方其盛也，不虞其遽衰，而衰已繼之。至其衰也，殆不足以立國，而緜緜延延，久而不絶。此果何爲而然乎？劉聰、石勒、苻秦、拓拔之流，據有中原，所向無敵，有傳數世而愈盛者。宋武帝，起匹夫，不階尺寸之柄，而兵威所至，易于破竹，卒代晋氏而履尊位。是又何爲而然也？北方諸侯，莫盛于泰和之主；江左諸君，莫盛于元嘉之時。其施爲建立，所以能致盛强者，亦可得而聞乎？蕭氏、陳氏之迭興于南，高氏、宇文氏之稱雄于北，其興也驟，其亡也遽。亦可推原其故乎？以宋武之英特，得長安而旋失之，終身封域不過江左。隋氏何爲者？而能取梁滅陳，中天下而立混一之功，足以爲子孫萬世之業矣。僅一傳而不復繼，此又何也？

唐之莊宗、明宗，類皆一世英主。周世宗，威武之聲，震讋夷夏，尤爲偉特，而皆不足以傳遠。其勢如飄風暴雨，倏然而至，截然而止。何其得之甚易，而失之亦不難也！成必有自，敗必有因，儒者可不考論之歟！盍備陳之，毋略。

邊備

問：古者中國甚尊，外裔甚卑，遼乎頭足之不侔也〔一〕。一匡天下之功，聖人美之。魏絳勸晋悼公，始有「和戎五利」之説，雖能九合諸侯于八年之間，而中國亦少卑矣。漢與匈奴和親，遺以金絮綵繒，賈誼羞之，以爲足反居上，首顧居下，甚言其顛倒也。然當時中國乂安，民物繁華，不可謂非和親之力。武帝窮兵遠討，海内虚耗，其禍烈矣。然匈奴震讋，至宣帝時，朝呼韓于渭上。頭足之位〔二〕，于是復正，不可謂非用兵之功。就二者而權之，當今之務，將何所適從乎？

嘗怪晋室之東，江左可謂微弱，而未嘗輒與議和。石勒來聘，遽焚其幣，不知何恃而敢然也。豈其守禦戰攻之具，素備而無闕歟！唐太宗用兵如神，亦未免屈己以和突厥。後其君長，皆爲所擒，豈其以和好爲權宜？所謂將欲取之，必姑與之者歟！

國朝列聖相承，兼愛南北。澶淵之役，契丹既退衄，精甲躡後，其類可殲〔三〕，而顧與之和。毋乃天覆之仁，不屑與較勝負歟！紹興間，時相獨主和議，忠臣義士以死争之，使當時不遂與和，神州赤縣，果得而盡復歟！自辛巳之冬，金人叛盟，和好遂暌。迄于甲申之歲，天子英武獨運，誓雪讎耻，而卒不與戰，聘使復通，敵亦畏威懷德，無復盜邊。兩淮、荆襄之間，耕桑徧野，民安其業，豈亦和好之明驗歟！

今邊隙既開，區畫實難。將與之和乎？敵情無厭，非理邀索，難從之請，其何以塞！與之戰乎？國用方艱，兵力已罷，幸而能勝，其何以繼之！將以和好爲權宜，而不忘戰守之備乎？沿邊屯戍，未易遽撤，我有吞彼之志，則彼有疑我之心，亦豈能猝合哉！自古待外裔者，不出于和，則出于戰；不出于戰，則出于守。欲立一定之論，爲久長之計，如之何則可也？其備言之。

官制

問：設官分職，所以代天工也。尊卑先後，其序不可易，天道自然，非人以私意爲之也。嘗觀帝堯，首命羲和。以歷象之事，分爲四子，各以其方任職。且置閏定時，以爲釐百工，熙庶績，皆由是出。蓋羲和之重如此。然考其職業，亦不過周人馮相、保章之類爾。在周爲春官之屬，以中士爲之。而帝堯之命，乃居于若時登庸、若予采之先，何其尊卑先後之相戾耶！周家天地四時之官，各屬其屬，與羲和四子，大略相似。而其職，則非鳥、火、虚、昴，作訛成易之謂也。竊疑太古之世，其設官也，多詳于天。若鄭子産，所謂閼伯主辰，實沈主參。晉史蔡墨，所謂五行之官，祝融蓐收之屬，無非以天象、陰陽爲職。堯去太古未遠，故亦以羲和爲先歟！

周六卿分職，詳于人矣。然以天地、四時名官，蓋亦有本焉。嘗以《舜典》九官參之，百揆之任，固無異于冢宰。而以稷官次之，居司徒之先。而士又次之，復有共工焉，虞焉，秩宗焉，典樂焉，納言焉。數多于成周，先後之次，亦復不類，將焉從乎？《周官》大要，不過六卿爾。而周公作《立政》，乃有常伯、常任、牧夫者。卿歟？抑其屬歟？《禮記》：「天子建天官先六大。」又五官、六府、六工，與虞周皆不合。或曰：「此商制也。」信乎？

周六卿率屬，宜各以類相從。而職方土方，不屬地官，而爲司馬之屬。馮相、保章不屬天官，而爲宗伯之屬。司儀掌賓客，儐相而不屬之春官。司服掌王之衣服，而不屬之天官。若此類者，不一而足，安在其爲率屬乎？

古天子九卿，周合孤卿爲九，而漢亦有九卿，其所職掌果合于古歟？閒有列于九卿者，卿在其中歟？抑別有卿歟？《百官公卿表》有所謂「加官」，古弗聞焉，實自漢始。當時所以置是者，果何爲乎？周官三百六十，定制也。以《禮》考之，五家比長一人，以下士爲之，不勝其多，豈三百六十而止歟？漢自佐史至丞相，二萬二百餘人，其多如此。視成周之制，不知其幾倍矣，而當時不聞有官冗之患。自晉及唐，省官之説，班班見于史牒，何與漢異歟？

御史，周之中士爾，至漢則御史大夫，亞于丞相。侍中，秦之丞相史爾，中書令，漢閹闥之臣爾，而後世皆爲輔相。如此之類亦不一，其何自而然歟？古宮中用士大夫，蓋自王宮次舍、膳服、酒漿之官，皆以士大夫爲之。後世内外廷截然爲二，宮中所用，殊不相侔。合而一之，可乎？唐三省相通，中書造命，門下審覆，尚書奉行，至今以爲良法。稽諸周制，合歟？否歟？其詳以答〔四〕。

官禄

問：古者設官制禄，未嘗無一定之法。官之多寡，禄之厚薄，因其事，稱其宜，皆有不可易者焉。嘗觀《書》稱唐虞官百〔五〕，夏商倍之，未嘗不慨嘆古之盛時，設官若是之簡，而庶務靡不畢舉。官既寡，禄亦然，其供億亦易爲力，財安得而不裕？成周三百六十，視古雖增，較之後世簡矣。然嘗疑比長之設，五家一人，以下士爲之，合六鄉而言，官不勝其衆，禄亦不可勝計。雖後世官冗之時，亦不若是多也。或者理所當然，雖繁而不病歟！

孟子曰「卿以下，必有圭田」，「載師以士，田任近郊之地」。釋者曰：「所謂圭田也，夫近郊之地，疆理幾何？又有所謂宅田，賈田者，圭田所占亦甚狹矣。卿以下之官，若之何給之？」

王制：三公之田視公侯，卿視伯，大夫視子男。而孟子以爲卿地視侯，大夫視伯，元士視子男。官于王朝，而其禄以侯國爲差，不爲不厚矣。禄之厚，固所以重其責也。當時孟子之言，曷爲不同？或者非一代之制歟！

漢量吏禄，度官用，以賦民漕，轉山東粟，給中都官，歲不過數十萬石。而當時自佐史至丞相，十三萬有奇，不知漕粟之數，果足以盡給歟？省官之説，晋以來有之，而漢氏無聞，是必官無虚設，禄不輕與，制度之善，庶幾于古也。

元康中，以小吏身勤而禄薄，益百石以下俸十五，砥礪廉隅之意著。然則景武以前，吏禄之制，果能足其用度矣乎？諫大夫，秩八百石，俸錢月九千有奇；光禄大夫，秩二千石，俸錢月萬二千而止。其微如此，意者禄廪厚歟！自中二千石至百石，凡十二等。其多寡之差，視三代何如也。

唐初定官制，纔七百三十員，視漢爲甚寡矣。而歲漕之粟，乃倍于漢，官寡而禄厚，亦美意也。其後有千緡者，有九千緡者，何漢之俸錢，如彼其微？而唐若是之厚，亦有説乎？常衮之裁限，李吉甫、李泌之建請，果皆當乎否也？其究言之。

功臣

問：漢唐之際，人臣有功烈者，必表而揚之。麒麟、雲臺、凌烟，圖畫其人者是也。麒麟所圖，纔十一人，而黄霸、于定國之流不預焉，其選艱矣。韓增、劉德梁、丘賀之徒，非有表見于世，顧乃得預于中興輔佐之列。何耶？

雲臺二十八將，以鄧禹元功爲首，自是而下，亦宜以功之大小爲序。弇之平齊，恂之守河内，彭之克延岑，異之破赤眉，皆其時卓然可稱者，而序之于王梁、杜茂、傳俊、堅譚之下。彼數子者，功何有焉？是何先後之失當耶？

馬援以椒房之親，不得預雲臺。而凌烟則以無忌爲首，借曰賢而有功歟。考其輔佐，孰與房杜？論其戰伐，何如英衛？以椒房之親，而居其上，可乎？志玄〔六〕宏基、開山、順德之徒，瑣瑣焉無足稱。而君集，又叛臣也，乃得與元勳茂烈爲伍。太宗固非苟然者，其亦自有深意耶！德宗差功臣爲二等，其多至一百八十七人。大中時，復增三十二人。是何擾擾然多功臣哉！

詳考其人，真有功者幾何？名曰「功臣」，而無其實者，又幾何？宜悉以告〔七〕。

封駁

問：朝廷者，命令之所自出也。設爲給舍、臺諫之官，以封駁、論列爲職。所以彌縫其闕，糾正其非，歸于至當也。

然嘗觀隆古之時，天子與公卿大臣，謀謨于上，群有司奉行于下。如一家之内，父兄有命，子弟敬承，無敢少戾焉，不聞有封駁、論列之職。意者龍之作納言，仲山甫之爲喉舌，猶後世所謂封駁歟！而未敢以爲信然也。

《周官》司徒之屬，有司諫焉，而所掌者，糾萬民之慝爾〔八〕。宗伯之屬，有御史焉，而所掌者，邦國都鄙萬民之治令爾。亦未以論列爲職也。夫隆古之君，兢業萬幾，惟恐臣下不得盡其忠。而封駁、論列之職，曾後世之不若，豈固自有深意歟！

且以後世觀之，爲給舍者，或論事有回天之力，或批勅有夕轉之風，或列來俊臣陷仁傑之枉，或沮盧杞刺饒州之命，或進藥石之言，或止貓鼠同穴之賀。其確然守正，不肯詭隨者，類如此。爲臺諫者，有謂必明目張膽，有謂當動摇山岳。有欲壞白麻者，有扣額龍墀者，有斥裴延齡姦佞而明陸贄之忠者。其侃然正色犯顔無隱者，又如此。不知隆古之時，亦若是否乎？如曰「予違汝弼，汝無面從」；如曰「官師相規，工執藝事以諫」。此古人虚心求言之盛德也。不知後世所謂封駁、論列者，亦若是否乎？君有常尊，臣有定卑，堂陛等級之勢，判乎其不侔。在上者行之，而在下者非之，毋乃非所以隆主威，重朝廷乎！

又嘗以歷代考之，封駁、論列之職，其始名位皆卑，而其後權任寖隆。蓋給事、中常侍、黄門之流。而中書舍人，纔八品官爾。初止于是，而後皆爲天子之法。從諫大夫，本郎中令之屬，而後爲諫省之長。中丞，本大夫之屬，而後爲憲府之長。何始之卑，而後之崇歟！其必有以也。盍併以告。

革弊

問：革天下之弊者，必循天下之理，而天下之怨，勿容恤焉可也。昔者盤庚之遷都，民胥怨咨甚矣，盤庚不顧，而必爲之。都邑既建，民奠厥居，遂爲商家無窮之利。由此觀之，善爲天下者，奚必恤浮議之紛紛哉！

聖上興起治功，掃除宿弊，海内莫不洗心易慮，以觀德化之成。蓋銅器之弊甚矣，則盡行銷毁。雖王公貴戚之家，敢有私鑄者，必罰無赦。圍田之弊亦久矣，則盡行開決。雖歲月既深，已成膏腴者，亦所不惜。至于會稽之和買，則又從邇臣之請，履畝而税之，以銷姦民欺僞之心。此三者，皆理所當然，人情之所不樂者也。

順理而行政，堅如金石，信如四時，卓卓乎帝王之盛舉。酌于至當，誰敢不服？雖然人心逐利，日長炎炎，殆不可遏。今嚴于約束，令于天下。曰：「毋冶銅，毋圍田。」聞者悚然，莫我敢犯矣。不知既久而能如是乎？

自紹興銅禁之峻，凛凛可畏，而曾不數年，私鑄自若。淳熙以來，賢監司郡守，亦有建請于朝，决去圍田者矣。决之未幾，其圍如故。豈非利心難遏，暫止復作耶？必欲絶其利心，非嚴刑峻法不可。而嚴刑峻法，非平世所尚，然則果何道而使人心悚畏？常如今日也。履畝而税，固爲均平，而曩之真爲下户，法當免者，今亦及之，能無害乎？豪宗巨室，向也析大爲小，得與下户俱免。今履畝之後，所輸必多，能不怨且謗乎？此可以無恤也。不知今日所行，果能久遠而無弊乎？如使未能無弊，施諸吾民，猶有怨心，又不若無怨之尤善。果何道以能使人心樂從，而不怨乎？其備言之。

田制

問：古者井田之法，莫備于周。

蓋岐山則有平土之法，而小司徒之職，則有井牧之法。其平土也，則屋三爲井，積而爲通、爲成、爲終、爲同。其井牧也，則九夫爲井，積而爲邑、爲丘、爲甸、爲縣、爲都。名與數俱不類，抑隨時損益，不能盡同歟？抑旁加之説，果有之歟？

井田之法備于同，而司徒之職止于都。都果足以盡井田之制歟？宅田、士田、賈田，曷爲而任近郊？官田、牛田、賞田、牧田，曷爲而任遠郊？若此類者，必皆有説，可言其詳歟。

百畝之田，所食不過八口。餘衆男爲餘夫，亦以口授田。如此夫當授田之初，量地制邑，度地居民，固已無曠土矣。不知餘夫所受，于何取之？取之近則無餘地，取之遠則父子異居。非先王厚人倫之道也。

周之受田，以不易一易再易爲差。而又有所謂萊地者，田卒汙萊，詩人所刺也。周之盛時，宜無遺利，而田猶有萊，豈肯廢而不治歟！杜佑《通典》謂「九州之地，定墾者九百萬餘頃」。夫九州封疆，可謂至廣。誠如佑説，則一州之内，纔百餘萬頃爾。其可信歟。

《禹貢》：「荆揚之田，蓋最下者。」而唐以江淮爲財賦之淵，古今地利，何遼絶若此歟！秦人廢井田，開阡陌，天下之人，宜不勝其害。而不出數年，乃有國富兵强之大利，遂使先王之制，一廢而不可復。秦豈能過于古歟！漢氏之興，可以復古矣。因陋就簡，卒莫之復，公私之積，宜乎匱乏。而雞鳴犬吠，烟火萬里，田租之輕，至于三十而一，其極也，盡除之，乃有三代所不能爲者。漢果能過于三代歟！

趙過爲代田一畝三圳，而歲代處，蓋古法也。不知所謂三圳者，周人不易一易之法歟？抑自爲之歟？耕其一，廢其二，利微矣。而課所得穀，常過縵田畝一斛以上，豈更休以全其地力而致然歟！

夫欲地力有餘，加之培植可矣，乃廢而不治，不治而獲其利。是法也，果可通行于天下歟？王莽時，王田私屬，毋得賣買。受田者悉如制度，既而農商失業，食貨俱廢。豈欲復還舊貫，而非其人歟？荀悦著論，謂「井田之制，不宜于人衆之時」。其言似矣。

然觀元魏之興，至于太和之主，蓋幾傳矣。當時稱爲極盛，户口衆多，而能略依古制，均給天下田。隋開皇中，墾田千九百萬頃，户口歲增，號稱繁富，乃能發使四出，均天下之田。已然之效，于是可覩。而曰「不宜于衆多之時」，可乎？

魏有露田，有桑田，有麻田；隋有永業田，有職分田，有公廨田。其法度孰合于古？唐之口分世業，尊卑貴賤，莫不有分，廢疾孤寡，莫不有養。守而不失，自足以傳遠。而貧無以葬者，聽賣永業；樂遷寬鄉者，聽賣口分。以太宗之英明，不能講求先王維持經久之意。而立法之初，已開變易隳壞之端。豈古道難行，雖欲久遠而不可得歟？其悉以告。

學制

問：古者化民成俗，莫先于學，自五帝時已有成均之名矣。《記》稱有虞氏之養老，有上庠下庠之別；夏則東序西序；殷則右學左學；周則東膠虞庠，此四代之異名也。然《記》以虞爲庠，而《孟子》則周曰庠；《記》以夏爲序，而《孟子》則殷曰序。何其相戾如此。《記》曰「天子」，曰「辟雍」；《詩》曰「於樂辟雍」。則辟雍，學名也。而或以爲樂，豈求諸《周官》，而不見所謂辟雍者歟？當靈臺之作，周未王也，其所建學，不過諸侯之泮宮爾，安得僭而爲天子之學歟！《大戴禮》有東西南北之學，又有太學，帝皆入焉，而稽諸《周官》《禮記》，皆莫之見。不識此五學者，何代之學歟？

周家教世子之法，《禮》在瞽宗，《書》在上庠，而大司成論説在東序，蓋兼虞夏商之學矣。王制：簡不率教者，自右鄉而移之左，自左鄉而移之右，又移之郊，又移之遂，皆使習禮于學，則是鄉遂及郊，莫不有學矣。家塾、黨庠、術序、國學，復見于《學記》。蓋學校之盛如此，而《周官》略焉。師儒之官，以賢與道得民者，屬之司徒，而學政不預焉。獨大司樂，掌成均之法，以治建國之學政，而祭樂祖于瞽宗。釋者曰：「成均，五帝之學也；瞽宗，殷學也。」周家學校之盛，見于《周禮》者，若是而止。以太平之典，纖悉畢具，而教化之原，闕略如是。何也？

自靈臺經始之時，已有辟雍之學。至武王則鎬京辟雍，獨不見于《周官》。豈所謂「成均」者，辟雍之異名歟？漢興太學，置博士，太常擇民之儀狀端正者，補弟子員。而郡國亦遣生徒受業于太常，以教導之職，而通于禮樂之司。豈亦周人之遺法歟？東都建三雍橋門，冠帶以億萬計。又有四姓小侯之學，及其季世，太學諸生至三萬人，蓋盛于西京矣。唐廣學舍至千二百，區時則有國子學，有太學，又有四門、律學、書學、算學，又多于東漢矣。建立之制，教養之法，果能庶幾于古歟？其併陳之。

禮儀

問：昔有虞氏命伯夷，典三禮，時巡四岳，五禮是修。

說者曰：「三禮，天、地、人之禮也；五禮，吉、凶、軍、賓、嘉也。」及觀成周，大宗伯之職，掌天神、地示、人鬼之禮。而五禮條目，無一不具，斯有虞之遺法也。成周天神、地示、人鬼之禮，其虞氏之三禮歟？然曰「神」，曰「示」，曰「鬼」，此不過祭祀之禮而已。「以吉禮事邦國之鬼神」，祇此一語，已該括無餘。虞氏之三禮，其亦祭祀而已乎？此學者所當深考也。

周監二代，《經禮》三百，《曲禮》三千，周公制作，見于《周官》者，既纖悉矣。而太宰六典之建，復有所謂禮典者，何書歟？將經秦火而遂泯滅歟？抑儀禮之行于今者，即《禮典》歟？禮之有儀，猶木之有枝葉也。而春秋之際，判而爲二，自郊勞至于贈賄，無違者可謂難矣。而曰「是儀也」，不可謂禮。問揖遜周旋之禮，亦曰是儀也，非禮也。儀不足以爲禮，則枝葉不足爲木〔九〕歟。

韓宣子適魯，見《易象》與《魯春秋》。曰：「周禮盡在魯矣。」說者曰：「宣子所見，蓋周之舊典《禮經》也。」由今觀之，《春秋》辨名分，別嫌疑，謂之周禮則可。《易象》何爲而亦謂之禮乎？揖遜周旋，郊勞贈賄，不可謂禮。而以《易象》爲禮，是特不可解也。

漢興，叔孫通立一王之儀，魯兩生非之。曰：「禮樂積德百年，而後可興也。招之而不能致，通所爲不合古，亦可知矣。」施諸當時，能使群臣肅然無譁，高祖知皇帝之爲貴，其明效若是何耶？專務德化之君，以爲繁禮飾貌，無益于治，而罷去有司之欲定禮儀者。當時禮教，宜若盡廢，而乃有興于禮義之俗。豈得禮之本者，果不在于飾貌之末歟？終西京之世，學者不能昭見，但推士禮，以及天子。中興以後，章帝以群僚拘攣，獨使曹褒盡心集作，乃依舊典，撰次冠昏吉凶終始制度。而議者以破亂經術非之，漢禮于是不行。一代大典，曠廢若此，顧何所憑藉以爲國歟？

唐太宗欲興禮樂，賢輔佐不能答。不知所謂貞觀禮者，果善乎否也？厥後有顯慶禮，有開元禮，又有郊祀録，禮閣新儀，續曲臺諸禮。唐之禮書明備，似非前代所及，果合于先王乎否也？

夫制禮而不合于先王，與無禮同。其考秦、漢、魏、晋、宋、齊、梁、陳、隋、唐以來制作，合于先王者何事？悖于聖經者何説？悉著于篇，以觀所學。

服制

問：昔有虞氏觀象作服。日、月、星辰、山、龍、華蟲，上六章，繪之于衣。宗彝、藻、火、粉、米、黼、黻，下六章，繡之于裳。以爲天之大數，不過十二也。

及觀成周之制，乃殺而爲九章。日、月、星辰，繪于旂常，登龍于山，登火于宗彝，隨世沿革，不得不然。由今觀之，虞氏十二章，自東漢、魏、晋、宋、齊、梁、陳往往遵用。而周之六服，惟唐初用之，未幾復廢。虞周皆聖人也，其服皆聖人作也。而後世取舍，乃爾不同，豈亦有説乎？虞氏所作，獨此十二章爾，而成周自衮冕而下，復有鷩冕、毳冕、希冕、玄冕[十]焉。豈《虞書》所謂五服、五章者歟？非歟？

周人監于前代，禮制明備。自享先王先公，迄于祭群小祀，因其禮之小大，爲其服之等差，理固當爾。

然此五服者，公、侯、伯、子、男，孤、卿、大夫，亦得隨其爵之高下而服焉。不知助祭于王之時，從其所自服耶？抑有殺耶？

若曰「從其所自服」，則固有與王相若者矣，亦有隆于王者矣。且方其祭社稷五祀，王所服三章而止，而公以九，侯伯以七，子男以五，可乎？尊卑殽亂，禮不其然。若曰「助祭而服殺」，于經無見，惟釋三禮義宗者，以爲降于王一等。其説似矣，而未盡也，未可以爲據也。

鄭氏注《周禮》，以鷩爲華蟲，理或近之，至以毳爲宗彝，知其不相類也。則以虎蜼爲言，以希爲粉米，知其不相關也。則以刺爲言，于理安乎？舊疑以爲鷩，與毳，與希，與玄，當時必自有服，非必華蟲而下七章，宗彝而下五章之類也。王與諸臣，服不應亂，如衮冕王公雖同，而龍之升降則異，此亦足以别嫌明微矣。其他亦宜皆然。

《司服》所載，上自祀昊天上帝，下至祭群小祀，各服其服，而祭地示略不及焉。不知夏至之日，澤中方丘，蕆事之時，當何服耶？如曰：「父天母地，禮無隆殺，則當暑氣炎赫之時，而服隆冬盛寒之服。」豈人情乎？

漢明帝時，乘輿十二章，三公諸侯，山龍九章，九卿而下，華蟲七章，大略兼用虞周而不純。其果于禮合乎？唐武德初，天子服有大裘、衮冕、鷩冕、毳冕、繡冕、玄冕，蓋周制也。至顯慶時，禮官無忌、志寧之徒，建議非之。以爲月令孟冬，天子始裘，明以禦寒，理非當暑。且據郊特牲，周郊被衮象天之説，與夫漢明帝十二章祀天地之制，請郊祭天地，皆服衮冕，而停大裘，其説則通矣。而司服大裘之禮遂廢，可乎？郊特牲，固《禮經》也。而《周禮》，周公作也。周公，聖人也，非聖人之信而誰信？夏至祭地，示之服，必有可見者矣。其據經而言之。

經生家學

問：漢東西再有天下，經生學士，班班見于史册，亦可謂盛矣。然其列于儒林者，大抵專門名家，黨同伐異，豈有得于學問之大原哉！

今取而細觀之，乃有戒公孫子，以務正學，無阿世者；有以爲治不在多言，箴武帝之失者；有爲人精悍，處事分明，董仲舒不能難者；有謂當修行先王之道，不可委曲從俗者；有父子稱盲，不仕莽朝者；有施諸政事，能使反風滅火，虎北渡河者。皆聞于當時，表于後世，此豈可以專門少之哉！

以專門之學，真有得于聖經之精微歟！發揮隱奥，宜可行遠，然存于今者，幾何人哉？《書》惟孔安國；《詩》惟毛鄭；《禮》惟戴氏而已。餘皆散亡磨滅，百不一二存焉，專門之不足貴蓋如此。

而當西漢時，大師傳授多至千人。中興以後，著録者數千人，有至萬人者。蓋嘗疑之，以夫子之聖，從其游者三千人而止，漢儒豈能賢于孔子乎？何其生徒若是之多也？

唐史之傳儒學，猶漢儒林爾，三百年之久，以儒稱者甚衆，而不聞專門名家講經授業，如漢儒之盛。乃亦有以炫耀聰明，規戒其君者；有裒次經史百氏，帝王所以興衰，而獻其君者；有陳陰盛陽微，而排姚崇太廟屋壞之對者。其他博古通今，著聞于世者，類多有之。問其師承，果何所自？而恥學于師，乃有如韓退之之説，不知當時學問淵源，果何自而來也？其併陳之。

離騷

問：王迹熄，而《詩》亡。忠臣義士憂國愛君之心，切切焉無以自見，而發爲感激悲嘆之音，若屈原之

《離騷》是也。

原見棄于君，棲遲山澤，而繫念不能忘，可謂忠矣，然嘗疑之。「道合則從，不合則去」，此古人事君之大致也。有所蘊蓄，而時不我用，雖古聖不能自必，原又安能必其君之感悟歟！不見是而无悶，不見知而不悔，古人所以自處者蓋如此。

原以見棄，遂至于悲愁憤悶，不能自釋。遠遊之作，蓋無所赴愬思，欲託配仙人，相與遊戲，周歷于天地間也。又自陳忠信與天合度，而九章以作託于祠神，因以諷諫，而九歌繼之，甚而至于不知所爲。決于蓍龜，以卜己所居，憂思煩亂，精神散越，而自招其魂。古人進退出處之際，豈若是之怵迫歟！言飄風雲霓，以喻小人；指惡禽蕪草，以斥讒佞。其憤世嫉邪之心，不能自遏。豈古人卷而懷之，舍之則藏之義歟！故班孟堅以爲露才揚己，愁神苦思，强非其人，蓋譏其未合于古也。然有古詩悱惻之意，胡爲而復見稱歟！《九辨》《七諫》，與夫《哀時命》《招隱士》諸篇，大抵皆爲原發原，而果不合古。胡爲當時後世，惓惓若是歟！或稱其義兼風雅，可與日月争光；或稱其正道直行，竭忠盡智；或詆其何必沈身，作《反騷》者。而《旁騷》《廣騷》相繼而作，是終不敢訾原也。

原，真忠臣之用心歟！雖然「崑崙帝閽」「傾地熒日」「九首三目」等語，類多荒誕。士女雜坐，娱酒不廢，又非法度之正，毋亦一時之寓言歟！自原而下，若宋玉、景差、唐勒、枚乘、相如、子雲之流，亦足以闚原之閫域歟！其究言之。

太玄

問：昔揚雄氏，覃思《易經》，作《太玄》〔十二〕，以準之。分三方、九州、二十七部、八十一首，而繫之以七百二十九贊，亦可謂精微矣。其爲首也，始于中，準《易》之中孚；次以周，準《易》之復也。冬至之日，陽氣方萌，歷七日而得周之次四，蓋七日來復之義。然《易》所謂七日者，猶《豳詩》一之日云爾。謂月也，非日也。《玄》以一首當四日有半，則所謂七日者，詎可以爲月乎？日而非月，亦甚戾于《易》之七日來復矣。安在其爲準耶？

孟喜「六日七分」之説，去坎離震兑，止六十卦，以當三百六旬之數。復以七分推之，而始得與周天之度合。雄之《太玄》，增六十四卦爲八十一首。首當四日有半，凡三百六十四日有半，而八十一首已周，加踦贏二贊，而始得與六日七分之説合。所謂得《易》之道，備歷之數者，蓋如此。

夫其數，即孟氏之「六日七分」，而其爲首多于易卦者，凡十有七，何其若是之不同歟？孟氏之《易》，雖自名家，然趙賓以箕子爲萬物荄滋，詭誕不經，自云受諸孟喜，其誣若是。而「六日七分」之説，《玄》實用焉，何歟眉山蘇氏？亦有疑于踦贏二贊，且云四歲而加一分，千歲之後，吾恐大冬之爲大夏也。此其言果足以箴《玄》之失歟！

《玄》之九贊，擬《易》之六爻也。爻合金木水火爲一，而土爲二；贊分金木水火爲二，而土爲一。胡爲而不類？《玄》之揲，發于陽家，則一三五七九爲晝，二四六八爲夜；于陰家，則一三五七九爲夜，二四六八爲晝。胡爲而有别？《易》之蓍策，本于大衍，而虚其一；《玄》之蓍策，本于天地，而虚其三。其不同若是，而謂之準《易》，可乎？六日七分之説，一行非之。牽牛起度之説，劉洪輩又訾之。豈其果有所未盡歟！

司馬温公之《潛虚》，蓋擬《太玄》也。冬至之氣始于元，猶《太玄》之七日來復也。轉而周三百六十四變，變直一日，乃授于餘而終之，猶《太玄》之踦贏也。然空虚之學，《六經》所無有，儒者所不道。今曰「皆祖于虛」，其信然歟。既自虛而爲氣，爲體，爲質，爲名，爲行，爲命。又自虛而爲形，爲性，爲動，爲情，爲事，爲德，爲家，爲國，爲政，爲功，爲業，何其多端也。餘曷爲而無變，齊曷爲而無位，性之十純，曷爲復以配而列于其間？自哀至散，何以爲先後之序；自王至庶人，何以爲尊卑之象。揚與司馬，皆一世大儒，立言垂訓，宜其坦然易見。今難知若此，其究言之。

校勘記

〔一〕遼乎頭足之不侔　叢書集成本同。四庫本作「遼乎上下之不侔」。

〔二〕頭足之位　叢書集成本同。四庫本作「上下之位」。

〔三〕其類可殲　叢書集成本同。四庫本作「其衆可殲」。

〔四〕其詳以答　原作「其詳以登」，不通。今據四庫本、叢書集成本改。

〔五〕唐虞官百　原作「唐虞宮百」不通。今據四庫本、叢書集成本改。

〔六〕志玄　原作「志元」，此指段志玄，誤。今據四庫本、叢書集成本改。

〔七〕宜悉以告　叢書集成本同。四庫本作「其悉以告」。

〔八〕糾萬民之慝爾　原作「糾萬民之德爾」，叢書集成本同，不通。今據四庫本改。

〔九〕枝葉不足爲木　原作「枝葉不足爲本」，不通。今據四庫本、叢書集成本改。

〔十〕玄冕　原作「元冕」，避康熙帝諱。今據四庫本、叢書集成本改。

〔十一〕《太玄》原作「《太元》」，「元」避康熙帝諱。今據四庫本、叢書集成本改。本篇内其餘例，均照此改，不再出注。

卷 七

論

管仲器小論

桓公得管子于纍囚之中，案：桓公，原本避宋欽宗諱，作威公，今改正。後倣此。置射鈎之怨，親迎于郊，齋戒十日，禮之于廟，三酌而授政焉。故孟子以爲學焉而後臣之。在春秋時，能盡禮尊賢如桓公者，蓋鮮矣。一則仲父，二則仲父，得君又如此，其專也。然功烈之卑，遊孔門者羞稱之，仲何以得罪于聖門若是耶！

嗚呼！仲誠智術有餘者也，而未聞先王之大道，迷其本而勤于末矣。仲之相齊也，舉賢才，明賞罰，令行于諸侯，九合不以兵車，使民離左衽之患，實有大功焉。惜乎其器小而易盈也。孔子曰：「管仲之器小哉。」仲之生平，此一語盡矣。如桓公問仲以行霸用師之道。仲則曰：「公欲定卒伍，修甲兵，則大國亦將爲之，難以速得志于天下。」乃作内政，而寓軍令焉。

嗚呼！齊大國也。修其軍制，使諸侯畢來取法，皆定卒伍，而修甲兵，將復見西周之盛，其規模豈不甚廣！而仲以爲若是則功不可速成，遂使前日功業，一朝掃地矣。此皆仲未聞大道，其器小，故其功如彼卑也。

大抵心之正者，所用無不正，而智有餘者，足以累其心。由東周以來，士大夫日趨于卑陋。如仲之才，誠不易得矣。然考其行事，蓋智有餘而心不正者也。古之聽訟者，令民入束矢鈞金，非以爲利也。仲依倣其法，亦使民入焉，鑄金爲兵，矯箭爲矢，而甲兵大足，乃因是以爲利。何其與古異耶？

古有擇人之官，道王之德意。仲欲圖霸，而恐天下不從，乃使游士八十人，播其美於諸侯，亦其利心之所發耳。仲非不知《經》也，惟其機智有餘，則竊先王之法以爲己利。仲之心術不正，彰彰焉不可逃矣。仲誠有意於治己者，則心術之病，固當痛治而力鋤之。惟其胸中所期，不過區區功業，足以顯名于諸侯以終吾世而已。心之正不正，非所急也。其心術既差，又豈能正其君之心乎？此皆器小之形也。

昔者左丘明最愛管氏，其書所載，如辭子華之請，受下卿之禮。類皆可美者，及變古司馬法，而爲區區之内政，其用心何狹哉！此仲所以爲器小也。

仲制其國，士與工商各自爲鄉，士鄉爲兵，工商鄉專斡鹽鐵。養兵于此，取利于彼，其爲謀亦巧矣。然用人傷於太多，古昔司徒籍兵雖衆，而司馬，調之則寡。孫武言「興師十萬，寧居七十萬人」，是七家而取一卒也。今仲以爲五家爲軌，而一軌出卒五人。是一家而出一卒，何其太甚耶！仲之意以爲不如是，則霸業不可以猝就。苟一時之功，而廢先王經久之制，此仲之所以爲器小也。

大臣之職，莫大于正君心。桓公自言有大邪三，而仲以爲無害，其所以害霸者，惟任賢之不專耳。是仲之意，不過欲其君專任己，而不參以他人，則己得以行其所欲爲耳。而不知君心不正，則爲治之本不立，功業豈能及遠哉！仲之經營霸業，八年而後成，蓋亦勤矣。然功業甫定，而其心侈然，娶三姓女，官事不攝，臺門反坫，用國君禮。己爲奢淫若是，又安能止其君之縱欲乎？君心日蠱壞，故仲一死而小人用事。

史遷作《夷吾傳》，專攻其失。如桓公實怒少姬襲蔡，仲因而伐楚，責包茅之不入；桓公實伐山戎，仲因而令燕，修召公之政。皆探其心而深排之。然則後人何所取信哉！吾始亦疑之，讀孔孟之書，而後知孔子雖以仲爲器小，爲不知禮，然未嘗不稱其功，以爲民到于今受其賜，且有「吾其左袵」之嘆。其稱之如此，至孟子則不然。曰：「管仲，曾西所不爲，而子爲我願之乎？」誅絶之辭，略不少貸。孔孟豈有異旨哉？

蓋仲于周衰之際，糾合諸侯，攘却外裔，有大功焉。孔子與丘明，實受其賜，不得不稱其功也。及孟子時，去管仲已遠。遷之世，相去又益遠。仲之澤已竭，而其過昭然不可掩矣。正其罪，而誅絶之，其理固如此也。雖然孔子作《春秋》，美桓公之盛，而管仲不見于《經》。豈非桓公尊賢之誠，可以引之當道？而仲以區區智術而小之，此固聖人之所貶也。

噫！仲真器小。聖人之言，真足盡其生平哉！

商鞅論

商鞅用于秦，變法定令。已而太子犯法，鞅曰「法之不行，自上犯之」。乃黥刑其師傅。

夫太子，君嗣也。師傅爲戮，辱莫甚焉。而鞅以峻法繩之，不少假借，知有公家而不知其身他日之利害。觀其迹，若不徇己私者，謂之忠臣。夫豈不可？而君子羞道之。何哉？鞅非能忠者也，迹若不徇己，徇己之尤者也。

或曰：「鞅辱及君嗣，不顧其身之利害焉，在其爲徇己乎？」曰：「不然。」鞅之舉動，無非己私，彼以爲行法不自近，則令将不行，而無以濟己之欲，故假于公以成其私耳。

鞅，刻薄人也。其朝夕所圖，富强之效也，而富强不可驟致，則遠道而圖之。先王之治民，惟懼其不親睦也。今使民有二男以上，不分異者倍其賦，以離散其歡欣和睦。此豈先王之意哉？有功者顯榮，無功者無所芬華，甚者宗室非軍功，不得爲屬籍。朝夕汲汲于功利而理之，是非可否不問也。步過六尺者有罰，棄灰于道者有刑，使民惴惴然，手足不知所措。雖一時致富强之效，而秦之本根撥矣。鞅豈不知其悖理哉？以爲法禁不嚴，則富强之效不可致。富强之效不可致，則無以滿君之欲而固己之寵也。夫以固己之私而違道以邀功利，此非徇己之尤者乎！

古者井田之法，自十夫有徑，等而上之，爲畛，爲涂，爲道，爲路，至萬夫而止。所以通車徒，便往來，不得不若是詳也。鞅起而更之，併其千爲一，而謂之阡；併其百爲一，而謂之陌。阡陌之法行，則道路少而田益多。穀粟不勝其富，而井田雖廢，不恤也。

古者五家置一比長，等而上之，爲閭，爲旅，爲黨，皆置官焉。官雖多，廩禄雖費，而訓告其民者至悉也。鞅併鄉遂以爲縣，五千户始置一令，不及此者，惟置長官。職既少而廩禄多歸于公上，雖變古法不顧也。

嗟乎！古先聖王經理天下，事事物物，各處其當，其思慮至悉。而鞅徑變之，以富强其國，以威制諸侯，以顯名于天下，以滿足其君之欲，以益固其位。鞅之徇己，毋乃太甚哉！

天下道二，曰「公與私而已」。公，天理也；私，人欲也。人欲熾于胸中，凡可以利己者，無所不爲，而天理何在哉！景監嬖倖，而鞅因之以進，説君以帝道而不合，則屢變其説，而卒以强國之策售其欺。鞅之急于進取如此，其後秦人怨之者衆。趙良勸其去位而不能從，則其施爲舉錯，何往而非己私耶。

嗚呼！其行法于君也，似不阿；其勤耕織也，似知本；其令行禁止也，似有功。然探其心術，則人欲紛亂，而未嘗須臾寧息。君子豈以其迹而掩其心哉？道不拾遺，山無盜賊，人以是爲鞅之功。鞅以峻法繩其民，特劫于威服爾，何功之云？心術一差，萬事顛沛，君子是以知利心之不可有也。鞅之設心，日夜惟己是利。及其出亡，至無所舍，車裂以徇，爲千古笑。鞅亦何便于爲己利哉！

諸葛孔明論

君子胸中之規模，要不可狹也。有三代王佐之規模，斯有三代王佐之事業。甚哉！王佐之規模，非淺識所可窺也。彼道德之富，涵養之深，胸中所藏，莫知其際。豈可以一節稱，一行名哉！後世之士，不足以進于三代，我知之矣。自處爲甚卑，一節一行，足以自表，則其心足焉。宜其規模之狹，不足以望古人也。

春秋以來，如鄭子産、晋叔向，皆賢卿大夫也。其規模已不足以望三代之士，又况秦漢而下乎！偉哉孔明，生于兩漢之後，而庶幾乎三代王佐之規模。此豈區區一節一行之士哉！高卧隆中，不求聞達，每抱膝從容長嘯。其所以自養者，孰得而測之？先主以帝室之胄，英才蓋世，枉駕草廬，三往而後見，非自尊也。其所抱負者大，用之不敢輕，使先主不能降屈以至于再三，吾有獨善其身而已矣。世方汲汲于功名，而孔明恬然若無意者，此其所存者何如，而規模豈易量哉！

相先主治蜀，明賞罰，核名實，撫百姓，示儀範，此未足以見其規模也。蓋讀《出師》一表，而後知之。昔周家之制，中外一體，故王之左右，職衣服飲食者，皆屬之天官，惟其一體故也。自漢而下，無能識此意者。今孔明之言曰：「宫中府中，俱爲一體，陟罰臧否，不宜異同。」具言其臣良實忠純者，宫中之事，宜悉咨之，其深明夫一體之義乎！

自古大臣出征于外，而國中晏然者，惟周公爲然。今孔明亦連歲出師，而未嘗以根本爲憂，非疏也，蓋有以處之也。郭攸之、費褘、董允之徒，朝夕翊贊于内，又有性行淑均如向寵者。又言「侍中尚書，長史參軍，皆端良死節之臣，願親信之」。其國中多賢若是，而誰敢萌窺覬之心。

王佐之經綸，豈意復見于此時乎？彼非仕而後學者，意其在畎畝中。龐德公、徐元直之流，相與講之者熟矣。王通氏言：「亮而無死，禮樂其有興乎？」即其經畫，而探其所存，誠有足以興禮樂者。然吾有疑焉。

劉璋本以好逆，而乃爲譎計，以取其國。璋，固漢賊也。孔明爲漢除殘，雖誅之可也。然既與之合矣，而又襲之，得無虧于信乎！治蜀太嚴，纖惡不宥，法正規之而不能從。且筆申韓《管子》《六韜》之書，以授後主，亦非三代王佐所以輔其君者。毋乃時不逮古，思其上者不可得，而姑爲其次者歟！然古人惟道之行，不可則止，未嘗少貶也。而孔明姑爲其次者，毋乃其學有所未至而然歟！雖然王佐之不得見久矣，得見幾及焉者斯可矣。

孔明之心，未嘗須臾忘漢，觀其大略，于王佐蓋幾焉。圖畫其國，決非兩漢人物所可及也。迹其將有事于北，而恐有乘其後者，遂五月渡瀘，深入不毛。既得孟獲，七縱七擒，以深折其心，然後孔明得安意北征而無所忌。蜀兵既寡，難以歲歲用，則使十二番休，故雖屢用之，而兵不罷。所爲八陣法，深得古意，用兵止如山，進退如風，所至營壘井竈，皆應繩墨，誠可謂善治軍者。行國君事而人不疑，李平、廖立，没齒懷德。當三國土地分裂之餘，乃有人物如孔明者，而又何議焉。

曰：「孔明，人傑也，君子要當以人傑待之。」闊略優容，所以待常人。而施之賢者則否。擿其所未至，而以王佐繩之，所以愛孔明也。以孔明之規模，而充以古聖賢之學，將爲漢伊周矣。

惜乎其不全不盡也。開國立配，而所納乃劉焉之子婦。身爲宰相，而躬校簿書。孔明而有伊周之學，豈其不全不盡若是歟！此吾所以重爲孔明惜也。

陸宣公論

三代而上，天下多全才，自秦漢而下偏矣。人才之不同，國家盛衰之所關也。三代而上，有名世之君，斯有名世之臣。其器博故其用周，内而承弼厥辟，外而經理庶務，恢恢乎無所處而不當，是之爲全才。而孰能指其偏者？

吾悲夫秦漢而下，人物之不古也。于此雖長，于彼必短。故夫忠言讜論，拾遺補闕，以正直聞世者有之矣，然經濟天下之略鮮焉。剸裁庶務，經理疆埸，以幹略過人者亦有矣，然承弼人主之德者無聞焉。人才之偏若是，視三代之全才，邈乎其不相及矣。雖然天之生賢，非有古今之殊，豈可謂三代而後，終無全才耶！人惟安于淺陋，不能充而大之，故其不逮也如是。

若唐陸宣公，其庶幾于全者矣。德宗，多欲之君也，而贄道之以仁義；德宗，强明之君也，而贄勸之以納諫。知其好勝又恥聞過，正言直指，雖拂其意而無益也。則和緩其辭，而委曲其意，不憚于諄諄，而庶幾潛格其非心。其言一不誠，心莫之保；一不信，言莫之行。所以切劘君心，懇惻如此。雖三代盛時，承弼其君者何加焉！

當是時，神策六軍，悉戍關外，未有爲根本慮者。贄力言之，而帝不從。後涇師忽變，其説始驗。論防秋利害，務所難，忽所易，勉所短，略所長，深中當時之病。且詳陳六失可去，八利可興之策。贄，儒生也，而邊境事諳練如此，則其胸中之經綸，豈易窺哉！

世無全才久矣。今贄也，內而正君，外而謀國，繩愆糾謬之益，開物成務之策，綽然有餘，曾未聞有扞格而不通者。贄果何自而能全耶？吾知之矣。學問涵養，所以潛其心者至矣。小心精潔，未嘗有過，或規其太過。曰：「吾上不負天子，下不負所學，遑他恤乎？」惟其所學有自，故其燭理甚明。其律己甚嚴，其施于用者無不周也。

觀其勸德宗以舍己以從衆，違欲以遵道，遠憸佞，親忠直，推至誠，去逆詐。斯道甚易知易行，不費神，不勞力，在約之于心爾。非心地明白，安能啓迪其君，若是之簡直耶？雖然嘗以孔孟之道觀之，用之則行，舍之則藏，禮貌未衰，言弗行則去之，此孔孟所以垂世立教者。贄之告君，不憚其煩，而帝每不能聽。知幾而作，不俟終日，可也。而贄獨安焉，陰失帝意，卒以貶死。贄誠有學者，曷不師孔孟而亟去之？

嗚呼！可退而不退，宣公處之必有深意，未可輕議也。「有道則見，無道則隱」，此雖天下常理。然君子憂世之深，視天下不治，如赤子之在水火。雖知道之將廢，豈忍坐視而不救？必區區致力于未極之間。苟得爲之，孔孟所屑爲也。豈與小丈夫諫君不用，則悻悻然去，則窮日之力而後宿者比也？

宣公所以不忍亟去者，意其在此。吾故曰：「未可輕議也。」

邊防質言論十事

竊惟當今之務，備邊爲急，而兵機將略，非儒者所當言。故孔子曰「軍旅之事，未嘗學也」，而孟子亦云「善戰者服上刑」。

嗚呼！信斯言也，不曰「我戰則克」。君子有不戰，戰必勝乎？然則兵機將略，乃君子所當講也。

摭簡策之所記，參師友之所談，條陳利害，達其意而已。不矜藻飾，故曰「質言」。

論戰

司馬法曰：「天下雖安，忘戰必危。」此言國家之武備，不可一日弛。雖積安極治之世，不可忘戰，況危機交迫之時乎！竊料今日之勢，必至于戰，戰非美事也。不戰而屈人兵，豈不甚善？然觀時度勢，雖欲僥倖無戰而不可得。何者？敵失巢穴，假息河南，豪猾並起者，必又從而蹙之。師一渡河，汴京鼎沸，浸淫不已，而侵軼之害，近在目前，能無戰乎？

往者紹興講和，不過金人一國，和好既通，無復餘事。今蒙韃既衆，填據有之地，必將四分五裂，與我爲隣，種類不一，必有崛强喜功，不我親睦者，能無戰乎？

往者金人盛强，朝廷姑息，勉强和好。今金師屢敗，亡無日矣，而敢偃然自大，邀我聘使，索我歲幣。若遽許之，姦雄窺覘，謂吾衰弱已甚。故雖垂亡之寇，奉之惟謹，有鄙我心，輕來伐我，能無戰乎？

金人，我之深仇，而敢駐汴京者，謂我不能復讎，可以無南顧之憂也。遽與通和，必墮其計，若不欲遽絶之，姑告之曰：「俟復還燕薊，交騁如故。」委曲遷延，遲以歲月，殘寇必亡。萬一未亡，謂吾無信，致螫于我，斯與之戰，乘其衰弱，克之易耳。

大抵爲國家者，固不宜好戰，亦不可憚戰。晋之渡江，國非不弱，而未嘗肯與敵和。石勒來聘，輒焚其幣。祖逖出鎮，而河南復爲晋土。苻秦南牧，一戰而卻之。蓋强敵在前，晋人朝思夕慮，求勝敵之策，所以克保其國。我朝中興之初，數與敵戰，良將輩出，王師屢捷。岳飛、韓世忠、劉琦、吴玠之徒，勳烈表表于紹興間。非秦檜沮之，復故疆，刷國恥，端可必矣。今廟堂之上，圖畫邊備，如恐不及，必不以戰爲憚，而後人才共奮，何患其無成功哉！

論守

自古有戰則有守，戰所以摧敵，守所以固圉，兼而用之可也。故陸宣公論攻討之兵，則必有鎮守之兵。保親戚而後樂生，顧家業而後忘死，鎮守之兵也。今欲固吾封疆，使敵人無敢侵軼，豈可以無若是之兵哉！雖然有若是之兵，則有若是之費，民力既竭，賦不可增，將何以給之？朝廷深計遠慮，令大軍有闕，無復更補，移其贍養之資，爲吾鎮守之費。招壯勇，充邊屯，各保其所，以待不虞，可謂妙于經畫矣。

而或者有疑焉。昔我先朝用師西陲，夏竦請增置土兵。而楊偕建言：「古者兵有九地，而士卒近家者，謂之散地，言其易離散也。」偕之此言，本于孫武。武，談兵之雄也，而深以散地爲戒。然則今日募兵屯邊，不離鄉井，敵人臨之，我不能禦，倏焉而散，果足以任保護之責乎？曰：「孫子之意，非以散地爲不可戰也，要使人知所儆懼而已。」譬之涉大川者，當憂其易溺，而非以大川爲不可涉也。戒之戒之，深虞其散，而有恩德以固結之，有法度以整齊之，斯不散矣。

古之善馭軍者，撫之如慈父，制之如嚴師，其恩也如雨露之濡，其威也如雪霜之凜。感其恩者，不忍散；畏其威者，不敢散。協力一心，致死衞上，不啻如捍頭目。夫然後藩垣固，門户壯矣。雖然間諜不明，則軍情亦未易定。

國初名將守邊，關市之征，恣其自用，厚給間諜，敵人動息，靡不知之，常先爲之備，故寇入則必敗。其後李允則爲帥，卒有亡入敵境者，移檄索之，答以不知所在，則告之曰「是在某所」，敵不敢匿。若今日邊將，亦能若是，則募兵可恃以無恐，而何憂其易散？請以此裨鎮守之説。

論招募

兵可募也，而亦甚難，徒有募兵之名，而無可使之實，何裨于武備哉！饑荒之歲，民無所得食，故募之易；閒暇之時，爲兵者未戰，故募之亦易。今年穀屢豐，邊事方急。惟豐也，故人無意于爲兵；惟急也，故人憚其爲兵。合斯二者，而下募兵之令，僅得夫驕怠脆弱，望風遁逃之人，將焉用之！然則當如之何？

聞之曰：「重賞之下，必有勇夫。」其賞信，其利厚，以是激之，將躍然奔赴，不可得而已矣。晉之平涼州也，馬隆募能挽弓四鈞，弩三十六鈞者，無問其所從來，立標簡試，旦及日中，得三千五百人。夫弓弩若是之勁，而應募若是之速，彼果何術以驅之耶？及觀涼州既平之後，朝廷欲加隆將士勳賞，有司以爲隆將士勳賞者，皆已先加顯爵，不應更授。楊珧駁之，乃復賜爵加秩。由是知此應募之初，未及征行，而勳賞已頒矣，夫安得而不勸。自春徂冬，成功而歸，不過一歲，而與之三年軍資，受賞多矣，夫又安得而不勸。今之招募，不識能如是否乎？

嘗聞國初，邊將利權甚專，非私之也，欲其廣募驍勇爲爪牙也。中興之初，背嵬一軍，最爲勇健，各持巨斧，上揕人胸，下斬馬足，北敵深憚之。此殆李牧所謂「百金之士」也。豈止錢二三千之所能招？亦豈日給一二百錢之所能養乎？

方今財計未充，誠難廣募，然捍禦應敵，有不可已者。惟當由中及外，痛節冗費，而專以邊事爲急，庶乎其可辦矣。《書》不云乎：「罔曰弗克，惟既厥心。」苟盡其心，事無不可爲者。

論横烽

夫嚴守禦之備，募驍勇之兵，國事果濟矣乎？曰「未也」。兵力雖强，寡助則弱；主将雖賢，孤立則危。自古如是者多矣。

毛寶之戍邾城也，以旁無應援而敗；張巡之守睢陽也，以援兵不至而覆。夫寶、巡，非不智且勇也，嬰孤城捍强寇，其力固不敵也。今夫手足相爲用，則其身安；鄰里交相助，則其家可保。矧天下事，莫難乎兵，而可以無援乎？沿邊勁卒，分屯要害，宜若壯矣。然利害不相同，左右不相關，首尾不相副，聲勢不相接，則亦何以禦方來之寇。非寇不可禦也，獨以一軍當之，是以難爾。

昔元祐初，范純仁經略環慶，建請諸路修横烽之法，賊兵侵犯，則並舉横烽，傳報隣路。且乞委經略司，選策應兵馬将副使臣，分爲二番，戒諭士卒，整繕器械。凡軍行不可闕之物，平時一一備具，常爲猝行之計，纔見横烽，立相赴應。

偉哉斯言！其常山蛇勢乎？擊其首則尾至，擊其尾則首至，擊其中則首尾俱至。純仁深知兵略，得乃父仲淹之傳，故切于事情如此。今遺法俱在，曉然可行，凡封畛相接者，皆明乎患難相助之説，則雖有强寇，莫能肆毒矣。

李崇刺兖州，患其土多盗，村置一樓，樓皆有鼓。盗之發也，次第擊之，俄頃之間，聲布百里，守其險要，靡不擒獲。此横烽之近似者，猶立見效，况其大者乎！古人有言曰「同舟遇風，吴越相救」。以此發明人心，使之協力無間，今之急務也。公朝急圖之。

横烽之説，既言之矣，請復以古陣法明之。五人爲伍，伍有長，積而爲兩，爲卒，爲旅，爲師，爲軍，總萬二千五百人，兵亦衆矣。等級相承，職愈尊，則隸焉者愈衆，倡而率之，若身使臂，若臂使指，井然有條，雖繁不紊。故曰「治衆如治寡」，分數定也。分數既定，交相爲用，雖變化無方，而體統常定。故曰：「紛紛紜紜，鬭亂而法不亂；渾渾沌沌，形圓而不可敗。」

諸葛亮妙達斯理，制爲八陣。以後爲前，以前爲後，四頭八尾，觸處爲首，敵衝其中，首尾俱救，此古法也。布陣如此，誰能克之？此所以既擒孟獲，縱使更戰，而七縱七擒也。渭南之役，司馬懿久與相持而不敢戰，蓋知其不可敗也。史稱懿常遣兵掎亮之後，頗有殺獲，是其小小者，而其大勢，實未嘗動也。夫兵至于不可敗，則無敵于天下，戰至不可敗，則退焉而不可追。亮没而師還，懿嘗躡之矣，楊儀反旗鳴鼓，而懿不敢追，蓋知其不可追也。

深乎深乎！其神于用兵者乎！馬隆得之，涼州之役，樹機能以衆萬計，或乘險以邀其前，或設伏以截其後，自謂謀無遺策矣。隆依八陣法，作偏箱車，且戰且前，奇謀間發，卒以全勝，此則孔明之故智也。唐太宗自稱吾擊弱敵，嘗突出其背反攻之，以是必勝，可謂難能矣。然其所遇者脆敵爾，若以八陣法禦之，前可得而突，後可得而攻哉！

是故莫精于古法，莫全于古法，善用兵者，當以是爲本。不本諸古，而率意以戰者，是謂浪戰，其勝者幸爾。張巡用兵，不依古法。然其言曰：「吾止使兵識將意，將識士情，驅之而往，若臂使指，即古法也。」有志于當世者，其精講之哉。

論訓習

有兵而不教，與無兵同；教之而不精，與不教同。夫人未有不可教者，怯者可使勇，弱者可使强，况天姿强勇者乎！

孫武之教婦人也，約束既明，申令既熟，斬二隊長，而能于俄頃之間，使深宫之女，左右前後跪起，皆應規矩繩墨。馬燧節度河東，以騎士單弱，悉召牧馬厮養，教之數月，皆爲精騎。

人豈有不可教者哉！古人知其然也，蒐苗獮狩，四時之間，未嘗不教。目熟于旌旗，耳熟于金鼓，手熟于器械，足熟于馳驟，坐作進退，無所不熟。被鎧甲，不知其爲重；蹈險阻，不知其爲危。教使然也。雖然教之而無以激厲之，則如勿教而已矣。

今國家所恃者，大軍也，雖曰「教之」，而激厲之術，闕焉不講。州郡亦然，禁旅厢卒，名之曰「教」，而無所激厲，猶不教也。凡人之情，孰不趨利？大軍財用，固自有餘。爲主帥者，視其技藝之精，月以一二千緡錢賚之，歲不過一二萬計，州郡財用亦非甚乏。爲郡将者，視其技藝之精，月以數百緡予之，歲不過數千緡計，厥費未爲廣也。而能使所在卒伍，皆爲精兵，豈非國家之大利耶！

嘗觀李牧爲趙守邊，日擊數牛饗士，以歲計之，不勝其費矣，而無所靳惜，蓋振作士氣，義所當然。况當技藝既精，而無以旌别之。可乎？雖然善其藝者，末也；善其心者，本也。古人教人，豈徒取其能而已哉！迪以忠孝，勉以信誠，赳赳武夫，足爲腹心。群騶諸御，皆知禮義，是則可貴焉爾。《泰誓》曰：「受有臣億萬，惟億萬心；予有臣三千，惟一心。」教戒之久，此心純一，人人可仗，此王者之師也。誰得而敵之！

嗚呼！今爲軍帥，爲郡将者，盍亦究心于此乎？

論民兵

養兵之費，蠹財甚矣，而不得不養者，惟民無以衛，而國無以立也。嗚呼！盍亦求夫財用不耗，而自足以衛民立國者乎？

古者兵出于民，戰攻守禦之具，盡在于人事。耒耜者，其行馬蒺藜也；馬牛車輿者，其營壘蔽櫓也；鋤耰，其矛戟也；蓑薛簦笠，其甲胄干盾也；钁鍤斧鋸杵臼，其攻城器械也。此太公對武王語也。推此類具言之，且曰「田里相伍，其約束符信也」。里有吏，官有長，其將帥也。豈非兵民爲一之良法美意歟！擇其可教者而教之，軍旅之事，一人學戰，教成十人，十人學戰，教成百人，自百而千，自千而萬，雖至于百萬可也。何患其無精兵耶！

今日沿邊郡邑，有弓弩手，有山水寨，有義勇，有保捷，皆民之能爲兵者也。生長邊陲，體力堅悍，固已有可用之實矣。矧復有傑然于中者，世目之曰「土豪」，聲焰所加，靡然從之，皆爲部曲。誠心以待之，恩禮以結之，平居減其租稅，臨事給以資裝，豈有不爲吾用者哉！

周亞夫之伐七國也，得劇孟，喜曰：「吳楚舉大事，而不求劇孟，吾知其無能爲也。」孟，一俠士爾。吳楚失之而輕，亞夫得之而重。衆中之傑，非他人匹也。

然則今日之土豪，可不加厚哉！厚之者，不過數人，而從之者不勝其衆。荀卿所謂：「若挈裘領，詘五指而頓之，順者不可勝數。」得處事之要矣。因其徒衆，教之武藝，區別其能否，而勸沮加焉，皆精卒也。昔李抱真籍民爲兵，免其租徭，足爲農人之利，給以弓矢，不爲私家之費。習射于農隙，則不妨田功，賞罰于都試，則有以懲勸。而三丁選一，合于成周其民可任之數。比及三年，得精兵二萬，不費廩給，雄視山東。嗚呼！安得如斯人者，而辨斯事乎！

論軍法

《司馬法》曰：「國容不入軍，軍容不入國。國容入軍，則民德弱，軍容入國，則民德廢。」旨哉寬嚴異用，隨所宜施，不可以相雜也。軍旅尚嚴，不嚴則法不立。何者？兵，死地也。人情誰不貪生而畏死？畏死之心重，則徇義之念輕，危機迫之，有走而已爾。古人深慮焉，故嚴爲之法，使人心曉然，皆知進猶可以求生，退必不免受戮。雖白刃如林，矢石如雨，無敢却者，法使然也。夏商誓師，敢有不恭，孥戮加焉。周人大閱，斬牲以左右徇陣，曰「不用命者斬之」，其嚴如是。蓋不如是，則士不用命，無以取勝矣。自昔盛時，以嚴爲尚，豈非軍容固當爾耶？今所在雲屯，兵非不衆，而大軍驕惰緩急難仗，意者主將不嚴之故歟？主將之所以不嚴，得非掊克之過歟？虛籍之多歟？姦弊日滋，而無以服其心歟？夫如是，故不得不寬。寬弛之久，驅之戰陣，誰肯盡力？且夫僨帥之弊，其來久矣，至更化而後革。方其選用之初，固無所事，日月寖久，每患失之。苞苴之交結，猶曩時之僨帥也。交結猶故，則掊克亦然。上虐其下，下慢其上，雖欲以法齊之，其可得乎？拔本塞源，痛革斯弊，所望于公朝也。夫軍情無常，畏將則不畏敵，畏敵則不畏將。古之爲將者，受命則忘其家，臨陣則忘其親，援桴鼓則忘其身。令發之日，坐者涕霑襟，卧者涕交頤，將軍有死之心，士卒無生之意。故畏將而不畏敵，人百其勇，所向有功。今之人心，古之人心也。爲將帥者，誠能立法，自其身始，則三軍之士，亦將畏將而不畏敵矣。

史稱：「衞青，勇于當敵，常爲士卒先；霍去病，常以壯士先其大軍。」夫以元戎之主，不顧患難，以身先之，其誰敢不效死？兹其所以爲名將也夫。

論將帥

孫臏策龐涓，夜至馬陵，既而果至。李光弼料高暉、李百越降于雍希顥，既而果降。英材絶識，洞照物情，出于常人智慮之表，宜其成功之超卓也。

李牧收民人入堡，以譎匈奴；周亞夫堅壁不戰，以挫吴楚。養威持重，迎機而發，其兵家之所謂「始如處女，敵人開户；後如脱兔，敵不及拒」者耶。韓信，有舉燕、趙擊齊，絶楚糧道，會于滎陽之請；諸葛亮有跨荆、益，保巖阻，撫和戎越，結好孫權之言。宏規遠略，不愆于素，非小才小智之所及。趙充國以不戰而屈人兵，而罕开自降；羊祜修德信以懷吴人，而陸抗心服。雍容不迫，有古人之風焉。

嗚呼！必若是而後可以爲將矣。雖然此等人物，豈常有哉！必不得已，舍其所短，取其所長，亦足以集事功矣。夫人固有决不可用者，反覆難信，跋扈不恭，雖終身棄之，亦不爲過。其或偶有差失，而材智過人者，其可終廢乎？且孟明嘗爲晋擒矣，李廣嘗爲敵擒矣。然且不廢，况未至于見擒者乎？鄧禹之師，嘗潰于赤眉矣；郭子儀之師，嘗潰于相州矣。然且宥之，况未至喪師者乎？美玉有瑕，未害其爲寶；良馬或踶，未害其爲駿。人才難得，正不可以一眚之故，而遂廢之也。且夫將帥，取其才能，不必責以廉謹，故兵法有所謂「使貪者」。

國初，委任諸將，得其道矣。自西邊用兵，有以公使錢得罪者，法令既密，故武功不逮，可戒哉。小廉曲謹之人，雖不聞顯過，而其實難用；材器磊落之士，雖不修細行，而可與有爲。今日之勢，亦云急矣。爲將帥者，正當度越拘攣，收拾才俊，爲腹心爪牙之用。昔趙奢爲將，奉飯而進之者以百數，所友者以千數，待士如此，供億之費可知矣。

今諸將能循此軌轍，豈不甚善。然供億既煩，則支費必廣，毋以三尺繩之，庶乎其可也。何承矩，築塘貯水，大興屯田，因以設險，爲戎馬之限，厥功偉矣。然輒改詔書，罪之大者也，先朝念其有功，且優容之。此鼓舞豪傑之機括也，豈非今日所當取則者乎？

論重鎮

自古善爲國者，必有可以憑藉之地，亦必有可以憑藉之人。故衆建諸侯，而有方伯連帥者焉。宏材碩德，巋然爲一時之望，侯國視爲準，則王室賴以安强，故古人注意焉。

今之帥閫，古方伯也。都會之地，俱爲重鎮，然當邊事方殷之時，就諸鎮中，有尤重者焉。不知皆勝其任乎？抑猶有物望未孚者乎？夫重鎮若巨室，然生理備具，取之不乏，可以傳之子孫，是謂家計。立規模，植根本，足以弼成丕基，豈非家計之大者耶！昔者高帝征戰于外，而得蕭何焉，爲家計于關中。光武亦征戰于外，而得寇恂焉，爲家計于河内。是二臣者，其謀慮深長，其經理周密，凡國所急者，物物咸具，故二君賴之，以成帝業。

今吾所憑藉者，果何如哉？敵有將亡之形，而猶敢以虚聲加我；我有可乘之機，而猶未能以重兵壓之。是何也？則以内求諸己，未能無慊也。然則若何而可？曰：「選用真賢，付之閫寄，而植立其所謂家計者，斯得之矣。」孰爲真賢？曰：「朝野之間，翕然同稱，無有異辭，是謂公論所歸，斯真賢也。」

今之諸鎮，固欲得如斯人者矣，而猶慮其未然。故願公朝更加察焉，選擇人物，分處要地，尊其位，重其禄，假之以權。財賦皆得自用，官屬皆得自辟，展布四體，惟所欲爲。人所難辨之事，次第而舉，然後中國有所憑藉矣。雖崛起方張者，猶將畏之，况垂亡之國乎！昔者晋室南渡，方伯之任，莫重于荆、徐。荆州爲國西門，刺史常督七八州，獨爲雄盛。故禍變雖作，未幾復安，實賴于重鎮焉。由是觀之，擇真賢，據都會，豈非今日之要務哉！

權大安軍楊震仲諡節毅諡議

議曰："生死，天下之常理；忠義，人臣之大閑。"有志之士，寧殺其身，毋容幸免者，不敢以常理而越大閑也。雖然死有易有難，亦視時之嚴與寬何如。其嚴也，稍失臣節，必誅無赦，等死，死節爲愈，故趨死也易。其寬也，有罪未必誅，忍恥貪生，亦可以徼倖，故就死也難。

嗚呼！不以寬嚴貳其心，大義所在。視死如歸者，其惟烈丈夫乎！楊公震仲，始以興元倅，權知大安軍，逆曦檄還興元，且使來見，見固不可，去之其可乎？我朝法令至寬，潔身而去，不從叛逆，朝廷必將矜而宥之。公心固知之矣，獨念興元之還賊，欲仗我而逐其帥。帥可逐乎？我一失節，人必效之，郡縣皆爲賊守，而蜀非國家有矣。節可屈乎？節苟不屈，此身雖死，猶不死也。屈節辱身，苟活于世，復何面目見士大夫乎？且人所以異于禽獸者，此心之良爾。昧于君臣之義，而斲喪其良心，則與禽獸奚别。

孔子曰："志士仁人，無求生以害仁，有殺身以成仁。"孟子曰："生亦我所欲，所欲有甚于生者，故不爲苟得也；死亦我所惡，所惡有甚于死者，故患有所不避也。"

聖賢立論，其嚴如此，後之爲臣者，其可干名犯義，而自棄于小人之域乎！其可舍順從逆，以自全其區區之身乎！此公之所以死也。太常定諡，能固所守曰"節"，彊而有斷曰"毅"，可謂無忝矣。自公之死，大義著明，人心興起，勃勃乎其不可遏。掃除妖氛，清我西土，第其功者，以手翦逆臣爲首。而君子謂公首倡大義，功不在誅逆者之下，此奉常定謚之本旨也。兹不敢違，謹議。

讀管子

《管子》非一人之筆，亦非一時之書，莫知誰所爲？以其言毛嬙、西施、吴王好劍，推之當是春秋末年。又「持滿定傾」、「不爲人客」等語，亦種蠡所尊用也。其時固有師傳，而漢初學者，講習尤著，賈誼、晁錯以爲經本。故司馬遷謂讀管氏書，詳哉其言之也，篇目次第最齊整，此乃漢世行書。至成哀間，向歆論定群籍，古文日盛，學者雖疑信未明，而管氏、申韓，由此稍絀矣。

然自昔相承，直云此是齊桓管仲，相與謀議唯喏之辭。余每惜晋人集諸葛亮事而今不存，使《管子》施設，果傳于世，淺識之士，既不能至周孔之津涯，隨其才分，亦足與立。則管仲所親嘗經紀者，豈不爲之標指哉！

惟夫山林處士，妄意窺測，借以自名。王術始變，而後世信之，轉相疏剔，幽蹊曲徑，遂與道絶。而此書方爲申韓之先驅，鞅斯之初覺，民罹其禍，而不蒙其福也。哀哉！

張魯川字説

廬陵張君名洙，求字于余，敬字之曰「魯川」。且告之曰：「子之名，乃吾夫子教育英才之地也。」以天縱之聖，統盟斯道，俾萬世之下，人心著明，三綱五常，不泯不墜者，其惟夫子乎！

斯名不絶于口，則斯道不忘于心，又重之以斯字，人以是而稱子。入乎耳，著乎心，夫子之道，將終其身而弗之忘矣。孟子曰：「乃所願則學孔子也。」孔子之謂「集大成」，言此心此道，無一毫之差，至中至正，至大至精，萬世學者之準的也。有志于此，則日進日新莫之能禦矣。子其勉之。

吴晦夫字説

吴生炎，求字于余，余字之曰「晦夫」。《中庸》曰：「君子之道，闇然而日章；小人之道，的然而日亡。」旨哉斯言！古人爲己工夫，至精至密，至深至實，無愧乎此心而已。晦夫其勉之。

鄭德源字説

友人鄭君名清之，求字于余，敬字之曰「德源」。夫水至清也，而所以清者，源也。源之始發，莫或汩之，何嘗有不清哉！惟人亦然，純粹不雜，天之所與也。萬善皆由是出，故謂之源。源微而難明，一毫有差，非其源矣。惟至精者能察之，蚤夜以思，不得弗措，所以求其源也。幸而得之，兢兢業業，無敢放逸，所以養其源也。三才同源，養而無害，則與天地相似。苟爲無源，雖以善爲之，其違道遠矣。

鄉原似忠信，似廉潔，而不可入堯舜之道。楊墨似仁，似義，而卒蹈于無父無君之域。源哉源哉！可不精講而實得之哉！乍見孺子將入于井，而人皆有怵惕惻隱之心。簞食豆羹弗得則死，而不屑于蹴爾之與。非有所計慮于其間也，由中而發，不期而應，此天機之自然也。立身之源，于是乎在，流而不息，孰能禦之！德源，可不篤志于此哉！

書贈傅正夫

學以自得爲貴，學不自得，猶不學也。今觀《論語》一書，多六經之所未嘗言。而《孟氏》一書，又多《論語》之所未嘗言。大聖大賢，豈故求異于人哉。得于心，發于言，亦不自知其爲異也。夫是之爲自得之學。

嗚呼！此理微矣。自象山既殁之後，而自得之學，始大興于慈湖。其初雖有得于象山，而日用其力，超然獨見，開明人心，大有功于後學，可不謂自得乎！雖然慈湖之學，慈湖所自有也。學于慈湖者當如之何？蚤夜以思，求所以心通默識者，改過遷善，日進不止，必將大有所發揮，豈必一一躡其迹哉！如是則可謂善學矣。正夫固有志于斯者，某故因以告之。

書贈張伯常

口傳耳受，雖多奚爲；發憤力行，弗得弗措。過雖微而必改，善雖小而必爲。立志貴乎恢張，保德務在兢業。毫髮有疑，不可謂學；純明不貳，斯之謂盛。

書贈吴定夫

南城吴定夫，布衣芒履，走天下，欲遍識當世賢者。所賫一布囊，其囊用八尺布縮縫之，其末衡縫之，虚其中以便出納，權其輕重長短，中分于肩上。

丁亥年來金壇訪余與王去非。今年春去非奉命守昭武。時昭武盜方熾，而去非行速，親舊不及偕，亦無與偕者。定夫時到中都，慨然曰："王君事不辭難，君臣之義也。我輩獨無朋友之義乎？"即肩布囊，卧起隨之，飲食必親嘗乃進。凡去非平日親舊，知定夫在焉，心乃安。

嗚呼！定夫豈直知朋友之義而已哉！今夫士大夫義不勝利，公不勝私，惟知剥民脂膏，以自封靡。一旦聞金革之事，則心摇膽戰，口出寒液，雖驅之且不前。盜賊之敢于陸梁，其端由之。若王君去非，雖未敢以克亂全才自許，而其至公血誠，上通于天，目前未見其比。使盜賊而禽獸其心則已，若猶人也，能不爲去非感乎？定夫知其審矣，故奮然而行，豈特知有朋友之義而已哉！

方定夫訪余時，余館之社倉，凡倉前居民之貧者，多受惠。有一人操舟失業，且丐矣，定夫探囊出錢，買舟與之。今數口獲全，而舟固在，余以其用之輕，疑其所齎者厚，不復察。既去，乃知匱矣，欲周之不及。去踰年，有見之婺源者，傾囊，惟得所見諸賢像。蓋定夫每見一人，則密屬畫工圖之，他皆無取，其嗜好如此。余欲方之古人，未見其的，因寄以白苧一端，聊賦二十八字，戲且謝之：

長房定有神仙術，
布錢還出布囊中。
寄我南中布一箇，

可解傾囊賞戰功。

書贈蔣宰

《康誥》曰：「今民將在祗遹乃文考，紹聞，衣德言。往敷求于殷先哲王，用保乂民。汝丕遠，惟商耇成人，宅心知訓。別求聞由古先哲王，用康保民。弘于天，若德，裕乃身，不廢在王命。」

君子之道，無所不取，則智益明，德益崇，以臨其民，則恢然有餘裕矣。求之不廣，用之易竭，無以深得乎民心，又豈能爲俊偉光明之事業乎？周公之稱康叔曰：「未其有若汝封之心，朕心朕德，惟乃知。」則康叔之賢，有大過人者矣。君臨其國，不過百里，封畛若是其狹也。可不勞而治，而委曲告戒，必欲其無所不取，非獨一端而止。以商周爲未足，而又及于古先哲王，則所求者愈廣矣。土不過同，而唐虞是則，毋乃割雞而用牛刀乎？曰「茲所以爲古治之盛也」。今爲縣令者，豐財而已爾，巧諂而已爾，徒爲一身計，而未嘗爲吾民計。有談古人之盛美者，則鄙笑以爲迂，而豈能有所取法乎？

鄉君子蔣君伯見，處衰俗之中，而慨然有復古之心，聞嘉言善行，求之如不及。百里之民，其將均被其澤乎？其之官也，踵門告別。某敬書以贈之。

卷八

序

繁昌鄉飲序

孟子曰：「規矩，方員之至也，聖人人倫之至也。」莫尊于聖人，不可復加矣。然不過于人倫之中，全之盡之，非能外是而加毫末也。其言之的如此。徐行後長者謂之弟，疾行先長者謂之不弟。行之疾徐，跬步之差爾。而弟與不弟，是非異塗，堯舜桀跖之所由分也。豈可謂細事哉！

古者鄉飲酒之禮，六十者坐，五十者立，籩豆之多寡，皆視其齒。其別有四，嚴於長幼之辨如此，風教所關故也。而俗吏以爲不急而忽之，而廢之，可乎？

吾友南仲，宗室之秀也，名善潼，有志斯道，爲宰繁昌。舉行鄉飲于學，倣古者賓主介僎，三賓衆賓之制，三揖三遜，獻酬修爵之儀，而參以今禮。濟濟乎其可觀，秩秩乎其可則。周旋其間者，悌順恭遜之美，油然而生，世俗桀驁之習，泯焉不作。

而司正揚觶又語：「以忠于君，孝于親，睦于閨門，比于鄉黨者，其爲化民成俗之助，不既多乎？」昔子游弦歌武城其言曰：「君子學道，則愛人；小人學道，則易使也。」南仲之意，端在于此。余是以嘉之。

象山先生文集序

天有北辰，而衆星拱焉；地有泰嶽，而衆山宗焉；人有師表，而後學歸焉。

象山先生，其學之北辰泰嶽歟！自始知學，講求大道，弗得弗措，久而寖明，又久而大明。此心此理，貫通融會，美在其中，不勞外索。揭諸當時，曰「學問之要，得其本心而已」。心之本真，未嘗不善，有不善者，非其初然也。孟子嘗言之矣，「鄉爲身死而不受，今爲宮室之美，妻妾之奉」。所識窮乏，得我而爲之，此之謂「失其本心」。其言昭晰如是，而學者未能深信。謂道爲隱，而不知其著；謂道爲遐，而不知其近。求之愈過，道愈湮鬱。

至先生始大發之，如指迷塗，如藥久病。迷者悟，病者愈，不越于日用之間，而本心在是矣。學者親承師訓，向也跂望聖賢，若千萬里之隔，今乃知與我同本。培之溉之，皆足以敷榮茂遂，豈不深可慶哉！

嗚呼！先生之惠後學宏矣。先生之言，悉由中出，上而起沃君心，下而切磨同志，又下而開曉黎庶。及其他雜然著述，皆此心也。儒釋之所以分，義利之所由別，剖析至精如辨白黑，遏俗學之横流，援天下于既溺，吾道之統，盟不在兹乎。

燮識先生于行都，親博約者屢矣。或竟日以至夜分，未嘗見其有昏怠之色，表裏清明，神采照映，得諸觀感，鄙吝已消，矧復警策之言，字字切已歟。先生之殁[一]餘二十年，遺言炳炳，精神猶在。敬而觀之，心神俱肅，若親炙。然臨汝嘗刊行矣，尚多缺略。先生之子持之伯微，裒而益之，合二十卷，刊于倉司，流布寖廣，書滿天下，而精神亦無不遍。言近而指遠，雖使古人復生，莫之能易。嗚呼！兹其所以爲後學師表歟。

先生諱九淵，字子静，撫州金谿人也。嘗講學于象山，學者尊之爲「象山先生」云。嘉定五年九月戊申，門人四明袁燮謹書。

浮光戰守録序

自古論兵家之勝負者，繫乎算之多與寡而已。然算之多寡，有甚相遼絶者，有相去無幾者。趙括之疏也，而遇白起；陳餘之迂也，而遇韓信。不待兩軍交鋒，而勝負已分矣。曹孟德一世之雄，而敗于周瑜；杜曾勇冠三軍，而敗于周訪。夫曹與杜，豈可謂無算一時？智慮有所不若，則不能制敵，而敵制之。譬諸奕焉，舉棋一差，斯不勝其耦矣。是故用兵爲最難，兵，死地，豈可以易言哉！

昔者夫子嘗曰：「我戰則克。」而答子路「三軍之問」，則曰「臨事而懼，好謀而成」。此其計慮之精深，隄防之嚴密，無復遺策矣。以天縱之将聖，猶不敢忽如是，况他人乎！

今觀浮光戰守録，太守柴侯以寡敵衆，而三年之間，戰則必克，守則必固，威名赫然，震耀當世。或者精深而嚴密，亦有非常人所能窺測者歟。夫戰而無謀，謂之「浪戰」；守而無策，謂之「徒守」。柴侯之所爲，豈倉猝舉事，僥倖于一擲哉！

誠心爲國，不顧一身之利害，君子觀其忠。兼通群書，周知兵家之機要，君子觀其略。出奇無窮，有似乎即墨之守，君子觀其智。戰于城外，取則于昆陽之師，君子觀其勇。合是四者，何事不集！而又能勤于求助。

王君辛，名将也。安昌之役，突入敵帳，梟統軍首，可謂膽勇矣。而與之協力，及其他才俊，鼓之舞之，頡頏争奮，共圖勳業，皆得牽聯登載于此。《吴志》有之曰：「同舟涉海，一事不牢，俱受其敗。」浮光之戰守，真無一事之不牢者歟！此余所以三復是録，而深嘉之。

送右史将漕江左序

起居真舍人，以精博之學，端方之操，立螭坳，進讜言，蹇蹇謇謇，作時砥柱，搢紳倚以爲重，海内想望風采。嗚呼！可謂正人也已。

邊事方殷，将漕江左，欲豫爲戰艦之備，朝家委寄之意，亦不輕矣。而一時公論，皆深惜其去。蓋汲直在朝，淮南寢謀，忠鯁之士，精神折衝，國勢所賴以安强也。其可遠去乎？雖然前朝舊事，凡欲畀以大任者，皆先歷河北、都漕等官，蓋欲其諳事宜，積雅望也。今之選用，無亦是意乎？

起居正色敢言，知有吾君，而不知有吾身，知有宗社生靈，而不知有吾家。視此身之進退，不啻如浮雲之去來，未嘗以他念雜之。玉壺寒冰，表裏洞徹，此則起居之本心，非由外至者也。昔者伯禹治水，八年于外，過門而不入，子泣而弗顧。夫片時之頃，一至其家，似未害也，而有所不暇，此聖人之心所以精一也。《中庸》曰：「天地之道，可一言而盡也。其爲物不貳，則其生物不測。」《大雅》曰：「上帝臨汝，無貳爾心。」維此大本〔二〕，不必他求，卓然不貳，萬善咸具。古人所以兢兢業業，不敢稍懈者，懼其或貳也。起居常秉兹心，造次不舍，惟正塗是遵，惟公家是念，力持斯世，将有望焉。《詩》不云乎「靡不有初，鮮克有終」。終之實難，起居其思之。

題跋

跋丁未御書

君臣父子，人之大倫也。君父蒙塵于外，而臣子恬然坐視弗救，豈復有人心哉！靖康之禍慘矣。公卿大臣，平居獻佞貢諛，臨難奉頭鼠竄，宗邑傾危，曾莫之恤。延康尚書何公，獨能忠義奮發，糾合同盟，倡大義于天下。聖心簡在，寵以奎畫，其後歸諸御府，而別録之，以寶藏于家，尚書之志念深矣。

昔穆王命君牙曰：「惟乃祖乃父，世篤忠貞，服勞王家。」孟子亦稱：「故國非喬木之謂，世臣之謂也。」尚書忠義如此，後嗣子孫誠能續而不絶，斯足以世其家矣。嗚呼！其偉矣夫。

跋宣和六年御製賜沈晦

國朝取士之盛，是年爲最。蓋承平既久，俊秀雲集，徽皇聖度兼容，纖芥之善，網羅不遺。殿廬考閲将軍別有旨：以御前特試者，參入五等，凡七十餘人，非故事也。或者聖意自有所在耶？

沈公晦，萬言正對，爲天下第一，既而致身侍從，直道進退，蔚爲名臣。其曾孫臨川法曹燧，示臣以聞喜宴所賜御詩，既見當時寵光之盛矣。而復以乃祖奏議一巨編，俾臣觀之，忠鯁深切，皆足以感格君心，興起世道。臣益知徽祖所以簡拔真才，蓋不專取夫象數之學。嗚呼！偉哉。

跋雲巢王公續雅

雲巢王公，名卿之子也。嗜古書，有美才，而恬于榮利。凡世俗所樂者，不入于心，而巖壑奇絶之趣，斯須不忘也。胸襟如此，發而爲詩，清新俊逸，出乎塵垢之外，理當然爾。《傳》曰「不知其人視其友」。紫微于湖張公，一代之傑也，而與雲巢爲莫逆交，更唱迭和，則雲巢之高致可知矣。

余來臨汝，始識雲巢之二子，皆修謹守家法，一日示予以先大夫續雅一編。予敬觀之，皆超軼絶塵語也。《秋山詩》云：「朝來倚危欄，爽氣真可嗽。」此非喫烟火食人所能道者。二子盍面山築小亭，名之曰「嗽爽」，以無忘先君子之雅趣乎？

跋高公所書孝經

《孝經》一書，百行之根源也。贈特進四明高公，嘗親筆之，以授其孫，傳之至今。特進乃春官貳卿介弟，貳卿以學行之粹，著稱于紹興間，與秦丞相相忤，終其身不復用。屏居鄉閭，士之得于親炙，有所啓發者多矣，况其同氣之親乎！

今觀其遺書，楷而有法，無一點一畫猝然而作者。揚子雲言：「書，心畫也。」柳誠懸亦云：「心正則筆正。心者，一身之宗主，家傳之要道也。」人孰不愛其子孫？與之爵秩，心不正則不能繼；豐其財，用心不正則不能保。惟此心之傳，精純不雜，氣脈不間，其將彌久而彌昌乎！

公之曾孫，國子進士指，得此一編，保而藏之，所以寶此心也。高氏之興，庶乎未艾，余是以嘉之。

跋中丞陸公奏稿

陸中丞者，闕其名。然以《徽皇實録》觀之：「政和六年，七月丙辰，大司成陸藴，除中丞。七年，五月甲午，盛章以宣和殿學士，提舉崇福宫。是月庚戌，中丞陸藴，以龍圖閣待制，知福州。」今觀奏稿，論盛章一疏，乃章奉祠之後。尋許朔望入朝，中丞惡其不正，是以攻之。當是時，士大夫柔佞成風，而獨能排姦如此，所謂「鳳鳴朝陽者」耶？未幾補外，可爲太息。其後有陸德先者，亦爲中丞，無所建明，非藴比也。余故表而出之。

跋胡文恭草稿後

胡公外和而中剛，平居温温，不動聲氣，謹重不輕發，發亦不可回，此歐陽公所以有取也。蘇子由，以直言對策，指陳闕失，批逆鱗而不顧，可謂忠讜矣。而堅欲黜之，何哉？雖然公非惡直醜正者。内侍楊懷敏，勢動中外，既以罪斥，未幾，召復故官。公時知制誥，極論其不可，不爲草制，亦可謂有守矣。論人物者，毋以一眚掩其他美。可也。

跋李丞相論和議稿

漢仲長統有言：「中世之選三公也，務于清慤謹畏，是乃婦女之檢閑，鄉曲之常人爾。」

信哉！扶顛持危，國家重寄，非英偉奇傑之士，孰能勝之？若李公者，足以當乎此矣。觀其言語字畫，猶足以使人起敬，況親炙之乎？李公取友必端，則常公亦正人也。余是以兩賢之。

跋忠節傳

李蘄州之歿，某既銘其墓矣。今又得諸賢相繼，正論互發，而大義愈益光明。縱有不知而妄議者，于正人何傷焉。而有可深恨者，古制不明，守禦之職，懵不知其所在，遂使忠臣義士，枉被其毒〔三〕。且蘄州今爲次邊，距極邊亦遠矣。而敵人無所忌憚，輒敢破我藩籬，越我堂奥，而深入我之次邊，是誰之過歟！古人稱：「天子守在四夷，天子卑，守在諸侯；諸侯守在四鄰，諸侯卑，守在四境。」蓋守禦之地，當于其遠，近不足言也。而居極邊者，不任其職，方伯連帥，緩不及事。而剖符次邊者，獨當其鋒，豈不難哉！啓敵人輕侮之心，爲邊境無窮之害。既遂其欲，稍有間隙，又將乘之，使吾奔命不暇，將何便于此？皆守禦之職，苟且因循，不于其遠之故。

誠得如李牧、趙奢輩，訓吾甲兵，足吾財用，豐吾犒賞，嚴備而固守之。彼或侵疆，吾尾其後，豈能無反顧之憂哉！古所謂「老熊當道卧，貉子不敢過」者也。雖藩籬不可得而攻，又豈能越吾之堂奥乎？又豈能窺吾之近邊乎？當今之務，莫切于此。忠于國家者，盍爲明時亟言之。

跋羅亨甫書陳使者死節事

有愧而生，不若無愧而死。大義昭然，若揭日月，人之良心也。陳公之死節，非有意爲之，大本著明，如水之寒，火之熱，天性則然爾。嗚呼！可尚也夫。

跋相山正論

故樞密使王公，淳熙間召爲大宗伯。某進拜焉，儀表豐偉，議論英發，當今海内有如此人物，可謂罕見矣。今觀《相山正論》一編，乃識其源流之所自。艱難之秋，忠憤鯁切，明白精當，人所不敢及者，公能言之，深有補于當世急務。家教所漸，宜其有子如此哉。及讀《尚書》，倪公表先待制之墓，于是益知其所從出。

姦相盜權，妄開邊隙，無敢少拂其意者。而公獨力與之争，曾不暇爲一身計，非相山教以義方之明驗歟！夫君子小人之分，義與利而已，故曰「君子喻于義，小人喻于利」。義者，天下之公；利者，一己之私也。忠臣之心，知有國家焉，爾遑他恤乎。

王氏一門，正人繼作，遂爲世家。孟子曰：「所謂故國者，非喬木之謂，而世臣之謂。」若伊尹之有陟，周公之有伯禽，召康公之有虎，始可謂能世其家者。料院天姿英邁，寤寐于斯，必將竭其忠誠，與其先世同一軌轍。《詩》不云乎「高山仰止，景行行止」。嗚呼！尚勉之哉。

跋滕君勿齋記後

士君子之立于斯世，所以殊于衆人者，以其知道也。不學則不知道，不知道則無以爲人。故聖人有言「朝聞道，夕死可矣」。夕死而甘心，至切之辭也。

何謂道？曰：「此是彼非，不過兩端。舍其非，從其是，道在是矣。」皇極之敷言曰：「無偏無陂，遵王之義；無有作好，遵王之道；無有作惡，遵王之路。無偏無黨，王道蕩蕩；無黨無偏，王道平平；無反無側，王道正直。」旨哉言乎，勿爲不善，有不可勝用者。孟子亦云：「無爲其所不爲，無欲其所不欲，如此而已矣。」古人明白切至之論，大概如此。滕君以勿名齋，其義至約，而所該甚廣，有合于古人之心。余是以嘉之。

跋子淵兄弟行實

士大夫有立于當世，要以尚志爲本。其志不大，而朝思夕慮，不出于蕞爾形體之微，其何以任重致遠乎！

南城傅氏兄弟，天資俱高，輔以篤學，不安于小成，而用力于大道，昭晰無疑，毫髮不差。子淵之所得于象山先生者，可謂端的矣。二弟繼之，同此一源，皆人中之傑也。子淵化行百里，不勞施爲，自然感動。三年間，杖有罪者，纔十有六。此豈小丈夫挾區區之智術者，所能爲乎？和父居官，率由此道。子野雖老于韋布，而開禧所上書，慨然有憂宗社生靈之心。其子正夫，親炙慈湖，有得于中，氣脈相續，無有間斷。

夫以古先盛時人物爲的，而自漢而下，有所不屑，始可謂有大志矣。日進無疆，誰能禦之？有其善，喪厥善，智及之，仁不能守，雖得必失，則其智猶未大也。嗚呼！可不勉哉。

跋祖姑歲月記

某生于紹興甲子，爲兒時，先妣戴淑人，屢爲某言六世祖姑之賢。祖姑適奉川蔣氏，其殁也，以辛未之春，某生八年矣。

奉川距城差遠，厥子若孫，未嘗相與還往。嘉定壬午歲，始有見訪者，問其家世，則祖姑之孫也。示某祖姑《歲月記》，稱贊之語，與先淑人所言皆合。臨死生之際，恬然不亂，若有所悟入者，可不謂賢乎！而不能保天年，纔三十有一而終，可爲永嘆。

其孫名懌，亦佳士，以祖姑之善行，餘慶所鍾，宜其有後也。方興未艾，于是可占云。

題魏丞相詩

古人之作詩，猶天籟之自鳴爾，志之所至，詩亦至焉。直已而發，不知其所以然，又何暇求夫語言之工哉！故聖人斷之曰「思無邪」。心無邪思，一言一句，自然精純，此所以垂百世之典刑也。魏晋諸賢之作，雖不逮古，猶有春容恬暢之風。而陶靖節爲最，不煩雕琢，理趣深長，非餘子所及。故東坡蘇公言：「淵明不爲詩，寫其胸中之妙爾。」唐人最工于詩，苦心疲神以索之，句愈新巧，去古愈邈。獨杜少陵雄傑宏放，兼有衆美，可謂難能矣。然「爲人性僻耽佳句，語不驚人死不休」，子美所自道也。詩本言志，而以驚人爲能，與古異矣。後生承風，薰染積習，甚者「推敲」二字，毫厘必計。或其母憂之謂，是兒欲嘔出心乃已。鐫磨鍛鍊，至是而極。孰知夫古人之詩，吟咏情性，渾然天成者乎？

丞相壽春魏公，以詩名聞天下，清雄贍逸，而歸于義理之正，其發有源，故流不竭。蓋公嘗使北矣，冒不測之險，戈戟滿前，不少撓屈，卒定敵國之禮。相我阜陵，中外寧一。其薨且葬也，故相陳申公，作詩挽之。有讜論見排姦之句，則知當時邪佞小人，見沮于公者不少矣。正直如是，詩律之嚴，可推而知也。

某來臨汝，公孫某，爲郡丞，示公遺稿，見屬爲序。某非工詩者，又豈能評詩？然古國風雅頌之微旨，嘗探索之，得其大略，以律後世之爲詩者。品格高下，瞭然可覩，故于公斂袵起敬焉。敬其詩者，敬其人也。公之名德，死且不朽。公之篇咏，亦将流傳于無窮。嗚呼！可敬也夫。

題宋教授詩册後

余觀工于詩者，代不乏人，而能世其家者幾希。惟杜審言之孫甫，最爲烜赫。蘇東坡之後過，頗有佳語，而去乃翁遠甚，不足以相繼。

今西園公阮，以詩鳴，而謙甫之詩，偉麗清騷，酷肖乃翁之風。此所謂「維其有之，是以似之」者耶？然西園位不配德，年亦不壽，識者傷之。謙甫齒，髪方壯，志氣挺特，議論堅正，而風骨難老，他日必将光大其門，一第豈足道哉！此余所以知宋氏之方興而未艾云。

跋陳宜州詩

嘉定中，余官成均，始識陳宜州之子森，愛其風度灑落，志操堅正，而知源流之有自。今觀宜州親筆此詩，信哉！有是父，所以有是子耶。

夫人心至靈，是非善惡，靡不知之。以邊功幸賞之故，而置六十四人于死地，豈人之本心哉？利欲誘之，不能自克爾。宜州力争之，寧得罪以去，而不忍六十四人死于非辜，卒全其生。非有爲而然，本心著明，自不能已爾。由是觀之，士君子平居講學，果爲何事？一言以蔽之曰「不没其本心而已」。萬善之原，皆繇是出。嗚呼！寧不偉哉！

跋東坡詞

裕陵可謂英主矣，憤外域之彊，欲以威制之。用師西羌，所以斷匈奴右臂，爲收復燕南之階也，睿謨遠矣。鬼章青宜結之捷，撥厥所原，于是歸功焉。告裕陵詞，蘇公筆也，與此歌同指。銘温公墓隧，亦稱「四夷來同，爲神考之功」。然則威外裔，安中夏，固帝王之長算偉績也。嗚呼！醜類方强，猶欲服之。況至弱之時，易爲力者乎？

跋八箴

八箴之作，可謂忠告善道，篤于朋友之義矣。臨川使君，實佩服之，造次不忘，可謂有志于斯道矣。然余以爲八者，厥名雖殊，其本一也。人之本心，萬善咸具，乍見孺子将入井，皆有怵惕惻隱之心。嗟來之食，寧死不受，是之謂本心。然則公、廉、勤、謹、忠、信、和、緩，非人之本心乎？大本昭融，一以貫之可也。

跋先倉部戲賀何端明得子詩

慶門昨夜夢熊羆，

曉得明珠照鳳池。

却憶劉郎詩句好，

海中仙果子生遲。

端明尚書何公，娶某之高祖父光禄公之女，爲越國夫人。歲在丁未，尚書帥師勤王，已而暫寓甬東。曾大父被命守泗，待次于家，因得與尚書周旋。小詩倡酬，雖一時戲語，而字字精當。前輩風流，醞藉亦足以窺一斑矣。

尚書之曾孫處權，出此卷示某，感嘆久之。敬書其後，以致兩翁情義之篤，後裔所不可忘者。

題孫吉甫遊東山跋

論者多非晋人尚清談，雖謝太傅之賢，亦不免見譏。嗟夫！謝公豈易及哉。淝水之役，苻秦以百萬之師，下瞰長江，京邑震恐，不知所措。而公從容應之，曾無懼色，毋乃姑爲是矯情以鎮物歟？曰「非也」。公之料事審矣，平居暇日家庭之間，與其弟及兄子，朝夕切磨，講之熟矣。制勝之具，了然于胸中，談笑指麾，摧折勍敵，迄不復振，謝公豈易及哉！

吾友孫君吉甫，學通古今，述東山經行寓止之處甚備，非愛東山也，愛謝公也。昔召伯之教，明于南國，憩茇所在，後人追思。勿翦其木，而甘棠之詩作，非愛甘棠也，愛召伯也。吉甫之意，或者亦出于是也夫。

跋西園詩集

歐陽公言語妙天下，渾然精粹，無片言半辭舛駁于其間，可謂至矣。而張之壁間，往復觀之，一字未安，改之乃已。譬之美玉極雕琢之工，而後瑩乎其可觀也。

今觀西園公之詩亦然，精麗高雅，無辛苦迫切之態。若不甚經意者，而閱其稿，則竄定多矣。大抵似其爲人，自律甚嚴，纖微有所必計。廉白之操，著稱一時，宜其發于筆端，亦猶是也。余是以深嘉之。

題彭君築象山室

義理之學，乾道淳熙間，講切尤精，一時碩學，爲後宗師者，班班可覩矣。而切近端的，平正明白，惟象山先生爲然。或謂先生之學，如禪家者流，單傳心印，此不謂知先生者。先生發明本心，昭如日月之揭，豈恍惚茫昧，自神其説者哉？

彭君清貧至骨，而能築室于山，以屈致明師，可謂知所尊尚矣。高山仰止，景行行止，慕景行而行之，猶仰高山而身履其巔也。尚勉之哉。

跋二王帖

穆王命君牙，惟乃祖乃父，世篤忠貞。又曰「纘乃舊服，無忝祖考」。宣王命召穆公，亦以康公期之。曰「召公維翰」，謂康公也；曰「召公是似」，欲穆公似乃祖也。治世盛時，所貴乎世家者蓋如此。今觀二王相繼，名德巋然，可謂盛矣。爲之後裔者，可不自勉哉。

題王逸少帖

鍾鼎古篆，莊重有典則，如正人端士，對之令人起敬。篆變而隸，猶曰近古。自東晋以來，推王逸少爲第一，不知篆隸之遺法歟？抑少逸自出新意爲之歟？深曉書者，當能辨之。

跋范文正公環慶帖

范文正公，以英邁宏傑之才，震耀當世，區置西事，具有方略，觀此一帖，可推而知矣。夫人物偉特如是，而形于字畫，乃爾精謹，何也？志氣要當恢張，保養務在兢業，闕一焉不可。兢業而不恢張，則所志者狹矣；恢張而不兢業，則所養者虧矣。古人有言「膽欲大，心欲小」。公兼斯二者，兹所以爲一代之傑也歟。

跋杜正獻公帖

位乎百僚之上，當天下之重任者，孰爲先務？秉公心，行正道而已。杜公居相位日淺，功業亦不多見，然至今天下推爲正人。觀其遺墨，猶使人斂衽起敬，况親炙之者乎？嗚呼！正人之可爲貴也如此。

題楊省元泌所藏東坡帖

蘇公才華擅一世，而未嘗有矜己輕物之心。觀此數帖，樂易慈祥之氣，猶可挹也。雖然公非苟同者，自荆公猶不爲少屈。趨舍殊途，因應鑿枘，而于楊子親厚如此，其有契于心也夫。

跋林叔全所藏東坡帖

古之君子，無一念不在國家，未嘗爲身計也。大義所在，九死不顧，遑恤他哉。觀公此帖，足以知其平生之志，不在于區區口體之養。高名全節，迄今炳焕，信非偶然。

吾鄉清敏豐公，致身常伯，累鎮大藩，而資産纔七十畝，與公俱爲元祐名臣，厥志同爾。龔彦和，遠謫窮荒，囊無一錢，手執紙扇，沿途乞丐，以達貶所。陳后山，守道固窮，不勝饑凍，以至于死。若此二公者，雖一畝之田亦無有矣。竊悲末俗之陋，追想前輩高躅，遂敬書之。

跋涪翁帖

涪翁，一代人傑，言爲世準，無一可議。此卷所云「士不可以一日不學，民不可以一日無教」。其言當矣。論爲人父母，非「聽獄求盗」之謂，則所未喻。夫獄訟得其情，盗發而輒得，非細故也。其爲急務，與勸學養士等爾，而抑揚若是，不亦偏乎？

雖然先聖言兵食可去，信不可去，豈謂兵食果可缺哉？正欲甚言民信之重，不得不爾。故曰：「不以辭害意，以意逆志，是爲得之。」如是而觀涪翁之語，亦無可議者矣。

跋涪翁帖後

涪翁書，大率豪逸，放肆不純，用古人法度。常稱杜周有言：「三尺法安在哉！前王所是著爲律，後王所是疏爲令。」以此論《書》，而東坡絶倒雅意于不俗，有戈戟縱横之狀，不得已焉耳。今觀此帖，乃能斂以就規矩，本心之所形也。良可寶云。

跋江諫議民望與超然居士帖

諫議江公，以讜言結知徽皇，天下推爲正人，既而流落不偶。梁師成，見柱上刻公姓名，乃奎畫也。請所以簡記之，故帝稱其忠。師成曰：「何爲不用？」帝曰：「我用斯人，爾輩何所容其身乎？」及宣和間，公避寇抵京師，遊郊外佛廬，與禪衲語。師成屬寺僧，具素饌延之。一後生在焉，公知其爲梁氏子，亟起，僧固留之。厥子因前，具言乃父歸向之意甚切。食罷，語之曰：「寄謝尊君，燕雲之役，謹不可與。」公豈爲師成者哉！時方貴幸用事，足以力阻建議者而罷其役，故以斯言曉之。惜乎！僅能勿與，而弗能止也。然公之忠誠，無有愧怍，此超然居士，所以心服其賢，而交情至篤歟！《傳》曰：「不知其人視其友。」斯亦足以知超然之賢矣。

題趙華閣帖

華閣趙公，人物之翹楚也。有家傳之學，有師友之訓，志操之挺特，器業之宏偉，足以有爲于斯世矣。

而雅意静退，不以立朝爲榮，而欲以外庸自見。平生所藴，形于施設者，不過一州一路而止，其亦狹矣。雖然賢者所行，足爲世準。使爲士大夫者，聞公難進易退之風，砥礪廉隅，有特立之操。爲守爲帥〔四〕者，聞公政事之美，則而傚之。有可紀之績，所及不既廣乎？

某始叨從班，公即以書見教云。我先公之居此地也，專以論思獻納爲職，奏篇甚富，凡當世利害，知無不言。某自聞斯語，服膺不失，二三年間，罄惓惓之忠，有犯無隱者，公實教之也。以某一介推之，則知受教于公，有所興發者多，而孰謂其狹哉！嗚呼！可敬也夫。

題唐子西與游公帖

某之先君，嗜古好書，于《唐子西遺編》，愛之尤篤，嘗手自抄，成一巨帙。意者深有契于心耶？所與游公帖，「不喜使君得循州，喜循州再得使君」。有味其言，故游氏子孫，寶藏至今。某因是以知游公之賢，且有懷于先君，故併識之。

跋林户曹帖

建炎猾夏之禍，四明最酷，玉石俱焚。户曹林公，挈家浮海，獨免于難。若有以相之，人皆稱公仁厚喜施，義所當與，傾倒不靳，此念篤切，感通神明，兹所以獲爲善之報。財雄一州，而後人資用僅給，蓋所散者多矣。

今觀遺墨，清雅可愛，靈臺湛然，不爲俗氛所汩，流露宜爾也。我先祖朝奉，實公子壻，亦以好施著稱鄉黨，殆薰炙使然。公之曾孫叔全，亦清謹士，出示此卷，因併述之。

題楊誠齋帖

楊公不妄許可，而書辭有云：「平生得友，議論印券，志趨符節，無如左右者。」其賢可知，蓋家庭義方之教也。

題誠齋帖

誠齋楊公，未第時嘗小蹶矣。自期以千里之姿，必能致遠，竟如其言。歷官中外，表表可紀，抽身早退，晚節益高。其平生之志也歟。

跋傅給事帖

楊應誠之難信，甚易知也。案：應誠，原本誤誠齋，今據《宋史》改正。以高皇之聰明，寧不知此？二聖越在沙漠，朝夕思念，不勝痛切。凡有獻策者，無所不納，庶幾乎萬一耳，此聖人之心也。給事傅公，亦豈不知應誠之爲非？然與之長書，反復激切，幸其一悟，爲國家計，不得不然。其忠臣之心歟！

夫心者，源也。高宗紹開中興，傅公爲名侍從，皆源于是。觀此卷者，盍以是思之。

跋正言楊公帖

君子之出處，隨其時而已。「有道則見，無道則隱」，隨時之意也。正言楊公之去，實當元祐二年，可謂有道之時。奚去之果，或者如疏、廣，受歸休于漢氏中興之日歟？二疏之歸，元康三年也。東坡蘇公贊之曰：「殺蓋、楊、韓，蓋三良臣。先生憐之，振袂脱屣。」按：寬、饒、延壽、惲之誅，乃在神爵、五鳳間。二疏既歸之後，曰：「先生憐之，何哉？」獨趙廣漢以元康二年誅。踰年，二疏遂致其事，亦可謂見幾而作者矣。

若夫元祐垂簾之時，正人雖滿朝，而矯枉者或過於正，時論少偏，必有不契于楊公者矣。勇決丐歸，求仁得仁，奉陵寵以宸翰，焜燿無窮。與夫貪進不止，湮没無稱者，豈不相遠哉！余是以深嘉之。

跋寺丞楊公帖

賢者在朝則國重，爲此論者，亦謂有好賢之心矣。余以爲能重其國，正不必膠於在朝與否也。見遠識微，奉身而退，與斯道爲郛郭，獨不足以重其國耶？

涪翁釣臺詩，「能令漢家重九鼎，桐江波上一絲風」。子陵一布衣耳，能使東京士大夫砥礪名節，以沮姦雄之心。子陵實使然，豈必居其位耶？

然則寺丞楊公，不屈于權臣用事之日，可謂剛毅有守矣。余聞古人重世家，取其源流相續也。公之伯父正言公，乞身于元祐二年，天下高其節，既無愧古人矣。公復繼之，又無愧于伯父。繼公而作，其可有愧于公乎！果無所愧，則足以世其家矣。可不勉哉。

題吕子約帖

吕氏再世居鼎輔，正獻公之子原明，又甚賢，故其門爲最盛。右丞遭僞楚之變，雖不能死，然以大義開曉僭逆，迎奉昭慈，垂簾聽政，不爲無功矣，而議者終疑之。

子約及其兄禮部，口雖不言，常有蓋前人愆之意。禮部既卒，子約獨當門户之責，益自憤勵，卒以觸權要，獲罪謫死。方彭忠肅公之攻韓也，子約以爲已甚，既而自攻之。友人石應之，問其故？子約曰：「彼從臣，可以從容獻納。我小官，幸而獲對，敢不亟盡忠乎？」其大節如此，門户於是乎有光矣。子約剛介寡合，而于曾君道夫，書問不絶，或者其臭味草木也夫。

題晦翁帖

淳熙己丑之歲，四明大饑。某待次里中，晦翁貽書郡守謝侯，謂救荒之策，合與某共講之。某雖心敬晦翁，未之識也。久而吕子約爲倉官，晦翁屢遺之書，未嘗不拳拳于愚不肖。自念何以得此？或者過聽以爲可教耶？後七年，子約爲大府丞，表對鯁切，權臣惡之，貶謫以死。晦翁痛傷之，與曾君道夫帖，言之不置。

夫君子之善善惡惡，豈有私意優于天下而喜？邦家殄絶而憂，根諸中心，形于翰墨。道夫寶藏之，時時覽觀，有所感發，其用力于斯道者耶。

跋家藏顧宏所臨王摩詰雪江圖

後世率以臨畫不足爲奇，惟真蹟乃可貴。然韓退之《畫記》有云「得閻本，絶人事而摹得之」。是非真蹟也，失之于閩中，而往來于懷，不能自釋。何惓惓若是耶？王初寮，生于極盛之時，所見名畫多矣。而顧謂此圖爲珍玩，不以爲臨本而鄙之，豈其風流餘韻有可貴者耶？

題臧敬甫所藏李伯時畫觀音佛

觀音入定，一念不萌，龍眠寫之，渾然天成。非觀音之心，至簡至易，匪高匪深，或者神交默契，無間之可尋耶？

跋林郎中韓幹馬

嘗觀杜少陵丹青引，有曰「至尊含笑催賜金，圉人太僕皆惆悵」，所以咏曹将軍畫馬之工也。馬之真者，曾不霑賜，而畫者反賜之金，顛倒如此，其惆悵固宜。因兹以思，真不勝僞，大抵如此。亦猶篤實之士，不容于世也。雖然将軍之技幾于道矣，弟子如韓幹，且不能及矣，况尋常之流乎！披圖閲之，凛然生意，動心駭目，可貴也哉。

跋林郎中巨然畫三軸

僕嘗論技之精者，與人心無不契合。庖丁之解牛，輪扁之斲輪，痀瘻之承蜩，其實一也。今觀此軒所藏巨然墨妙，凡三軸，有無窮之趣，而無一點俗氣。渾然天成，刻畫不露，深有當于人心，可謂精矣。是以君寶之。

跋林郎中惠崇畫

惠崇筆迹，時一見之，類多贋者。故雖得其髣髴，終不足以取信。惟此卷最真，無毫髮遺恨，良可珍也。

跋趙侍郎三物

余觀古人所作，一器一物，靡不精緻，誠心所形，非苟然者。今之器物，較之全盛時，已不侔矣，况愈遠者乎？即此。可以觀世變云。

校勘記

〔一〕歿　原作「没」，叢書集成本同。今據四庫本改。

〔二〕大本　原作「大木」誤。今據四庫本、叢書集成本改。

〔三〕枉被其毒　原作「在被其毒」，不通。今據四庫本、叢書集成本改。

〔四〕爲帥　原作「爲師」，不通。今據四庫本、叢書集成本改。

卷九

記

唐十六衛記

圓穹垂象，宿曜環峙，居氐之角，厥惟騎官。而羽林天軍，列陣營室，旄頭鈎陳，拱布帝座，皆天子虎賁士，所以宿衛輔翼者也。

王者仰稽天文，故乘輿所在，爰備爪牙。《周禮》宫正，掌王宫戒令、糾禁。夕擊柝，而比之秦立衛尉。漢有甘泉、建章、未央、長樂等卿，各董其官職。又屯南北軍於京師，周廬千列，徼道綺錯，植鎩垂敝。警夜巡晝，郎官交戟，悉大臣子弟，以重其任。武帝復置長水胡騎八校衛，宣曲屯禦。

唐有天下，鋭意兵政，初踵隋制，開十六衛。武德五年，遂改左右翊衛，曰「左右衛府」，案：《唐書》無府字。驍騎衛曰「驍騎衛府」，案：《唐書》：唐初因隋舊爲驍衛府，不名驍騎。屯禦二衛曰「威衛」，案：《唐書》改屯衛爲威衛，係龍朔二年事。領軍衛備身曰「左右府」。案：《唐書》：唐初因隋舊名，置領軍衛，無改爲左右府事。顯慶三年案：《唐書》係五年。改左右府爲千牛。案：《唐書》：顯慶五年，以左右領左右府，爲千牛府。左右府上，應脱「左右領」三字。龍朔二年，衛、驍、武，各省「府」字。案：《唐書》：是年去驍衛府「府」字，左右衛武衛，舊不名府。改監門府曰「衛」；以威衛爲武威，案：《唐書》：是年，改屯衛爲威衛，無再改制事。；武候衛爲金吾；千牛爲奉宸，後復曰「千牛衛」。光宅元年，又以驍武威領四衛，爲武威、鷹揚、豹韜、玉鈐衛。中宗即位，始定制不易，曰：「左右衛，掌宮禁宿衛，凡五府，外府皆總制焉。」

折衝府驍騎番上者受其名簿，以配其職，曰驍衛，曰武衛，曰威衛，曰領軍衛，分掌翊衛外府豹騎、熊騎、羽林之士。曰金吾衛，掌宮中京城巡警、烽候、道路、水草之宜。師田，則執左右營之禁。大功役，與御史巡行。曰監門衛，掌諸門禁衛門籍。九品以上，月送籍於衛，朝參奏對，及儀仗出入，必閱其數，以器用入宮，則籍而判之。曰千牛衛，掌侍衛僕御兵仗。朝會升殿列侍射，則率屬以從。

衛有左右上將軍，大將軍各一人，專判衛事。將軍二人，副之。屬吏有長吏、録事，以爲倉、兵、騎、胄四曹。參軍武吏有中候、司階、戈戟長。上合爲員五百二十有四。中郎、郎將、三衛校尉、旅師隊正，合七千六百二十有六，而士卒弗著。

嗚呼！亦云備矣。時天下折衝逾八百府，皆挈其政，更休迭處。居則扈從法駕，折中外未萌之變，四方有警，命將率之出征，事已輒罷。此高祖、太宗致治之本，而防微杜患之意也。

昔晉文之入也，無衛，馴致呂却之難。微勃鞮之言，晉不國矣。及秦伯遺紀綱之僕，國勢既振，城濮一戰而霸。晉一侯國也，以三千之卒，而成敗較然。况赫赫天子，可無軍旅之容環之轂下，而壯國體哉！

惟十六衛之設，事大體重，有唐詞宗相望，未聞援毫以識本始，誠闕文焉。謹次叙往牒，追書爲記，若夫官制沿革，冗長特甚，紀事備成，不可以無述。故併采周漢之蹟而著之，以示後世云。

顔蘇二公祠記

自古人才，有卓然關繫世道者，其惟節義之士乎。蓋水必有防，防決則水不可制；屋必有棟，棟折則屋無以立。惟人亦然，必有節義之士，確乎不可奪者，爲之標準。則人心興起，而公道著明。不然者，反是，其所關繫，豈不甚大哉！

嗚呼！若唐之顔魯公，本朝之蘇長公，履險蹈難，終其身未嘗少屈，真節義之士乎？安禄山之變，顔公忠憤奮發，首唱大義，興起一時士大夫之心，卒能摧折姦兇，再安唐室。李希烈之使，心知其危，冒死而不顧，其剛毅特立，有如此者。蘇公力争新法，遂以忠鯁顯名，群邪娼嫉，投諸散地。元祐間與諸賢並進，志稍伸矣，猶不得久安於朝。紹聖、元符之際，遠謫窮荒，而氣不懾，其砥節勵行，無愧於顔公。故至今論人物者，皆推尊之。

初吴興廟祀顔公，而祀蘇公廟之廡。郡守陳侯汶，始立寶積院之祠，以奉顔公。楊侯長孺，始立黄龍洞之祠，以奉蘇公。二公皆此邦良牧，人心所不能忘也。然黄龍洞之祠，雖楊侯創之，實陳侯續之。及今太守趙侯希蒼之至，顧瞻此祠，據爽塏之地，思前人創立之艱，圖所以永久勿壞者，益究心焉輪奂之美。功力之堅，有加於往日，則合顔蘇二公，共爲一祠。前臨震澤，波瀾浩渺，廣吞三郡，旁揖卞山，形勢崷崒，雄鎮一方。登堂一望，則蒼翠之色，泓澄之輝，上下交映，使心形俱泰。

以二公之賢，而血食於兹，真不忝矣。發乎讜論，同一肺腸；行乎正途，同一軌轍。此侯所以合而祀之也。

嗚呼！周公，管蔡不相爲謀；禹稷，顔子可以同道。是心一差，雖並時而生，未免乖戾；是心無間，雖或先或後，自然契合。顔蘇之節義，其時異而心同者歟？表先賢之景行，爲今日之丕式，使若霅之人，則而象之。洗濯其背公營私之習，振發其守節徇義之心。則雖後顔蘇而生，其堅正不回之操，必有能繼之者矣。

《傳》曰「有爲者亦若是」。尚論古人，謂之善友，此侯所望於郡人者。貽書屬余，爲識其事。是舉也，實關風教，不敢以淺陋辭，遂敬書之。

濂溪先生祠堂記

儒者得正大之傳，人道之所由立也。人與群物並生於覆載間，而人所以獨貴者，道在焉爾。道之切身，甚於饑渴，而窒焉弗通。終身冥行，奚別於物，故必有出群拔萃之彦。發揮精微，斷然號於天下曰：「如是而爲道，人心曉然知所適從，而後三綱五常，不墜不絶矣。」

昔者孔氏之門，惟曾、顔最知道。顔子蚤死，夫子哭之慟，痛斯道之無託爾。幸而曾子得之，傳之子思，傳之孟子。皇皇乎正大之統，昭晰無疑，毫髮不差，此吾道所以與天地同流，日月並明也。

自時厥後，豈無儒宗？然雖有求道之心，而未有得道之實。揣度其義，故不能無疑；依倣其説，故不能無差。所謂儒宗者，視餘子爲優爾。聖人之堂奥，豈其能深造之哉？於是乎道統寖微，不絶如綫。寥寥至於我宋，乃始有若濂溪先生者。精思密察，窺見其真，得顔氏子之樂。潛養既深，蹈履既熟，乃筆之書，乃見諸行事。二程氏之學，淵源於兹，遂以斯道，師表後進。迄今學者，趨嚮不迷，緊誰之力？實惟先生復開其端，豈可忘所自哉！

先生嘗爲理掾矣，囚或罪不至死，而轉運使欲殺之，力争不合，棄官將歸，使者感悟，囚卒不死。持節嶺表者再，荒崖絶島，巡歷殆遍，切于爲民，忘其爲瘴毒之侵也。

嗚呼！先生此心，足以對越上帝，無愧古人矣。趙清獻公，始嘗疑之，後乃大服。曰「天下士也」。吕正獻公，深知其賢，力薦諸朝。東坡蘇公，不輕許可，而賦濂溪詩。則曰「先生本全德，廉退乃一隅」，此名未易得也。太史黄公，又以光風霽月比之。想其翛然塵外，表裏融明，能使當代人物斂衽起敬如此，是可尚也。

通守零陵之日，爲拙賦以見志。紹興間，贛川曾君迪爲倅，亦創一堂，以拙名之。嘉定八年，郡丞吴興臧君辛伯，始繪其像，祠於廳事西偏。濟南吕君昭亮，丞相忠穆公孫也。來繼其後，思表先賢，以勵薄俗，乃闢地於拙堂之左，聿新棟宇，特設嚴像。實九年閏七月，旬有一日。此俗吏之所未暇及者，而汲汲爲之。有加於舊，可謂達於風教之原矣。後之居是官者，毋忘兹意，稍弊則葺之，使先生之道德，永爲邦人矜式，不亦善乎。此吕君之志也，遂爲之書。

故節士詹公祠堂記

死生之變，人情之所甚畏也。然大義所在，有冒死不顧者，義重於死焉爾。雖然當論其世，世方尚嚴，失其守者，必殺無赦。與其全軀而死，孰若全節而死？則其趨死也不甚難，勢有所迫故也。

若夫忠厚之朝，不惟守節者褒焉，而失其守者亦宥焉。儂智高之叛，棄州而遁者，不以失守之罪罪之，憫其無堅城也。況小官乎？家法相傳，前後一揆，當宣和間，睦賊猖獗，凡服勞於下位者，縱不能死，豈遽加戮？而有挺然特立，固守吾節，不卑其所居之官，不計其所遇之世。可免於戮，而不肯自全，是必天資忠義，無秋毫趨利避害之心。所以不俟勉强，不煩擬議，而其大節偉如也。

若嚴陵詹公，諱良臣者，真其人矣。縉雲一尉，百寮之末也。年七十，筋力衰薾，而當逆儔方鋭之鋒，其不敵明矣。人勸公去，公曰：「逐捕，吾之職也。奈何捨我職業，而求活草間？吾有死而已。」被執脅降，不懾不屈，發憤大駡，極口而死。朝廷高其節，贈通直郎。後以子貴，贈光禄大夫。

嗚呼！常人之所甚愛者，此身也，而實不能自愛。君子身膏白刃，若不自愛也，而實能愛其身。何者？義而死，雖死亦榮；不義而生，雖生亦辱。榮者爲自愛乎？辱者爲自愛乎？此不待剖判，而黑白分矣。自公之死節也，大義一倡，孰不興起？其有志爲善者，豈不益自勉勵哉！其執德不固者，豈不有愧怍哉？公道以明，正脈以續，深有補於世教。官若是之卑，志若是之烈，而名若是之高。秋霜其嚴，砥柱其壯，金城其堅。此之謂真男子，此之謂人中傑，此之謂不失本心。百世之下，精明不滅，與夫苟且偷安，草木俱腐者，豈可同日而語哉！

今括蒼郡丞，公之曾孫也，遊宦公死節之邦，追想先烈，庸建祠宇。俾邦人知前輩典型，高山景行，服膺無斁。屬識之，因得附託以傳不朽，亦某之志願也。於是乎書。

元城橫浦劉張二先生祠堂記

鄉友蔣君德循，通守安南，且攝郡事，始立元城劉公、橫浦張公二祠，以其嘗寓此邦也。貽書屬余，幸爲我識之。

余聞長民之職，教化所首，所以啓良心，成美俗也。然告詔雖切，人未必諭。取夫前輩典型，公論所推者，倣古人祠先賢於學之意，是崇是奉，俾瞻其像者肅敬，而聞其風者興起，兹其爲教化也大矣。

劉公爲諫大夫，直德讜言無避忌，謫居南荒，瀕於九死，確乎不可拔。其言曰：「吾欲爲元祐全人，歲晚閒居。」或問之曰：「先生何以遣日？」公正色曰：「君子進德修業，惟日不足，而可遣乎！」旨哉！用力於仁，造次不舍，宜其能爲全人也。張公萬言正對，皆當世所切，經帷勸講，語極精微，思陵深美之，權臣擯焉，久謫而不悔，亦劉公之流也。兩公俱天下偉人，一言一動可爲世則。而德循尊之慕之，高山仰止，景行行止，且率邦人同心致敬，如對嚴師，不敢慢易。以興其善，以救其失，真前修之用心哉。

賈生有言：「移風易俗，使天下回心向道。」類非俗吏所能爲也，德循其拔俗者歟。氣貌温温，語若不出於口，而其中介然，律己以廉，莅官以公，明於淑慝忠邪之辨。觀此兩公之祠，而尚德之心著矣。德循名紃，故吏部尚書諱猷之曾孫也。崇寧初，尚書爲太常少卿，忤執政意，出倅此邦，而德循復踐是職。祖孫相望，俱有令聞，古所謂「克世其家者」歟！余既深知其賢，又嘉其能，則象先賢也。於是乎書。

豐清敏公祠記

行天下之大道，立天下之大節，惟豪傑之士能之。蓋豪傑之士，天資高，學力固，不爲世俗氣味之所誘怵，此所以甚異於常人也。

嗚呼！若尚書清敏豐公者，真所謂豪傑之士也歟。歷事三朝，以道自任，巍乎如泰華之崇，確乎如金石之堅，凛乎如冰霜之潔。夷險一致，始終不渝，公道賴以維持，善人賴以植立，至今海内咸推尊之。蓋嘗誦公之詩，有曰「日來月往無成期，好把心源蚤夜思」。而後知公之所以特立者，源乎是心而已。大哉心乎，天地同本，精思以得之，兢業以守之，則亦可以與天地相似。簞食豆羹，得之不得，死生分焉。嘑而與之不受，蹴而與之不屑，人之本心，何嘗不剛哉？物欲摇之，不能無動，而本然之剛，轉而爲弱矣。弱而不返，以順爲正，自同妾婦，豈不悲哉！

公之使絶域，涉巨海，震風折檣，勢若覆矣。恬弗爲懼，正色立朝，辨宣仁之誣，排章蔡之姦，論熙寧之法度，以爲當改。寧與時忤，不爲己計，非有得於心，能如是乎？內而退朝之後，外而公事之餘，獨處一室，恬無他好，惟以圖史自娛，不侈奉養，不畜妾媵，蕭然一山林學道之士也。名位清顯，餘三十年，所得俸賜，散與親故。家無餘貲，歲晚還鄉，有田纔十畝，敝廬僅十餘間，陶然自適，年逾從心，鬚髮不白。陳忠肅公謫居於鄞，於是得朋，病且危，猶與陳公對語，清爽如平日然。所養之深，於是可占矣。

公之四世孫有俊、牧、儀、真，崇尚風教。以公熙寧中，嘗主簿六合也，爰即縣庠，繪像祠之，昭乃祖高風勁節，而屬某識其事。惟公言行之懿，難以枚舉，然其源於是心者，後學之所當知也。表而揚之，觀者悚然，濯磨舊習，跂慕前修，而知立身之要者如是，庶有益乎！雖然公之踐履，非有意爲之也。真積力久，德盛仁熟，自頂至踵，全體精明，循而行之，亦不自知所以然也。蓋有本者如是，無本於中，襲取於外。雖有小善，的然可觀，豈能日進無疆老而彌篤哉！覽者盍致思焉。

舒元質祠堂記

士生於世，以篤實不欺爲主，對越上帝而無嫌，質諸古人而不怍。微有差焉，痛自懲艾，無復毫髮之矯僞，是謂篤實。

嗚呼！若鄉友舒君元質者，真其人歟。元質狀貌不逾中人，而雅有大志，恥以一善自名，每自循省，苟不聞道，無以爲人。汲汲乎不啻於饑者之嗜食，寒者之索裘也。遊太學，結交皆良友。時張宣公官中都，元質請益焉，有所開警。又與其兄西美，弟元英，同親炙象山先生。西美、元英皆頓有省悟。元質則曰：「吾非能一蹴而入其域也。吾惟朝夕於斯，刻苦磨礪，改過遷善，日有新功，亦可以弗畔云爾。」元質此語，某實親聞之。躬行愈力，德性益明，與其兄弟家居講貫，若合符契，罔有差别，而後公論翕然並稱之。

徽學雅稱多士，而自規繩廢弛，寖不如昔，前官每有不可爲之歎。及元質典教此邦，奮然曰：「士之熾惡，獨不在我乎！」則以身率之。時猶在選調，同寮有爲之經營薦舉者，元質力止之。曰：「是非我志也。」既而令聞藹然，諸公推輓惟恐後，元質始受之。不稱門生，不以駢儷語爲謝，蓋信道甚篤，利禄之念，截然不萌，故諸公亦深亮焉。教人以躬行，諸生知嚮方矣。加之不憚勤勞，日日詣學，隆寒酷暑，未嘗少懈，暮夜亦間往。又築風雩亭，會集其上，日有講求涵泳之功。質或不美，毋庸忿疾，端吾榘矱，需其自新，久乃有勇進不可遏者。此邦之人，追思至今。僉曰：「吾鄉學問之源，窒而復通者，此先生實開之也。」

舊祠於學，庳陋已甚，拜跪不能容席，獻享不共，未稱所以尊崇之意。校官李君以制，及其諸生，有請於郡中。乃營新基，爲堂三間，宏敞明潔，非曩時比，所以示不忘也。

嗚呼！人心之不能忘，其惟有德之君子乎？才能智術，事無劇易皆辦，非不可喜也。翰音之登，溝澮之盈，何以能久？豈若有德之可貴哉！元質之賢，行可稱述者多矣，要以篤實不欺爲主。是主也，萬善之根本，自信不疑，而後人信之。如圭璋璧琮，人信其爲美玉；如麒麟鳳凰，人信其爲嘉祥。考其生平，發於言論，率由中出，未嘗見其一語之妄。此《易》所謂「有孚盈缶」者，可不謂有德乎？

元質既殁，諸子壹遵先訓，秩然有倫，相勉以善道，鄉黨中以爲儀表。非有德之後，典刑猶在，而能爾乎？行乎家者如是，宜其新安之教，入人之深，雖久而不能忘也。祠宇告具，李君貽書于某。曰：「事關風教，幸爲我識之。」某不敢辭。

鎮江都統司題名記

京口自晋世爲東南重鎮，王蘇之變，緊丹陽是賴，卒安晋室。國朝南渡之後，尤所倚重，故握勁兵者，皆一時宿将。自蘄忠武王始，蘄王勳名，同鄂武穆，至今天下稱爲韓岳，忠勇可知矣。淳熙間，帶御器械劉公，都統是軍者凡三年。孝皇嚴於主帥之選，而任用如此，蓋亦器能之偉然者也。嘉定五年，賢子吉州刺史君，復践舊職，榮寵爛焉。将筆其名氏，而題者已遍無餘，續碑於是乎作。前碑以蘄王爲冠，而此碑以劉侯爲首。或者他時擁旄仗節，分茅胙土，與蘄王相望，俱爲第一功耶。

侯之守邊也，嬰孤城，捍彊敵，能使之逡巡退却。江湖峒寇之擾，奉詔討之，不專以殄戮爲功，而多方沮撓其謀，兇渠震懼，相繼屈膝。天子嘉之，由貳而長，陞諸南徐，重帥權，壯國威，讋鄰敵。僉曰：「公哉此選也。」勒名于斯，觀者起敬，侯益自勉焉。若古有訓，功崇惟志，業廣惟勤。侯之功業，亦既表見矣，志以崇之，勤以廣之。旂常之紀，雲臺凌煙之繪，焜燿無極，此則侯所以自期者。故余亦以是期之。

江陰尉司新建營記

江陰舊兩尉，蓋控扼之地，不得不然。東尉既省，事併而專，其責逾重。弓兵嘗置二百人，視旁邑爲多，養之亦加厚。所以銷姦宄，安善良，爲江壖之保障也。

始余得尉兹邑。或曰「阻江而盜多」，予甚憂之。既至，而考弓兵之籍，多闕不補，詢武藝之教，亦復久廢。乃多方招募，營葺射亭，謹閲習法，而至者常先後不齊。察其故，則遠者居數里外，近者猶二三里，而家於尉曹之旁者纔數人。予喟然歎曰：「此曹之設，本以備不虞爾。群焉而居，猶懼弗及，散而不聚，如緩急何？」欲擇便地爲營，役大用艱，莫開其端。乃請於常平使者羅公，求頃歲傭錢之未給者千七百餘緡，與夫在官之田爲之基。公忻然從之，田散而不屬，以易私田，廣三十畝，鄰於閲習之場。爽塏寬平，卜云其吉，鳩工庀財，考極相方矣。會御史吴公力言弓兵利害，宜拘之營，以革散處之弊。上施行之，太守侯公奉命惟謹，乃輟郡計錢以緡，米以石者皆二百，木三百章，以佐其費。羅公行部，至而觀焉，復給錢三十萬，以竟其役。

蓋經始于丁未之仲春，而告具於是年之季冬。凡爲屋百七十六間，而棲神有宇，宿甲有房，觀功有亭。凡授屋，人處其一，有功者加半或倍之，董役而有勞者三之，未有室者，兩人同之。於是向之散處於外者，合而爲一，等級相承，上下有列。而又穿渠瀦水，足以備災，斲石爲梁，無或病涉。里中好義數家，復以地假我，乃翦榛莽，闢道途[一]，而營壘備矣。

凡役之興，謀之而無沮爲難。謀之無沮，而又有功焉，尤其難也。是役也，諸所興爲，悉倣軍營制度，而瓦木竹葦之直，皆豫給之。事克有濟，而於民無擾，得非沮之者微，而助焉者衆歟？然猶有懼焉。蓋自古業無鉅細，其能傳諸久遠者，皆作者經營於前，而繼者維持於後也。予鄙人也，罷精憊思，而不敢告勞，以備不虞，姑盡吾心焉。若夫因其緒業，加之潤色，使居其中者，常聚而不散。聞其風者，畏憚而不敢發，得無望於後人乎。兹予所以爲之記也。

江陰軍司法廳壁記

決曹爲郡僚，列糾掾理官下，品秩微矣。然律令所在，職有常守。自二千石之勢，臨制境內，如古諸侯，可謂貴重矣。至於斷獄弊訟，不敢專也，必取平焉。官雖卑，賢者爲之，可使郡政如權衡之公，是豈可忽哉！

雖然持平之難久矣，世變推移，科條益密，而疑似多端，緣之而輕重出入皆可。於是乎有舞法之吏，習俗澆訛，機變百出，而僥倖其或免。於是乎有玩法之民，方其設官之初，職守是謹，不以勢位爲間，玆意寖失，自下承上，意所與奪，不可以力勝。於是乎忠厚清謹之士，志不得伸者多有之。嘻其難哉！上以貴壓我，下以智欺我，而吾欲持平其間，平固未易持也。反躬内省，行有不得，推原其所以然者，庶其可乎？

若姑蘇李君夢聞，於此有志焉。異時以明法進者，官之中都。近歲不歷法曹，不得任評刑。李君之來澄江，遵近制也。不卑其官，公勤自持，以承其上，以臨其下。有所不合，則曰「我未至也」。既大修公宇，書呂刑屏間，日以古人法語《大訓》自策勵。推其心，豈徒欲以一善自名哉！歎持平之難，念前日之庀其職者，欲盡書之。而是軍也，廢置不常，弗能紀遠。

自紹興三十有一年，同於列郡，復置是官，而得居焉者十一人。刻諸石，陷諸壁間，而屬予爲之記。予以爲書名氏，列歲月，此記者之常體爾。將存其人嘉言善行，庸可弗録？往者吾不能知，得於所見者，可無傳乎？故併述之。来者觀焉，知持平之本，正己而勿求諸人，則法行而政良矣。蓋李君之志也。

四明支鹽倉廳壁記

國家資鹽筴以裨用，度其來尚矣。而自浙江以東，惟四明之利爲博。景德四年，置都鹽場。政和三年，更名支鹽倉。每歲支發，以袋計者五萬一千八百六十有五，商人執券以請，輸錢以佐之。所輸愈多，則其本益厚，而課益增，爲無窮之利。厥有吏誅求而商人罕至，重以侵漁，而本錢日微，又何以裨國用乎？此倉官所以貴得人也。惟勤則出納謹，惟公則吏姦戢。惟倡率於上者，有以興起於人心，而後下得以舉其職。

今監察御史章公之使浙東也，勇於集事，不憚改作，又與幕下之英，精講而亟圖之。嚴誅求之禁，謹侵漁之防，革本錢不以時給之弊。賣諸鹽户，計直而給，然隨取隨與，躍然樂從，願與官市，鹽於是乎大積，是歲溢於額者二萬六千有奇。一轉移之間，而明效大驗，應不旋踵，事果有不可爲者耶？

括蒼何君，出納是職，適逢斯時，亦能以才業奮。又得同寮王君瑑，相與悉心經畫，檢核姦欺，而課益增羨。乃以餘力修官廨，葺錢庫，闢憩息之所。榜曰「和軒」，而翼以兩室，左曰「枝安」，右曰「如艓」。下而吏舍庖湢之屬咸具，火備亦修。

既而慨夫居官者不爲不衆，而未有所登載。博詢詳考，裒其可以次第者，而識諸壁。此皆職業之所當爲者，未之前聞，昉於今日。得非心之興起，有不能自已者耶？上率其屬，下舉其職，於是乎俱可紀焉。

方朝家更化之初，首選章公，以振臺綱。推前日慨然革弊之心，力扶公道，誰不奮發？何君才俊而志篤，充其恪共厥職之心，又豈可量哉！余既深美之，而又深期之，故備著焉。君名「處順」，慶元間參政知樞之從子云。

校勘記

〔一〕闢道途　原作「閲道途」，不通。今據四庫本、叢書集成本改。

卷十

記

通州州學直舍記

士患無美質耳，質既美，學以充之，其孰能禦？余往者承乏成均，日延四方俊秀，與之款語。質美者甚衆，乃知人才之生，何世蔑有？惟先王盛時，訓迪有方，良心著明，所以人有士君子之行。今雖教養不至，日以淪胥，而美質猶在，未有不可啓發者。矧長淮奥壤，密邇神皋，風聲氣習，大抵直諒而醇厚。其質尤美，豈可不益自砥礪，求日新之功哉！

鄉友王君，典教通州，以長育爲己任。營葺學宫，郡太守林侯實助成之，遂得與諸生朝夕從容，磨切以道義。夫郡之有學，風化之原也。學之有直舍，師生講習之所也。其講習者，果何事？亦惟曰：「成就其美質而已。」天之賦人，英靈純粹，本無一毫之雜。良知良能，形於日用，亦無一毫之僞。見所尊者，不期而自恭；見可憫者，不約而興念。合於義者，人皆以爲當；悖於理者，人皆以爲非。若此之類，何所從來？美在其中，故自如是爾。其生稟也，昭然無疑；其積習也，昧然無辨。道心惟微，我與聖人，同一本根，是可慶也。人心惟危，少不克治，儕於下流，亦可懼也。

然則學其可已乎？雖曰「務學」，而未至於自得，猶弗學也。精思密察，跬步不忘，道心豁然，全體著見。非智巧所能揣摩，口耳所能傳授，是之謂「自得」。諧頑嚚，友傲象，難處之極，而忘其爲難。三過其門，而弗顧其子，手足胼胝，而不知其勞。厄於陳蔡之間，七日不火食，而弦歌不絶，此豈揣摩傳授之所可得哉？水之寒，火之熱，天性則然耳。艮其背，不獲其身，行其庭，不見其人。渾然無間，内外兩忘，此自得之功也。執玉捧盈，罔敢失墜，改過遷善，毫厘不差，全吾所自得也。嗚呼！休哉。嗚呼！偉哉。

建寧府重修學記

嘉定四年夏六月，前吏部侍郎倪公奉天子命，開藩建寧。始至謁先聖，周視郡學，慨然有葺治興起之意。冬十月，鳩工庀徒，遂大修之。明年季春，以訖功告，肄業之士德之，屬某識其事。

某惟學校之立，所以存人心也。人之一心，至貴至靈，超然異於群物。天之高明，地之博厚，同此心爾。此心常存，善則行之，如履康莊；不善則避之，如避坑谷。此心放逸，舍康莊而弗由，墜坑谷而不悟。自古及今，智愚之殊途，正邪之異位，君子小人判然爲二者，原於此而已。

擇師儒，群俊秀，朝夕講切，發其精微，秉彝之懿，若揭日月，而人心豈有不存乎？此學校之立，所以不可緩也。既立矣，歲久必壞，物理之常，葺而復之，輪焉奐焉，常若其初，真有助於風教。因循弗葺，頽敝日甚，謀食者苟焉居之，而嗜學者澹焉去之。其何以崇化勵俗？此學校之修，所以不可緩也。

建爲今大邦，自昔號稱「多士」。公以講殿詞林之傑，作牧於兹，興崇學校，振起儒風，士固以此望公。公亦曰：「是我所當先者。」節冗費，以豐其財；擇官僚，以莅其役。役於官者，日與之庸；鬻於官者，隨給其直。費廣不靳，無擾於民。自奎畫所藏及先聖先師之祠，至於兩廡重門；自講堂及直廬，至於諸生所居。傾攲者，正之；朽蠹者，易之；飾不鮮者，潤色之；瓦斷絶者，撤而新之。既甃十二齋，又爲几與案與榻，皆百餘計。既修其祭器，又爲祭服，以起其恭敬。冠帶以肅其出入，益買諸書，齋必寘焉，所以便繙閲也。築圃及亭，教之射藝，所以觀德行也。巋立小學，訓飭童穉，又所以謹其初也。縻金錢四百餘萬，而關於教養，切於人心者，咸具規模。

既恢拓矣，公於是數詣焉，延諸生教督之，程其藝業，束以規矩。食焉而不處者有禁，過焉而不改者有罰。大書《禮記・儒行》一篇，揭諸明倫堂上，昭示學者，篤於躬行，以古純儒爲法。又作《勸學詩》，勉以誠慤忠孝。堅素守，辨義利者，其説甚備。惓惓之心，庸有既乎？儒學隆於上，善教達於下，良心著焉，美俗成焉。雖强弗友，亦將化焉。

先是此邦之俗，尚氣而喜争。白晝大都之中，猝然交鬭，或至殺傷，而生子不舉之風尤熾。自公之至，教由士始，陶然遷革，延及齊民。迄今閭閻之間，更相勸勉，無犯公令，桀暴之俗，日以銷釋，其效既可覩矣。久而益深，又將有進於此者。昔魯僖公既修泮宫，風化所覃，群醜屈焉。時則有懷我好音之歌，百世之下，於以仰其高躅。然則今日學校之修，感格之效，其可無述乎？

公之官成均也，某爲諸生，服膺模範舊矣。今又觀其善政，急於先務，卓乎爲一邦盛事。雖欲勿書，焉得而勿書？

公名思，字正甫，吴興人。莅是役者，知建安縣事鄭君倆，自始暨終，實專其事云。

韶州重修學記

唐人有言「中州清淑之氣，至嶺而窮」，信斯説也。踰嶺而南，氣皆昏濁而乖戾耶？鍾而爲人，不若中州之可貴耶？天地之德，陰陽之交，鬼神之會，五行之秀氣，人之所以爲人也。人無有不善，清淑之氣，宜周流而不窮，而截然爲之疆界。可乎？

韶爲州，藐在嶺表，士生其間，亦有奇偉逸群者焉。故在唐，則有若名宰相張公九齡；在本朝，則有若名侍從余公靖。今猶昔爾，豈獨無其人哉！

毗陵張君篪，典教此邦，知長才秀民之不乏也，思成就之。而學宫陋甚，朽蠹敧傾，若將壓焉。蓋建立於慶歷，備具於元祐，葺治於紹興，闕焉不修者五十有三年矣。欲撤而新之，役大費廣，力不能支，則擇其最急者告於郡，請由大成殿始。方侯信儒，亟捐金倡率之。越兩月，殿巋然如初。經略廖公德明，聞而餽之。明年，將營葺其餘，率諸生重請於郡。張侯思惠，然助竟其役，學宫成，復益以餼廪之羸。於是自講堂及兩廡，至於師生之所舍，重門垣墉，倉廪庖湢，關於養士者咸具。爲屋八十餘間，材良工堅，規制奕奕，非直爲士觀美。抑將使學者群居於斯，講切磨勵，求日新之功焉。

夫道在邇，不必求諸遠；事在易，不必求諸難。規矩有自然之方圓，準繩有自然之平直；上帝降衷，有自然之粹精。保而勿失，大本立矣，萬善皆由是出。不根於此，而自外求之，似是而實非。直躬之直，申棖之剛，仲子之廉鄉，原之忠信，楊墨之仁義，皆不免於君子之譏，惟不根諸心而已。天下無心外之道，安有不根於心而可以言道者乎？

是故儒者當汲汲於學，學如不及，本心著明，庶無負於聖天子設學校，修人紀之意。是則賢師儒所望於諸生者，而屬余識其事，故因以告之。

盱眙軍新學記

當邊烽未息之時，而興崇學校，可謂知務乎？ 曰：「此乃知時務之要者也。」

夫人生天地間，所以自別於禽獸者，惟此心之靈，知有義理而已。 義理之在人也，甚於饑渴。 饑渴之害，不過傷其生爾；義理之忘，將無以爲人。 害孰大於此乎？

學校之設，所以明此義理也。 如是而爲忠爲孝，如是而爲姦爲慝，判然殊塗，不啻黑白，此天地之大閑也。 軍事雖殷，閑不可廢，人道之所由立也。 豈可謂不急之務哉！ 盱眙之學，創於紹熙之癸亥歲，迨今辛巳，戎馬南牧墟焉。 乾道二年，再建，而開禧以兵燬。 嘉定二年，更造，既累歲矣。 會太守葛侯洪，徙郡治於山城，學宮亦將從之。 於是校官陳君德林，求可爲新基者，得諸玻璃門之内，其廣五十畝。 高君熙績，繼之始營殿址。 余君元廙，又繼之，鋭欲圖新，而力未能也。 始即舊學，教育諸生。

己卯之春，捍禦北敵，諸軍攘之，狼籍滋甚。 統帥劉侯琸，雖在軍旅，不忘俎豆。 既攝事，奠謁之始，顧瞻咨嗟，亟命專官，董新學之役。 面勢正平，殿宇崇敞，重門複廊，一堂四齋，有職掌之舍〔二〕，有儲峙之所。 夏季經始，孟秋告具，資於郡計者寡，取諸軍帑者多。 廩無餘粟，又助之。 諸生脱墊隘而由高明，弦誦不輟，業履日新，所居所養，固有移其氣體者矣。 侯於是自慰，曰：「吾道其昌乎！」

古者受成於學，獻馘於泮。 軍旅之設學，實始終之，脈理固相關也。 矧韋布之彦，生長邊陲，天資慷慨，習知軍旅事情，足以爲折衝禦侮之助，正庠序中所當收拾者乎？ 且三代之學，惟以明倫。 君臣、父子，人之大倫也。 集俊彦以磨勵之，昭揭大倫，俾皆竭忠致死，以衞君父。 尤今日守封固疆之臣，所不可緩者，宜乎侯之亟爲是舉也。嗚呼！其真時務之要也。

四明教授廳續壁記

國朝庠序之設，遍於寓内。自慶歷始，由隆建以來，迄於康定，獨有所謂書院者，若白鹿洞、嶽麓、嵩陽、茅山之類是也。其卓然爲後學師表者，若南都之戚氏，泰山之孫氏，海陵之胡氏，徂徠之石氏。集一時俊秀，相與講學，涵養作成之功，亦既深矣。而問其鄉校，惟兖、潁二州有之，餘無聞焉。及慶歷興學之後，雖陋邦小邑，亦弦誦相聞。而課其績效，乃有愧於私淑諸人者，何耶？道義相與根於中心之誠，而法令從事，則與有司無異，本末固不侔也。雖然當法嚴令具之時，能以道義爲本，而不規模乎有司之所爲，則亦不大戾於古人矣。

中興以來，四方校官廳壁有記，其間名氏煒煜，迄今稱贊者，必以道義爲本，皆君子也。前碑既窮，不可復書。今郡博士李君，又從而新之。李君乃名侍從，忠肅公之曾孫，力行古道，不墜家聲，勤於職業，而不可干以私，其亦以道義爲本者歟。人品既高，冠於新碑之首，似非偶然者。故因作記，而並及之。

東湖書院記

秘閣胡公，以江西計使兼鎮隆興，疏化原，禮髦俊，如恐不及。通守豐君有俊，言曰：「古者學校既設，復有澤宫。今長沙之嶽麓，衡陽之石鼓，武夷之精舍，星渚之白鹿，群居麗澤，服膺古訓，皆足以佐學校之不及。此邦爲今都會，而不能延四方之名流，講誦磨切，殆非所以助成風教，請築館焉。」

胡公大然之。既浚東湖，徘徊橘亭遺址之上，望徐孺子亭，及其祠宇，及三李堂，想前賢之高躅，有契於心。且愛其風景之勝，長堤回環，柳陰四合，水光照耀，芙蕖舒紅，爛如雲錦。重之以古木森列，飛梁之外，佳致無窮。此固拔俗之士，所欲藏修息游於其間者。計臺及郡丞皆曰：「美哉此景。營棟宇，叢簡編，以便賢儁之繙閱。」而榜之曰「東湖書院」。惟是爲宜，僉言允協。

郡博士劉君餘慶，慨然躬任茲事，爰以學宫歲用之羸，並湖增築。東西十有餘椽，南北十有九椽，門庭堂宇，宏麗崇深，庖湢器用，咸備無缺。縻錢二百萬，米百餘石，以竟其役。規制益廣，合三十有四間。經始於辛未之仲秋，而告具于仲冬，此所以安其居也。

若夫供億之費，胡公既以湖之歲入，東自二臺，西及閘亭，給之。某即從豐君之請，而益以公田之租，又所以致養也。區處周悉，賓至如歸，領袖之英，金蘭之契。萃十有一郡之書，縱觀博采，擷其精華，所獲者富矣。雖然君子之學，豈徒屑屑於記誦之末者？固将求斯道焉。

何謂道？曰：「吾心是也。無偏無黨，王道蕩蕩；無黨無偏，王道平平。」去其不善，而善自存，不假他求是之爲道。志之所至，詩亦至焉。詩之所至，禮亦至焉。禮之所至，樂亦至焉。樂之所至，哀亦至焉。哀樂相生，天理自然，人爲之私，一毫不雜，是之謂道。儒者相與講習，有志於斯，以養其心，立其身，而宏大其器業。斯館之作，固有望於斯也，豈非急務哉！

某懼夫後之人不達此意，或廢而爲游觀燕衎之所，故書此以諭之。

洪都府社倉記

漢耿壽昌，建請築倉邊郡。穀賤時，增價而糴；貴，減價而糶，謂之常平。其稱甚美，宣帝亟從之。而蕭望之獨言其不然，史稱「望之非壽昌」，而不明著其語，故莫得而考。然壽昌常糴關内穀矣，望之以爲習於商賈分銖之事，意者常平見譏，亦若此爾。觀元帝時，諸儒言是倉可罷，毋與民争利，則望之之言尤信。

洪惟我朝養民以仁，雖常平之置，襲前代之迹，而德意所存，與前代不類。民有顛阨，趨而拯之，如救其子，豈暇因以爲利哉！雖然博施濟衆，堯舜猶病之。今發倉廩以惠困窮，惟大饑之歲，不以道遠而輟。苟非時有所賑恤，及於耳目之所接者而止。豈不欲遠？力不足也。然則何以處之？曰：「自古制法固有不能獨行者。」常平之惠未博，精思熟講，求可以相輔者，兼而行之，惠斯博矣。

社倉之設，其常平之輔乎？有餘則斂，不足則散，與常平無以異。然常平裒聚於州縣，而社倉分布於阡陌，官無遠運之勞，民有近糴之便，足以推廣。常平賑窮之意，此所謂輔也已。

洪都今爲大府，而土非膏腴，民鮮積貯。年豐則僅給，歲歉則流殍，邦人病之。郡丞豐君有俊，請復社倉，自南昌、新建二邑始，郡捐錢千萬。屬里居之賢，連江宰陶君武泉，幕友裘君萬頃，擇士之堪信仗者，分糴之，以待來歲之用。將漕胡公，聞而是之，運米二千斛助成兹事。會於佛廬、於道觀者十有一，端緒既開，推之他邑，可以次第而舉。時乎價貴，亟下其估，與民爲市，賤復糴之。如環斯循，爲吾民便，何時已耶。

夫天下之最不便於民者二。敢於爲蠹，有黠吏焉；巧於漁利，有豪民焉。今置是倉也，委之士類，公其出納，則黠吏莫措其姦。歲有不登，米無甚貴，則豪民不閉之糴。增益之，俾加厚；維持之，俾可久。及其進於此也，不惟減價而糶，而直以糴價糶之。純於爲民，無利心焉。可不謂仁政乎！

昔者周官大司徒之屬，有遺人者，惟施惠是職。鄉里門關野鄙縣都，皆有委積，班班相望，供億惟謹。今之社倉，毋乃依倣於是。相時發斂，均被無遺，膏澤沾濡，既優既渥，以繫民心，以培邦本。

嗚呼！真良法也，可爲常平之輔也夫。

建昌軍藥局記

陰陽、風雨、晦明，天之六氣也。過則爲菑，人以蕞爾之軀，常與是六者相遭，護養不至，有感於氣之過差，不病者希矣。若古先民，念斯民受病之苦也，非藥不去。而藥之爲性，有温、有熱、有寒、有平，其品不一。於是乎名之，曰「君」，曰「臣」，曰「使佐」。而爲制之方，精切密微，毫髮不差。隨其病而施之，或補，或瀉，抑其過，助其不及，而反之和平，此全濟群生之大用也。而罔市利者，輒欲以瑣瑣私意，而增損劑量之。可乎？

今建昌太守豐侯，廉直自將，果於爲善，以乃祖清敏公自律。其倅洪都也，屬歲大疫，挾醫巡問，周遍於委巷窮閻之間。察其致病之源，授以當用之藥，藥又甚精，全活者衆，郡人甚德之。及來盱江，仁心惻怛，如在南昌時。慨念先大父爲政此邦，如古循吏，追述厥志，而敬行之。捐錢三百萬，創兩區，萃良藥，惟真是求，不計其直。善士尸之，一遵方書，不參己意，具而後爲，闕一則止。愈疾之效立見，人競趨之，而不取贏焉。

貽書屬余識所以設局不規利意，庸告後人。余以爲視民如子，牧守職也。子疾父母療之，真情之發，自不容己，豈曰「利之云乎」哉！成周醫師之職，統於天官，邦有疾病，分而救之，爲民而已，公家無所利焉。侯固有志於古者，直給之藥，夫豈不願？顧有限而難繼，貿易之舉，雖不能直給，要相續而不竭，侯於是有取焉。藥物既良，不責其息，亦不戾於古矣。侯之救民，不惟爾身之康，抑又康爾心焉。秉彝之懿，戕於物欲，不爾鄙夷，善教而藥之，所以康爾心也。身與心俱康，此所謂國其瘳者耶。若夫較計纖悉，急於牟利，藥不及精，與市肆所鬻無別。雖歲時民病，且莫能瘳，又豈能康爾心耶？君子是以知侯之爲賢也。侯名有俊，字宅之，四明人。

紹興報恩光孝四莊記

會稽郡城之東南，有佛刹焉。高明偉傑，枕山之椒，其名曰「報恩光孝」，賜田十頃，科徭悉蠲。蓋我高皇帝孝思罔極，莊嚴像設，以爲昭考追福之地，故異於他寺焉。

田本山陰膏腴，禪衲雲委，仰給無乏，而自圖籍漫漶，農習爲欺，雖豐富，租不實輸，況凶年乎？官督所負，責之必償，其囂自若，以故歲大減，圭撮丐粟，以餬其口，僧徒病之。

紹熙中，長老惠公住持此山，求所以核姦欺，實廩庾者，孰慮而得其策。屬耕者與約，中分田租，吾與汝均，汝不吾欺，吾不汝訟，歡如一家，兹爲無窮之利。衆曰：「唯唯誠如師言。」要約既堅，乃築四莊，莊爲屋七楹，以受農功之入。在梅市者曰「寶盆」，在感鳳者曰「寶林」，温泉曰「阮社」，承務曰「木栅」。秋聲颯然，刈穫登場，分割適均，資儲寖廣，而日加葺焉。有圃有籓，有閘有船。有度僧局，裒錢百四十萬，積其贏以貿牒。而耕夫之家，亦皆室有儲粟，野有遺穗，欣欣然見於顔色。彼我兼足，客主相安，雖歉歲，無憾心。孰與夫彼欺此訟，而交相爲痡乎？事之當否，昭晢如是，而審於決擇，實自今始。

惠公之識，有過人者矣。一日訪予，言其本末，求爲之記。余惟佛教顯行，緇徒日盛，高堂邃宇，不耕而食，古盛時所無有。爲吾儒者，縱不能廬其居，食其粟，又從而登載稱美，以助發之。可乎？雖然斯寺也，乃人主致孝思所在，尊崇之極，供億宜厚，非他寺比，是宜書。惠公始從荼毒，委以幾翰者再，掉頭不顧。今乃勇於集事，裕已及物，衆皆稱之，非他人比，又宜書。合是二宜，雖欲勿書，焉得而勿書？觀吾言者，致察焉可也〔二〕。

廉清閣記

余官浙東，得與孟君達父爲僚。一日謂余曰：「吾爲閣於廳事之旁，未有以名，子爲我名之。」余往登焉，周覽勝槩，負秦望之崇，挹卧龍之奇。連岡疊嶂，争雄競秀，照映几席，蓬萊麗譙。邦君之居，巋然翼然，助我佳致，旁臨闤闠，比屋如櫛，而不聞市聲。虚静軒豁，俗氛遠屏，有似乎高人勝士，秉節勵操，表表自立者。《楚辭》云：「寧廉潔正直以自清乎？」此古人之素心也。是閣之作，是心寓焉。請以廉清爲名，亦因以旌達父之心。達父曰：「古修潔之士，畏人知之。今揭諸此，非吾之所敢當也。」余曰：「此士之常爾。」簞食豆羹，蹴爾而與，乞人不屑，况士乎？至廉而不貪，至清而不污，良心則然，無計乎人之知不知也。而達父何疑焉？達父以茶鹽爲職，財貨之樞，一路趨之，而能抱公潔己，秋毫非義之餽，不至其門。檢核吏姦，號稱任職，非所謂廉清者耶？

夫廉清，特士之一節。而孟子論伯夷之風，聞者興起，以爲百世之師，斯亦偉矣。達父力學尚志，勇於進德，充其心必將冰清玉潔，始終不渝，期造於古人之域，可不謂賢乎？賢者所爲事，雖甚微，亦必絶俗。故是閣之勝，超然塵外，榜以廉清，其名爲宜。有如達父之賢，其德亦宜。達父真無愧於斯矣。後之居是官，登是閣者，顧瞻斯名，惕然自省，力爲修潔之行，則又余所望也。達父曰：「唯唯。」遂爲之書。

静齋記

吾友臨川黄君申之，潔修好古，名其書齋曰「静」。而語余曰：「此先君子之遺訓也，幸爲我詳言之。」

余以爲學問之要，得其本心而已。念慮之未萌，喜怒哀樂之未發，表裏精純，一毫不雜，静之至也。其初則然，而保之養之，無時不然。雖酬酢萬變，而安静自若，則本心不失矣。

今夫雷出地奮，震驚百里，可謂壯矣，而非有意以爲之也。故雖震驚之極，而實未嘗不静。今夫大風之作，萬竅怒號，可謂烈矣，亦非有意而然。故雖怒號如許，而亦未嘗不静。日往則月來，月往則日來，天象之自然也。寒往則暑來，暑往則寒來，天時之自然也。豈有意於其間哉？惟人亦然。目視而耳聽，手舉而足履，天機之動，不期而應。冬裘而夏葛，饑食而渴飲，日用之間，孰非自然？時止則止，非有意於止；時行則行，非有意於行。此所謂無思無爲，寂然不動也。此所謂惟精惟一，允執厥中也。此所謂不識不知，順帝之則也。

嗚呼！非天下之至静，其孰能與於此？學者潛心此道，趨向既正，體驗既明，未可以爲足也。此道此心，相與爲一，如水之寒，如火之熱。天性則然，非由外假，造次顛沛，未嘗不静。此則吾之本心，與天無間者乎？若夫異端曲學，如槁木，如死灰，胥於寂滅之域，非吾聖門之所謂静也。申之其謹擇焉。

嗤爽亭記

雲巢居士王公，臨川人物之英也。嘗宦遊矣，而雅意静退，以放懷林壑爲樂。雲巢，蓋公别墅。故紫微舍人于湖張公，實名之。

嘉定五年，余至臨川，居士仙去〔三〕久矣。而識其二子，修謹好禮，有故家風味。因與之遊，一日出其先君子詩篇示余。讀之亹亹不厭，清警之句，有所謂爽氣真可嗤者。「似餐朝霞飲沆瀣」等語，余擊節賞音。又觀其先友蘇侯，所記雲巢佳趣，益知居士擺脱塵累，醉心書史，植花竹，玩圖畫，登高臨深，翛然奇逸，可敬人也。其曰「爽氣可嘯」，豈虚言耶？因謂二子盍即别墅築亭，名曰「嘯爽」，以無忘先大夫之高致。

七年春，余官成均。長子貽書曰：「嘯爽既營，將斷手矣，請識諸。」余惟天地間清爽之氣，周流無窮，與人心之爽，本無間隔。由昏於利欲，故扞格而不入，疏瀹而澡雪之，去其所以昏我者。耳目所接，山川風雪，四時佳景，入我懷抱。豈不澄然瑩然，休休然，有無涯之樂哉！爽氣非靳嘯之也，而不能嘯，是必有恝置者矣。甚哉！爽之可貴也。

古之君子，虚明洞徹，萬理昭融，至於興衰理亂之故，靡不精察。周公曰：「爽邦由哲是已。」彼反是者，迷於是非之分，一身之間，過行日積。子産曰：「兹心不爽，而昏亂百度是已。」涇渭清濁，由此區别。有志於道者，當安所決擇哉。

晋人尚清談，居官不事其事。或問之，以手板拄頰。曰：「西山朝來致有爽氣。」若甚曠達者，而時穢其行，或口不言錢，巖巖清峙，壁立千仞。而羯胡劉石之亂，畏死祈哀，不知愧恥，是皆不得古人之真爽。自謂超俗，俗莫甚焉。雲巢之「嘯爽」，固異於此矣。二子亦達斯理者，余故併以是語之。

耐軒記

沈括《夢溪筆談》記「丞相向公之除僕射也」。真宗自即位以來，未嘗除端揆，於是爲首。意公必喜，使李宗諤視之，至則門闌，悄然賀之，則唯唯而已，賓客親戚，亦無宴飲者。既而復命，上稱其大耐官職。

公之德度，可謂宏矣。然自咸平、祥符，拜僕射者凡六人。至天禧之元年，公始爲之。時宗諤之殁，已四年矣。括所記乃如是，此所以啓觀者之疑，遂與聖訓之所褒者亦疑之。

嗚呼！是豈可誣也哉。元老大臣，受知明主，褒嘉之辭，洋洋乎與二帝三王典謨相爲表裏，真聖人之言也。而可以括之記載不能盡實，而併疑之乎？故君子深信焉。

公之裔孫震之，闢軒於私第旁，求名於余。告之曰：「耐其可乎？此君家故事也。」先正之德之量，不以大官大職動其心，充養蹈履輩古王佐，後嗣子孫取則焉可也。

昔者伊尹，非其道義，禄以天下而弗顧，繫馬千駟而弗視。周公，身貴而愈恭，家富而愈儉，厥德洪毅，如海斯涵，如嶽斯峙，非富貴之所能怵也。榮耶悴耶，我無欣戚；通耶塞耶，我無加損。萬變交於前，而在我如一。

嗚呼！真偉人也哉。彼小丈夫，不知如是之爲可尚也，而本然之心，類多不明。「富貴不能淫，貧賤不能移」，人之本心也。慕富貴而苟就之，惡貧賤而輕去之，失其本矣。自本心之不明也，目誘於色，耳誘於聲，口誘於味，四肢誘於安逸。所誘者無窮，而非高爵重禄，則無以遂其欲。於是乎喪其所守，而屈意求之，汲汲乎惟恐其不我得也。得之，則躍然以喜；不得，則戚然以悲。朝夕念慮，不出於耳目、口腹、肢體之間，又豈能任天下之重乎！

人之度量，相越其遠如此。大耐官職之褒，信其爲一代之宗臣也。震之作樂山堂，既已有志於此心之不動矣。復以「耐」名軒，旦旦觀之，警策砭鍼，以古王佐及先正爲法，以溺流俗耽富貴者爲戒，庶有益乎！震之曰：「然，盍爲我識之。」於是乎書。

止善堂記

乾道淳熙間，象山陸先生以深造自得之學，師表後進。其道甚粹而明，其言甚平而切。凡所啟告學者，皆日用常行之禮，而毫髮無差，昭晰無疑。故天下翕然推尊，而其教尤著於所居之金谿。至今邑多善士，趨向不迷，有志斯道，而恥爲世俗子學，蓋其源流遠矣。

嘉定中，蕭君禹平宰是邑，新學宫講肄之堂，而以「止善」名之。欲使學者求大學之指要，而續象山之氣脈，其訓告切矣。蓋嘗語余曰：「此吾所究心而不能忘者，幸爲我識之。」

余聞道無窮盡，充滿天下，無非斯道，然必有歸宿，而後定於一。故《易》曰：「艮其止，止其所也。」《書》曰「安汝止」，又曰：「欽厥止。」《詩》曰：「於緝熙敬止。」凡《易》《詩》《書》之所稱，皆純乎正大，無纖微之差者也。故一定而不可易，大學之止於至善，其亦無一毫之差者乎？如金之至精，如玉之至粹，如規矩爲方圓之至，如準繩爲平直之至。於此乎止，則真得其所止矣。

伯夷止於清，伊尹止於任，柳下惠止於和，非不善也。而孟子所願學者，獨集大成之夫子。蓋必若夫子，始可以爲至善也。射必破的，其藝始精。幾於的而不能中，則亦不精矣。惟道亦然。隱諸中心而安，質諸聖人而合，始可爲據依之地。微有差焉，於道歧矣。禹平「名堂」之意，所望於諸生，蓋如此。雖然「執柯以伐柯，睨而視之，猶以爲遠」。見其爲至善，吾從而止之，可謂不差矣。然未能相與爲一，則猶未善也。全體渾融，了無間隔，斯其善之至乎？學者於此盍致思焉，發憤力學，期於自得，庶可以續象山之傳，而無負於禹平所屬望者。

禹平名舜咨，昭武人也，今爲太學博士云。

德齋記

《詩》云：「伐柯伐柯，其則不遠。」《中庸》記先聖之言，曰：「執柯以伐柯，睨而視之，猶以爲遠。」言不能無間也。如是而爲道，吾循而行之。夫豈不善？然不能無間，故雖近而猶遠也。

嗚呼！聖人啓告學者，何其精微哉。舜處人子之至難，而克諧以孝。夫子七日不火食，而弦歌不絶；顔子簞瓢陋巷，不改其樂；曾子執親喪，水漿不入口七日。此常情之所不能，聖賢則不待勉强。何哉？水之寒，火之熱，天性則然耳，然則可學而至歟。曰：「天下無二道，人皆有之。何爲其不可學也？」朝夕而思之，造次不舍，一旦豁然，清明在躬，出處語默，無有間隔，昭昭乎其不可誣也。是之謂自得德者得也。由是而存養，由是而踐履，形於運用，發於事業，何往而非此心耶。

番陽馮君聖與，有志於斯者也。既以德名其齋，遂申斯言告之。

敬義立齋記

始余受徒里社，汪氏之子名敏中，字耐翁者，實從余學。其性資端良，而嗜書不倦，知其爲佳子弟而已，未知其志之不群也。其後耐翁筮仕爲户掾，南徐太守耿公秉，循吏也，一見而氣類合，便爲知己。迨夫爲總屬，宰壯縣，倅名邦，秉心如一，職業愈辦，而公論益歸之。蓋嘗語人曰：「吾昔者讀《易》，有感於『敬義立而德不孤』之語，自是服膺。拳拳不敢失墜，持身莅官，無大愧怍，皆由是出。」余然後知耐翁篤志於學，培根浚源者如此。

夫敬以直内，義以方外，聖人所以贊坤德也。坤體柔順，而以直方言之，異乎世俗之所謂柔順者矣。兢業之謂敬，敬則不欺，故直斷制之謂義，義則不屈，故方合内外之謂道。夫焉有所倚，故不孤。天生斯人，孰無此敬義？而立者實鮮。見善不明，則懵於所立，信道不篤，則立而不固。誘之則動，撓之則弱，撼之則傾，不可與言立矣。是故修身則道立，立愛惟親，立敬惟長。立人之道，曰「仁與義」。古人之所以切切於是者，貴乎本固爾。

耐翁之宰南豐也。貽余書曰：「人戴天履地，靈於萬物，要當出群拔萃，與古人爲徒。」余壯其言，而知其胸次所期，有不可量者。既以經訓，名其書齋，又求余言發揮之。將日觀省，益懋厥德，可謂有主矣。魯穆叔有言：「太上有立德，其次有立功，其次有立言。雖久不廢，此之謂不朽。」

夫惟不朽是圖，雖更歷萬變，而敬義不虧，參前倚衡，無非斯道。此則耐翁之志也，余是以嘉之。

直清亭記

嘉定十有四年，始闢西塾，作小亭於叢竹之間，名之曰「直清」。此君子之德也，而竹實似之。

今夫竹之始生也，拔地而出，曾不浹旬，已有凌雲之勢，俊敏超軼，殆不可禦。初種不過數叢，其鞭横逸，瓦石所不能制，未幾成林蔚然。在植物中，得地之利，成功之速，未有過焉者。豈天之賦生，固迥然獨異耶？其中則虚，有似乎君子之虚其心；其節則勁，有似乎君子之守其節。體正而氣肅，又有似乎君子，望之可尊，即之不厭，能使人襟懷灑落，俗氛不入。

「直清」之名，於是爲不忝矣。竹有是德，所以取重，可以人而不彼若乎？《書》曰「直哉惟清」。直，天德也。人所以生也，本心之良，未有不直。回曲繚繞，不勝其多端者，非本然也。率性而行，不勞巧智，可不謂直乎？表裏昭融，洞徹無間，可不謂清乎？直則清，清則不累。其初矣，亭所以名，得非欲觀之以自警乎？

夫美惡不同，而愛憎隨之，人情然也。鳳凰芝草，賢愚皆以爲美瑞，則無愛憎之別。竹之直清也，亦然，無賢不肖稱贊一辭。吾之培植於此，非徒供耳目之玩，抑愛其爲公論所歸。因以自勉，日進厥德，人皆心服，則於竹乎何愧？不然失諸正鵠，反求諸己可也，此誠君子立身之要。凡我同志，盍共圖之。

是亦樓記

余築小樓於敝廬之東，而以是亦名之。或疑焉。余告之曰：「直不高大爾，是亦樓也。」人生天地間，所欲無窮，必求所以滿足其欲，非道而取，何所不至？養其小而失其大，淪胥不仁不義之域，豈不哀哉！此余所甚懼而不敢也。

樓之深廣，尋有五尺，崇近廣而微殺，材甚眇，體頗具。故曰：「直不高大爾，是亦樓也。」其前絫石爲山，高不過丈餘，雖無怪奇偉特之觀，是亦山爾。依山植丹桂六，樓之右復一桂架酴醾以相接。及雜花木數本，品雖不多，是亦花木爾。推之於一服御飲食錢財，及使令之人皆然，又至於宦情亦薄。每曰：「直不高顯爾，是亦仕也。」

自奉者甚狹，而取於世者甚廉，此心休休無所羡慕。自適其適，齒髮雖彫，而神明不衰，聊以是自慰焉。雖然身外之物，可以寡求而易足。若夫吾身與天地並廣大高明，我固有之，朝夕磨礪，善必遷，過必改，追古人而及之可也。豈徒儕於庸凡，而曰「是亦人爾乎」哉？此又余所以自警，且以詒子孫者，故書以識之。

願豐樓記

君君臣臣，天地之大經也。雖在畎畝，不忘其君，臣子之至情也。時和歲豐，國家之上瑞也；凶年饑饉，天下之大菑也。夫尊卑雖異，休戚一體；朝野雖殊，忠愛一心。故年豐則君臣同其慶，而歲歉則共其憂。忠臣事君，始終一致，無日不以國家爲念，則無日不以豐登爲期。豈敢以出處遠近，貳其心哉？

余舊有足疾，嘉定中，繫官於朝，思歸甚切，念吾廬不足以養痾，欲求遠於卑濕，而便於燕閒者。惟樓居爲宜，爰俾兒曹營於舍旁。及還故里，而兹樓適成，求所以爲名者。余曰：「臣子家居，萬慮冰釋，其不能忘者，必也豐登乎？」乃取老杜「在家常早起，憂國願年豐」之句，遂以名之。

是樓也，東則太白，西則四明，南則金峨，諸山重岡疊嶂，歷歷可覩。自北而東，則鄞江抱焉。覽觀城中，則郡治之雄，屹然相望，學宫之邃，相與爲隣，及其他棟宇宏壯者，鱗鱗相屬。足以舒懷抱，足以養性情，足以集賓友，而藏書數千卷，又足以披閲。四時風景，無不可人。余本一寒儒，餘生得此恬愉自適，可忘其爲老矣。而耿耿此心，以歲豐凶，爲己忻戚，非有官守言責，而憂國如立朝之時。豈古人所謂君子思不出其位者乎？

蓋嘗聞之，大義所在，當思而思，即吾位也。自叨獻納，時進苦言，仁聖寬容，不以爲忤，且屢有忠直之褒。去國之後，簡記不衰，可謂深知矣。臣子之心，豈能一日忘吾君哉？嫠不恤緯，而憂宗周之隕；女居漆室，而念嗣君之弱。此天地之常經，人心之靈所不能自已者，况嘗服休服采者乎？

在《易》有之，「拔茅貞吉，志在君也」。《書》曰：「雖爾身在外，乃心罔不在王室。」吾心如此，則吾位亦如此。何出之云？彼以出爲戒者，義所不當思爾。歲之豐凶，國之大利害存焉。無三年之蓄，曰「國非其國」。盜賊之猖獗，四鄰之侵侮，皆歲不登，民不安之所致也。此豈小故而可不關於念慮乎？

衆人之念慮，不出於一身；君子之念慮，必周於天下。夫生於覆載，無私之中，而瑣瑣焉。朝思夕慮，囿於一己之私，其亦狹矣。君子一視同仁，天下之大，猶吾身也。必欲家給人足，極三登太平之盛，豈以出位爲嫌哉！遂書以識之。

是亦園記

開禧間，余作小樓於舊廬之東，而以是亦名之。其説曰：「直不高大爾，是亦樓也。」嘉定中，余又作樓於新居之旁，既崇以宏，不可以言是亦矣。乃取杜子美「憂國願年豐」之句而名之，曰「願豐」。樓之左右前後，有山有水，有竹有花，稍稍成趣。而其地纔二畝有奇，强名曰「園」，而仍以是亦名之。曰：「直不深闊爾，是亦園也。」

客或謂余曰：

甚哉，子之隘也。夫君子之爲圃，必也寬閒幽邃，繚繞曲折，争奇競秀，可以觀，可以遊，可以怡神養性。良辰美景，周旋其間，不厭不倦，而後有無涯之樂。故陶靖節可謂淡泊矣，念田園之蕪，賦《歸去來辭》有曰：「窈窕而尋壑，崎嶇而經丘」，則不爲不廣。司馬公可謂簡約矣，記《獨樂園》，亦云「其廣二十畝」。蓋不如是，不足爲樂也。今子之規模，毋乃太小乎？其初固曰：「吾将以縱步也。」步未及縱，而地已窮矣。奚樂之云？竊爲子不取。

余告之曰：

是非客所能知也。吾聞有世俗之樂，有君子之樂。耳目所接，一時欣然，無復餘味者，世俗之樂也。

内省不疚，油然而生，日新無窮者，此君子之樂也。世俗以外物爲樂，君子以吾心爲樂，樂在吾心，清明四達，無適而非道，則亦無適而非樂。彼池臺苑囿，得之不得，我無加損，又何以歆羨爲哉？顔子簞瓢陋巷，非有娱悦耳目之具，而不遷怒，不貳過，乃有不可勝言之樂。今不取諸此，而導人以世俗之所玩，不已末乎？且吾聞之慶歷人物之盛，范公實爲稱首，子弟嘗以治圃洛陽爲請。公曰：「洛中名園相望，誰獨障吾遊者。」卓哉！道義之養，充然有餘，無待於外也。

客曰：「是則然矣。陶公，司馬，獨非真賢乎？」

曰：「陶公徘徊三徑，盼庭柯，撫孤松，所樂者如是而止。司馬公之花竹雖秀而野，牡丹紅藥，各不過二本，其儉也。如此察兩公之心，亦豈役於外物者乎？」

客無以難，是亦之名，遂不復易。此則吾之素心，猶往時所以名其樓者，豈敢忘哉！

秀野園記

昔資政范公之鎮杭也，子弟請治地洛陽，因闢圃爲佚老之地。公曰：「人苟有道義之樂，形骸可外，況於居室？且西都名園相望，誰獨障吾遊者？禄賜之餘，以贍宗族可也。奚以圃爲？」子弟敬遵其令，無敢復言。姑蘇義莊，遂爲無窮之利。

司馬丞相，亦公輩人也。創獨樂園，以極燕居之適，自爲之記，實廣二十畝。而東坡蘇公賦詩，有曰：「中有五畝園，花竹秀而野」，抑又何哉？原註：此當以記爲正。雖然公亦非以遊觀爲樂者，培植名花，或不過一二本。曰：「吾記其種而已矣。」自言踽踽焉，洋洋焉，不知天壤之間，復有何樂可以代此？是豈以遊觀爲樂者乎？然則先正二公之心，實未嘗不同也。

某家故清貧，自宦遊至今，田不過四百畝，念族人之貧，思有以賙之，力不能及，每以爲恨。又思先君無恙時，空乏甚矣，而舍旁猶有三畝之園，植花及竹，日與其子若孫周旋其間，考德問業，忘其爲貧。後以爲子舍〔四〕，茲事遂廢。此吾家不可闕者，與其增膏腴數十畝，而傳之後裔，孰若復三畝之園，而不墜其素風乎？於是乎決意爲之，曰「怡顔」，曰「蒙養」，曰「觀妙」，曰「含清」，皆所以爲進德之地也。平生酷好泉石，爲山而水環之，雖秀而野，不事華飾，達於西塾，厥廣倍之，而圃不復加闢矣。稍有贏餘，燕及宗族，此固君子之所樂也。豈徒遊觀之謂哉？

昔者樊遲、子張，同登聖師之門，皆以崇德辨惑爲問。夫子於遲，則有善哉之稱，而張也則否。函丈之間，聖師臨之，門人侍焉，切己之問，不約而發，舞雩之下，風景可嘉，此心凝然，如侍函丈，此樊遲所以爲善也。士之涉此園者，思〔五〕樊遲之所以問，聖師之所以答者，而有契於心。嗚呼！茲誠進德之機也哉。

校勘記

〔一〕職掌之舍　原作「職掌之事」，不通。今據四庫本、叢書集成本改。

〔二〕致察焉可也　「焉」字原缺。今據四庫本、叢書集成本補。

〔三〕仙去　原作「先去」。今據四庫本、叢書集成本改。

〔四〕後以爲子舍　四庫本同，叢書集成本作「後以爲予舍」。

〔五〕思　原缺。今據四庫本、叢書集成本補。

卷十一

行狀

資政殿大學士贈少師樓公行狀

曾祖，常朝議大夫，贈太師；妣，翁氏〔一〕，贈陳國夫人。祖，异，徽猷閣學士，朝議大夫，贈太師，追封楚國公；妣，馮氏。案：原闕，封號無考。

父，案：原闕名，無考。贈兗國公；妣，江氏，贈兗國夫人。

公諱鑰，字大防，舊字啓。伯姓樓氏，著籍于明，明今爲慶元府。粤自周武王封有夏之後于杞，爲東樓，公子孫因之，以樓爲氏。國朝家于婺，于明者最著，相傳爲明樓氏，由婺徙焉，本一族也。家于婺者，紹興間，襄靖公炤，簽書樞密院事，其門始大。家于明者，其盛久矣。公七世祖諱皓，六世祖諱杲，皆卓卓有賢行。至高大父郁，寖以昌大，自奉化徙鄞，卜居于郡城之南，儒學精深，爲後進師。皇祐中擢第，得廬江主簿，以禄不逮親，弗肯仕，贈正議大夫。太師知興化軍、台州，皆有惠政。楚公當政和間，以才侍從，再牧鄉邦，名所居坊曰「晝錦」。兗公歷官中外，仁厚廉直，蔚有令聞，三世皆以公登廊廟，贈至極品，門第之盛，于是鮮儷矣。

公幼警敏，始就外傅，鄉人王先生默，李先生鴻漸爲嚴師。既冠，三山鄭屯田鍔，寓館鄉鄰，公又師之。隆興元年，試于南宫，主司偉其辭藝，欲以冠多士。而所答策偶犯廟諱，胡忠簡公贊知貢舉，洪公奏言其故，有旨置末等之首。是歲廷不策士，即禮部所次定爲五等，賜同進士出身。以啓謝諸公，胡公大稱之，曰：「此翰苑長才也。」

明年中教官選，調温州。州學教授，範物以躬，出入冠帶，惟謹。日與周旋，講明爲學之要，務在篤實，毋溺浮華。議論有可採者，問所從來，具以實對。公愛其不欺，再三獎之，學者日益歸心，争執經席下，里居賢士大夫稱美一辭，相與定交，公亦虚心叩擊，甚于飢渴。于是學問之源委，治道之綱目，制度之沿革，靡不研究，胸中之藴，日富秩滿。諸公餞送之，公請益焉。或告之曰：「前輩有云『拆破籓籬即大家』，君之籓籬，不憂不拆，直恐過甚爾。」公正色曰：「某于無利害事則拆，有利害事則否。」聞者悚服，乃知公雖氣貌薰然，物我渾融，而其中介特，有不可奪者。立朝之大節，蓋定于此時矣。

充詳定一司敕令所删定官，對選德殿，論善爲天下者，貴實用不貴空言。名爲空言，而實可底績者，乃所以爲實用；名爲實用，而行之無益者，適以爲空言。陛下大開言路，收攬人才，念治功之未集，鄙無用之空言，而務求其切于用者，誠得孝宣總覈之意。而進説者不思旁援曲取，毛舉細故，民力方匱，而言利不已。法令日繁，而變更益增，委以經畫，課其績效，則蔑焉無稱。曾是以爲實用乎？

魏徵勸行仁義，近于空言。封德彝法律之説，若實可用。然太宗惟徵言是從，以成貞觀之治。且曰：「惜不使德彝見之。」然則孰爲實用？孰爲空言？惟陛下審思之。時禁中火，公言魏相之事宣帝，多以異聞爲言。李沆之相真宗，每奏不美之事，此忠臣愛君之至也。人主尊居九重，生殺在我，謟士日獻佞説，而直臣難以盡言。祥瑞之出，則潤色以張大其事；災異之見，則掩覆而變易其占。此二者，臣之所憂也。陛下之畏天，可謂至矣，不以崇高富貴爲樂，而惟水旱盜賊〔二〕是憂。天之仁愛，陛下亦可謂至矣，不以休祥爲太平之應，而時出災異爲儆戒之端。罪已而興，斷非虛語。遇災〔三〕而懼，亶惟盛德。臣愚，欲望陛下深求其故，何如斯可謂應天之實？勤而行之，上答天心，下遂人欲，今日之異，後日之福也。上嘉納之。

修淳熙法，議者欲降太學，釋奠爲中祀，與右學等。公曰：「乘輿臨幸，于先聖則拜，武成惟肅揖，厥禮異矣，祀可均敵乎？」遂得無變。兼玉牒所檢討官，以進仁宗皇帝玉牒遷秩，復因面對，申述玉牒中所登載聖語，願持守勿渝。又請念財賦之孔艱，罷土木之不急，敢言人所難言。

公之進用參政，龔公力也。受知雖深，而謁見有時，無阿比之迹。三歲不遷，安恬自若，及龔公去國，出其門者皆罷，而公獨不及。力求去，添差通判台州。太史公以故相侍經幄，壯公此舉。曰：「何其決哉！」

宗正丞范撲出領郡事，性剛急，喜怒過差，官吏震惕。公俟其氣定，徐以一二語解之，必翻然以改。銅錢之禁，入海五里，盡没其貲。有商冒法，而獄稍緩。臨海縣弓兵鄭慶，訴守臣及郡丞之正員于朝。提點刑獄趙某，被旨覈之，密以叩公。公曰：「禁所以嚴，爲越海也。今猶在城下，事理甚明，而輒誣之，又名其守貳，階級紊矣。而可縱乎？」趙悟具以實奏，遂論鄭慶如法。

除太常寺主簿，以先諱辭，改宗正寺主簿。奏對稱人主之德，與臣下不同。百行衆善，一毫無歉，萬幾庶務，一事無闕，然後足以御四海而圖治功。故雖堯舜之聖，而曰「儆戒無虞」，曰「兢兢業業」。一日二日萬幾，此心未嘗斯須忘天下，惟恐吾身有毫髮之不及也。臣不佞，竊希古人責難于君，恥君不及堯舜之意，欲望陛下仰稽往古，俯鑒近代，兼備其可爲法者，而力去其所當戒者。又曰：「國家深長之計，不可速成，要當審訂。凡行之而終無益者，必盡省之。可行而尚費歲月者，明著于籍，次第而爲之，不辦不止。則事有端緒而治效可睹矣。」

遷太府寺丞，俄除太常博士，班寺丞下。上疑焉，丞相言：「議禮之地，最要得人，臣欲重其選爾。」公復以家諱，請仍舊職，許之。

遷宗正丞，對延和殿。言天下之大患，每起于細微。漢之黨錮，始于南北二部之謡；唐之朋黨，始于二三士大夫不得志之徒。事之初生，若不足慮，横流不止，害不可言。今朝廷清明，豈復有此？然端倪已見，不敢不言：

夫道者，天下之所通行，學者士君子之所當務。秦漢而下，此道不明，論説相夸，去本逾遠。國家累聖傳授，不闡大原，名儒間出，究極微旨，然後語道者不涉于異端，爲學者不至于無用。恭惟陛下得執中之傳，體克己之仁，嚴謹獨之戒，篤正心誠意之學。躬行此道于上，而士大夫諱言于下，凡端謹好修，談論經理者，例指之爲僞學。小則譏笑，甚則疾之如仇，不謂聖世，乃有此風。《詩》曰：「君子實維，秉心無競。」誰生厲階，至今爲梗。」士大夫自相傾軋，爲害最大，惟人主能用中，然後可以消弭。謂宜明詔中外，咸推無競之心，勿徇偏曲之見，精白一意，以仰承人主之休德。

奏畢。上曰：「卿懼其爲黨耶？」公言：「陛下建中立極，躬行著見，屬者趙雄辭位，人皆意蜀士必相繼去，而陛下方敍遷之，或召用焉。」上曰：「唐世人主云『去河北賊易，去朝廷朋黨難』，朕嘗笑之，有何難事？特主聽不聰爾。」公頓首謝，又言：「仁宗開天章閣，命名臣條上當世急務。太上逐權臣之黨，更化善治，皆在履位二十餘年之後，非始勤終怠者可比。臣願陛下益自警勵，及此閒暇，亟爲永圖。採孟子之格言，明政刑之二柄。」

丁宄公憂，服除，選知温州。視事之始，邑長咸至，諭之以經賦之外，秋毫不取，申吏卒入鄉之禁。豪民慢令，三不如約，始嚴追胥。又不服，言于郡，逮治之。宰所欲言，有不可形于公牘者，密緘以報，吏無得預。郡計仰于酒課，吏請嚴禁。公曰：「吾奉使典州，首在布宣德意，奈何以是爲急？姑置之，久而懲其已甚者。」威刑罕用，課入增衍。

尤詳于聽訟，咸得其情，已悔而終止者，聽其息訟。閨門幽昧事，則掩覆之。或稱辟廱司業之後，乞以限田免役争者，不服而莫能難。公曰：「安有終于承直郎，而爲司業？是必嘗以辟廱正兼攝爾。」官品既殊，限田隨減，可也。其人遂屈。

劉生訴小商負錢十萬官責之償，負家忽以商溺死告，紛拏于庭。既而得屍沙磧，遂以爲真死矣。公謂永嘉尉曰：「此事可疑者三。遺鞋于岸，而足貫扉屨，一也；谿流激急，形骸已散，二也；小人貪賞，知死者寡髪，爲假髻以實之，三也。意其流屍乎？彼方潛竄，而適與兹會，故益肆其欺爾。不如姑資送之，若商實死，而密迹捕焉。」尉如其策，果得之平陽道中。人以爲神，遂正其罪，而督逋如故。又謂劉生，彼藍縷如是，何所從出？勉使折券，出自汝意，于是釋之。闔郡服其明恕。

公又慮鄉落間疾苦，不能上達，咨于士大夫之郊居者甚悉，故田里情狀，若親睹然。聞樂清主簿唐煜有能名，叩以邑中利害，具言有方質者，大爲姦利。公默不洩，久而得其實迹，併與其黨號「八虎輩」黥竄之。

是邑之左原，民多蔬食，而盜販者衆，牙儈有被重傷幾死者，其黨揚聲報仇，將以上巳日舉事。老而黠者，至謂「方臘之變，閏在五月」。縣令姓秦，今二事皆同，變且復起，邑人大恐。而倡之者，主名不立，令微伺得之，單車至其所，指舊習魔教，而今祀神不預。陳慶等數人，執以詣郡公，編隸其爲首者，而逐其徒境外。堂帖問故？公直陳本末，且援蘇公洵之語，「有亂之形，無亂之實，是謂將亂，不可以有亂急，不可以無亂弛」。丞相周益公然之，遂錮陳慶終身，而公名者著矣。

光宗嗣位，赴行在奏事。公進言人主初政，當先立乎其大者，至大莫如恢復。欲謀西北，先保東南，誠能加之聖心，自然畏天益謹，遵祖宗法益嚴，事親益孝。求賢必廣，用財必儉，讒諂面諛之人自疏，嗜欲宴安之念自息。邊防以修，軍政以肅，故雖甲兵未動，而恢復之計成矣。又曰：

國家用度日廣，租税已重，又有茶鹽榷酤之屬，既專其利，則不得不立法以禁止之，至于今日網密甚矣。欲望陛下軫念元元，以設禁爲不得已，而犯法者非甚可罪，凡有創意增益者，寢而勿行，或懲其尤。所以保護元氣，而壽天下之脈也。

除考功郎中，兼禮部。進對言無難之世，聖人畏之，如人之一身，時有小疾，起居飲食無不戒謹，固有尫羸而壽考者。强壯之人，氣血方盛，恣所欲爲，疾偶未形，因謂之安，此固良醫之所懼也。今日之無事，乃陛下愛日之時，無益于治道者，宜緩于施行。而所當豫備者，旦旦而圖之，以待可用之機，以保盈成之業。

時民多流移。公又曰：

富弼賑濟之政，在本朝爲稱首。然考其時，弼守青州，流民乃自河北而來，弼不以非吾土之人，而不任其責。調護惠養，委曲周盡，迨麥熟而歸，又與以道路之費，收其强壯，以備卒伍。今日流民，顛頓暴露，未知息肩之所。臣愚，欲望睿慈，惻然興念，詔監司帥守，各以富弼之心爲心，隨宜措置，救于瀕死，實國家之仁澤也。

考功爲今顯曹，士大夫資歷升轉之屬，靡不由之。吏緣爲姦，小有不合，動成留滯。公曰：「昔人以簡要清通，爲尚書郎之選，詎當爾耶？」考覈精詳，宿弊寢革，人得所欲焉。潘顯伯之獄，定法過輕，一時官吏俱責。公因轉對言：「宸斷如此，足以懲姦矣。顧恐自時厥後，懲創往事，議讞之際，未免刻深，望速以玉音諭之。」

遷國子司業。先是居此官者，多以學校舊游爲之。前司成許公，識公之賢，語諸生之送別者。曰：「樓公之進，雖不階舍選，而修其職業，殆將過之。」既而信然。諸生有與其長交訟者，公以爲禮義教化之地，不當遽以法令從事，姑遷延之，度其兩忿漸息而後，罰之有差。凡所施爲，采諸公議，自糾録而下，必擇其實堪表倡者，毫髮無私，人人悦服。

會雷雪交作于仲春之月，應詔條陳闕政。言：

疏遠之臣，惟願陛下之憂勤；親密之臣，惟願陛下之逸樂。憂勤則幽枉必達，下情得通，而膏澤及民矣；逸樂則伺候顔色，干求恩澤，而私意得行矣。陛下自雷雪之變，憂形玉色，宵旰興嘆，度數日間，干請必希。以是推之，聖心憂勤，恩倖自遠，誠能日謹一日，宸襟泰然，淵静鑑明，其視燕游之惑，豈不相千萬哉！

又曰：

今朝行不聞直聲，而或以多言見黜，士氣消沮，無敢論事，豈國家之福哉！臣願陛下開忠直之路，窒宣諭之門，遇災而懼，不諱盡言，力行消弭之道。

遷太常少卿，改太府少卿，亦以家諱故，兼玉牒檢討官，遷起居郎。直前奏事，言：「進德可以養生，養生可以進德。人受天地之中，以生氣不可過盛，亦不可過弱，惟得其中，則養生之要。心廣體胖，神氣舒暢，雖有陰陽之寇，豈能爲吾害哉？」

兼權中書舍人，繳奏録黄，無所顧忌，戚里近習，望風畏縮。時干請恩澤，有爲給事中封還，而意未厭者，援次官故事。上問爲誰，則以公對。上曰：「朕亦憚之，不如止也。」

刑部建言，天下獄案多奏裁者，中書之務，由此不清，請令實有疑者始奏。公曰：「三宥制刑，古有明訓，宜詳而略。」傷聖世欽恤之仁，力論不可。乃止。

會慶節上壽，扈從班集，乘輿不出。公言：「陛下承付託之重，以天下養，猶未足以報天地之恩。今百官趨班，恭俟鳴蹕，而燭殘日出，寂不聞聲，今日何日，而可若此？願深思大計，形于告諭。若曰『屬以某事，不及稱壽，今欲以某日詣重華宫。』則群疑頓釋，而兩宫交歡矣。」

《玉牒》《會要》《聖政》書成，涓日以進，而屢更之。公言：

事有至大，而陛下以爲至小，朝夕之所當行，而視之如曠典，此所以疑而懼，懼而憂。進香一出，而人心歡然，會慶一不出，而人心遽駭，事可睹矣。《聖政》之成，全載壽皇一朝之事。《玉牒》《會要》，足成淳熙末年之書。陛下所以奉承詒謀，鋪張聖父之閎休者，惟有此爾。禮儀咸備，俄又遲之，萬衆震驚，莫曉其故，殆非所以全聖孝也。惟速定其日，無復再展，以慰天下之人。又奏累歲隨班末，見陛下上壽重華，歡動慈極。又見嘉王日趨朝謁，恪勤不懈，聖心必喜，竊料壽皇望陛下之來，亦猶此也。

于是天子感悟。越六日，進書成禮，薄暮乃還。侍御史林公大中彈奏大理少卿宋之瑞，不從，遷吏部侍郎，力辭與郡。公與給事中尤公袤奏言：「大中最蒙眷注，今因論一少卿，而同日與郡，實傷國體。公議皆願還大中言職，或留之論思獻納之班，若不可留，亦宜優禮以遣之。與被論者殊科，猶足以示四方也。」尋詔之瑞與祠。

知和州劉煒，將漕淮西，以禁私鑄錢，一路大擾而罷。廟堂稱其已然之效，有旨復與監司。公奏煒行一切之政，不生事者幸爾，尚可以爲功乎？此命一出，必大駭物論，且無以謝淮甸之民。丞相頗不悦。公曰：「吾有去爾。」羅公點時爲兵部尚書，爲丞相言之，始悟而止。公以母老思歸，乞祠不允，人知其爲劉煒也。應公孟明，從容語及之。公曰：「士大夫臨小利害，此心猶在兼顧間，蓋途轍從此分爾。某竊鄙之，故不敢不勉。」應公極嘆重之，語人曰：「是公利害之間，其守正如此，真可敬也。」

内殿奏事論獄者，天下之大命，欽恤忠厚，未有如本朝列聖之臻其極者。今士大夫論重囚，則曰「漢祖約法三章，殺人者死」；論贓罪，則曰「我太祖立法，滿三千者皆死」。而不知高祖除去秦法，則殺人之外，凡死罪皆去之矣。太祖制法雖嚴，比五代已甚輕。其後累朝，日趨于寬，故以太祖爲重。今朝廷清明，刑罰當罪。然臣每疑州郡斷獄，未必皆其本情。請以奏案依斷者，下提刑司更加詳審，或有不當，責罰隨之，益廣陛下好生之德。

鄭汝諧除吏部侍郎，給事中黄公裳封還録黄。既累日，詔除裳兵部侍郎，以失職引咎，汝諧請補外，不許。公言：「小大之臣，一聞給舍臺諫，語及姓名，不當辨説是非，即合奉身而退，所以存廉恥也。今裳雖蒙眷留，終奪其封駁之職，汝諧心不自安，必將再辭，宜因而從之。」未報，汝諧再有供職之命。公言：「論事者罷，被論者留，自此給舍、臺諫不復可爲矣。」汝諧憤恚，即乞致仕，公力求罷黜，居家俟命，汝諧竟以修撰知池州。公又奏：

陛下奉兩宫之養，應萬務之繁，可謂至難矣。然實非甚難者，一月四朝，如期盡禮，則事親之道昭矣。大昕視朝，興居出入，皆有定時，則君臨之道宜矣。飲宴有節，則聖體日康；賜予有度，則財用日積。采公議以用人才，則衆心服；開言路以廣聰明，則下情通。引以廉恥，則臣下之節勵；嚴其律度，則僥倖之門塞。水旱爲災，而勤撫之，則盜賊消；事變始萌，而早辨之，則姦雄戢。凡此十者，陛下爲之，曉然無難。其餘數端，英斷之下，俄頃可畢。而稽留不決，深爲國家惜之。

時丞相以潛邸舊人，黜而復召，援李絳故事，俟于郊者累月。樞臣卒而卹典未頒，蜀帥死而不除代。宫邸近親，相繼不幸，而喪禮未舉。宦閹陳源，起于罪籍，而未斥去。公力贊聖主之決，故辭旨明切如此。自往歲會慶節，輟稱壽禮，及是期年，公同從官先期奏請。至其日，又僅用拜表之禮，宰執及從官皆求罷，卿監而下，求免赴宴。公積憂薰心，得疾幾不可支。既愈，請同班奏事，不許。久之始獲進對，上許以必出，既而果出，除中書舍人，兼實録同修撰。

論宗廟社稷之重，繫乎陛下之一身。陛下之一身，主乎陛下之一心。側聞陛下晨興之後，未與事接，而先澄心静慮。天德清明，夜氣沖融，照臨百官，是非瞭然，真社稷之福也。欲望保持此心，退朝之暇，更以二時頃，凝神儲精，省閱章奏，付之大臣，擇而行之，則盡善盡美，無可議者矣。

壽皇疾狀著聞，中外憂恐。宰執請上詣重華宫侍疾，從官繼之，皆未報。上御後殿，丞相率同列固請，侍從臺諫，俱入閤門，吏以故事止之不可。丞相開陳既畢，抗聲索輦，上拂衣起，丞相引裾力諫，公等從之，苦言交進，上意猶未決。宰執引咎出，公獨乞對，力言陛下視朝，輔臣無一在列，何以示天下！上曰：「已令宣押矣。」諸公由是復入。

兼直學士院。時有自列卿擢左史兼西掖者，公奏其人重玷臺評，實污清選，斷不可復用，且有請避三舍之語。丞相言：「上初欲用某人某人，皆以不可對，至三而後及此，雖深知不可，重違上意也。」卒寢前命。

上倦于勤，内禪詔書，實出公手，辭婉而切，朝野傳誦。今天子始即位，内外制雜然俱下，公獨當之，筆不停綴，而皆明白正大，得代言體。初政有光焉，尋進言自古人君臨御之始，多能自强，鋭意求治。在位既久，君子日疏，小人日親，逆耳之言不聞，而佞諛之辭日進，故偃然自安而不知禍亂之作，陛下任天下之重，承社稷之託，兢兢業業，當如今日。及其小而圖之，則不至于大；自其近而防之，則不及于遠。

遷給事中。國朝太廟，舊爲七世之室，太祖祀僖、順、翼、宣四祖，而虚其三。嘉祐中，以親未盡，猶虚祫享東向之位，以待太祖，故尚居昭穆之間。英宗祔廟，祧僖祖于夾室。熙寧五年，復以僖祖爲始祖，禮官争之不得。紹興間，董弅、趙涣又請正之，言既行矣，諫大夫趙霈沮之而寢。淳熙初，涣之從子粹中爲吏部侍郎，悉條往時群臣所奏，言于孝宗，復下之禮官。禮部侍郎戴幾先沮之。孝宗祔廟，當祧宣祖，曾少卿三復，請乘此時，就祧僖祖，正太祖東向之位。集議御史臺，公具陳本末，自鄭公僑以下議皆合。公爲奏稿，其略曰：

太祖肇造區夏，功邁百王，廟號太祖，蓋以尊無與二。今郊祀已配天，宗祀已配上帝，而在廟獨不得爲始祖，祫享獨不得正東向，可乎？屈受命開基之君，列于昭穆之序，何以示後？揆之《禮經》，僖祖親盡當祧，况今日九廟已備乎？惟斷自宸衷，釐正鉅典，以慰太祖在天之靈。尋以祧廟之主，宜有所歸。

復令集議。又奏：

去古既遠，禮制不能盡循。按唐張齊賢之言曰：「古之有天下者，事七世，始封之君謂之太祖。太祖之廟，百世不遷。至祫祭，則毁廟之主，皆以昭穆合食于太祖。商周遷主皆出太祖後，故合食之序，尊卑不差。漢、魏、晋、隋、唐太祖以上，皆不合于祫。」臣等竊謂齊賢之言，可施于今日。蓋太祖之興，上無所因，與漢祖同。今日既伸東向之位，則僖祖之主，當再入于夾室。然自熙寧以來，推尊既久，難以遽變。唐有興聖廟，以祀涼武昭王。今當效之，别立僖祖廟，以代夾室。順祖、翼祖、宣祖之主，皆藏其中，祫祭即廟而饗，于禮爲稱。

于是度太室之西，建四祖廟焉。孟冬，雷震不已。公既草罪己詔，又條陳時政曰：

雲漢之詩，宣王側身修行，誠實溢于言語之外。桑林自禱，六事自責，懇切可風。伊陟告大戊曰：「妖不勝德。」德者非他，至誠之謂也。陛下肆頒明詔，責躬求言，修荒政，布德澤，亦可謂應天之實德矣。然臣區區愚慮，猶恐有聲音笑貌之爲，有無人則輟之僞，要在益自修省，慄慄危懼，如前日雷轟于上之時，則是心精一矣。

待制朱公熹，以鴻儒碩學侍講經帷，上尊禮之。俄有除職與郡之旨，公奏陛下容受直言，無愧仁皇。熹之正直，陛下所知也。若閔其耆老，當此祁寒，立講不便，何如畀之內祠？仍令修史。少俟春和，復還講筵，則君臣之義，始終周盡矣。不報。

內侍毛伯益，以宣勞轉行遥郡。公奏此曹甚衆，趨走服役，何勞之云？此門一開，僥倖者多矣。上意不悦。丞相謂公繳奏誠是，顧八寶之至，嘗宣力爾。令下之初，上即俾宣諭某，謂給舍欲其舉職，當俟有勞，而始叙之。今果封還，始敢具述上意。公曰：「官守所在，不容徇私，此君相美意也。」

始與侍讀趙忠定公，嘗同考試南省，官舍又比鄰，時時徒步還往。每謂人曰：「樓公當今人物也，直恐臨事頗少剛決爾。」及見其持論堅正，始嘆曰：「吾于是大過所望矣。」

權吏部尚書，兼侍讀。初，公爲館伴使，知閤門事，韓侂胄副之。上之受禪也，侂胄預聞傳命，遂尸其功，有弄權之漸。吏部侍郎彭龜年，因內引力攻之，且求去。于是侂胄轉一官，在京宮觀。彭公除待制，與郡。樞密林公，時在西掖，公與之合。辭論奏陛下：

始潛嘉邸，眷禮賓僚，一旦龍飛，延見訪問，幾無虚日，天下不以爲私，而誦陛下好賢念舊之美。今惟龜年，猶在從列，天資伉直，敢于論事，陛下之腹心也。其可去乎？惟更加三思，留龜年于經筵。不然，則命侂胄以外祠與龜年，事體適稱，猶庶幾焉。

彭公竟去，公久列從班，負廟堂之望。侂胄聞其不助己也，怒。天官之除，雖陽遷之，而實抑之也。時臺諫誦言，故相定鼎乘龍之夢，有褊心銜恨者，對公云云。公曉之曰：「趙嘗夢李公召入禁中，取御鑪金瓶授之。曰：『朕之用卿，如此湯瓶。』又夢立班殿下，見白龍升天。未幾，上以衮服御極，其夢兆止此爾。而便謂之定鼎乘龍可乎？某親聞諸趙公，不可誣也。」主人唯唯。同僚有並坐者，退而言曰：「某代爲公汗下。」公自知直道難行，去志已決，于是請對。

言天尊地卑，乾坤定矣。然天不以高爲貴，而以下濟爲光明。君臣亦然，其分貴嚴，其情貴通。唐末五季之際，去古遠矣。而宰輔進見，命坐賜茶，猶有坐而論道之意。藝祖收攬權綱，可畏可仰，然與趙普圖畫大計，或夜半而躬至其家，其相與何如也。陛下臨朝，淵默巍如上帝，臣下奔走拜伏，罔敢不恭。人主之尊，不患不至矣。欲望明泰否之道，而通君臣之情。陛下體天之下濟，群臣以卑而上行，歡欣交通，而後天下可爲也。

先是諫臣假尊君之説，排逐賢相，榛塞正途，上下之情日益隔絶，故公言及之。對畢，求去堅確，除顯謨閣直學士，知婺州。朝辭，又奏：

陛下日宴坐朝，躬親聽斷，不爲不勤矣。然猶慮僅能趨辦目前，未必及于幽遠，治道多端，未可謂止于斯也。陛下試于清燕之時，披輿地圖，某爲監司帥臣，某爲郡守，某爲將帥。人之才不才，政之治不治，察其事實，而賞罰隨之，此我孝宗聖訓所謂「朕日于天下游行一匝者」，惟陛下取以爲法。

始公自永嘉趨召，至是九年。暫還里中，展省先墓。遇太夫人得疾，公亦雅志閒退，三奏乞祠，提舉太平興國宮。申命牧婺，以繳奏寢。御史又攻之，奪其職。久之，乃復差知寧國府。

是日，丁太夫人憂。坐親黨累，再奪職。又逾年，始復遂告老，至于再，許之，除龍圖閣直學士。食興國之禄，前後凡七任，書問未嘗一入都門。權臣于天下善類中，怨公最深。嘗語人曰：「彭侍郎非有雅故，見攻雖急，不敢深怨。樓公嘗與共事，一旦鄙我，實不能堪。」群姦窺知其意，協力排根，怨毒滋甚，久而後稍悔悟。

舊于都亭驛中，以所藏蘇黄門，答其伯祖忠彦，辭嘉彦尚主詔草，求公跋語。公作詩曰：「今日猶存卯君筆，向來誰造粉昆書。」又爲言其所以然。一日以示從班曰：「某與樓公本厚，意若拳拳。」有寄聲使通問者，公不爲動，盗權益甚，晦迹愈深。親故間以利害怵公，請効持書之役。公指席間曰：「寧死于此，此志不可移也。」

時廉恥道喪，阿尊事貴者，無日不數于權姦之門。甚者召自外來，未及對而先謁之。公謂某曰：「紹興間，從臣有初入都門者，秦丞相使人諷之來見。答曰：『豈有人臣未見天子，而先謁宰相者乎？』當時士大夫猶能守正，不爲權貴屈，今此風衰矣。」太息久之。

公之官永嘉也。聞寺正薛公季宣，深于兵略，屢請問焉。乃知兵者，古人之常，若樂舞行綴之類，皆兵法也。每言儒不知兵，無以應猝，惟講之有素，則緩急可用。然自隨仲舅尚書汪公大猷，使燕見所歷險要之地，皆爲金據，知深入之難。故初被召，雖嘗進恢復之説，及聞權臣妄開邊隙。則蹙額曰：「南渡今八十年，州縣積貯，惟有虚名，閫外禦戎[四]、委之債帥，而欲疲民以逞，深恐非徒無益。」至逆曦之變，則又曰：「三世爲將，道家所忌，負恩狂僭，必無與者。」既而皆如其言。公之識慮，可謂明且遠矣。

閒適既久，德望益尊。天子更新大化，招延舊德，起公于既老，除翰林學士，固辭不許。進對首言天道好生惡殺，本朝以不殺爲家法，而金嗜殺猶故，其將孰佑乎？擁兵南來，不能大入，皆由不嗜殺人，積累忠厚，天實相之也。次陳十餘年來，無復公道，紀綱隳廢，賄賂公行。仕者朘削民財，以奉權臣，則美官可翹足而待；兵官尅剥士卒，以媚權臣，則將帥可計日而取。民力益竭，軍政大壞，今籍其家資，數累鉅萬，皆出于鞭箠膏血之餘。陛下縱未能捐以與民，亦宜救其倒垂之急。會計凡目，以補經費，少紓州縣之督趣，則吾民受賜矣。

上傾聽之，遷吏部尚書，兼翰林學士，兼侍讀。頃之，兼修國史，實録院修撰。時和好未定，公數預集議，屢言關隘最不可失。奉使王柟再行，蜀帥收復關外四州，敵情寖屈，于是就和。金嘗指公及林正惠公姓名問柟，爲誰？答云：「舊爲從臣，自侂胄擅朝，兩人絶不交通。故更化之始，皆召歸爾。」金驚嘆良久。知嘉定元年貢舉，既奏名，摭對策中有益于時者爲一編以進。趙丞相之子崇憲，奏雪其父寃，朝廷令兩省史官看詳。公與今吏部尚書汪公逵等言：

> 紹熙之末，宰執惟乞建儲。孝宗升遐，留正引疾而去，人情洶洶。汝愚始決大計，翼戴聖明，正位宸極，天地宗廟實臨之。横遭讒誣，卒以貶死。十餘年間，是非貿亂，賞罰倒置。權臣既誅，汝愚諸子，始敢有請。今當亟與辯明，立碑賜額等事，次第而舉。檢會章奏，誣以叛逆者，泯絶其迹。正趙師召乞斬汝愚之罪，重蔡璉漏洩幾事之責，毁龔頤正所著《續稽古録》板，皆所以昭雪故相之辜也。

從之。除端明殿學士，簽書樞密院事，兼太子賓客。公耆德宿望，二三大臣，待之加敬，倚以爲助。公亦輸寫肝膈，無纖芥嫌疑之迹。廟堂之上，以是協和，股肱明主，羽翼儲貳，兩宮無間言。進同知樞密院事，參知政事。

公之伯父，故揚州太守璹爲於潛令時，圖耕織之勞，因事爲詩，嘗以進御。公重繪二圖，仍書舊詩，而跋其後，獻之東宮，請時時省閱，知民事之艱難。太子斂衽聽受，且致謝焉。

公宿昔誦顧愷之之言曰：「命有定分，非智力所移。惟應恭己守道，信天任運，而闇者不達。妄意僥倖，徒傷雅道，無關得喪。」每以此語，爲持循之要。掖垣瑣闥，風節凛然，所養者固矣。洎爲執政，不忘斯言，終身途轍，有一無二，遵乎正道而已。行險詭遇，而他岐是適，公所不爲也。其言曰：「古人所謂三公三孤者，取其至公無私，故謂之公；孤立無黨，故謂之孤。既名其官，可無其實哉！」

日思東歸，屢有陳控。上曰：「卿忠直正，頼輔佐。」又曰：「忠實老成，東宮亦固留之。」或問公何去之果？公曰：「昔人所以不安其位者，有數端焉。人主之眷已衰，同列之隙已成，在下者軋已，不樂者見攻，遂不得已而去。今皆無之，顧老軀不堪勉强爾。」南郊侍祠，馳驅得疾，予告者三，求去不已。

除資政殿學士，知太平州，辭。進大學士，提舉萬壽觀，居從其便，賜以器幣香茗，東宮再有頒。丞相及兩執政送之江亭，握手欷歔，殆不忍別。既還鄉，乞休致愈力，轉兩官。致仕命下，而公薨，實嘉定六年四月己丑，享年七十有七。積階至金紫光禄大夫，爵至奉化郡公，食邑至五千二百户，真食千二百户。

遺奏聞，天子震悼。贈少師，輟視朝一日，賻白金五百兩，帛五百疋，官其後如格。越數月，東宮讀《唐鑑》終篇，第賞官屬，念公舊僚，賜銀若絹皆再百焉。

娶王氏，工部尚書俣之孫女，德性寬平，曉習書史，有中原故家之風，封太原郡夫人。子男四人。淳，承議郎，行籍田令；濛，幼亡；瀟，奉議郎，新通判臨安府；治，承奉郎，監西京中嶽廟。女二人。長適迪功郎，監中嶽廟，王棐；次適從政郎，鄭圭。皆以公大禮恩，封孺人。孫男七人，杓，從政郎；杞，承務郎；栝，登仕郎；枎；機；栘；杒。孫女一人。曾孫男一人。

十月有旨，以杓爲添差沿海制置司準備差遣，俾護公葬。七年二月辛酉，諸孤奉公之柩，葬于鄞縣通遠鄉，四明山報忠福善寺左馬鞍裹之原。

公資稟高明，風儀峻整，頎然如長松巨柏，立乎群木之表。接對賓客，語音琅琅，聽者忘倦，而事親篤孝，下氣怡聲，承顔順志，躬執鄙事，有所教飭，一言一句，服膺不忘。

倅台之日，兖公以議幕沿檄，公以行縣，會于天台，奉二老山行，覽觀奇趣，春容累日。鴈蕩山秀絶聞天下，之官永嘉，侍太夫人游焉。又修行春賞柑故事，安輿所至，旌纛前列，公從其後。太夫人年登耄耋，奉承惟謹，宛陵之命，或謂公姑受諸。公曰：「親老矣，跬步不敢辭〔五〕。雖展墓不越三宿，《禮》『九十者其家不從政』，可遠役乎？」色養無違，慈顔悦豫，至年九十五乃終。公忠孝感神，有相之者矣。

家素清貧，重以建炎之禍，先廬故物，一簪不留。兖公依外舅少師江公以居，辛苦植立，不墜先緒。宦游既久，生理尚窄，樸素如寒士，諸子無復豪習。公從師里校，至無蓋以障雨，敝衣糲食，僅免寒飢。以此益自磨厲，日充日長，器業宏偉，爲時名臣。

仲兄大理丞錫，出守嚴陵，迎二親就養數月，而兖公薨，護喪以歸。十月三旬，而寺丞卒。適歲大祲，闔門百口，外而襄奉，內而伏臘，多方經營，僅無闕事。明年，畢寺丞之葬。弟有孤女，悉力嫁之，皆身任其責，斯已艱矣。後雖通顯，自奉甚薄，食飯不過適口，服用僅足而止。奉祠家居，日虞不給，夫人撙節用度，纖微必計，始有餘米。罷祠之後，賴以相續，及再得祠，而米適盡矣。

平生靜專，瑣瑣塵務，不經于心。惟酷嗜書，潛心經學，旁貫史傳，以及諸子百家之書。前言往行，博采兼取，森如武庫。曾侍郎逮嘗問「雨必以夜」所出，公曰：「此《鹽鐵論》中語。」曾喜，報其兄大理卿逢曰：「吾兄弟往來于懷者，今豁然矣。」

崔府君，廟食甚盛，而逸名氏，多以爲漢之子玉。或曰：「此魏之伯深爾。」及公奉詔，作顯應觀碑，推尋其實，始知其爲唐之賢令。《山經地志》，星緯律歷之學，皆欲得其門户。研精字書，偏旁點畫，纖悉無差，世所承用，而于義未安者，亦必辯正之。謂字者，朋友所以表其德，不當自言。姪者，對姑立稱，不當以爲兄弟之子。甲子，所以繫日，非紀年也，不若直書其年。正寢，爲今聽事，非寢室也，不當于此書卒。及其他精審皆如是。

屬辭敘事，以意爲主，不事雕鎸，自然工緻。舊有詩聲，晚造平淡，而中有山高水深之趣，以銘墓爲請者，與之不靳。英辭妙語，散落人間，殆如唐人所謂「碑版照四裔」者。而屬稿之初，後生小子，輒指其瑕，欣然改定，曾不自知其名位之崇，德齒之尊也。懼儒學之不續，勉勵諸子，俾世其家，頻舉謝太傅自教兒之語。自正議先生，與太師相繼登第，太師之子宗博，及楚公復繼之。鄂州史君鍔，臨安教授鉱，皆公之從兄也，爲同年進士。而公及從弟鏞，從子汶淮，後先相望，皆預是選。一門決科之盛至如此。

淳，三預薦書，與二弟俱嗜學。杓，亦偕漕計，駸駸乎躋登顯要矣。然公所謂「世其家者」，詎止于此？榜書齋以攻愧，曰：「人患不知其過，知之而不能改，是無勇也。」自號爲「攻愧主人」。小有過差，不敢自恕，期至于無愧之可攻。銘諸座右曰「逆境進德，順境誤人」。其子隨牒州縣，以詩送之。于淳則曰「知行勤所職，通塞聽何如」；于潚則曰「不應頻來往，恃有檄可沿」。皆所以勉其進修也。

慕杜正獻公、范忠宣公之爲人。豐清敏公，鄉之先達也。賦《荷花詩》有「人心正畏暑，水面獨摇風」之句。蔡元長見之曰：「此人豈肯受我籠絡？」公心敬之，以爲標的，能言其賢德甚詳。淳熙中，有以剛直自名，致位顯榮者。密察其言，規切上躬，一語不及，公無取焉。觀其所稱慕，及其所不與者，足以知其心矣。

薦士于朝，必以公議所與。今將作監楊公簡，故知濠州劉仲光，度支郎官鄭筆之，宗正丞李兼之流，世皆賢之。下至于片言可録，小善可書者，亦稱道不置。仁于宗族，同氣加厚，歡焉無間。三弟一兄子，皆奏以官。故吏部侍郎莫公叔光，中書舍人陳公傅良，與公所師屯田鄭公，皆潛藩舊學也。莫、鄭二公，不得親見龍飛之盛，陳公雖幸見之，一斥而竟不復。公前後力爲上言之，莫公遂被追榮之恩，陳、鄭二子，亦拜君命。公于師資甚篤，故所以勸導明主者，亦出于此。

李先生，公童幼時所受業爾，人所易忘，念其子仁，常賑邺之終身。韋布場屋之交，窮達不侔，賓接如舊，劇談樂飲。客至未嘗託，故曰：「彼或有求，從違在我，烏得不見？」告急者與書，庶或周之，雖饋之薄，不疑輕己，以故人亦不厭。乳母趙氏，去而不知所在，博訪得之，年垂七十矣。攜以之官，率其婦子，敬待以禮，其篤厚類如此。

公生長外氏，外祖少師，及越國王夫人撫之教之，與諸孫等。公事之如大父母，諸舅如諸父。尚書舅長于政事，公屢請問以居官治民之要，啓告甚悉。且曰：「子以辭華知名，若外庸奏最，斯通才矣。」後聞其爲政可紀，甚喜。及列于朝，數進讜言，又益喜。尚書謫居康廬，或勸之貽書近習，求爲己援，卒不屈。公亦不降志于權姦，舅甥風操若是相類耶。公以辭學士奉祠，而尚書及從母之子中書舍人陳公居仁，亦然。鄉人遂有「一舅二甥三學士」之語，莫不榮之。

四明，他山源泉注於城中，匯而爲湖。舊有十洲三島之勝，最南一洲，密邇故廬。楚公之守鄉郡也，築錦照堂、懷綬軒，刻祐陵御製其上。中燬于兵，舊觀蕪没。隆興初，郡復新之，更名竹州，久而寖壞。于是上從其請，以私錢自葺之，求奎畫錦照，及東宫書懷綬以爲賜，煌煌乎有光于初矣。藏書既富，欲別貯之，營度累歲。執政之次年，東樓始成，有登臨之快，叢古今群書其上，而累奇石于前，嶄然有二十四峰之狀。又取楚公登封令時，所藏嵩嶽圖石刻，列屏其下，仍以仰嵩舊名名之。雅好琴奕，達其妙趣，得閒之後，方將攜以自隨，往來于錦照東樓之間，極燕衎之適，以遂其初志。而病尼之矣，歸舟中觀書不輟，弟鏞以詞來賀，援筆賡之，雅麗如平日。又賦《鑑湖》二詩，其始歸也，卧于别榻，旬餘，而更得其正而終焉。怡然不亂，遺稿皆藏于家，方將編次成集。

葬有期，諸孤以當世知公，莫祥于某，屬狀其行。某誠鄙陋，然我高祖父光禄公，實師事正議先生，源流相續，以至于今。公又不以衆人遇我。嘉泰、開禧間，從公于寂寞之濱，數以安于命義，保全名節之語勉我，斯意厚矣。一日語及吾道一以貫之，某叩其旨，見告以會歸于一之説。某曰：「此乃吾以一道貫之，非吾道一以貫之也。夫道，未嘗不貫。」公聞之瞿然，已而稱善再三。契合如此，何敢忘諸膺？敬述其梗槩，上之太史氏，以備采擇，辭雖不工，庶幾乎古良史不虚美之意云。

校勘記

〔一〕翁氏　原缺。今據四庫本、叢書集成本補。

〔二〕盜賊　「盜」下原缺「賊」。今據四庫本、叢書集成本改。

〔三〕遇災　原作「異災」，不通。今據四庫本、叢書集成本改。

〔四〕禦戎　叢書集成本同。四庫本作「禦敵」。

〔五〕不敢辭　四庫本、叢書集成本作「不敢離」。

卷十二

行狀

端明殿學士通議大夫簽書樞密院事崇仁縣開國伯食邑七百户食實封一百户累贈太保羅公行狀案：「累贈」上原本有「致仕」二字。考本傳，「點扈從齋宫，得疾卒」，此文後云「還私第，三日薨」，無致仕事，應屬衍文。今删。

曾祖諱起，贈太子太保；妣，陳氏，贈文安郡夫人。

祖諱琢，贈太子太傅；妣，鄧氏，贈蘄春郡夫人。

考諱朝俊，贈太子太師；母，繆氏，封永寧郡夫人。

公諱點，字春伯，姓羅氏。羅本熊姓，顓帝之裔也，春秋時爲小國，能抗彊楚，《左氏傳》紀之。立國之地，即今襄陽之宜城。後徙南郡之枝江，子孫不忘厥初，因以國爲氏。自秦漢至唐，雖時見于史策，然罕有功業宏大，名位顯榮者，故莫詳其世系。五季時，公之先世，實居江西之豫章。我宋之興，徙于撫之崇仁，厥居高坪，族黨寖繁。大父太傅，又徙于高坪之五星源，遂占籍焉。

公天資穎悟，八九歲時，能援筆屬辭。及長，志向卓犖，念其家世修儒業，而門户未振，思所以大興起之。擺脱凡陋，刻意講學，結交英俊，每以追躡前修自勵，兩貢于鄉。淳熙三年，案：三年，原本誤二年，今據《宋史》本傳改正。進士甲科。時孝宗皇帝以俗儒少實，頗有厭薄。公對策曰：

臣聞儒者之道，與天地相爲終始，與古今相爲表裏，與風俗相爲盛衰，與治亂相爲升降。昔者天地之始，民生其間，混然無别。聖人者作，爲之正君臣以相接，爲之篤父子以相愛，夫婦則相賓，貴賤則相資，上下則相維。

儒者之道已默行于其間矣，至今賴之以安以佚，以生以息，而不爲匪僻邪暴者。誰實使之？故曰「與天地相爲終始」。

聖人猶慮後世之無傳也，書之簡編，示之標準，如是而安治，如是而危亂，可以爲師，可以爲戒，後人得以按籍而求，隨索而獲。故曰「與古今相爲表裏」。

夫風俗之美，非自美也，常自仁義始。風俗之惡，非自惡也，常自功利始。儒者之道，必尚仁義，必緩功利。仁義之效遲，功利之效速，人情厭遲而喜速，所以舍彼而取此。然久而後成者，又不可以遽壞；旦暮可獲者，不足以久安。故曰「與風俗相爲盛衰」。

夫儒者之道，非必廣學校，增生徒也。畏天修己，任賢愛民，恭儉樂諫，不自用，不變古，此用儒之實也。如是者必治，儒道之不用，非必擯斥士類，毁廢經籍也。忽天自怠，棄賢虐民，恣玩好，惡諫臣，自恃其聰明，輕變其成法，此不用儒之實也。如是者必亂。故曰「與治亂相爲升降」。

昔漢高帝不喜《詩》《書》，輕毀儒生，而遇子房，四皓也。良厚，惟恐赤松之志一動，而採芝藥不改，此所謂務實也。患莫甚于名是而實非，人主當求其真，不可惑于似。如穀粟之必可以養生，如藥之必可以伐病，是真賢也。言之若可聽，而用之則罔功，是腐儒也。惟真賢是用，而毋以腐儒參之，則治具畢張矣。

其大指如此。天子覽而嘉之，擢爲第二，時年二十六，調定江軍節度推官。趙忠定公將漕江西，公往見之，相與語，因及獄事，云部内有訴貪殘者。令某官鞫之，而屬之曰：「得其情，則與剡薦。」公曰：「斯人之罪，已知之否？」曰：「未也。」公曰：「真僞未可知，而以利誘之，是示之己意而欲鍛鍊其罪也。無乃不可乎！」趙公悚然曰：「微君言，吾慮不及此。」

建安游君，九江魁傑士也，時爲九江録參，一見契合，相與爲莫逆之友。丁太師公憂，服除，除太學博士。十年二月，召試館職。其鯁切之語，有曰：

國無盡心瘁力之臣，則事不濟，今皆悦夫背公營私者矣；國無危言極論之臣，則德不進，今皆悦夫偷合苟容者矣；國無仗節死義之臣，則勢不彊，今皆悦夫全身遠害者矣。夫用人之患有七：授之非宜，進之太拘，責之太備，待之太輕，任之不專，辨之不明，保之不力，皆非用人之道。善用人者，必反諸身。溺晏安，欲速成，任喜怒，疏忠良，私好樂，有一于此，皆爲害政。爲人主者，戒之謹之。

奏御，天子不以爲忤，甚稱獎焉，拜秘書省正字。六月，遷校書郎，尋兼國史院編修官。天旱，詔求直言。公上封事曰：

臣聞天下將治，必有萌象，將亂亦然。聽其議論，則正直是與，柔佞是惡；觀其朝廷，則大臣任責，而不自疑，小臣盡情，而無所隱，治之象也。聽其議論，則訕侮正言，仇讎正士；觀其朝廷，則大臣持禄，而不敢極諫，小臣畏罪，而不敢盡言，亂之象也。

祖宗立國以來，言兵不如前代之彊，言財不如前代之富。惟有開廣言路，涵養士氣。人物議論，足以折姦枉于未萌，建基本于不拔，則非前代所及。崇觀而後，此道寖衰。假紹述之名，而賢人盡逐；設朋邪之禁，而諫者有刑。創「豐亨豫大」享上之説，而姦諛日甚，馴致靖康，禍不勝酷。今陛下訪天下之事非不至，求天下之言非不切，曩之竊弄威福者，既赫然逐之矣，而群下猶畏縮苟且，以言爲戒。或者今時議論凡陋，驅之使然。無所可否，則曰「得體」；與世浮沉，則曰「有量」；衆皆默，己獨言，則曰「沽名」；衆皆濁，己獨清，則曰「立異」。此豈陛下所望于臣子者哉！今欲大有爲于天下，破此凡陋而後可。

夫天理人事，感應甚明。自旱暵爲虐，陛下禱群祠，赦有罪，曾不足以感動。及朝求讜言，則夕得甘雨，天心所示，昭然不誣。獨不知陛下之求言，果欲用之否乎？誠欲用之，則願以所上封事，置籍禁中，時時省閲，當者審而後行，疑者咨而後決。宏謀偉論，從容召見，以質其言，以觀其才，而揣意迎合者必斥。治之萌象日長，亂之萌象日消矣。

十一年五月，面對。言臣聞虚誕之風勝，則紛擾而生事；偷惰之習成，則頹靡而廢事。陛下初載，急于事功，小人乘時，以才自進，久之皆以虚誕，紛然擾敗。聖意厭之，由是韜晦斂縮，日趨偷惰頹靡之域，其失等爾。臣願陛下復振起之，大而達于國家之大體，當世之急務；小而熟一方之利害，精一事之本末。莫不簡記選擇，以備任使。始之議論，必如趙充國之陳邊事，往復再三，叩竭其藴。終之施行，必如劉晏之主邦計，遲久以須其成，假借以重其任。則無不詳之事理，亦無不盡之材力矣。

十二年二月，遷秘書郎，兼皇太子宫小學教授。凡所開陳，必以正理，講論經義，日昃始退。蓋嘗未午，而國公欲入，公止之，乃觀書不輟，至晡時可以入矣。故不入，左右以爲請。公曰：「國公務學，正爾得趣，奈何促之？顧使令輩，取被以入，吾將宿此。」左右曰：「是間豈託宿之地耶？」國公遜辭懇之，公然後退。

五月，皇孫進封平陽郡王，仍以公兼教授。采摭古人行事明白易曉，可爲勸戒者，合爲一書，名《鑑古録》。蓋以古爲鑑，可知興替之義。日講一事，恭淑之始作配也。公以爲道之造端，于是乎在。而自古論修身齊家者，惟《大易家人》一卦，最爲彰明較著。乃取先正司馬公所書，發揮其義，以爲端本正始之助。六月，除著作郎。上知公既深，將不次用之。然欲觀其民庸，乃以爲提舉浙西常平茶鹽事，時十有三年正月也。陛辭之日，進言：

自古大有爲之君，必有同心同德之臣。陛下宵旰求治，二紀于兹，未有攸濟。向者喁喁跂須機會之念，顧計本根之慮矣。人人上決于淵衷，物物取裁于睿斷，君勞而臣逸，雖有大志，不得達于天下，甚可惜也。臣願陛下于股肱心膂之地，更留聖慮，精考察于先，篤倚信于後。明白洞達，毋存形迹，而後與之進退人才。圖畫治道，爲之一日，則有一日之效，爲之一歲，則有一歲之效矣。

先是崑山華亭之間，有瀫山湖，洩諸水道。戚里豪强之家，占以爲田，水由是壅。公既領庾司，有訴其事者，察得其實，奏請開之，且爲圖以進。天子親覽，亟從公言。貴勢無敢沮撓，百姓勇于赴功，不日而畢。乃刻石具述其事，以防他日築塞之患，民甚便之。

常州無錫縣，財賦舊額五萬九百貫，而每歲所入止三萬九千貫，以耗剩補之，僅能充數，而群將意未足也。别委一官，受輸于縣，令無得與。知縣事陳世修之之官也，謁公吴門，訪以爲邑規模。對曰：「財用，誠今日之急務，要以恩信爲本。恩信既洽，不憂不辦。必欲如今之俗吏所爲，有去而已。」公察其持心之近厚也，意甚嘉之。世修既至毗陵，固請催科仍舊貫，守不許，度不可爲，不就職而遽去。公與提刑王尚之奏稱其賢，乞復以一邑畀之。

平江守王公希吕罷。酒官程師禮，怨希吕之嘗督過也，當官吏餞别之日，攘臂詬之。公奏陛下進退群臣，自有典章，師禮敢然，殆非所以令衆見也。陵夷之風，漸不可長，乞黜之，以正名分。從之。

安定胡先生講道吴興，一時賢俊學焉者甚衆。既殁，人尊敬之不衰。郡太守每以季春，設祭其墓，久而寖廢。公以事關風教，檄舉行之。

十四年四月，兼權平江府。久旱祈雨，惟祀典所載加敬。天慶觀，有何蓑衣者，挾妖術以誑俗。異時爲郡者神之，每祈雨罷，必就見焉，公獨不往。何愠其不已謁也，以杖擊僚吏之車，厲聲辱之，公亦不顧。俄隨車驟雨，邦人大悦。時浙右諸郡多闕雨，公豫爲之備，奏所領八州，略計常平米不過三十四萬石，宜及今米價未至騰踊，廣糴以益之。幸而歲豐，不妨爲他日用，若其饑饉，貧民知官司有備，可無轉徙。

七月，詔給度牒六十。鹽官、海鹽二縣，被旱尤酷，乞住催三等以下夏税，和買役錢，及往年宿負，從之。華亭河流斷絶，邑宰劉璧，相視青龍江可通潮，而堙廢已久。集丁夫給官米，不越五日，濬七十餘里，潮達縣市。又濬河東六十里，水及州城。當旱涸之時，有浸灌之益。表薦于朝。公誠心救菑，凡可以活民命者，知無不爲，而其大要，則以寬賦得人爲急。其言曰：

水旱之來，緣事而應，民和則爲豐年，不和則爲凶歲。今歲之旱，民氣不和之所致也。州縣有無所從出之虚額，斯民有不勝其擾之誅求。往時歲額，本非若是多也，惟言利之臣，不恤國體，陰自增益，或獻羡餘，遂爲定數。民力愈困，逋欠愈多，徒桂簿書，實難催理。乞詔帥守監司，公心參考，蠲減所增，立爲中制。

又言：六月間，海鹽流移甚衆，自聞住催官物，漸還故里。蓋民之流移，未必盡因闕食，亦緣所收微薄，舉目荒凉，又慮刈穫之後，官私逋負，交相催逼，所以輕去鄉井。檢放之令，誠不可緩。

時平江既除郡守而未上，公言救荒一事，州縣多不介意，奉行滅裂，臣不躬親巡歷，督責官吏，無以上寬憂顧。請以府事委提刑兼領，而臣得以驅馳原隰，許之。

故禮部黄尚書度，時宰嘉興；中書陳舍人希點，爲平江觀察推官；杜君申、劉君允濟、諸葛君千能，皆一時僚吏，有志于民者。咸委用之，且薦達焉。海鹽宰鄭偉，心不在民；崇德宰王迪簡，勸分無術，皆奏罷之。聞海鹽丞陳祖永、長興丞黄庸之賢，則請以祖永攝海鹽，庸攝崇德。淑慝區分，以故人争自奮，公以忠誠，自結主知，拯救艱阨，緊公是賴。而將漕者，從旁撓之，公欲裕民，漕欲裕財，趨向殊塗，鑿枘不相入。久之，漕護使客歸言于上：「臣舟行運渠，兩岸禾稼雲委，不可謂荒。此特常平司所委官屬，張大其事，以希賞爾。獨不思渠能載舟，灌溉所及，稼安得不茂？稍遠，則苗稿矣。」

賴天子仁聖，不信其言，而信公愈篤。故公益得以盡其力，慮遠鄉之恩惠不及也。分列諸場，或近或遠，雖窮僻之處，無不受賜，慮民力之不可過勞也。勸分所得，糶不出鄉，毋使運于他處，慮官司之耳目不能盡察也。選用鄉豪能任事者，理爲充役，歲月以酬其勞。富人不恤窮民，增價閉糴者，必懲其罪。姦民名爲貸糧，重擾巨室者，亦寘諸法。異時軺車巡歷，吏卒紛然，所至爲患。公則不然，從行不過數人筆吏、輿夫。假諸所詣，或徒步十餘里，訪求民瘼，人不知其爲部使者也。有請于朝，勤勤懇懇，足以感動，故所欲無不從。分委官屬，置歷議事，筆而緘之，故其情無不達。事且竣矣，餘米尚多，普濟者三，明主不疑其濫，而公亦自信不疑。宜其德澤洋溢，入人之深。

十五年二月，召赴行在。天子見公喜甚，勞之曰：「一路饑民，並無流移，米價不長，皆卿力也。」公惶恐稱謝，歸美于上。且言：

陛下矜憫黎庶，從臣所請住催官物，臣即躬行隴畝，布宣德意，無不感泣，甚大惠也。而臣竊慮有司，一旦督三年之賦，如久病新起，遽使負重，何以堪之？欲望聖慈，捐此微利。不然，均諸三年，以漸隨納，亦足以少寬。臣承攝吴門之日，交割王希吕任内緡錢四十六萬，而臣增爲五十二萬。以是知住催官物，無損公家之利，而足以繫斯民之心。

上皆然之。除户部員外郎。五月，兼太子侍講。公之使浙右也，聞上以高宗升遐，服喪三年，而委皇太子參決庶務，内而寺監丞，外而郡守以下，皆得專決。奏疏云：「臣聞教子以事，當以其漸。凡除授許專決者，欲皇太子具名密奏，陛下亦密加可否，審定而後行。俟其進退人才，熟悉愜當，則盡委之。」至是又言：「陛下明燭四海，慮周萬務，高出群臣之表。今而啓佑後人，則制行當不以己，堯舜禹授受之際，曰『允執厥中』而已，此聖人理天下之常道也。陛下相傳之要，其在兹乎！」

十月，遷起居舍人。避祖諱，改太常少卿，兼侍立官。直前奏事曰：

臣聞君子小人，相爲消長，衆正進[一]而後群枉消，群枉消而後國是定，國是定而後太平之基立。自古聖明之君，廣儲人才，扶植善類，使陰邪小人無間可入，豈直爲一時計哉？今惡直醜正之徒，私立名字，陰阻善良，稍相汲引者指爲朋黨，稍欲立事者目爲邀功，而獨以循默謹畏者爲時才。此陛下好賢之美意，所以猶未白于天下也。願明詔大臣，公心求才，毋惑于邪説。

十六年正月，又言：

臣聞石虎之殁，晋朝咸謂中原可復，褚裒進營北方，蔡謨獨爲朝廷憂之，既而果有伐陂之困。苻堅南牧，衆心危懼，桓沖深以根本爲憂，謝安夷然鎮之以静，既而果有淝水之捷。此二臣者，可謂深于謀國矣。使吾德政修明，將相得人，足兵足食，根深本固，敵雖盛强，其若我何？如若不然，敵雖衰微，未可喜也。今金主已殁，士大夫之論或謂後嗣誕逸，嘗侮厥祖，謂之不武，自今以往疆埸之事多，或曰：「敵啓争端，必將有釁，鄰國多難，本朝之福也。」臣以爲不然。夫因敵盛衰，爲我喜懼，國勢亦可窺矣。先爲不可勝，以待敵之可勝，事會之來，豈有終極？臣懼在廷之臣，勇怯不得其當，故願以古人之精識遠慮，爲公朝誦言之。

二月，光宗即位，遷中書舍人。進言：

臣聞鄭子産曰：「政如農功，日夜以思之，思其始而成其終。朝夕而行之，行無越思，如農之有畔。」自古人君，未有不定規模于始，而能成事功于其後也。陛下有願治之誠，有克勤之德，立志無慮不堅，行之無慮不力，所慮者，始基或未審爾。願詔大臣，悉心講畫今日天下之事，其綱要如何？其凡目如何？其施行之次第又如何？條列以上。陛下先隱之聖心，而以其章下之侍從臺諫，天下之百執事，反復其説，裁之至當，按爲國論，守而行之。始雖太詳，終不愆素，遲之五年，而明效可覩矣。

上嘗訪公可爲臺諫者，公稱葉適、吴鑑、孫逢吉、張體仁、馮震武、鄭湜、劉崇之、沈清臣，此八人者皆有學識氣節，通世務，知國體，不肯阿附苟合，當今之選也。

被命使金，夙有脾疾，春夏間，每作輒甚，太夫人及子弟皆憂之。公曰：「君命至重，豈可爲身謀哉！」先是遣使，非有大故，止以卿監爲之。上初登位，故重其選。公知金主喪服未除，必阻我使副所服金帶。豫以告掌儀者，使答之曰：「此行也，告登寶位，宜以吉服將事。」既及境，逆勞者果以爲言，如公所教，折之不可。公使謂之曰：「兩國通和已久，豈可因此小節傷大體乎？必欲易帶，有死而已，不敢從也。」持之甚堅，金不能奪。伴使有犯御嫌名者，公以交際不便申諭之，俟其更名，始聽傳銜焉。

至河北，金以告登位使不應加「寶」字，屢以語相恐，官屬失色。公怡然曰：「我輩銜命而來，以義爲主，頭可斷，君命不可辱也。」及廷見，授以國書，金無語。既辭，復所寓館。俄有宣徽使李盤者傳言：「信使此來，國書稱『寶』字，有傷國體，回日宜奏。」言訖，亟去。公厲聲答曰：「聖人之大寶曰『位』，不加『寶』

字，何以别至尊？斷不敢奏。」聞者皆悚。蓋彼所遣，止云報諭，而此稱寶位，恥不我若，不欲深較，又不可不言，故略及之。

翼日啓行，公豫戒馬卒，我與館伴語訖，即可分馬。及並轡而行，正色謂之曰：「此來將禮爲報皇帝登寶位，自初達名銜，以至見辭，曾不我疑，乃于臨别，忽以『寶』字爲嫌。不知何物臣僚，輒發此論，豈不知聖人之大寶曰『位』？凡一官一職，皆可以言位，至尊豈得無别？事理甚明，不敢歸奏。」遂分馬，伴使愕然，不知所對。人皆服公彊毅有守如此。

天子深器重之，嘗謂公舊爲宫僚，非他人比，有所欲言，毋憚啓告。公遂上疏曰：

自古君子得志常少，小人得志常多。臣嘗疑之，深思其故。蓋君子之志，在天下國家而不在一己，行必直道，言必正論。不忤人主，則忤貴近；不忤當路，則忤時俗。小人之志，在一己而不在天下國家，所行所言，皆取悦之道也。用其所以取忤者，其得志鮮矣；用其所以取悦者，其不得志亦鮮矣。若昔明主，念君子之難進，則極所以主張而覆護之；念小人之難退，則盡所以照臨而隄防之。

又言：

皇子嘉王，春秋寖長，已踰弱冠。此乃親近師友，進德修業，不可稍緩之時。而官屬未備，止于贊讀，直講二員，進見有時，未有藏修游息之益。皇支國本，所繫非輕，宜擇端良忠直之士，參侍燕閒，常在左右。

又曰：

兩淮荆襄，昔號多士。楚漢之起，一時共功多淮楚之人。光武奮于南陽，二十八將大抵出于襄、鄧、宛、葉，至今風俗勁悍，不能俯首程度。以科舉進，往往隱于屠沽，伏于田野。不録用之，其肯甘心與草木俱腐乎？宜詔監司帥守，多爲搜訪，擇其尤者，猝然召見，驟加褒進，必將振勵奮發，而人才愈出矣。

又曰：

人主憂勤，則臣下協心；人主偷安，則臣下解體。今道塗之人，皆言陛下每旦視朝，勉强聽斷，意不在事。宰執奏陳，備禮應答，侍從庶僚，備禮登對。而宮中燕游之樂，錫賚奢侈之費，已籍籍于衆多之口矣。彊鄰對境，窺同間隙，百姓嗟怨，姦回生心，此聲豈可出哉！國家財賦，無承平所入之半，而用度無節，過政宣奢汰之日，民力至此，其困極矣。若復悠悠，悔將無及，惟陛下深慮之。

紹熙元年三月，公力求去，上不許。殿中侍御史劉光祖改太府少卿。公言光祖天資剛介，謀身之計雖疏，報國之心甚切，未聞他過，忽此改除，中外相傳，皆所未喻。乞俾居舊職，以昭陛下之德。

七月，拜吏部侍郎。極言内降之弊，救其流，不若窒其源。今有司雖許執奏，而干求未有明禁，則已求而復卻，既卻而復求。求者多，則言者有時而瀆；言者瀆，則聽者有時而厭。下瀆而上厭，則名器有時而輕，紀綱有時而紊矣。昔仁宗皇帝有詔約束，並許執奏推劾干請之人，明正其罪。夫仁宗聖德恢洪，與天同大，然于内降之弊，杜其本原如此，此陛下之家法也。

兼修玉牒官。十二月，兼權刑部侍郎。二年二月，大雨震電，繼以大雪。公言：

天人之道，各以類應。天道有陰有陽，人道有邪有正。爲君子，爲公朝，凡出于正者，皆陽類也；爲小人，爲後宫，凡出于邪者，皆陰類也。邪不可使勝正，陰不可使勝陽。今陽春方動，雷始發聲，而陰邪乘之，大雪繼作，陽欲發而不遂，陰宜伏而反縱。求之天道，則爲陰勝陽，驗之人事，無乃邪勝正乎？臣願陛下講切古道，勵精爲治，常使邪不得干正，陰不得勝陽，則戾氣日消，而聖德日起。奏仁宗嘗命楊惟德等撰《集景祐乾象新書》，凡有災異，推其所自，以類相從。記晋建興元年十一月己巳，大雨震電，庚午，大雪。後來之應，亦甚明白。仁宗爲之製序，藏諸秘閣。願陛下取而閱之。

上從公言，亟索此書以進。翼日遂詔侍從以下，極言闕失。公奏陳五事：

一曰務學問；二曰肅宮禁；三曰明黜陟；四曰察左右；五曰除國諱。

臣聞義理不先，盡則多聽而易惑；志意不先，定則守善而易移。人主雖有自然之聖質，未有不資學問，而能識治亂之原，明善惡之歸，辨邪正之分者。陛下盛德至行，天稟甚厚，而猶有宴游嗜好便嬖聲色之娛。蓋未得所謂真樂者，以勝之爾。自古賢君閒暇之時，未嘗廢學，講求古今得失之理，所以杜絶淫佚匪僻之好。陛下誠能于退朝之隙，日御經史，以蓄其德，日接賢俊，以究其義，造次不忘，精一不雜，運天下于掌中，將無難者，豈非天下之真樂哉！雖然此人主之利，而非左右之利也。惟剛健力行，乃克有濟。仇士良告老之言，情態具見，可不深念乎！

臣聞鈎陳九重，華蓋萬乘，垣直太紫，庭儼雲龍，闌入則有罪，誤至則伏誅，所以防未然，限中外也。今宮庭之間，出入無度，竊弄威福，並緣爲姦。陛下用一人，則指爲某人之功；去一人，則指爲某人之力。帷箔游宴，外無不傳，譏謗之語，籍籍于道，豈可不求其故哉！禦寒莫如重裘，止謗莫如自修。臣願陛下冲虛澹泊，勤勞恭儉，謹宮闈之禁，嚴中外之別，政事悉謀之外庭，咨訪不及于左右，則謗議不作矣。《易》曰：「閑有家，悔亡。」可不深念乎！

臣聞進人而不明其所以進，則開請託之門；退人而不著其所以退，則來讒賊之口。近者大小之臣，紛紜去國，遠近疑駭，不知其罪，而宰執不敢問，臺諫不敢言。至于節鉞之除，出于御前直降，雖臺諫攻之而不勝，卒至于宣諭而後止。夫人主所恃以共天下之事者，宰執也。宰執有所不及，所恃以維持紀綱者，給舍臺諫也。御筆處分，祖宗所無，今紛焉四出。不由進擬，則宰執之職可廢矣。「不經鸞臺鳳閣，何名爲敕？」今而直降，則給舍之職可廢矣。陳善閉邪，獻可替否者，臺諫之任也。事有未審，可以宣諭而勿言，則臺諫之職可廢矣。孤立無援者，去之如卷席；交通附麗者，攻之如拔山。自此言路之臣，不過覘喜愠以自結，順風旨以納交。賢者日退，小人日進，而陛下之勢孤矣。《傳》曰：「無善人，則國從之。」可不深念乎！

臣聞自古輿隸小臣，未有久任事而不壞其國，亦未有壞其國而不及其家與身者。費無極、趙高、江充、息夫躬、劉隗、刁協、朱异、趙嚴之流，家國俱禍，覆轍可鑒。彼其初，豈故欲至此耶？人主以情褻易親，與之謀謨帷幄，而此曹以輿隸小智，居之不疑。君有問焉，則曰「安于泰山」，而懼君子之繩己，則盡力擠之。君子去矣，國將危亂，又懼其得罪且死，于是乎纊君之耳，使之無聞，此禍之所由作也。今左右近習，雖不敢撓政，而簪履微臣，猶出入宫掖。道途之語，至謂宰執之拜罷，臺諫之進退，將帥之廢置，章疏之可否，非其人不决。往來之間，蹤蹟秘密，使人主受謗，中外切齒，亦豈門户之福哉！昔英宗一召見王廣淵、周孟陽，賈黯極諫，以爲示天下不廣，可不深念乎！

臣聞古者帝王，無所諱忌。即位之始，卿授之策，曰：「慶者在堂，弔者在閭。」。拂心之論，日陳于前，而天下治安，享國長久。後世忌諱之多，無若秦隋，而所諱之事，卒皆自蹈之。今天下之所恃者，陛下虚懷聽納，下情得達爾。然自一二小官，以言語斥逐，而忠讜路塞，循默成風。至于近者，求言之詔朝下，而上書之士夕斥，傳之四方，誰不駭異？祖宗崇奬忠直，惟恐不聞草茅危言，未嘗加罪。惟崇寧之末，以星變求言，既而消伏，則以應詔直言之士，附于黨籍，而治亂自此分矣，可不深念乎！

臣愚，不識忌諱，僭言乘輿，以及宫禁，抵排貴要，觸冒危機，不得罪于今，必得罪于後，迫于愛君，萬死不悔。惟陛下察之。

四月，兼侍講。三年四月，對于選德殿。論兩淮荆襄爲國保障，而今日經理，曾無一事成就〔二〕。民兵未免于騷動，城壁未免于難守，財用未免于虚乏。朝廷平時選置牧守，盡如内郡，按格計資，以補其闕，此固不足以得人矣。而又禁令太苛，操切之者急；采聽太輕，牽制之者衆。縱得其人，亦豈能盡其用哉！夫將委之以足食彊兵，聚民固險之事，固非苟簡倉猝之所能營，十羊九牧之所能辦也。審觀要害州郡，備禦未周者凡幾處，謹擇端重練達之人，分土授民，專意綏撫。官屬能否，得自行黜陟；財賦盈虧，得自爲輕重。内之議臣，毋責其細故；外之監司，毋拘以苛法。寬以歲月，假以權制，結以恩信，勵以賞罰。三年而考民庸，五年而覈邊實，則與今日不侔矣。

昔藝祖懲五季蕃鎮之亂，盡收事權，歸于朝廷，君臣分嚴，臂指勢順。然所以備西北者，規模與内郡不同，所謂因事而制宜也。爲今之計，不少寬其轡勒，未見其可。《小雅》曰：「皇皇者華廢，則忠信闕矣。」忠信既衰，禁防雖密，終不足以制變。其人忠信，委任而責成功，蔑不濟矣。惟陛下圖之。

權兵部尚書，兼權刑部。七月，面對。言恭惟仁宗，在位四十餘年，致治固非一端，而要不出于愛惜人才一事。人主之心，常嚮善人，天下之論，常與善人。公道常伸，公議常勝，雖與當路異趣，時事背馳，勢不兩立者，然諒其本心，終不擯棄。范仲淹之攻吕夷簡，歐陽修、尹洙、余靖之助仲淹，雖皆補外，屬有西事，則起仲淹帥邊，餘亦收用。及仲淹參大政，修、靖遂列諫垣，蔡襄亦牽聯同升。其後石介，作《慶歷聖德詩》，褒貶太切。夏竦，中以奇禍，善類幾殆。而富弼賴聖主保持，迄登宰輔，修亦執政，襄、靖俱爲侍臣。慶歷清明之治，嘉祐隆平之福，皆本諸此。今天下人才，固無他慮，然或已經選用，未究所長，或因外遷，遂不復入。臣願陛下恢廣聖心，稽參成憲，博采而亟用之，則野無遺賢，朝不乏使，而先朝致治之美可冀矣。

是歲日長至，車駕將朝賀重華，既而中止。公奏曰：「自天子以至于庶人，節序拜親，無有闕者。三綱五常，所繫甚大。治亂安危，于此可卜。不當以爲常事而忽之，既往之事，悔之無及。惟願于一二日間，起愛起敬，講家人之禮，以安壽皇之心。」

尋兼給事中。時上過宮之意未決，公與侍從合奏云：

陛下既涓日以告北宮，壽皇必引領以俟陛下。常人于朋友，且不可無信，況人主之事親乎！唐肅宗之事上皇也，時自夾城起居，上皇亦時至大明宮。其後少失歡心，雖四方珍異，莫不先薦，而上皇日以不怡，辟穀不食，屏葷不茹，寖以成疾。肅宗于是負不孝之名，萬世不磨。今陛下久闕溫凊，壽皇欲見不可得，萬一憂思感疾，陛下將何以自解于天下哉！

四年三月，對于清燕。又言：「中外所傳，或謂陛下内有所制，不能遽出；或云溺于酒色，不恤政事。以臣觀之，恐未爲然。」上曰：「安有是事？」公曰：「臣固知之。竊意宮禁間，或有櫻拂之事，姑以酒自遣爾。」上頷之。公曰：「今閭閻匹夫，處閨門，遇逆境，容有縱酒自放者。人主宰制天下，此心當如青天白日，湛然清明。風雨雷電，晴霽之後，不停留一點，有所拂逆，便當釋然。」上確許以出。公請上先期齋戒，飲食起居，皆當有節，庶可感動父子之情。上以爲然。

八月，轉對。言：「吴蜀之相資，輔車脣齒之勢也。高宗壽皇，軫念全蜀，寢食不忘，寬民練兵，選將擇守，惟恐一事失當。邇來水旱頻仍，民力困悴，識微之士，懍懍于是久矣。瀘南之變，幾至滋蔓，賴國威靈，俄復殄滅。吴氏世有威名，軍情所附，挺没既久，卹典不加，能不怏怏？重兵所屯，不可一日闕帥，制司差辟，資望俱輕，何以威服萬乘[三]？惟陛下深念而亟圖之。」

九月，上猶未詣重華，公與侍從兩省，同上封事云：「近者重陽聖節，陛下既受群臣萬年之觴，恭上兩宮之壽。忽報前所降旨，不復施行，中外震駭，不知所自？向來猶是壽皇聖意，今乃如此，必傳旨者，一時鹵莽，有此差誤。宜顯黜之，趣駕而行，庶乎不遠而復，群疑消釋。」

十月，又奏：「竊聞嘉王生朝，稱壽禁中，以報劬勞之德，父子歡洽，寧不動心。」上念兩宮延望之意，又奏重華宮曰：「半年以來，車駕數遇過宫，每蒙慈眷，有旨姑免，因循日久，遂至疑惑。皇帝兢業過甚，懷不自安，幾若嚴憚。若非壽皇聖帝加意慰安，竊恐漸成間隔。今兹會慶聖節，欲望先期諭旨，勉以必來，愈加慈愛，皇帝仁孝素篤，必無遲回。」

十一月，公等以累請過宮，上不能用。再求罷黜，不許，並令仍舊供職。復奏：「臣等誤蒙陛下拔擢，寘諸從列，正欲因事獻忠，有所裨益，豈止爲臣等爵禄之計？若翠華未出，而彊顔就列，厥罪大矣。伏惟聖心思宗社安危大計，俯從愚言。臣等扈從而退，便當供職。」上意猶疑。及會慶節，群臣拜表稱賀，黄幄設而不御。

十一月，有旨同班宣引。遂奏：「陛下臨御萬方，以信爲本。父子之道，天性也。陛下朔望不出，許以進香，進香不出，許以上壽，而上壽復不出。反汗如此，臣恐朝廷之令，自是不行于四方矣。」

十二月，拜兵部尚書。

五年四月，上將幸玉津園。公與侍從同奏：「陛下即位于今六年，未嘗輕事遊燕。今者日侯嗚蹕，起居兩宫，猶未有聞，而忽聞遊幸，物論沸騰，實玷聖德。欲望車駕，先過重華、慈福，然後徐爲此行，亦未爲晚。」又曰：「陛下爲壽皇之子四十餘年，一無間言，内禪以來，孝慈彌篤。止緣初郊之後，聖躬違豫，壽皇嘗至南内，督過左右之人，自此讒間遂興，竊度聖懷，必大有疑，而自以闕于奉親，可以無慮。以臣觀之，陛下所疑，必無是理，而所謂無慮，則甚可憂。何者？壽皇與天下，相忘久矣。今大臣同心輔政，百執事奉法循理，宗室戚里，三軍萬姓，皆無貳志。設有離間，將共誅之。何疑之有？若深居不出，久虧于道，群情解體，衆口謗讟。近日通衢之中，固有持此指罵大臣，無所避忌。禍患將作，可無慮乎？」上曰：「卿等可擇一腹心之人，爲朕調護壽皇。」黄裳對曰：「父子至親，何俟調護？」公曰：「陛下一出，便當無事。」上首肯。公又于經筵，率講讀官言之。上曰：「朕未嘗不思壽皇。」對曰：「陛下闕定省之禮，今已數月，雖有此心，何以見之？」

五月，壽皇不豫。公與侍從、臺諫，隨宰執班入殿門，閤門吏以無班止之。公厲聲曰：「有職事，欲上殿。」遂入。宰執奏事畢，伏上前，公等遂升殿。上拂衣起，宰臣引上裾，公等亟前。環繞泣曰：「壽皇疾勢已危，陛下不于生前一見，後悔無及矣。」上遂入延和殿，衆又隨之。至福寧殿，上甫入門，内侍闔之，衆皆慟哭而退。

越三日，公隨宰執班起居，詔獨引公奏事。公言：「臣前日迫切獻忠，舉措失禮，蒙陛下赦而不誅。然引裾亦故事也。」上曰：「引裾無妨，何得輒入宫禁？」對曰：「辛毗引裾以諫，不聽，亦隨而入。清明之朝，乃有是事。昏亂之世，何敢爾乎？昔汲黯在朝，淮南寢謀，夫以一人之切直，姦謀遂息。今外議紛紛如此，而在位群臣，曾無一言。三軍萬姓必以爲蒙蔽陛下，一旦發怒無禮，則禍亂之原也。此臣所以不得不諫。」上曰：「往而見却，如何？」公曰：「壽皇止有一子，既付以神器，惟恐見之不速，萬無却理。」上退語左右，美公之明。

五月，公復進言：「人情積憂則生疑，積疑則生疾。古人因事致疑，如竊鈇之類；因疑致疾，如蛇影之類。臣竊料陛下疑一旦過宫，則禍變難測。陛下試熟思之，過宫則有禍，不過獨無禍乎？天子之勢，至安至危。其安也，生殺予奪，惟意所欲，誰敢違之；其危也，雖欲爲匹夫，而不可得。陛下以爲不過宫，可以免禍，而不知乃所以速禍爾。今君子見幾，常有懼亂之心；小人無知，皆有幸亂之意。陛下所行，多失人心，一旦禍生不測，誰爲陛下盡力者？」

六月，壽皇疾勢增劇。公與侍從奏言：「竊聞慈皇以未見陛下，故不肯服藥。既見，必大喜，不藥而自愈矣。」上竟難之。

壽皇升遐，公勸上奔喪。許而不出，合奏不報，拜遺詔于重華宫，退欲宿部，有以爲不必然者。公曰：「鄰里有喪，猶相與奔走，不忍即安于家，况至尊乎！」乃皆宿部。翼日，遂同奏云：「陛下爲壽皇之子，當祖括辟踊之時，猶不肯一出以就喪位。壽皇爲天子父，乃無主喪之人，自有天地以來，豈有此事？」時大斂，將成服，宰執欲率百官恭請于上。公言：「此議甚善，若不聽從，則斷不可成服。須得皇帝執喪服衰，方見壽皇有子，中國有君爾。」宰執又欲拜表，請上御殿。公言：「大行皇帝，創行三年之喪，雖敵人聞之，至今加敬。當事事舉行，不可使苟簡之意，出於臣下之請。」

凡公所言，時雖不能盡用，然公論韙之。又上奏曰：「祖宗以來，外廷雖用易月之制，宫中實行三年之喪。至我壽皇聖帝，久曠之典，一朝而復，垂示萬世，永爲成訓，而臣下之禮，未及講求。人主衰服于上，人臣吉服于下，識者猶以爲憾。夫衰裳不可服勤，易月之後，群臣雖權宜易服，然以紅紫爲飾，無異于平時，亦太薄矣。臣以爲群臣燕居，皆當去紅紫而服素衣，則猶有哀戚之意。」詔令臺諫議之。皆稱公所建請，雖未純于古，亦足以扶持衰俗，補助名教。于是施行之。

時上自稱疾眩，朝野洶洶，咸憂變故不測。及皇上嗣位，國喪有主，而後人心始定。六月，拜端明殿學士，簽書樞密院事。公謂：「上初臨御，宜講其所先入，歷陳持心守正等凡十事。請退朝之暇，時與大臣坐而論道，或召侍從臺諫，從容論説。日輪講官二員，便殿賜對。」

上有事于明堂，公扈從齋宫，俄得氣疾，遂還私第。三日而薨，實九月十有四日也，享年四十有五。積官至通議大夫，爵崇仁縣伯，食邑七百户，食實封百户。遺奏聞，輟視朝一日。賜賻以銀絹，贈資政殿學士，金紫光禄大夫。仍令江西轉運司，措辦喪葬，遂以慶元元年九月己酉，葬公于臨川縣長壽鄉梅坑之原。娶黄氏，贈秦國夫人；繼室陳氏，贈齊國夫人。子，端立，朝奉郎，通判福州；思，奉議郎，通判潭州；愈，奉議郎，監隆興府苗米倉，先公卒；愚，承務郎，監鎮江府丹陽縣延陵鎮税。女，適朝請郎，直寶文閣，知贛州留元剛。孫，揚祖，通仕郎；嗣祖，承務郎；次，象祖；次，未名。孫女一人。

公德性寬平，不爲矯激崖異之行，和氣藹如也。而端介有守，義利之辨，明燭毫末。事親篤孝，周旋無違，而務在養志，擢第而歸，待其親故加厚。欲有請于州縣者，則堅却之。考論古今，竟日忘倦，或勉以偶儷詩歌之作。則曰：「吾方篤志于致君澤民事業，奚以是瑣瑣者爲哉。」九江守潘侯慈明，以公高科，不欲煩公吏事。公曰：「食其食，怠其事，可乎？職所當親，恪共不懈。」或謂天下事，非才不辦。公曰：「亦當先論其心。學術正而才不足，所謂心誠求之，雖不中，不遠矣。心則不正，才雖過人，非真才也。」平居講貫，博取諸人，至于進退出處之大義，則心自決之。

免喪之後，遲遲其行。既入都，未嘗干進止，欲從吏部選。尚書鄭公丙，力以館學薦之。趙忠定公，時爲天官貳卿。語公曰：「前任既再考矣，自陳可改秩。」公謝不敢。始登班列，薦紳歸重，期以公輔，京畿聲望益偉。太學院沈君焕，勁正不阿，聞風欣慕，嘗稱公虚己中立，以受一路之善士。洎登禁林，直道讜言，氣壓群枉。其攝事省闥也，直暫焉耳，陳源之與内祠，姜特立之趣召，皆駁奏其姦命，寢而後止。其領憲部也，常良孫以貪墨敗，念其祖安民之忠，獨申救之，止竄遠地。君子以是知公之論事，悉由中出，去惡如去草，善善及子孫，皆當于人心者如此。

皇上履位之初，尊禮舊學，延登樞府，固將倚之爲腹心也。是非邪正之辨，必能歷歷爲上陳之。上信公語，凡所升黜，允協公論，豈後來若是之紛紛者哉！昊天不弔，人傑淪喪，國勢岌岌者，十有二年。然則公之存没，固安危理亂之所關也。公之居家，嚴而不猛，和而不流，中外井井，悉有條理，爵尊禄厚，而自奉甚約。先太師之薨也，諸弟猶未立，延師教之，迄于有成，又擇賢士以歸其妹。始以明堂恩，官介弟默，公薨之後，復以遺恩，奏勳、壎二弟，從公之治命也。戒諸子曰：「我奮身白屋，自致于此，受知三朝，捐糜難報，可無愧于俯仰，惟盡言無隱爾。爾曹勉之，益謹趨向，益勤問學，居官當廉，居家當儉，臨大事當仗節死義。以是立身，以是報國，則人皆謂我有子矣。」

平生論著，有奏議若干卷，書《春秋》《孟子》講義，合若干卷，制詞若干卷，鑑古録若干卷，雜著若干卷，聞見録若干卷。開禧二年，以子陞朝，加贈特進。嘉定三年，贈開府儀同三司。六年，贈少傅。八年，贈太保。公之相祀明堂也，實爲禮儀、頓遞二使，所賜金器，可兼得之。病革矣，家人陳列于前，公顧見之，命辭其一。臨死生之變，凝然不亂，可敬也夫。

始某尉江陰，公爲常平使者，推輓于朝，遂爲知己。公薨既久，易名之請，因循至今。諸子以知公本末，莫詳于某，俾狀其行，庸以求謚焉。力辭不獲，敬書以授之。謹狀。

校勘記

〔一〕衆正進　原作「中正進」，不通。今據四庫本、叢書集成本改。

〔二〕曾無一事成就　原作「曾無補事成就」，不通。今據四庫本、叢書集成本改。

〔三〕威服萬乘　四庫本、叢書集成本均作「威服萬衆」。

卷十三

行狀

龍圖閣學士通奉大夫尚書黄公行狀

公諱度，字文叔。系出建寧之浦城，後徙婺之金華，今家于紹興之新昌，六世墳墓在焉。曾大父諱巽，大父諱惠之，考諱仁静，皆以賢德著稱于鄉黨。大父事母至孝，考純厚而曠達，晚益超悟，欣然有得。止齋陳舍人傅良，聞其語而異之。曰：「此非由師授而得也。」

公生七年而喪母，祖母太孺人俞氏，親拊育之。始就學，聰警過人，長尤卓犖，慨然有傑出流輩，興起門户之志。作科舉業，出語驚人，其師秘書郎張淵以爲似曾南豐，隆興之元。擢進士第，寖歷清貫，迄位常伯，累封親爲朝奉大夫，命服金紫，贈中奉大夫。妣沈氏、潘氏，俱贈碩人。繇白屋起家，赫然震耀，爲東州右族。語人物堪重任者，僉言屬公。非志操逸群，豈能成就如此之偉哉！

公初以左迪功郎，爲温州瑞安縣尉。邑瀕海，潮壞民田，築塘以捍之，河行其中，蓋永嘉瑞安大河之支別也。有勢力者，圍塘外塗地爲田，而穴塘引河以溉，民譁然不平。公攝邑事，命窒之。穴者復請增置斗門，以水平爲準，溢則啓，否則閉，均及塘内外田。

參政王公之望爲郡，檄公相視，公言：「惟石岡、月井二處依山，其下有石，置斗門便，他土皆浮虚，不可立斗門。斗門既少，所洩幾何？圍田灌溉不足，將不顧水平，而穴塘如故，塘日穿漏，則無以障海矣。窒之，便。」王公初疑其説，徐悟，乃從之。

邑逋絹三千疋，俾公督焉，期以三日，請竟一月，許之。乃閲版簿，責一最甚者，械之獄，得其交通黠吏，竄易簿書之姦。而告之曰：「輸所負，釋汝。」且許吏得自言，由是輸者日至，未半月得十之五。請蠲其餘，毋竭澤。王公悦，又從之。

歲大疫，挾醫巡問，人給之藥，而嚴巫覡誑惑之禁，全活者衆。海寇縱横，朝旨督捕，親獲之，而歸其功于一時共事掌士兵者。止齋聞其賢，欣慕之。一日來見，未及通謁，望其氣貌。迎謂曰：「君非陳君舉耶？」笑曰：「然。」于是定交，若素相友善者。

侍郎蔡公幼學，止齋之高弟，而齒未也。少于公十有六歲，器重其人，不以輩行爲間。秩滿，延止齋家塾，侍郎從之，交情益厚焉。

乾道六年，循左從政郎張秘書官于朝，數爲虞丞相言公之賢。將用之，以議事不合而止，差充處州州學教授。未至，丁繼母憂。

淳熙三年，差分教隆興，尋兩易平江府府學教授。吴地雖繁會，而教養疏略，士風不競。公首葺一齋，擇有志者居焉，弦誦有程，講説不倦。或延之坐上，或親至其肄業處，爲談經理，設疑叩之，各述所見，爲之折衷，日有開益。來者滋多，增葺而容之。比終任，所葺殆遍吴中，士子始深于義理之學，經公指授，皆爲善士。

十二年，改宣教郎，知秀州嘉興縣。值歲亢旱，日視諸鄉高下，察其得雨早晚，博諮于衆，具得其詳。州縣每以八月聽民訴旱，及按視之，刈獲已竟，不可復考。公請于郡先一月受詞，不旬日，即遣官巡行，又以素所聞者參驗之，于是蠲放皆實。

時孝宗在御，留意民瘼。樞密羅公點，爲常平使者，手書問公所以爲旱備。公言：「救荒無出勸分。米價翔踴，誰不愛惜？中産力薄，何暇及人？所以皆不樂從，名勸而實彊之。今雖旱甚，而下鄉猶有熟者，願假常平錢五萬緡，糴米三萬石。自冬徂春，米貴已甚，糶如糴價，非甚勿糶，以充常平，無科擾之害，而有賑恤之實。民獲其利，而官無所虧。」羅公難之。公乃悉召富人，酌其資力，動以誠意，勉其推己及人。至興發，則又量地遠近，爲糶先後，多寡勞逸，均平無頗。是歲，勸分所糶，及獻助所給，凡爲米三萬二千石，給居三之一，減價于市亦三之一。

公每病數十年來州縣救災，類不滿人意，精思方略，至忘寢食，經畫精詳，綱目具舉，侵欺乞取之弊，革之殆盡。旱之始作也，亟使人籍生齒以上，合濟糶之數。又擇鄉豪寄居，及向來考覈之不實者，許釐正。既詳且密，而後縣官考焉，又不實，則罰之，其隄防曲盡如此。同僚猶有疑其僥倖者，公命取其籍，令受粟者，自誦其家之丁壯老弱男女歲數，無一不合，疑者乃服。

患差役之多訟，因舊法而變通之。坊郭户，充役于某都，而别都增産者，不許輒改鄉村户。自狹徙寬者，役于新處，則狹鄉常有役户，不偏聚于寬鄉。又保正、保長，以通差爲便，或都内無以充保長，則選于曾充保正者。及充保正，則理往日催科之勞，以足今役月日。務通人情，既以告羅公，遂自行之。爲政三年，大得邑人之心。

十六年，光宗嗣位。九月有旨，令赴都堂審察。十月，監登聞鼓院。紹熙二年五月，除國子監主簿。

面對言：

自古人君，莫不因所遭之時，而觀天下之動。今以東南凋瘵之民，奉王業于一隅，事體日開，國力遂屈。宴安江沱，崇飾華靡，風俗日以浮薄，士大夫日以偷惰。中原土宇，淪于强敵，祖宗陵寢，隔在異域。歲月既久，讎恥寖忘，此陛下所遭之時也。而爲治三年，未有端緒，朝夕所行，不過乎中外除目，州縣期會而已，豈大有爲之事業哉！臣願乘時赫然，昭明聖志，以示天下，使小大之臣各展所長，以應陛下之所爲。

其二言生民之力弊于兵，天下之勢屈于兵。故本朝二百餘年，雖全盛如慶歷、嘉祐，有司猶患財力之不給。自駐蹕江南，版圖僅存天下三之一，而財賦之入過于熙豐，兵費居十之六。高宗偃兵息民，而無休養之功。孝宗恭儉節用，而無富庶之效。朝廷朝夕講求裕民之政，而無名科歛，不可蠲減，茶鹽榷酤，日求增羨，皆兵之爲也。必欲救天下之患，使稍循古制，莫若復唐府兵。府兵廢已數百年，固未易遽復。天下募兵，幾五六十萬，亦豈易遽罷？莫若修復屯田，以漸圖之。自今募兵有闕勿補，收其衣糧，稍給屯兵，授之田，復其税，教以耕戰。以二十年功力爲之，募兵老死且盡，而吾之府衛立矣。

其三言李燾《續資治通鑑長編》，以廣記備言爲體。觀者每患其繁，乞選命諸儒，節録以進。蓋藝祖入京師，市不易肆，平五彊國，盡收天下生殺予奪之權，其神謨聖略，至宏遠也。仁宗天覆地載，四十二年，其仁澤在人心，至深厚也。神宗厲精爲治，整齊法度，爲子孫萬世之業，其立綱陳紀，至精密也。自王師既平河東，遂征燕薊，而邊疆始擾。自東封西祀，用度寖廣，而財計日屈。自紹聖至崇寧，小人傾君子，而國勢遂移。自宣和至靖康，金人乘中國，而國勢益弱。凡此皆繫治忽盛衰，當知其所以然者。深求列聖之迹，精察義理之會，則操縱取舍，皆有楷模矣。

上深然之。公又乞令侍從講讀官，反覆議論治忽所繫。上曰：「讀書須與人激揚，義理乃見。」遂取

《長編》于國子監，又取諸祕書省，令經筵節録。上始聞養兵之費，嗟嘆良久，令條具屯田、府兵之便。公申述十二篇上之，又言國家向來彊盛，垂百五十六年，古所未有。一旦兵革之禍，亦古所無。皆非偶然者，惟陛下留神考察。明于祖宗立國之大意，體統既正，庶事何患不理？

三年七月，遷國子監丞。上久不朝重華宫，遇過宫日輒報免。一日，將恭請兩宫，置酒慈福，至日中而輟。又一日，將詣重華，有司奉車，宰執侍從扈蹕，衛兵巡徼，日曛而竟不出。公上疏諫曰：

陛下之事壽皇，猶嘉王之事陛下也。嘉王日當朝謁，忽無故歷時而不朝，陛下能不怪其然乎？不朝既久，忽欲趍赴朝參，班定而不果入，又欲置酒宫中，席設而復不至，陛下能無怒乎？陛下勿謂事親盡情而止，何恤人言？人子晨昏定省，本不可一日離左右，獨以異宫之故，車駕不可數出，姑定爲一月四朝。其將朝也，固宜中宵而興，雞鳴而出，幸于一覲慈顔，少侍飲膳。今乃至四五十日，闕焉不朝，愛敬之誠，于何而見？而曰「能盡其情」，可乎？其開導明切如此。

四年八月，除監察御史，首論御史之官，天子之耳目也。自古爲重，至本朝尤重。危言鯁論，無日無之，直節英風，至今凛凛。所以二百年間，無内姦無外亂。近者臺諫不得其職，乃至于踰月而不見連章，累牘入而不報者。祖宗本患中書之重，能壅天下之事情，故設臺諫之官，糾中書之闕失。今欲自行聖意，盡遏言官，有如姦臣以濟己私，彈擊不從，論列不聽，則謗議萃于陛下，而姦利歸于中書。主權寖移，私黨寖盛，而朝廷輕矣。履霜堅冰，漸不可長，臣之所甚憂也。故首爲陛下言之。

會壽皇服藥，上闕于侍疾。公言壽皇聖性嚴重，父子之間，未免責善，然本出于親愛。陛下自爲諸王時，恭敬祗恪，至今猶然，此乃孝敬之德。兩宫本無疑阻，直恐姦邪之流，不識事體，交亂其間，遂致太嚴而不相接，太憚而不敢親。陛下誠能入侍左右，嘗藥視膳，共爲子職，則前日藴蓄不通之情，不俟終日而盡解矣。

時有旨，殿帥將兵三千人，教閲禁中。公奏近者星變，其占爲兵，乞寢此舉，以應天戒。不報。公遂言：「道有本末，事有先後。無非事也，而莫大于事親，莫嚴于事天。臣所以懇切言之，而迂愚無取，不足以感寤，遂使陛下有不用臺諫之名。臣不敢久居此職，求一外任。」再疏，不許。

尋罷内教，公以會慶節甚近，慮上復不出。乃建調護之請，願先遣宰執至重華宫，具言陛下思慕之意，壽皇聖情，渙然冰釋，然後躬率百官，奉觴上壽，則兩宫交歡，天下慶幸。上乃諭葛邲等，如公言。

時諫官已有攻邲者矣。邲私謂其客曰：「上調護之語，未必誠然。」公遂劾奏邲敢肆詆誣，謂陛下爲不誠，原其情狀，得非與群小之交亂者相表裏乎？邲陰結此輩，事皆有迹，若不亟去，姦朋相應，聖心愈疑，則過宫未有日。又曰：「今太白熒惑失次，黑祲互天，衡嶽山摧，劍門峰墜，行都地震，有聲如雷，皆變異之大者。推其日月，實當邲獨相之時，望速罷免，以答天意。」時臺諫交疏論邲，無慮數十。邲雖屢乞罷政，而未能決去。公謂本朝故事，大臣被劾，雖人主恩意隆盛，終不敢留。邲陰有附託，將要陛下以逐言者，紀綱所係，利害非輕，惟特發英斷，去之勿疑。邲由是罷。

蜀吴氏世領興州，積威難制，屯兵皆在劍閣之外。歲自嘉、瀘諸州，泝流漕粟以餉之，率用錢萬五千而致一斛，民力大困。是歲，挺死。公奏：

乞合、利州爲一路，置安撫使于興元，使盡護諸將。平居則兵權散主，緩急則專責統帥。成都、梓潼相爲唇齒，謂之東、西川。今宿兵劍北，東、西川蕩然空虚，宜稍徙興州。興元之兵于劍南以實之，使足制劍北。罷成都制置爲安撫，與潼川安撫，皆兼節制之任。兵屯既分，歲減餽運三之一，則蜀民稍蘇矣。

五年正月，公又言：「聞有旨趣，吴曦赴闕。曦饒于財，來必大納賄求襲挺位。挺之歿也，朝廷可收數十年寖失之權，若又授曦，非二十年不可復取。乞下臣前疏，與大臣議之。如猝難盡行，則速置興州都統，漸分兵柄。」上與公往復議論，良久乃從其言，以張詔爲之，而興利置帥，無敢任責。後曦竟領興州，尋以蜀叛。于是咸伏公先見之明。

公嘗因對進《仁皇從諫録》，且言仁宗以朝政付中書，而公論在臺諫，故大臣不敢行其私，而政事罔或不理。陛下温恭寬厚，兼覆天下，有仁宗之仁，事無鉅細，責成二府，而臺諫切直之言，靡不嘉納。仁宗致治之要，亦既得之矣。然直雖不拒，而忠亦未能盡從，朝綱寖弛，主勢遂孤，宜防其漸。伏惟鑒觀此録，體之于身，其如仁宗者，益勉之；不如者，務去之。參之于事，合于慶歷、嘉祐者，增益之；不合者，亟更之。則聖德日新，庶政日美矣。

時監司守臣，案發贓吏，朝廷罕所施行。公奏：「藝祖患贓吏侵漁百姓，故明法以禁之。世寖承平，尚恩用寬，始有貸死免刺之比。然藝祖之法，未嘗一日廢，今跡狀著見，而典憲不施，遂使姦貪無所忌憚，甚者邪險相傾，劾詞交上。臣以爲皆當鞫治，究見其實。」

是歲，江浙饑。詔給寧國府米五萬石，信州三萬石，充賑糶。公以爲兩郡歉甚，民間枵然，豈復有錢可糴？乞直作濟散。太平、池饒、衢州、廣德軍、諸暨、嵊縣皆以饑告，而未聞興發。宜亟選朝士忠信可倚者，巡視江浙，考察官吏，奉行荒政，能否勤惰，具以名聞。如一郡中有一二縣旱甚，一縣中有一二鄉旱甚，皆許撥樁積米，以朝命濟之。又言：「一二年間，國勢揺動，今兹不雨，安危存亡繫焉。陛下既不自憂懼，而二三大臣又不爲陛下憂懼，不知誰當任此責者？昔周成王時，天大雷電以風，禾盡偃。成王悔悟，天雨反風，歲則大熟，乃知天人相與，止在目前。若陛下下詔罪己，大臣格王正事，必能感召和氣，盈尺之雨，可銷萬憂。」

既而有詔禱雨，是夜風雨暴至，頃之而止。公言：「天道甚邇，本易感通，而所以未能滂霈者，由陛下未極憂畏之誠耳。夫隆父子之恩，正彝倫之叙，宴飲佚游，務從稀簡，緇黄伶優，盡令止絶，節冗費以裕民力，惜名器以重天位，皆應天之實也。願陛下力行之。」

時内侍楊舜卿、陳源、林億年，離間兩宫，臺諫同班奏事，論列其罪。上目公，公言：「群小闇于義理，不獨逢迎陛下，意皆有所蓄藏。源、億年舊嘗不得志于壽皇，而舜卿爲之謀士。此三人者，今日之禍根也。臣聞天下有道，則庶人不議，今人人皆議聖德，惟陛下加察。因力陳本朝宦官之禍，覆轍在前，不可不戒。」上曰：「壽皇自有左右親信之人。」公曰：「豈非離間者耶？」上曰：「然。」公言：「所謂離間者，親見其事耶？抑得諸傳聞耶？若得于傳聞，豈可不審？」是日，上意幾悟。後數日，公又言：「唐肅宗謂李輔國曰：『上皇慈仁，豈應有此？』輔國曰：『上皇固無此，其如群小何？』輔國不自以爲蔽惑肅宗，而反謂高力士輩讒間明皇。肅宗不悟己之左右爲姦，而反疑明皇之左右離間。」蓋爲舜卿輩，發此論也。先是公連疏乞歸養，不許。諫既不行，復言：「以孝事君則忠，臣親年八十，菽水不親，動經歲月，事親如此，何以爲事君之忠？」蓋借己爲諭，冀以感悟上心也。仍報，不允，乃御筆也。時上于臺諫論事，少所省閲，公因辰州蠻猺之擾，劾奏守臣林洪，乞罷之。隨即報可。簡眷非不厚，而調護兩宫，不無扞格，公深愧焉。遂出修門，申省乞罷言職，諭使仍舊。奏：「本朝故事有言責者，不得其言當去。臣惜道義，過于寵禄，畏公論過于刑誅，理難復入。」壽皇升遐，上久未執喪。公言：「陛下與壽皇，生死永隔，孝養無及矣。宜即詣殯宫，擗踊哭泣，悔過念咎，猶足以盡送終之禮。」不報。

今天子受禪始，奉詔復入。時浙西、淮南苦旱，浙東被水，公言：

淳熙丁未歲，江浙大饑。四方奏請，朝上夕報，發廩捐賦，無請不從。計朝廷所發不過三四十萬石，安能盡給？而所爲不至于流徙者，心知天子之憂軫下民，足以憑藉。故寧忍饑就死，不敢自棄，分多均寡，以俟歲熟而已。今陛下初即大位，有仁聖之德，而未及著見，必將于是發之。乞下三省，檢照諸路所中全傷之處，下户夏税，並與倚閣已輸者，理爲來歲之數。秋苗亟爲檢放，令諸路常平司，會計錢米，以待賑濟，出内帑數百萬緡，以行初政之仁。天下聞之，孰不鼓舞？與其他小小施惠，殊不侔矣。不然，四方習知壽皇故事，妄謂朝廷恤民之政，不逮乾道、淳熙間，爲聖德累大矣。

八月，論鎮江守馬大同以苛刻著，平江守雷潨以縱弛聞，皆不可推行賑濟德意，劾奏罷之。丞相留公頗賢此二人，聞之不悦。樞密羅公舊嘗偕諸司，以公爲薦，既執政，乞避之。上不許。丞相請許之，除兩浙漕命。既出，覆奏更之，除公右正言。先是憲聖因光宗御筆有倦勤之語，欲命上履帝位，大臣揣知其意，而不能自達。以知閤門事韓侂胄，后族之姻也，密令奏稟，侂胄遂自以爲功，邀求節鉞，留丞相抑之。丞相去國，侂胄知公嘗因論奏不合，意公必擠之。公語同列曰：「留公已去，擠之易耳。長小人聲焰，可乎？」侂胄自是亦不樂公矣。出入宫禁，弄權植黨，有陵駕當世心。公憂之。

九月，具疏將乞對。侂胄微聞之，遽請御筆除公直顯謨閣，知平江府。公一再申省力辭，其二云：

> 祖宗朝，人主雖獨斷于上，而天下事必由中書，小事則進熟狀，大事則議定稟旨而行，未嘗直以御筆裁處。崇觀間，蔡京當國，始挾主威以制天下。凡所施行，必請御筆，可爲深戒。近者臺諫、給舍，屢有更易，中書無所參預，御筆寖多，事勢烜赫，實駭觀聽。因欲三兩日間，求對清光，論奏其事，俄有平江之命，復以御筆行之。某雖有列于朝，未嘗得望威顔，而兩旬之間，既驟用之，忽遽捨之，恐非明主待士大夫之體。借曰繁劇之地，不可闕守，亦宜謀諸大臣，選擇以往。遽輟諫官，誰實使之？止緣排故相者，未快其心，冀某爲助，某方顧惜大體，不欲推波助瀾，遂忤其意，以至于此。大藩華職，誰不欲之？顧不由于中書，而由于

近習，義所未安，謹不敢受。

丞相趙公見之，袖而入言于上曰：「黄某再辭平江，乞垂睿覽，置諸坐側而退。」公歸志已决，固請養親，許之。詔以所除職，主管沖佑觀。十月，起知婺州。慶元元年五月，知蘭溪縣張元弼以贓得罪，言者以是咎公，降直徽猷閣，罷。二年七月，復領舊祠。因任者三，權臣素嚴憚之，故終其身不復敢加詆，公亦不爲所怵。嘉泰二年，復直顯謨閣，知泉州，以親老辭，進寶文閣，奉祠如故。

舊嘗買地于會稽之東郭，本玄真子故宅。鑿池築堂，榜曰「遂初」，環以名花修竹，深衣幅巾，挾策吟嘯，陶然自適，故學者咸稱遂初先生。又愛上虞之小江，風景秀美，前對東山，多王謝遺迹，康樂山居在焉。買山其間，歲自故廬一再至東郭，往來必憩焉，累日而後反。又自號「小江釣侣」，海内人士仰公名節，僉曰：「他日群陰衰熄，正人復用，公其首也。」咸屬望焉。

開禧元年，丁中奉公憂。三年十一月，韓侂胄誅。嘉定元年正月，有旨召公赴行在，公以疾辭，又以年過七十，乞致仕，皆不許。入對首論天下之勢，貴静而惡動。國家二十年間，變故迭興，災孽屢作，兵革暴起，旱蝗相繼，權臣内訌，驕將外叛，皆非安静之勢。幾跌而遽起，頻危而復安，天心之孚佑至矣。願益尊有德，聽哲謀以定國論。酌古今，合内外，以正大體；止事端，重名器，以息人心；賤貨賄，斥奢淫，以美風俗；存名義，察理勢，以應敵情；表循良，去苛暴，以固民志。君懋其德，臣務其業，上下儆戒，日謹一日，庶幾群動盡息俟。

天命之休復，又言：「陛下即位之始，首擢臣爲諫官，未一月，忤韓侂胄而罷，今十五年矣。臣實病不能朝，念往者未嘗得望穆清之光，故扶拽此來。」上曰：「卿去國久，得復至此，相與扶持甚善。」公奏：「陛下居嘉邸時，黄裳爲翊善，彭龜年爲直講。臣嘗言于先帝，乞爲陛下置講讀記友等官，左右前後，不厭正人之多，先帝未及施行。今東宮既建，願考本朝典故，精擇方正博聞之士，自師傅至于中書舍人，皆使備官。臣聞陛下龍飛，裳、龜年翊贊之功爲多，必能記憶。」上曰：「然，皆賢人也。可惜皆已致仕。」公曰：「二人若在，今日復覩天日清明，必朝夕在陛下左右。」上首肯。公又言：「本朝給舍、臺諫，慶歷元祐時實賴其力，始變于熙豐，再變于崇觀，三變于紹興。至于侂胄，假彈擊以惑主聽，託繳駁以益邦誣，則流風餘俗，靡有遺者。今更新大化，扶植忠賢，願知慶歷、元祐之所以得，熙豐、崇觀之所以失。」上嘉納之。除太常少卿，尋兼國史院編修官，實録院檢討官。

初，王師北伐，取泗州，既而棄之，拔其民南徙。漣水人李全，與其孥來歸，賜名孝忠。既復議和，敵約歸濠梁三關，求侂胄首，且欲得李全與其家，及泗人之在本朝者。公言于廟堂，謂今之議者，動稱國勢方弱，難與敵争。竊以爲天子無失德，諸賢相維持，轉弱爲彊。夫豈無術？誠使合義理，順人心，酬應無不當，則氣勢恢張，雖弱必彊。違義理，逆人心，酬應失其節，則氣勢銷沮，雖彊必弱。甲申議和，唐、鄧、海、泗皆以還敵，則今日關要濠梁自應歸我，不足爲恩。函侂胄首，古無是事。李全决不可殺，泗人决不可還。時廟議已定，莫能用也。

自去歲之冬，至今年春夏，不雨，間有之，亦不通洽。四月癸巳，有旨幸太一宫、明慶寺禱雨。是日，雨作。越二日，雷雨交作，乘輿既出，雨傾如注。公上奏：「稱述感格之美，因以爲戒。謂雨雖通濟，已爲後時，螟蝗翅長，漸能飛動。若天心孚祐國家，則有反風起禾，螽蝗相食故事，變化亦不爲難。惟陛下常盡此心，恭承天意而已。不然當此大壞極弊之後，旱憂過于敵國，蝗患深于寇攘。《雲漢之詩》所謂『大命近止』，非細故也。」

六月，除權吏部侍郎，兼修玉牒官，陞同修國史實録院同修撰。公入謝，奏稱：

江南立國，且八十年。始以金人内侵，兵拏不解，故竭東南民力以應軍須。至于今日，民窮甚矣。願因天子恭儉之美，當敵國休息之際，取八十年暴賦横斂，而寬減之。異時淮甸屯兵，常欲自耕，患豪占者衆，而無其地。今因流民遺業，檢覈得實，斯可耕矣。巴蜀餉軍，常苦道遠，今乘吴氏之敗，而行臣前所陳分兵之策，斯不遠矣。此皆已至之機，不可失也。昔高宗渡江，兵不滿二千，今合吴蜀之兵，三十萬，而州縣廂禁土軍弓手，又三十萬。中産之户，十養一兵，以六百萬户養六十萬兵，國安得不蹷？若減兵五萬，爲錢五百萬緡；減兵十萬，爲錢千萬緡，則賦歛之重皆可漸省。内帑之别供，朝廷之封樁，不靳而時出之，則茶鹽酒税，取贏已甚者，亦可漸減。民寛則國富，非府藏偏聚之謂也。古者有戰兵，有守兵，戰兵之數甚少。藝祖選天下精兵，教于殿庭，張瓊將之，萬人而止。夫不務精而務多，不蒐不練，望敵輒奔，前日之事可爲鑒矣。

上隨語酬應。公遂論本朝專任宰輔得失之效，仁宗用吕夷簡、杜衍、韓琦，皆專任也。而此三人者，皆賢相，雖專任之，而不敢自專，必引天下之賢人君子，布之朝廷，各任以事。元祐之用司馬光也，亦然。神宗之用王安石，徽宗之用蔡京，亦專任也。安石，迂僻自用，故誤神宗；京，姦諛蠹國，卒致金人之禍。高宗之任秦檜，專矣，而險毒害正，天下多故，高宗收還威柄，而後復安。陛下前日用韓侂胄，亦專矣，而敗壞天下，至于不可支持。今威柄復還正，與高廟同。高廟末年，宰執常兼任，欲其協和同濟國事而已。願陛下更留聖意。

又曰：「給舍、臺諫，人主自用之，則威權在己。或臣下得而用之，則威權去矣。侂胄所以能奔走群臣，無不附己者，由給舍、臺諫用舍之柄，在其手耳。」上皆然之。

銓法，進納人年二十五以上，試中，方許注闕。開禧用兵，誘豪民助邊，許與蔭補同，且免試。公奏：

「官自簿尉而上，爲治人而設，直以錢得之，有虧國體。乞遵用孝宗詔書，惟歉歲出粟賑濟者，聽補官。其銓法並從舊制。」

二年正月，公以疾連疏求去，除集英殿修撰，知福州兼福建安撫使。上躬御寶墨：「黄某頃居言路，首論權臣，直諒老成，朕方眷用，力求補外，宜有褒陞，可特除寶謨閣待制。」

七閩重鎮，在昔率用鉅人，罕親細務。公始至，訟牒千餘，吏請委官屬，不許。隨事裁决，旦及日中而畢。予奪輕重咸當，人情大悦。閩爲士區，公一切待以齊魯之俗，故士大夫益自重，而民亦恥犯法。論者稱舊帥陳正獻公，正大有體，公實似之。

是歲，江淮洊饑，金陵尤甚，盗發濠楚，朝廷患之。以公威望夙著，十月，進龍圖閣待制，知建康府兼江東安撫行宫留守，江淮制置使，辭不獲命，過闕請對。言：「盗賊固所當急饑，民尤不可緩。若饑民不能全活，則盗賊得以爲資。賑恤之令，所宜速行，興發之請，亦宜速應。國力固不可使屈，民心尤不可使離。與其後而無益于事，孰若早而能全其生？今事勢已亟，米運難待，積粟藏鏹，不可不發。安固民心，使知尊君親上之義，銷弭寇盗，使無扇摇結集之憂。此臣之至願也。」又言：「江淮命使，正欲表裏形勢，州郡奏請，朝廷施行，務在關通。使血脉相應，若所部敢有狃習故態，苟簡輕蔑者，容臣奏劾。」

上並從之，錫帶以寵其行。二年正月，公至建康，僵殍相望，室廬半空。官司科糴，雖稍輸送，未免苛擾，公悉罷之。精思所以救民者，具有成式，面授郡縣官，俾躬其勞。又請于朝，選置官屬，以分董之。誠心惻怛，約束堅明，人皆樂爲盡力，無敢欺者。窮閻委巷，山巔澗曲，家至而人撫之，病者予藥，亡者瘞焉。異時抄録不親，多所遺落，勺合小惠，僅活朝夕，日日伺之，他業遂廢。公既盡得其實，仍併給之，得以自營其利。始溥活饑民百六萬八千三百餘人，厥費錢以緡計四十六萬有奇，米以石計九萬五千有奇。流民仰哺于官，布滿僧舍，而來者不絶，又收養之，置場十九，被其惠者滋衆。時商販不通，米價甚貴，雖有主業之家，不免艱食。公命發廩平之，且以帥司招糴鹽鈔下，元估三之一，誘致米商。又念賑施催科，不應並行，錢十五萬九千八百餘緡，米四萬四千五百餘石，並停勿催，尋奏蠲之。比三歲，蠲閣緡錢凡七十萬。郡境西接當塗，橫山鬱山，群盜所聚，私立名字，剽掠行旅。公初至之日，有盜夜刦城東居民，列炬嘯呼。越二日，城南盜作，亦如之。發于倉猝，觀公設施，或不能制，將肆其毒。公賞厚而信，不日禽之，繼禽橫鬱之盜，誅止渠魁。奏援龔遂渤海故事，宥其黨與，俾復田里。數月之間，民氣和豫，境内清肅。田夫野老，相率拜庭下，既立公祠，且家繪其像尊事之。語留都之政者，咸曰：「劉忠肅公之績，今無愧焉。」然公兼制三路，安危休戚，所關尤廣。往時淮甸救荒，非緩不及事，則微而無補。公檄任其責者面戒之，以無蹈前失，推誠卹民，乃克有濟，自是無敢不恪。

初盜發鹽城，郡守欲捕，而帥欲招之，議久不合，賊遂得志。及縣鎮被其虐，帥司始出兵討之，遇賊輒潰，賊愈猖獗。有詔許其自新，惟兇渠不貸。公至，即班布之，且推廣德意，開諭首惡，能束身自歸當爲奏免誅。若怙終不服，有能殺之者，與推恩。時主將恃功驕恣，偏校多故群盜，陰與賊通，賊雖約降，實款我師，欲乘官軍之懈，四出爲暴。公乃督厲諸將，以平蕩爲期，用命者厚賞，連戰皆捷。遂分淮西兵戍定遠，以扼其西。又令淮東鹽司募兵，使以生力出戰，給之糧仗，賊氣寖奪。其酋卞整以千人降，而公所布赦令始達，山陽守臣即遣四輩，揭大旗入賊巢諭之。渠帥胡海將降，別賊沈剛擁衆襲之，海死，將校得其首以獻，餘黨饑疫，官軍乘之，于是解散。公請于朝，凡良民之爲賊誘脅者，並貸前罪，歸業之後，敢讎殺者，以殺人之罪罪之。分遣官屬，撫定揚、楚、泰、高郵、盱眙五郡，歸業者五十二萬八千餘人，給錢三十九萬三千餘緡，米二千七百餘石，瘞遺骸以二萬計。

自中興加恩淮甸，寬其租賦，歲下展免之旨，而州縣以財計不充，履畝計粟，謂之「撮課」。朝廷嘗蠲放矣，或欲于不經殘破之地，自行催理。公以爲師旅一興，科敷抑配，均出諸郡，兵氛既解，旱蝗相續，饑民猶未蘇也。又可並緣征求乎？屢言于朝，申明明主美意，且移書屬郡，告戒甚切，以明其決不可復取者。濠楚再創，于墾闢未廣，公尤加意安集，貸以種糧，既復蠲之。比公去鎮，又奏免撮課一年，始終保護，惟恐吾民不安其業。

初，金陵遵奉朝旨，通明淮甸，鐵錢隱不復見，商旅憚于折閲而不通，細民艱于經營而坐困。公鋭意罷之，乃密察廛市，默計多寡，昭然見其事情。遂發米以糴，而許糴者純用鐵錢，所收略盡，又出銅錢楮幣易之。未三旬，鐵錢屏迹，銅錢流布，人以爲神。

開禧之用兵也，流民奔迸。權臣令部使者厚貲招募，而與之約，不征行，不教閲，惟欲扞衛鄉井，事已即散，號雄淮軍，幾十萬人。和好既通，其存者尚衆，改刺武定，分屯淮右者三萬人，又刺忠勇，別屯巢縣者三千人。歲費緡錢四百餘萬，米斛三十餘萬，朝廷憚于重費，深欲縱遣。其人本皆耕農，事定亦思歸，而士大夫疑畏不能決。惟公與廬帥李郎中大東，淮西憲傅郎中誠，協謀定計，又遣官屬博采帥憲及主將之論，密察軍人願歸之情，皆審知之。乃奏請命其將佐以官，使不失職，願歸者，人給錢四萬，復役十年。有田者先歸，無田者繼遣，不願歸者，仍隸尺籍。滁陽三軍曰督府，敢勇效用，亦皆一時招募，其願歸者，併縱遣之。明年，亙遣郡丞，撫存賑卹，田里生聚，無失業者。然公不自居其功力，薦帥憲于朝。曰：「臣所以得效尺寸者，實惟大東之條畫明備，誠之議論簡切，臣所據依以從事者也。願賜褒擢。」其推賢遜能如此。

四年正月，詔以職事修舉，進寶謨閣直學士。公篤于仁政，增養濟兩院，以安窮民之無告，益南北義阡，以葬死者之無歸。大江津渡，薄其征税，繕修舟楫，以利民涉。海舟剽刦，精選偏校，嚴于遏絶，以肅江面。秋苗之輸，無或淹留，乃得自潔，以防侵刻。此皆金陵之美政也。

是冬，更定楮令，金陵得新會三百萬。公謂楮幣不通，至此極矣，不可以不變。若惟以新券一易舊券二，人皆能之，恐非朝廷軫念留都之意。乃遣官僚巡問閭里，諭以朝廷本旨，惟欲便民，使咸曉然無疑。且悉書所藏多寡，許易于官，而示之均。發銅錢，兑如朝旨優潤之數，而示之信。隨苗輸錢，聽以舊會一千五百當新會一千，以優農民。期令新會散于細民，使得展轉相易，以便裨販。委曲周至，上尊君命，下爲民利者，如恐不及。

金陵軍民雜處，舟車輻湊，米麥薪炭醝茗之屬，民間日用，所須者悉資客販。商賈逆知舊會將廢，人所不惜，驟增物價，以術籠之米麥，一旦絶市，舊會無所售。公急救之，發官米三萬石，下舊直之半，許民以舊會赴糴，招米商平其價，而糴于官場，所得舊券，易之以新。大略如前日所以收鐵錢救饑民者。及其他物價，種種裁定，人莫敢增，視舊或反賤，至于今賴之。儀真商旅所萃，山陽屯兵，安豐互市，事關邊徼，敵國所覘，皆以新會給之。由是四境通行，自金陵始。民有訴交易違令者，公詰曰：「汝何自知之？」曰：「吾與之爲契券，算陌折閲。」公曰：「鄉民何知？汝設此陷之，恐喝不從，則訴于官耳。」詞屈，杖之。自是良民謹守新令，而姦猾無敢告訐。迄公之去，鞭背估籍之法，未嘗輒施。

公當世儒英，而練達時務，尤詳邊防利害。其論屯田，大略祖晁錯、何承天、李泌之説。平時藏富于民，緩急各自爲守，練卒務精不貴其多，則國勢可安，而民力亦裕。非若世之計田斂粟，以求目前之效者。邊郡或以是叩公，公報之曰：

人授田若干，免其租調，自食其力，暇日稍習蹶張，令足自衛。凡田率從官給，舊有私田者，增及其數而畀之，過其數者勿減。丁壯數多，猶有餘力，別給之業，即古所謂餘夫也。擇高燥之地，爲營五六處，每處三百人以上，至于千人。室廬聯比，情意親睦，益以桑麻果蓏之區，溝洫布列，廣深如式，以資灌溉，以設險阻，使與城郭相應。營立于内，田周其外，環以大濠，塞下無復曠土，則田租之入，在官在民，皆足以實邊矣。

時刑寺所下奏案重囚，當論决者十三人。公覆視之，則二人罪狀不著，當貸其死，于是停决。上奏罪疑惟輕，前聖明訓。本朝著令，殺人無證佐者，皆許奏讞，多得原貸，蓋失不經，不過枉有司之法。而殺不辜，則將爲盛德之累。願從仁聖，丐此二人。于是俱免。

常以牧養之寄，守令爲先，安集之始，尤當注意。故凡有學行者，有材業者，有用違其材，而當别任以職者，有績效已著而猶未見省録者，悉以上聞。率如其請，公益以爲己任，人望所歸，推輓不休。每曰：「無報，惟有此耳。」雖識鑒高明，而卑謙自牧，廣咨博訪，擇善而從，以故大得賓僚之助。

在金陵三年，日益整暇，則與其屬登覽江山，訪求六朝遺跡。即王逸少、謝安石悠然遐想之地，創治城樓，又以卞驃騎之藏于斯也。闢忠孝堂，棟宇宏傑，景物呈露，遂爲此邦偉觀。晋元帝故有廟，公復新之，以嵇侍中紹，侑坐東房，王丞相導、謝太傅安配食西房。兩廡繪從祀劉司空琨，至陶彭澤潛，三十有二人。又葺卞祠，嚴像設，劉侍中超，鍾將軍雅，並侑，以旌清溪三賢死事之節。作《通史》，倣《春秋》葬劉子例，書謝公卒葬，以表抗温却秦，再安晋室之功。皆所以興起人心，扶助風教也。

公雅意巖壑，加以上氣之疾，懷思故鄉，引年之請，至于十上，累詔不允。五年十月，以禮部尚書兼侍讀召。再辭，詔趣入覲。公論：

藝祖垂子孫萬世之統，一曰「純用書生」，二曰「務惜民力」，列聖承之，以爲家法。乃自狂儒盜權，標立名號，斥逐忠良，于是儒生廢放，源流不竭。願以廣大并包爲心，以長養成就爲事。自古賢者在位，能者在職。其所謂賢，道德之士是也；其所謂能，材藝之士是也。故必以修身善行爲端本，以尊君愛民爲專務，以《詩》《書》《易》《春秋》爲典法，以仁義禮樂爲實用。重廉退，崇節義，抑輕鋭，禁利口。四五年間，庶幾後生小子，日就作成，人材輩出。藝祖取民之制，僅使足用，餘散州縣，以蘇凋瘵。建炎用兵，江南、川蜀增取之數無慮數十。兵既息矣，合還之民，而有司反利之，其不能收拾，委之污吏姦人者不可勝計。願專以休養民力爲本，以撙節冗費爲急，其增取甚者，漸斥還民。

上納其言。仍奬之曰：「江淮清晏，卿之功也。」公謂尊賢使能，俊傑在位。省刑罰，薄税斂，孟子所言「萬世不易之常道」也。今日惟寬裕民力，可以祈天永命，此時務之最急者。故數爲上言之。

公之爲制帥也，朝廷將城滁陽，命公考訂。公奏淮南自古號爲戰場，其戍守有常處，遼曠空荒之地，不復經理。得間，則使人耕作；有急，則棄捐而去，不爲久居計。今爲郡十有七，若皆築城郭，則皆當固守。常時論將，不能以一二數，今日安得如是之多乎？况滁陽有古羅城，西南與山寨接，亦足守禦。附城聚落既衆，爲關城以域之。吾守羅城，關城雖虚，賊安敢入？假令攻城，吾引山寨之兵表裏夾射，賊安得至？其或安坐不攻，吾居山上，視賊動息，日攻而夜擾之，彼亦吾虞，豈能暫安乎？其言堅確，故未果築。及是，邊郡争言築城之便，功役繁興。公言于廟堂曰：

天子有道，守在四夷。舜咨十二牧曰：「食哉惟時！柔遠能邇，惇德允元，而難任人，蠻夷率服。」案：惇德原本避宋光宗諱，作崇德。今改，從經文。此帝王制中外之上策也。今若增築，江南珠聯綦布，非十餘萬兵不可守。形勢易格，事機難周，一城失利，百城皆聳。昔韓欲弊秦，使鄭國獻鑿涇之策，秦人覺之。國曰：「渠成，亦秦之利。」乃卒鑿之。今日之築城，安知不爲他國之利乎？慮之既熟，故持是説不變。

上注意方深，天下亦望公得政，而數以病在告。九月七日，入侍經帷，讀明皇開元末，用李林甫斥張九齡事。奏曰：「此唐室治亂之所由分，願陛下退朝之暇，更反復之。」上曰：「朕方賴卿輔佐朝廷。」是晚，疾復作，固乞歸。三請，乃除焕章閣學士，知隆興府。辭，改提舉玉隆萬壽宮。

比歸會稽，幾月而病益侵，遂致其仕，除龍圖閣學士。十月己酉，公薨，天下識與不識，皆痛惜之，享年七十有六。積階，自改秩九遷爲中奉大大，爵新昌縣開國子，食邑六百户。遺奏聞，贈[二]通奉大夫，官其後如格。

公體貌魁碩，德宇凝粹，言動有矩矱。爲兒時，俞夫人命日事大父，或值假寐，則鞠躬端立以俟，久而益謹，人皆異之。俞夫人性嚴，罕當其意者，獨能順適，得其歡心。事中奉公，左右無違。奉繼母如實生已，雍睦無間言。中奉既飭家事勿復關白，具圖籍，立規畫，井井有條，以授諸弟，有無出入，因不復問。

公官中都，中奉時就養焉，性不喜紛華，率未久而去，公心慊焉，不知官達之榮，而以不得朝夕親旁爲恨。直道不容，排斥而歸，杜門屏居，不以時不我用爲戚，而以得日侍庭闈爲歡。執杖履，奉尊斚，往來谿山間，愛敬交至。中奉天年考終，公亦年幾七十，執喪哀毁，一遵古制。嘗取士喪禮，設爲問答，酌其可行者，以授子孫。郊恩，先奏弟廡，洎諸弟皆以場屋自進。始命長子以官，睦姻念舊，周卹難阨，始終不衰。事君如事親，造次不忘，雖家居，聞朝政之美，喜不能寐，否則憂形于色。

平生澹泊，一室蕭然，無耳目之娱，獨嗜書，至老不倦。時時誦習，且手抄之，日有程，雖官事紛沓不廢。自六經百氏、天象、地理、禮樂、官名、井田、兵法，莫不研究。交友皆天下名士，講貫日新，停蓄充溢，義理所在，必極精微，毫髮有疑，昭晰乃已。

蚤以經濟自負，當孝宗時，每曰「吾得一見足矣」。光宗初政，一言契合，所請節録《通鑑長編》，雖講官以爲繁重而止，帝終不忘。屢形聖訓，公感激圖報，耿耿此心，嘗稱古大臣之義，身與宗社同其休戚，不以悻悻取名。誠意日積，自然密移，有格天之功。

偉哉言乎！其深于本原之論乎！世之知公者，惟曰「奏疏鯁切爾」，曰「敢抗權要爾」，而不知其又有進于此者。人不足與適，政不足與間，而惟以格心爲急，此大人之事也。而公有志焉，可謂深于本原矣。有《書説》二十卷，《詩説》二十卷，《周禮説》五卷，發明精切，有先儒所未及。止齋以《周禮》名家，聞公論「鄉遂」，所疑頓釋。司馬公《通鑑》于漢紀吕后、新莽；于三國進魏黜蜀；于東晋用五胡僭號；于唐末繫五代。心疑焉，更立書法，名《通史編年》，未絶筆也，今止四卷。又以三國南北攻守不同，有《歷代邊防》六卷，《藝祖憲監》三卷，《仁皇從諫録》三卷，奏議及雜著若干卷，《屯田便宜》一卷。既寢疾，自知不起，手書建宗立佐，所以維持家法者，告于祖禰，而敬藏之。

娶高郵洪氏，淑德令儀，克配君子，先公二十二年卒，贈碩人。子男四人。邁，登甲辰進士第，授迪功郎，鎮江府司户參軍，踰年卒。章，承奉郎，新提領户部犒酒庫所幹辦公事。遵，貢于鄉而卒。準，修職郎，新鎮江府丹徒縣丞。公之教子，本于躬率，不令而從，皆修謹務學，足世其家。女二人。秘書省正字周南，知衢州王棐，其壻也。孫男四人。元直，承務郎，元護，元贶，元真。孫女七人。

初，公葬洪碩人于上虞縣葛仙鄉之鳳凰山。嘉定七年八月十日，諸孤將奉公柩以合葬。貽書于某，以行述爲請。某不才，敢當此筆，然受知于公既三紀矣，某亦知公最詳。公之篤學精思，胸中富有，取之不窮，發于事業，煒然可紀，立朝大節，始終無玷，固某之所心服也。尚安敢辭！乃詳著其實，而敬授之，以備太史氏之采擇。謹狀。

校勘記

〔一〕贈　原作「增」，叢書集成本同，誤。今據四庫本改。

卷十四

行狀

秘閣修撰黄公行狀

公諱犖，字子邁，其先婺州金華人。有仕江南者，以著作郎宰分寧，樂其土俗，因徙居焉。分寧之四世孫，朝散大夫諱湜，以儒學奮，一門兄弟，共學于修水上芝臺書院，道義相磨，才華競爽，時人謂之「十龍」，後登第者彊半。朝散之長子曰康州太守庶，有詩名，實生太史氏庭堅。朝散之次子，公之曾大父也，諱廉。熙寧元豐間，屢將使指體量，京東河決，活饑民二十五萬，官至朝散大夫，給事中，贈少師。妣，楚國夫人劉氏，南康高士太子中允涣之女。大父諱叔敖，政和中將漕河朔，疏廉訪使者李滋之姦于朝，黥隸衡陽，時論快之。紹興中爲户部尚書，徽猷閣學士，左宣奉大夫，贈少師。妣秦國、魏國夫人皆李氏，元配尚書常之女，繼室郎中莘之女。二父俱有盛名，東坡蘇公賦詩所謂「何人修水上，種此一雙玉」者是也。考諱𩃬，守袁、永、吉三州皆有惠政，官朝請大夫，贈通奉大夫。妣，碩人夏氏，九江使君倪之女。

使君之名，見「江西詩派」中。公既生長名族，而外氏又皆當世聞家，耳目所接，典刑猶在。清標勝韻，自然逸群，讀書往往成誦，落筆無世俗態，以通奉公郊恩補將仕郎。未幾，丁外艱，執喪以毁瘠聞。既即吉，哀慕不衰。再閲歲，始以易試銓曹，占高等。時户曹闕，鈎最近，吉倍之，公應得鈎。或言親老且貧，不堪淹久，幸遜我。公與之非雅故，欣然許之，即改注吉。部胥相顧駭，曰：「聞有急近次而争者矣，未聞有遜人者。」

未上，丁太夫人憂。服除，主吉之龍泉簿。吉大邦，田租之輸，累巨萬計，姦弊總總，郡檄公莅之。始至，吏或密請使令，公瞪視之，請不置。訪其故，乃前此有吞其飲器之餌，拱手聽所爲，莫敢誰何者。一日，復請。公數之曰：「爾謂我不知耶？吾忍而不發，不欲暴前官之短爾。亟去，無污我。」遂罷遣之。擇愿吏，平概量，除常歲多取之虐，人情大悦。會邑長病，不任治劇郡，俾兼領，公敬長如舊，事必咨焉。宰感悦，歲餘，以憂去，公竟攝之。葺學宫，增弟子員，立程、蔡、吕先生祠，示學者以趨向。建梯雲橋，民不病涉，創大豐陂，溉田二萬頃，慮其久且廢也。買田千畝，山九百畝，以備修築之費。立長若副分番掌之，以均工役之勞，隄防周密，遂爲長利。侍郎孫公逢吉深歎美之，爲識其事，以諗來者。

嘗出，見民有空舍，老嫗卧其下，旁無一物，屋猶堅壯，心疑焉。使人問故，婦曰：「兒賈人，將鬻此廬，以就婦舍。嫗弗忍也，甘此獨卧。」公驚歎曰：「詎有此風耶？」立逮其二子俱來。一寠且瘁；一壯而悍者，賈人也。公曰：「此豈待拷掠而得其情哉！」欲置之法。嫗以天性之愛，祈免甚苦。賈人亦痛自刻責，請後不敢。公因其機而訓飭之，母子于是不睽。寺簿劉公清之，以比古循吏篤于風教者，因贈行述其事，于詩以美之。

再調汀州連城令。創邑纔六十年，介萬山中，民俗獷戾，一語不相能，即挾刃相向。縣以包鹽爲課，北團悍甚，稍追呼之，群聚發矢石，官莫能制。公曰：「豈有具耳目爲人，而不可以善化者也？」乃出版教諭之。曰：「汝内郡良民，非居八荒之外者，負固若此，如王法何？令尹甫到，官吏首言汝鄉不輸官物，不請包鹽，官一繩以法。令尹弗忍，是用誨汝。其自今盡去舊習，輸租以時，請鹽以額，縣不汝逮，且率先者賞。」民喜，更相語曰：「今令尹不我棄，善教我矣，是吾父也。父可捍乎？」獨可澄者，實爲首惡，公請于郡，治之如法，自是無梗政者。大修學政，增益棟宇，厚給生徒。屬尉薛士穎，以訓導而時時躬勉勵之，視龍泉有加焉。士知向風，始有預計偕者。縣圃有松，老而連理，公名之曰「義松」，取先太史翊真觀義松之作，圖而刻之。邑人歌誦，謂公德政所召，龍泉及是邑，皆立祠以奉焉。

改宣教郎，知湖州歸安縣。近輔劇邑，多貴臣大姓，素難治。平心處之，既不肯吐剛茹柔以自欺，亦不專抑强扶弱以自異。巨室有訟，理不直而以私請，一斷以法。僧爲惡少所誣，脅取財物，無以自明，立伸其枉。催科甚寬而信，寬故民力可辦，信故期會不可違，公私兩便，足爲世法。女巫遊仙夫人者，誑惑寓公，達于官府。公判其牒云：「信巫不信醫，此愚俗之病。衣冠右族，豈宜淪胥，淫祠不毁，蠹民益甚。」乃杖其人，而盡取其土木偶投洪流中。及其他挾邪術惑民聽者，一切蕩刷，無遺類，巫風遂息。

既解印，貧尼其歸，僦居郡治之側，吴興士大夫敬之不替。客或過之曰：「爲邑者幸而終更，恨去不速，惡人之厲已也。今公寓是邑，而邦人加敬，則必有道矣。」公曰：「吾滯于此，囊無餘貲耳。豈意得此于苕霅之人乎？」

部使者交薦，有旨堂察尋幹辦諸軍審計司。公之爲邑也，每患民有艱厄，力不能贍。及是面對，首言祖宗盛時，京師有福田院，諸路有廣惠倉，愛惜生靈，恩深澤厚，薄乎天淵。今州縣煎熬，素無餘羨，金穀出入，悉有成數。其或水旱間作，疫癘流行，雖有良吏，盡心力而爲之，所及幾何？甚非陛下愛養元元之意！竊見州縣多没人之産，非豪强請佃，則形勢侵冒。時或鬻之，欺弊萬端，黠胥納賄，寖成乾没，于公家何補？謂宜根括諸路，凡未鬻之田與相繼没入者，別爲一籍。許見佃及旁近良民之願耕者，各眂其鄉斗斛輸租，爲歲災之備。病者有以毉療，死者有以葬埋，責守倅令丞掌之，如常平法。時論韙之。

遷軍器監主簿，轉爲丞，又遷司農寺丞。武臣有部綱無折閲者，吏不與批書及鈔，反以法不得部運抑之。公言于長曰：「上官不察，役使下位，彼安敢辭？事幸而集，顧以爲罪，可乎？」長深然之，即日給鈔，且爲申明，使得霑賞。時詔許百官上封事。公言：「前後臣僚，奏陳多切于今日者，言而不行，行而不力，雖日有總章之訪，無益也。不若行其所未行，力行其所已行，則政治有日新之功，而太平之基立矣。」

遷大宗正丞。莅職之日，吏以知宗已施行事，請同書之。公曰：「官必有屬，正欲詳輕重，度可否而後白長官行之，法也。懵不知何事，而苟焉書之，可乎？」曰：「例如此爾。」公曰：「審如是，一知宗足矣。何以丞爲？」吏不能對，自是事必先白。攝司封郎官，朝旨委糴米三十萬，經畫有方，未三旬而足。

居數月，除大理正，兼官仍舊。公言故事，未有以理官兼他職者，力請補外。除浙西提舉常平茶鹽事。陛辭，乞取百司省記條付敕令所删修可行者，明著之令，不然者去之，毋存此名，以惠姦吏。上可之。

既至官，建請僧牒五百，易緡錢四十萬，糴米十七萬有奇，以備歉歲。謂義倉所儲，不應混于省倉。則爲甲乙歷，頒給所部，日入米若干，謹書而別貯之，毋得侵用。謂浙右鹽，本不足貰于亭户，商人輸錢，而後償之，平居無以自給。私鬻者衆，則多方經營，務殖其本，先期給之。謂鹽場闕官，法許兼攝，勞無賞，虧有罰，非所以勸請。計其日月，推賞與正員等，遂著于令。時陳便宜者，或請斷諸港以絶私販，朝廷施行之。公言：「浙西支流甚衆，小人競利，朝禁暮撤，私鬻未戢，而日治撤防之罪，秖益其擾。」命工圖寫曲折，力爲廟堂言之，乃止。役法不均，民多嚚訟，公諭令丞，實具物力高下，參以歇役久近，聚廳定差。後有訴不當而果然者，令丞坐之。置東西義阡，以收遺骸；創居養院，以處孤老癃疾。仍嚴不舉子之禁。

滿歲，召爲郎中。入見，乞增減鹽額。其説曰：

鹽課之虧，由未明變通之法而已。因産多寡，立額輕重，祖宗之意，夫豈不善？然歲月既久，風濤不常，斥鹵之地，亦隨而轉。産有增損之殊，官守一定之額，故有增于舊，而額尚低者，亦有損于舊，而額猶高者。低者其額易足，鹽雖有餘，官難强買，往往以私自售。高者其額難及，不足則有罪，私販亦有罪。等罪爾，孰若私販之爲利？官課闕失，職此之由。且以浙西言之，臨安、巖門、錢塘、仁和等處，歲增數及七八分，常受增秩之賞。嘉興之下砂、砂腰、青村等處，歲虧數及九厘，常受衝替之罰。豈受賞者皆能吏，而被罰者皆庸才？地之所産，今昔不同，而法之變通，或未之思爾。

臣愚，欲乞行下諸路提監司，取各場歲帳，就與推排。十五年内皆增，取其中數，立爲定額。十五年内皆虧，念其難辦，特與量減。取彼有餘，補此不足，誠爲均一。臣又嘗觀江淮守令，亦有如此增減者，若推排無私，陞降得實，則諸場無課額不均之患，官司無賞罰不當之失。

遷吏部郎中。有以鬻爵得官，援十二年減舉，主改秩者。吏得所欲，請與之。公曰：「是別有條，欲減舉員，倍其年可也。」其精明類此。

除樞密院檢詳。踰月，兼都承旨。時邊事繁興，盜權者欲引公自助，公不然之，遂大與忤。密院施行，皆由吏出。公曰：「吾豈可復在此位耶？」力求去。

以爲右司郎中，尋將指江壖賑濟流徙。至金陵，閲寺觀中僵尸枕籍，存者僅有餘息，而來者纍纍未已。公蹙然曰：「是救焚之時。曾子固河北救災議，可行也。」先是朝旨，人日給米二升，錢二十。公與留守徐侍郎誼，計之曰：「是以勺水救涸轍，可濡頃刻，不可以活。請口多者月給之，寡者併兩月給。」徐公恐無以繼。公曰：「不然。日給之，彼終日纔仰此爲哺，所及微矣。併與之，彼得以展轉自營，不猶愈乎？」會副樞丘公崇，赴鎮。公迎謂之曰：「紓一旦之急，將命者之責，還定安集之政，在制閫矣。」丘公異其言，屏騎從至館寓，促膝語甚久。公因勸以收集潰卒等事，丘公然之。

使還，屬時更化，朝論知公植立之正，仍爲宰椽。嘗白當路，四方奏報稽留，何以責禀令者？今輦下死囚俟報，或幾年不下，況遠方乎？于是以公兼左司。公念省司繁重，日力不逮，率以清夜，端居静室，秉燭炷香，躬閲獄案。默禱之曰：「若有冤，當使我心目豁然，盡得其情。」至操擬筆，則又曰：「汝當死矣，其信然否？」取案再閲之，猶幸其可生也。至事干名教，亦不苟貸。一婦人欲殺其夫，毒所饋羹，夫未及食，他人索之，婦不敢言，竟以此斃。獄上，以無意于殺，得不死。公曰：「此人之死，雖非婦意，獨不欲死其夫乎？茲不可赦之大者。」卒論殺之。

遷大府少卿。未浹旬，除中書門下省檢正諸房公事。金始修好，以爲接伴使。舊例，前期一月被命，得以參考故實，講求典禮。時乃初使，且趨行甚急。或謂公：「何以應之？」曰：「吾應之以理而已。」既至都梁，兵革始息，饑民滿野，傾囊中齎易鐵錢，分給之。北使踰淮，以錫燕撤樂，疑不即赴，官屬不知所出。公諭之曰：「本朝成肅皇后，几筵未撤，皇帝未即吉，國樂未舉，非有他也。且北使值國諱日，猶不預宴，況于國卹？重輕較然。尚何疑乎？」北使矍然聽命，遂伴至京口。道千秋橋，歸正人之子陳亨者，遮道疾呼，稱「歸朝人」，北使欲與之語，未及也。比入館，將命者以爲言。公曰：「適輿中所見，一病風狂夫爾。驚動信使，皇恐，官府已懲治之。」曰：「非爲此也。承命而來，謂用兵時，恐國人有軼于南者，因令體訪。今斯人有歸朝之語，故欲面叩之爾。」公曰：「此非送伴所敢預聞，朝廷盡索北人發還已竟。假有存者，拘轄必嚴，詎容輒出？其非俘掠明甚。國信必欲見之，當以聞于朝，獲旨而後可。」其人語塞，求一紙道所以然，歸以爲驗。公令述其事付之，詞約旨明〔二〕，聞者自屈，廟堂加敬愛焉。

有武臣自陳求路鈐者，閲其資歷，雖已更數任，而居官任職實不過一考。公曰：「此乃以計取朝廷名器者，兵鈐可遽得耶？」亟令赴部注合入闕。錢塘富人錢氏子詣省，援例乞書填叔父輸粟軍前所給綾紙，同列將從之。公不許，曰「是有可疑」。他人爲請甚力，卒不許。後一時授官者例以僞獲罪，而是子以不書填也，獨免。

除直顯謨閣，兩浙轉運判官，尋陞副。愛惜財物，一不輕用，惟救民病，卹死喪無所靳。嘗因護客，見挽繂者，踣冰雪中，深念之。及是應辦，爲置絮衲，别給雨具，而厚與之糧。自都至京口，令所部郡邑，甃挽路，人不知泥滑之苦，金使見亦嗟嘆。

遷大府卿。寺事多隸版曹，惟和劑局專領。往時藥物，取諸雜買場，不即與直。商人憚與官市，故藥多闕，闕而求之，其價輒倍。公乃命場吏，有以藥售者，亟齎錢楮與偕來，吾面給之。商人麕至，率得平直。廟堂喜曰：「使居官者，皆如黄卿之爲，何事不辦？」每歲頒藥，兩總所至局如中都，官吏供億，徒有重費。請從本司，自遣人至，彼鬻之歸，其直于局，朝廷從之。太府、司農二寺，軍器、將作監，歲久頽毁，公建議勿葺，而徙諸韓氏故居。又遷和劑局，與外府鄰，以便檢覈焉。輪對稱：

今兵革重費之餘，朝廷日夜所憂，莫急于治財。而財所從出，未有不取諸民者。今日民力，豈可復困？要莫如省費。一費省則一利積，朝廷及州縣冗費皆省，則在在有積矣。又言《春秋傳》記楚子入莒，莒以城惡而潰。比者維揚、襄陽，城守不可犯。全椒、儀真，蹂踐于金，可以爲鑒。故修城爲當今急務，而議者必謂大費，非今所堪。臣觀漢世役民，多取諸有罪者。今鯨卒布天下，用以修築，毋責成于一切，而使後人續之。秩滿，具數來上，自此天下皆堅城矣。

上施行之。公屢請補外，朝廷雖黽勉聽去，而猶未許。就闕，除淮南轉運副使兼提刑。趣之就道，加祕閣修撰，以寵之。北方俶擾，使不時至，浮言扇動。富商有束擔理枙而他之者，公乃治圃修橋，示以閒暇，而内謹防範，人情按堵。隆冬冰淮，千夫撞之，僅能移篙，公因巡歷疏决。有爲人誣愬，而反繫其父子者；有誣以私販，没入財賄而猶桎梏者；有罪不至甚，而踰年不决者。人人閲實，又相視築滁陽城，遂感寒疾。及還治所，楮令方新，民間閉市，公猶力疾慰安閭巷。出鐵錢，收舊券，發倉實，平糴價，列肆旋復，百姓益喜，而公病深矣。

嘉定四年正月十日，竟至大故，壽六十有一，積階至朝請郎。淮人老幼出涕，元夕舉市，無鼓吹聲。連城之民，思其遺愛，聚哭于所奉祠下，而又奠于臨川。此足以知其至誠感人，有不可解于心者矣。

宜人徐氏，朝請大夫鄱之女。子三人。塄，迪功郎，監鎮江府都酒務；崖，將以遺澤補官；坡，先六年卒。女三人。長適修職郎，新岳州華容縣尉洪慥，先公卒；次適從事郎，新袁州宜春縣丞燕季子；次適承直郎，監池州城下税務王挺。孫男、女各一人。諸孤將以七年某月某日，奉公之柩，葬于撫州臨川縣天堂之麓。

公資性篤實，用心于内，不汲汲于榮禄。初試吏時，侍郎劉公穎持節江介，諷公達意于帥樞王公藺，同薦其才。公恥自媒而止，後爲列院。參政婁公，時爲同舍，見公造請希闊，深愛重焉。及丞戎監，同列有貴家子，阿附權要。語公曰：「人之所趨，不得不趨第。俛首一見，美官立可得。」公正色曰：「君可往，某則不可。」

觀風浙右之日，有蘇師孟者，夤緣師旦補官，占一卒養私馬于官廐。公曰：「是敢爾耶？」没入之，黥其黨親爲吏而犯法者。師旦雖含怒，公弗顧也。方群陰用事，則介然自持，及公道復開，亦恬然無愧，名流以是推之。每謂：「公若不限以科第，豈容我輩獨在臺閣？」公曰：「假令某以科第進，亦必不在臺閣。」居朝列十三年，循序而陞，未始超越。故制詞有云「安于平進，澹然無營」。

起居王舍人介，稱其明白洞達。禮部倪尚書思，以先太史勉之，深感其言，服膺無斁。謂子弟曰：「先太史，名播海内，而官不過員郎，位不過著作。今吾德業未充，而禄位過之，豈不有愧？汝等但宜篤志力學，毋更求過入于侈靡。其有定分者，分寸不可彊，枉尺直尋，徒喪所守爾。」

公之立身垂訓，大概若此，尤隆于友愛。兄將之官夷陵，未至而没于荆南。子幼，喪不能歸。公馳赴之，經大澤中，迷失道間，關久之始得。草廬宿焉，或告曰：「虎方食人而去，瀕于殆矣，而無他虞。若有相之者，既達江陵，復走數百里。」從親舊假貸，諸公多其誼，争餽之，躬護旅櫬，挈其家而歸。既畢窀穸，餘助昏嫁。族黨姻戚急難之際，鰥寡孤獨之家，分俸給之，有捐數百金者。家藏山谷與族弟靖民判官帖，謂吾儕所以衣冠而仕者，豈己力哉？皆高曾以來積累所致。冲和之氣，偶在此一支爾，其實相去不遠。每過馬鞍墳，未嘗不愧汗也。常誦斯語而敬行之，又摘「冲和」二字，求東宫大書，以名其堂。攻愧參政樓公記之。

生平不治産業，惟法書、名畫、古器物是好。一日得山谷帖數十卷，直千金，傾橐而償之。對客卷舒，津津喜見眉睫，曰「吾不貧矣」。又樂與名勝燕集，不計費，故其家屢空。士人或獻詩云「官大屢持節，家貧猶典衣」。公曰：「此子善形容我者。」家藏書萬餘卷，縱觀博采，苟片言有可取，亦誦味不休。詩律字體，大略祖述山谷，而時出新意，自成一家，大字尤奇壯。東宫欲見之，書《中庸》《大學》以獻。既覽之喜，錫賚良厚。其所稱舉，皆當世佳士。中書舍人陳公希點，嘗稱仁和丞老成練達，爲求表薦，既許之矣。會陳公卒，有欲攘之者。公曰：「吾豈可以生死貳其心哉！」卒如初諾。

風規秀整，進止安詳，朝會立大廷中，紳緌屬目。嘗于夢寐中與神人問答，皆達生語。其少也，夢游大官府，丹碧晃耀，與塵世殊，金書「淮南」二大字，高揭其上。戊辰之歲，護客維揚，仰視所揭，適與夢符。歎曰：「人生萬事，莫非前定。今日驅馳王事，乃兆于四十年前之夢，信不偶然。將漕于淮，竟此易簀，是豈真有數耶？」年不配德，飛不盡翰，賢士大夫皆傷惜之。

雜著二十卷，介軒詩詞三十卷，藏于家。某頃充員樞屬，公爲檢正，率數日一見，見即傾倒，磨切講貫之益，深契此心。後官臨川，二子護喪還里，追念疇昔，令人霣涕。二子屬狀其行，顧惟荒陋未敢許。葬有日，不遠千里，走介遺書，具公行已，居官本末甚悉，重以爲請。乃爲之檃括，而敬授之，于以求銘，必有能發揮盛美者。謹狀。

通判沈公行狀

曾祖，開，故不仕；妣，趙氏。

祖，子霖，惠州博羅主簿；妣，應氏。

父，銖，承務郎，簽書鎮東軍節度判官；母，太孺人孫氏。

君諱煥，字叔晦，四明沈氏也。世居定海，中徙鄞。自君之祖主簿公，經行修明，恬于仕進，鄉里高其節。考簽判府君，嘗聞道于焦先生，授指伊洛，忠信孝友，克紹先德，後進皆師尊之，而沈氏之門益大。隆于教子，諸子皆修飭有聞，而君尤偉特有大志。自始知學，潛心經籍，精神静專，未嘗騖于末習。既冠，成人尤奮勵自强，慨然有追蹤古人，主盟當世之心。頎而美髯，偉儀觀，尊瞻視，音吐鴻暢。群居鄉校，以嚴見憚，屬辭有典則，清遠雄麗，務以義理自勝，不類舉子語。

年二十四，鄉舉第二。明年，監補第一。又四年，遂以行藝優諸生。時師友道喪，雖首善之地，合席同筆硯，鮮有講磨之功。君勇于進修，不主先入，始與臨川陸公子壽爲友，一日盡舍所學，以師禮事焉。陸公極稱君志氣挺然，有任道之質。君益自信，晝夜鞭策，有進無退，求友如不及，潛觀密察。至有頹然衆中，不自矜衒，人莫之識，而推之爲不可及者。囊空無資，冬或不絮，忍窮勵志，惟講習爲急。既與諸賢定交，又以諗後來者。此天子學校英俊所萃，吾曹生長偏方，見聞固陋，不以此時資明師畏友，廓然開之，何由自知不足？前無堅敵，短兵便爲長技，大可懼也。聞者悚惕，因君以交諸賢。五六年間，朋從日盛，相與講明立身之要，務本趨實，爲不朽計，皆自君唱之。

乾道五年，試藝南宫。主文自汪公應辰以下，皆一時鉅儒，奏君名第二。君忠義天挺，勇不顧利害，危言切論，指陳闕政無隱。居次甲，授迪功郎，紹興府上虞縣尉。待次里中，益講學不倦，自以資禀剛勁，非所以歡庭闈。痛自砭劑，大書《祭義》「深愛和氣愉色婉容」數語，于寢室之壁，日省觀焉。嬰兒之慕，不忘其初，深以嚴威儼恪爲戒。簽判公每對賓客，君常拱立其旁侍酒，則竟席不敢去。小不合意，嚴誨飭之，不以年長故假借。父子自爲師友，講論道義，閨門肅雝，士益信而歸之。門人弟子決疑請益者，自遠而至，啓告簡嚴，渠矱端肅。初若不可親，已而昏者明，柔者立，鄙吝者意銷，中心悦服，師道益尊。

尉曹三年，不卑其官。端居終日，雖隆冬酷暑不少懈，砥礪名節，無秋毫私。增葺學舍，訓導有法，馭下嚴紀律，毋得輒至鄉井。不得已而遣，期以某日某時反命，毋敢蹉跌。訪求版籍，得之胥史家。曰：「是政本也。而此曹私之，不謹隄防，何以經久？」則鐍而藏諸，榜其庫曰「經界」，而歸權于其長。有所閱視，宰必關尉，尉必請于宰，始得啓封。約束堅明，吏姦莫措，邑人賴之。聲望藹然，舉薦相屬，固辭不受。或稱之政府，諷使來見，卒無所詣。

調揚州州學教授。未上，除太學録，時淳熙八年春也。自成均造士，寖失古意，官其間者，率皆安静養名。少所設施，賓接有時，物情頗隔。君始至，則延諸生日與周旋，見者不以蚤暮，遂欲整齊宿弊，稍修教養法，士爭歸之，而長官始不樂矣。先是舍法取士，行藝優劣，一决于試，拔其尤者，使職于學。君欲參以譽望，司業難之，君持議如初。

會考試，殿廬唱第之日，有司俟命于廷。壽皇熟視偉君，遣中貴人詢名氏及官，有簡記意，丞相復稱君居官匪懈，以風切其餘。忌者滋多，君介然自若。或謂：「君姑安而職，何行道爲？」君太息曰：「道與職，豈有二哉！因發策諸生，稱孟子之言曰：『立乎人之本朝，而道不行，恥也。』今赧然愧于中者，可無其人乎？」詞旨頗切，不知者以爲訕己，相與媒孽，其言紛紛。御史惑焉，遂論君與長官爭議，非安靜者，宜少抑之，養其器業，異時拔用未晚。君方會食監中，聞命不驚。食罷，夷然叙别而出。謂其友曰：「吾豈不知詭隨苟容，自取光寵哉？吾朝夕兢兢，淪胥是憂，故不爲也。不愧友朋，去無所恨。」

在職纔八十日，有旨補外，得高郵教官闕。明年，丁簽判公憂。服除，幹辦浙東安撫司公事。久之，始以年勞進秩，上距解褐十有八年。帥屬少事，同列頗以閒冷自逸。君曰：「設官分職，安有閒冷者？翼贊其長，心所未安。」懇懇忠告，省閱案牘，如處要職。下至場務宿弊，悉革去之。作永元陵，百司次舍供帳酒肉之需，州縣奉承不暇。君以爲國有大戚，而臣子宴樂飲食自如，安乎？亟言于帥，帥屬君條奏，且表薦爲修奉官。君復移書御史：「修奉大事，宜先治喪紀，喪紀著明，人心曉然，知君上典禮之重。貪求自息，科擾自戢，可不煩弹治而肅。」御史深然之。

帥去官，君亦辭修奉。後帥至，復委以按察。君直道而行，械吏之並緣爲姦者，而還其科率之不當者，人情按堵。是歲旱荒，領常平者，以上虞、餘姚二邑，隸君賑救。躬履阡陌，人人撫之，詢户口，察顔色，飾貌者逡巡自退，而饑民皆遺之食，迄無流移。部使者才之，亟剡奏，稱君治行。帥露章獨薦尤力，侍從亦舉君自代。

章合上。壽皇猶憶其風度，曰：「是向爲學官，人物甚偉者乎？」將召用之。媢嫉者復至，而左丞相既家居矣，小人無計沮君。疇昔所與，有欲自明其非黨，且因用君名，作爲黨論。復列其圖爲三，疏士大夫三十四人姓名于下，某已去，某猶在，已不與焉，而謂君爲之。欲激衆怒，合謀并力以梗其入，謗語果喧。有一從班以百口保君，明其不然者，遂稍息。終不復召。

秩滿，改宣教郎，知徽州婺源縣。君有高名，臺閣羽儀之選，善類素推之。而自學省下遷，及是累歲，顧滯于銓調，視往時同列，邈不可跂，公論以爲屈。由是丞相合前後薦君者數奏，力陳于上，始有陞擢之命，通判舒州。該皇上登極，恩轉奉議郎，賜緋衣銀魚。

家故清貧，敝廬數間，隘不可居，隨所寓止。性輕財，常誦李趙公之言曰「錢盡再來，幾事一失，不可復得」。室無私蓄，辭受取舍，雖小必謹。嘗游中都，浙西帥雅聞君名，而知其貧，欲饋之豐，因所厚者言之。君曰：「受則傷義，拒則違俗。以既歸告之其可。」即日，出郊。

官會稽時，故人典方面者，贈以白金。君反之曰：「向也閒居，賜何敢辭？今禄矣，義無兼受。」資用屢竭，廉約自守，意氣軒豁，未嘗有悴色。口不言貧，不知君者，雖謂之不貧可也。

奉母謹甚，左右無違，日進甘脆，間爲宴集，以歡樂之。與弟友愛深篤，倡率妻孥，撫養孤姝，恩意隆洽，略無少間。故人孤女窶甚，聘以爲冢婦。富室欲聯姻諸子，請之勤勤，卒拒不許。鄉閭有喪不時舉，女孤不嫁者，念無以助。聞會稽有義田，惠浹窮乏，其稱甚美，乃請于鄉老、鄉大夫爲之表倡。二公欣然意合，果于集事，以君鄉評所推，屬所以諷諭者。君不憚勞苦，告諭諄諄，誠意孚格，樂助者甚衆。未幾，得田數百畝，儲峙有所，職掌有人，出納有法。毋苟求，毋徇私，必核其實，品量多寡，用而不匱有餘。益市膏腴，愈久愈多，其惠愈博。鄉人義之，咸曰「此無窮利也」。規約甫立，而君則病矣。病日侵，猶自整厲，不改其度。與朋友別，惟以母老爲念，善類凋零爲嘆。

嗚呼！可哀也已。得年五十三，紹熙二年四月戊寅，終于寓舍。十二月丁酉，葬于縣之翔鳳鄉，象坎山龍尾之原。配楊氏，祔焉。楊氏有賢行，順于舅姑，和于娣姒叔妹，而相夫子以禮，甚柔而正，時有規切語，君每謂之「良友」，卒于淳熙己亥之歲，君深悼之。擇可爲繼室者，難其人。吏部郎中豐公誼，清敏之孫，能世其家者，故與君相知深，曰「吾長女可配君子」，遂以歸之。子男四，傳曾、魯曾、省曾、敏曾。女四，長適舒鈃，次許嫁呂喬年，餘幼。

自君之没，朋友親故哭之皆慟，四方賢士大夫識與不識，咸爲世惜之。此豈一日之積哉！考其平生大節，寧終身固窮獨善，而不肯苟同于衆。寧齟齬與時不合，而不肯少更其守。凛然清風，震聳頹俗，使時見用，必能振朝廷之綱，折姦回之萌。屹立中流，爲世砥柱，亦可謂難矣。然世之知君者如此而已，至于日進其德，駸駸焉自期于純全博大者，鮮能知之。雖人品高明，而其中未安，不苟自恕，嗜學如飢渴，考察精密。其爲言曰：「晝覩諸妻子，夜卜諸夢寐。兩者無愧，始可以言學矣。」知非改過，踐履篤實，其始面目嚴冷，清不容物，久久寬平，可敬可親。面攻人之短，退揚人之善，切磋如争，歡愛如媚，古所謂直而温毅而弘者，殆庶幾乎！篤愛其親，以曾子爲法，而復以名諸子。以孝謹爲家傳，沈氏其未艾矣。

始居家塾，非聖哲書，未嘗誦習。及游太學，亦然。嘗作詩箴其友，曰：「爲學未能識肩背，讀書萬卷空亡羊。」每稱陶靖節讀書不求甚解，會意欣然忘食，此真善讀書。史籍傳記，采取至約，後與東萊吕公伯仲，極辨古今，始知周覽博考之益。凡世變之推移，治道之體統，明君賢臣之經綸事業，孳孳講求，日益廣深。君子以是知君胸中之藴，有足以開物成務者矣。終身沈于下位，而聲名流于四方，抑之愈高，困之愈堅，死且不隕，是豈偶然？

嗚呼！其可敬也夫。諸孤將求銘，以詒之無窮，故爲之叙述其本末。雖無能發明，要摭實，非溢美，貴其可信而已。惟當世篤論君子擇焉。謹狀。

校勘記

〔一〕詞約旨明　四庫本、叢書集成本均作「詞約指明」。

卷十五

行狀

通判平江府校書姚君行狀

君諱潁，字洪卿，其先吴興人。後徙明，明今爲慶元府。曾祖諱皁，故迪功郎、容州户曹參軍。祖諱孚，故左奉議郎。父孝全，累封朝奉大夫致仕、賜紫金魚袋。

先是君之曾伯祖希，始以儒學決科起家。時則有若户曹公，實繼其後。户曹勇于爲義，喜周人急，尤篤于宗族。創必慶堂于城南，延碩師，聚族子弟就學，涵濡薰炙，彬彬可觀。時則有若奉議公，及其從兄持，持之從弟大任，相先後擢進士科，而姚氏遂爲鄞著姓。奉議篤學力行，以古人爲的，嘗與秦丞相之弟，俱游成均，有合堂同席之好。秦公當國，緣是以進，高爵立可得，退然安分，不登其門。再調和州録事參軍，即致其事，官止通籍，時人高之。大夫公克遵家教，培養益深。時則有若校書君，對策大廷，獨冠多士，而姚氏益著。沿流溯源，殆非偶然者。

君資性警敏，十歲屬辭已工，試于鄉校，郡博士疑非己作，更題以驗之，操筆立成。師事屯田鄭公鍔，苦心刻意，種積累年，詞采絢發，且有典則矣。校官相繼皆名流，復親炙焉。又求同志之士，相與講磨，參考古今，詳於興亡理亂、是非得失之迹。下至曲藝小説，多所采獲。又思馳騖不止，安所歸宿，大書《論語》一編，朝夕誦味之。且取伊洛諸儒言論之精要者，叢爲巨帙，探索其旨，理融心通，德與藝，俱日進。

淳熙四年秋，浙漕高選。明年春，南宫奏名。范公成大領貢舉，見君筆力雄豪，亟稱之，奉大對集英殿。于是孝宗皇帝臨御，十有七年矣，渴聞嘉言，以臻極治。君首言：

《中庸》《大學》，治道根柢。爲天下國家之要，在于《九經》；正心修身之效，見于治國平天下；本末内外，相爲貫通，世固有好是書者。乃謂緒餘土苴，不足以盡道，舉而歸諸希夷曠蕩，不可容聲之境。言不適用，人主疑焉，故功利、權術之説，得出而乘之。

又言：

秦王衡石程書，天下病其苛；漢宣帝用刑餘、任法律，而政治淪于雜；光武奪三公之權，事歸臺閣，而東漢之規模淺狹；唐太宗兼行將相事，而有好大喜功之病；德宗强明自任，而韋渠牟、李齊運、裴延齡之流，得肆其姦。臣願陛下握其道揆，毋以多事自弊，操執綱領，俾群臣莫不精白，以承休德。

又曰：

力一則强，分則弱。聖人治天下，惟于先務用其力，而末節俱不暇講。藝祖皇帝肇造之初，一統之號，却而不受，惟諸國是圖。始得蜀，而黜王全斌，所以爲江南計也。始下江南，而惜使相于曹彬，所以爲太原計也。澤潞之役，趙逢扈從，憚太行之險，止于懷州，以墜馬辭，則貶逐加焉，所以懲避事也。自奉極于儉約，而用兵之費，獨無所靳。惜諸國之帑藏，哀歲用之贏餘，將以收山後諸郡，易敵人之首也。藝祖惟用力不分，是以征伐四出，莫不如意。今天下最大患者，金人未殄，中原未復爾。惟陛下通藝祖創業之法，而經營之，則必有道矣。

又曰：

中國有以自立，而後外域可圖。今士大夫安于茍簡，和議一成，則以言爲諱。烽火不接于江淮，羽檄不馳于荆蜀，則甲兵之問，不至于廟堂。怠惰之風成，而勤恪寡；畏懦之習勝，而勇氣消，無能奮身爲國家當大事者。臣以爲當今之務，必内有以作士大夫之氣，而外有以伺敵人之隙。蓋女真之悍〔二〕，不可以力勝，而可以計取。漢高帝之取項籍，不在于垓下之合圍，而在于陳平之反間。彼其權臣擅政，骨肉相殘，一動于蕭牆之變。吾投其機而問之，則攻取易爲力。武帝百戰而不能滅匈奴，不乘其隙也。其後匈奴擾，五單于争立，宣帝推亡固存，一投其隙，而呼韓款塞。元帝亦因以斬郅支，皆乘其隙也。臣願陛下爲先定之計，以待敵人之隙。

又曰：

樊噲欲以十萬衆横行匈奴，其氣非不壯，而見誚於季布；晁錯爲景帝削七國之地，其志非不鋭，而見愚於揚雄。高后不用噲言，而天下免于瘡痍之禍；景帝惟用錯計，而七國之變幾至于不支。

凡此皆深謀遠慮，切于當時，非獨書生無用之語，故表而出之。對者四百餘人，有司奏君策第三，天子覽而異之，擢爲第一，年二十有九。君進詩以謝，後四句云「六典未新周禮樂，三河正想漢官儀；平生作計非温飽，可但區區詫郄枝」。蓋用王沂公語也，聞者壯之。

時遠人有獻馴象者，上因思不賓遠物之戒，書《旅獒》一篇賜君等。故事，例給墨本，今奎畫獨藏君家，敻無前比。授承事郎、簽書寧國軍節度判官廳公事。上以君策論北人事宜，戒毋鏤版，而亟欲試以民事，詔與添差。君言員外置官，朝廷所以優朝士、厚宗戚，吾不可以冒此寵，力辭。上嘉歎，許之。魏惠憲王，方鎮四明，以是邦未有魁天下者，欲榮其歸，使以盛禮逆之。君不事表暴，扁舟抵故廬，人無知者。祖妣，孺人史氏，太師魏公之姑也。君始唱第，魏公再相，以親故，頓首稱謝。王魯公信知其然，曰：「是足爲吾壻矣。」明年，魯公拜樞密使，竟因魏公以其女妻君。他日因奏事及之，上曰：「姚某策中用趙逢事極當。」其簡記如此。

七年，奉二親之官。太守龍圖鄭公伯熊，當世鉅儒也，一見契合，遇之良厚。秩滿去，語君曰：「親老思鄉，滿則罷，罷則歸，雖丐祠之請，亦不至廟堂。」君韙其言，亟以書白魯公，具道之。且曰：「是當力言於上，使以達宦榮其親，甚於里居之樂其親也。」鄭公既去，繼之者治尚嚴切，催科峻甚。君言：「郡之嚴切什一，縣且什五，吏胥並緣，輾轉滋甚，民何所措！」手足懇切規諷，守感其誠，不以爲忤。歲大旱，勸之疏決，寬其期會，蠲其無所從出者。歡聲載路，甘雨響答，邦人深德之。

八年五月，召對，論治道體要。其略曰：

舉其偏，則弊自除；反其本，則利自興。出於彼，必入於此，如翻覆手爾。是故獻諛者斥，則忠讜至；利口者擯，則真賢出。議興大獄，請用嚴刑者抑，則寬政可舉；巧於聚斂，以羨餘求媚者黜，則民力可蘇。嚴侵牟之禁，則兵力强；杜債帥之門，則將材奮。俗吏不爲公卿，則詩書道顯；近習不預國議，則恩威柄專。苟且者不容，則任職者厲；恬退者褒擢，則奔競者消。欺罔是懲，孰不務實？黨偏是戒，孰不趨中？若此類合十八條，皆抑揚取舍，判然黑白，彰明較著之論，而歸諸人主心術。讀未竟，玉音琅然，曰「道理當如是」。

論常平之儲，久且紅腐，請嚴以新易陳之令。義倉賑濟，遠者難及，欲復鄉爲義廩之法。又論守令不可數易，盍委監司舉郡守，郡守舉縣令，有公平、通敏、慈惠、廉潔者遷其官，而久任之，則進取無滯才，志獲伸矣。

上悉嘉納，除祕書省校書郎。吏襲故迹，雌黄數字，請復書之，以是爲供職。君不可，曰：「吾當自親之，或有舛訛，無不是正。」時方重館閣之選，階以居要地者甚衆，四方承風致饋，啓緘，易銜以反之，時論服其清德。會魯公當軸，引親嫌，求外補。參政周益公，欲以郡處之，固辭。添差通判平江府，又辭鳌務。曰：「宰執子弟所爲不得官州縣者，慮他人觀望，道不行也，壻其可乎？」强之而後受。館中諸賢惜是别也，相與祖餞於西山園亭，用「風流半刺史」、「清絶校書郎」，分韻賦詩。

九年，轉宣教郎。君蚤以儒英，萬言正對，結知明主，中秘校讎，最爲清切，簪筆特橐之列，要不難致，顧丞藩郡，塗轍稍迂，若心所不快，有不屑爲者。既至官，夙夜恪共，職業所關，纖芥不苟。有所剖析，明見毫末，而不自矜衒，密啓郡將，惟所施行。吴江二豪，訟久不决，部使者知君通明，以是委之。君揣其情，必持縣短長，有掣其肘之故，檄令逮之，不報。趣之，果以豪强未易追逮爲言。君詰之曰：「張官置吏，非以治貧弱也，正欲制此曹爾。此而不懲，焉用州縣？」卒窮竟其事，闔郡悚服。

張公杓之領常平也，嘗護使客，夜分抵館舍，君偶在告，攝事官不集，張公怒將劾之。懼而求救，君不許，恚恨而去。徐爲申理，事竟得釋，而斯人不知也。

十年秋，旱甚。齋戒祈禱，心形俱疲，由是得疾。疾且革，語家人以二親之養不伸，君父之恩未報，爲終身恨。十月甲戌，卒於官舍，享年三十有四。二子，元特纔四歲，元哲二歲，一女三歲。家貧，喪不能歸，魯公自遣其子護之還鄉。其年十二月壬申，葬於陽堂鄉延壽山之原。

始君處庠序，莊肅自持，寡笑與言，一飲一食，亦無所苟。非意相干，未嘗輕愠，人皆樂其可親。有戲狎者，正色以裁之，又可敬也。識者知其爲遠大器。事大父母、父母，皆謹甚。大父母終，過於哀戚。大夫公性剛，委曲周旋，求所以悦之。或有愠怒，屏氣以立，不敢輒退，引咎刻責，至於自撾。母宜人楊氏，病疽，焚香敬禱，願以身代，俄而疾瘳。友愛亦甚篤，既壻王氏，其季夤緣補官，又捐奩資以嫁其妹。凡所以順適親意者，無不用其極。該郊祀恩，以君曾任館職，二親俱封，人皆榮之。

而君志未足也，每謂立身行道，無忝古人，始足以顯其親焉。才華之富，傾動流輩，而榮進之，念曾不汲汲。其言曰：「退後一步，其味愈長，乘流則逝，遇坎則止，安於所遇而已。」間服深衣，以迂名齋，此豈隨俗苟求，皇皇於利欲者哉！跂慕前修，必取其中正不偏者，於當世人物，心焉惓惓。疏三十餘人，勸魯公急用之，宰相無他職業，進賢而已矣。以天下人才爲天下用，君子衆多則小人不能勝，此前輩規模也，君之賜第也。

今建康留守葉公，實爲第二，後復同官吴門，契好日深。時士大夫各從其類，有黨同伐異之風，君深病之。調和其間，不立畛域，既與葉公定交，又併葉公之友，爲魯公言之，所以消融植黨之私，恢張吾道之公也。天假之年，此志獲伸，天下異同之論，將泯然不見其迹，豈復有後來若是之紛紛哉！此君子所以爲斯世惜也。

孺人用魯公恩，封其寡也，年二十三爾。守柏舟之節，摇者萬端，確不可奪，不惟天資之美，亦足以驗君操行篤實。刑於家人者如此，生理蕭條，清苦已甚，依倚外氏，撫教孤幼，至於成立。元特以魯公遺恩，爲迪功郎、新饒州安仁縣主簿。近例，掄魁澤不及後者，特旨官之。元哲由此受命爲迪功郎、新福州連江縣主簿。兄弟修謹嗜學，振起門户，將有望焉，皆娶舅氏女。女適承奉郎、新監臨安府糧料院王儼，又魯公長孫也。孫男、女各二人。

君雙親垂白，見其後裔如此，寧不自慰。而君垂没之言，不及終養，銜恨無窮者，亦足以釋然於泉下矣。君没二十年，二子將求銘於當世鉅公，而屬某狀其行。其請勤勤，懷我亡友，見其後昆，心焉悲惻，其敢有愛於言乎！雖然某老矣，學殖既落，無能發明，實德懿行，將晦而不彰，是則有罪。躊躇久之，而二子之請不已，遂强爲之。詞雖不工，要非溢美。嗚呼！其摭實也夫，其可信也夫，謹狀。

武功大夫閤門宣贊舍人鄂州江陵府駐劄御前諸軍副都統制馮公行狀

曾祖宗旦左監門衛大將軍。

祖瑀武功大夫昭慶軍承宣使。

父康年武功大夫集慶承宣使。

公諱湛，字瑩中，泰州成紀人也。七世祖贇，左神武將軍。生仁俊，左金吾衛上將軍。仁俊生正言，太傅、左金吾衛大將軍。自曾祖而下三世，又皆以忠勤任職，名績班班，前後相望，於是馮氏之門益大。公山西將種，姿貌偉傑，膂力絶人。嘗從集慶公履危橋，偶隕深澗，即躍入，抱持以出。時人美其孝，壯其決，而知他日必能捐軀犯難，以功名著見於世。

自《吴越春秋》及他書傳，多所涉獵，材氣磊落，不從蔭補，期於自奮。舅劉公錫、錡兄弟，皆中興名將，深奇愛之，教以兵機將略。敏悟英發，益自負有掃清關洛之志。順昌之役，錡以孤軍大破烏珠精兵二十萬。公時在兵間，身先士卒，陷陣却敵，由是以驍勇顯。烏珠再攻淮西，公復從錡於炎山、青溪、柘皋，戰比有功，錡加器重。初以親嫌，止授二資，及是又進一資。田師中總兵武昌，公從之數年，既久從陳敏討賊於虔、汀、梅、循、潮、惠間。齊述據虔以叛，諸軍十旬弗克，敏募敢死士先登。公首應焉，擐重甲，手二劍，率其徒三十六人，冒矢石，登雲梯，死者相屬。公亦重傷，勇氣彌厲，賊不能拒，師從之，遂入其郛。以功進一資，賞不酬勞，敏以爲言，陞馬軍第五將。公益爲盡力，深入瘴鄉，平何白旗等七十餘族，俘酋豪黃大老、謝二化輩，六郡以清。會召敏還工部，海船至明之定海，統制范榮請爲將佐。

紹興三十一年，金亮渝盟，有長驅之志，蹂我淮甸，且欲以舟由海道襲我。詔公措置山東，借補忠翊郎、權破敵軍統領，率兵八百人，海船二十艘，與浙保總管李寶俱，中流颶風，漂溺過半。冬十月，遂與寶入海州。金遣尚書蘇保衡、孟都統，及母弟阿瓦，率舟千餘，泊膠西。衆十餘萬，别以萬人道新橋，趨海州。公請先擊之，以挫其鋒。寶許諾，即勒兵四百五十人，及左翼軍李實、魏勝所統千三百人，結陳而行。至新橋，與金五千人遇，力戰克之。夜半，還城密與寶謀：「我師新至，幸而捷，敵必益兵而來，何以禦之？且彼舟得風，將出港入海，破滅未有期也。不如奉詔登舟，用我所長，攻其無備，可以得志。」寶然之，詰朝偕行，次於石臼關。趙王世隆趙友來降，友言：「膠西敵舟兵數甚悉，公請以三舟爲先鋒，友爲鄉導。」尋至唐島，望敵舟，率五十爲陳，甚衆而整。有張五蓋危坐舟中者，友以蘇保衡告，計獨剪滅此，則其餘不攻皆破。而天時方寒，風不自南，何以前進？焚香禱之。須臾，南風盛猛，波濤洶湧。戰艦乘之，縱横若神，敵相顧駭愕。俄有七星黑旗，褐裘束甲，駕巨船，率鋭卒而至者，矢發如雨，友復以阿瓦告。公挾一矢斃之，奪其金牌，獲百尺船，敵人膽喪。乃諭以國威信，汝曹中原遺民，宜早自拔，不者兵船四集，善惡不分矣。衆投戈請命，公即躍入敵船，以刀擁千户張賡、邢諤、韓宗愈，及大漢軍百五十餘人來。即其船實薪草，沃以膏油，乘風熾火，縱之北岸。延及餘船，烟焰漲天，敵兵驚潰，溺死者甚衆。時二十七日也。晡時，寶方至，火猶熾燔，爇林木殆盡，半月不滅。

尋以所俘獲詣寶賀，寶嫉其功，恚曰：「何賀？」公曰：「以烏合之衆，破强敵十餘萬，節旄且至，何得不賀。」寶將執之。公曰：「某之功，主將之功也。取舍惟命，敢有他望。」即脱身舟中。寶愠未已，戮舟人以逞。公不敢懟，愈益自力。聞金餘燼復群聚，急攻之，舍舟遁，悉焚而行。至牢山，即墨人王彦、于宜，與其父老請乘兵威，糾合諸州忠義，收復山東〔二〕。言之再三，公見其誠懇，與之約「不出三日，以萬人至，則可」。衆踴躍從命，越二日，至者五千餘人，有器甲者强半。公即登岸，部分隊伍，申嚴約束。時敵七寨相望，公以所集忠義兵，區別爲七，各當一寨，躬督所部俱發。言此去即墨纔四十五里，吏失人心，攻之易克，乃使高翔偕進。翔，即墨人，習知山川形勢，勇於立功，即舉兵破縣，擒長吏以獻。忠義士爭歸之，衆至五萬，咸有奮志。公獨念主帥嫉我，不獲乎上，事何由集？不如姑歸，惟其所命。乃授翔方略，攻濟南，爲復故疆之漸。遂引兵還海州，十一月自海抵明，十二月獻俘闕下。

天子嘉嘆其功，賜金帶、銀千兩，官承信郎、護聖馬軍裨將，授李寶節鉞。議者謂敵人瞰江，聞膠西之衄，不勝慙怒，迫諸將速濟，是以及禍，論功行賞，宜以公爲首。朝廷亦具知之。明年，遷公三官，得成忠郎。及公擒李承富五百餘衆，既釋其罪，以隸水軍。遂以公爲統領，而代寶屯江陰，以暴白其功焉。

隆興元年，海寇朱百五聚二千人，左翼督府温明，福建水軍莫能擒制。丞相舉公討之，使選於水軍，及步兵各三百人，率之以往。公言於二相：「有都統在，不先白之，將以專輒獲罪，相公獨不記往日事耶？」二相曰：「公第往，吾主之，誰敢不聽。」遂還屯。行有日矣，張子蓋聞之，果大怒。公走丞相府以告，改樞密院水軍統領，趣使趨海。至黑水洋，交鋒屢捷，擒八百餘人，多勇悍者，釋不殺。請於朝，亦以隸水軍，教以擊刺、弓矢之技，卒獲其用。

遷忠翊郎。詔選精兵二百，戰船一艘，與戚方往濠州，措置邊面。以公爲江淮都督府同統制，將行點兵，卒長趙頤等四十八人棄甲而逃，公不爲動，益嚴軍律。翼日，召其麾下，告之曰：「朝廷養兵，本以禦敵，今欲退避自全，獨不念讎恥之未雪耶！」衆感泣。公曰：「若果忠誠涅汝面，以誓殺女真，而賞汝以銀若絹。可乎？」衆樂從刺者三百人，賞之如約，人無二志。又以所將寡弱，守禦不足，聞符離潰兵聚兩淮間，多者百餘，少者五六十輩，往往爲盜，招集之，得五千餘人。有益兵之利，而除寇攘之害。其處事兩全如是。

權知濠州，改建康左軍同統制。明年，金犯淮東西，公以兵扼宣化、定山、壙口三渡。説都督府分遣諸將邀敵歸路，絶其糧道，而縱兵以擊之。三請督府，不從。居無何，敵四騎來，以講和告。公疑焉，索之，得江面圖靴中。請督府誅之，既乃勞遣而還。時諸軍未有鬭志，而三渡兵又弱，公以爲敵情叵測，釋此不誅，彼悉吾虚實，有輕我心。因集軍士臠之，敵人讋服，而督府不悦。凡公爲將，忠於爲國，而不肯苟同者，類如此。

師還，爲建康水軍統制，尋添差隆興鈐轄。乾道初，除環衛宫殿司統領，轉忠訓郎，歷樞密院定海水軍統制。五年，召對，論制敵取勝之法。且言：「自古名將，無非出奇。」上問：「奇兵若何？」對曰：「今海道是也。異時六師順動，臣請以千艘數萬兵，乘便風，徑指敵巢，糾率豪傑，可以全勝。」上壯之。於是水軍始隸御前，以萬人，三軍，十將爲額。轉從義郎，閤門宣贊舍人，御前水軍統制。公復言：「定海之屯，止於備禦，趨山東遼遠。驚濤暗沙之害，出於不測，難以進取。楚之鹽城，密邇海州，信宿可至，請徙屯焉。先爲不可勝，以乘可勝之隙。」天子下其議。或以迫近鄰境爲疑，公乃請屯平江之許浦。

六年，以公爲御前水軍諸軍統制。詔從其議。立四寨，去鎮三里許，占民田三千五百畝，償以公田，築堤捍海，爲屋萬間，材良工堅，規制恢廣，隱然爲東南巨防。自江入淮，進取爲便。識者韙之。

明年，遂遷所部三千人於新寨，益以江陰屯兵，爲五千人。又言：「諸州黥徒，類多勇壯，可備軍伍。及海道鬻鹽，徒黨盛彊，巡尉所不能制者，其人皆熟於舟楫，補以爲兵，誠舟師之利。敢以爲請。」上皆許焉。增三千餘人，而萬人之額，至是庶幾焉。

是歲，羊舜韶之衆，攻劫海州上下。舜韶者，羊家寨土豪，始欲取金州縣，既而兵糧俱闕，進退不可，途窮爲寇。公表奏其故，請往招撫。上親洒宸翰，亟以委之。公以百人自隨，乘輕舟由許浦趨淮口，布宣德意，開示大信。舜韶感服，散遣徒衆復業，與其儕類十八人，束身歸朝。人給錢十萬，仍隸公麾下。

超授右武郎，有沮之者，轉武翼大夫，主管崇道觀，起爲浙東兵鈐。自是許浦主帥屢易，皆以不勝任，未幾去，上由是思公。淳熙二年，召對，除御前副都統制，復領許浦。公治軍一躡故迹，節財用，剔姦蠹，大修戰艦，開梅里河五十里，號令嚴肅，壁壘旗幟復精明。

四年，被旨來覲，未及奏事，而怨公者中以危法。先是錢糧官陳嘉盜用券錢，公痛懲之，嘉由是怨。其弟時舉，訴公不法，公詣闕自言。朝廷知其枉，抵時舉罪，而嘉益怨。許浦民俗規利，戰艦之旁，積蘆如山。公以火患爲虞，闢地爲場，以時直買蘆，減價以鬻之，其入稍厚，而規利者皆怨。又築場之處，張氏居焉，雖以公田易之，不免他徙，而張氏亦怨。於是諸怨家合謀，妄謂蘆場邸肆之息，公自私之。謗讟喧然，飛語上聞。大理案驗幾月，索軍中簿書，考財用出入之數，纖悉明白，無已私者。獨以犒軍旅，養忠義，稍出於繩墨之外者一二事。具獄上，天子察公無他，薄其罪，謫居潭州。

六年，山賊陳峒起郴，犯道之江華，連破桂陽軍臨武、藍山二縣。剽悍善戰，頗有策畫，據崇山深谷，多施偏駕弩、礶石手砲，又有小盾，皆其長技。大軍屢戰不能克，湖南騷動。安撫使王佐奏請起公爲兵鈐，統制軍馬，公不可，强而後許。

選將兵八百人，躬教習之，士氣振發，軍容鮮明，坐作合變，一如律度。既旬浹，度可用，合土軍弓手義兵三千餘人，進至黃沙寨，猶慮所將非素拊循，難於應猝，伏精鋭林莽，以爲之備。峒黨俄集，大呼奔突，我軍幾不支。伏兵發，射峒弟，殺之，賊始却，衆心稍安。乃築室聚糧，爲久駐計。而軍又數驚，公安卧自若，鎮之以静。控險要，覘虛實，凡其根株窟穴，姦謀詭計，無不知之。每出接戰必克，又念雖時時小勝，非出奇無以制敵，益募死士得八百人，名「敢死軍」，豐犒而旌别之。人人思奮，戰於竹子塘，無不一當百，賊徒摧敗，軍聲大振矣。公謂此窮寇，急之則致死，不若以計困之。乃斂兵閉壘，養威持重，有所擒獲，縱之使去。曰：「吾渠魁是殲，脅從何爲？汝能誅滅首惡，不惟宥罪，抑有醲賞。」務以是壞散其黨，賊欲戰不得，力罷意沮，且内自相疑，無復固志。

於是進兵逼之，五戰五克，遂乘勢欲殄滅之。使劉横、張立、李獻將奇兵三百人，從間道，走空岡，焚其積聚巢窟。夏俊、田昇各以兵進擊，而身率敢死等軍，徑抵律頭洞爲之援兵。始接，賊巢四面火起，糧儲營落，倏忽無餘。我師方壯，賊力不敵，欲退保空岡，則已焚毁，倉猝不知所爲，於是大潰。官軍乘之，横尸蔽野。厥明，餘黨窺覘，欲奪舊巢，軍士度水擊之。自辰至申，賊復大敗，溪流爲赤，擒五百餘人。攀緣險絶，窮追數日，斬峒英州境上，獲三千餘人。賊將大懼，殺副首領李念九降。餘黨悉平。

自出師至是兩閲月，乃以前後俘獲，别二十群寨居，廪食一如軍制，聽帥臣處决，未嘗專戮。又於竊發之地，團結諸鄉，自十歲至六十，籍姓名於帥司，給據歸業，官軍所過，秋毫無擾。擒賊將四十六，降二千人，而軍士之歿於陣者，五十七人而止。

嗚呼！可謂善用兵也已。敘武功郎，添差潭州兵鈐，改隆興府，又改浙東路鈐。數歲，天子念功不忘，而後盡復故官，數宣宴勞問，出内帑萬緡以賜。十四年，除左衛將軍，殿前司策選鋒軍統制。上屢言海上之功，旌賞未盡，將悉官其諸子，公謝不敢。

偶殿帥有修奉山陵之役，俾公攝焉，尋爲鎮江軍副都統。天寒，以私錢助給軍士醫藥。或忌而譏之，上雖不信，猶以將帥不和之故，徙公建康。紹熙改元，轉武節大夫，繼又進一官。主帥卒，攝軍事，蠲軍逋二十萬緡。五年，改荆鄂副都統，制屯襄陽。今天子嗣位，轉武功大夫。常以爲屯田之地，自古江左重鎮，當今要害處，非訓習士卒，使人人可用，無以待不虞。益修紀律，繕甲兵，習勤戰陣，整齊舟師，常若對敵，威名遠聞。軍民按堵，惟恐公之舍此去也。

慶元元年，被召至九江，得旨，奉祠。屬疾，至平江疾甚，以八月十日終於舊居之正寢，壽七十有一。娶楊氏，先公十六年卒；次配嚴氏，繼公而亡，俱封宜人。子十一人。栱，忠訓郎，沿海制置司水軍統領；杞，該公致仕恩；梓，下班祗應殿前司護聖馬軍副將；權，保義郎，江陵府副都統司書寫機宜文字；檜，進義副尉；楙，承節郎；槱、柄，俱進義副尉；柜，以疾，未仕；杓，承節郎；楠，早卒。女二人。長適忠翊郎監内軍庫胡琛；次許嫁忠翊郎趙善禆。孫男八人。燧、焕、煇、爣，餘未名。女十四人。長適迪功郎，湖州武康主簿李文鑑；次適保義郎，監福州古田縣商税王惟明，餘未行。諸孤奉公喪東，以其十二月庚申，葬於慶元府奉化縣，禽里鄉小海里銅山之原，合楊宜人之墓。

公天資忠亮，明於大義，自金據中原，志雪國恥，慕古忠烈士，論南北形勢甚辨。韓、岳諸公既歿，殊勳駿烈，鮮克有繼。公奮迹行伍，不自菲薄，以前人功業，爲不難就，以神州赤縣，爲必可復。感慨憤激，一飯不能忘，與夫懷安徇私，志念區區不出一身一家者，何其相萬也！壯歲豪舉，以膽決自喜，在鄂救焚，升屋而墜，躍身烈焰中，破鐍而出。湖口二虎爲暴，行旅患苦，公迹虎所在，伏古祠中，迹其至刺之洞腹。其勇而義，多此類然。

寬厚有識度。代李寶將屯，不念舊惡，覆護其短。趙濟，戰船多壞，不劾其罪，卒與協力修治無闕。軍市所入，費於犒享，豪傑慷慨之士，厚貲給之，多自己出，未嘗少靳。貴要欲求公居第，則堅拒不許，雖賈怨不遑恤。聞軍中一善，獎勵成就，如恐不及，多有起行間，致爵位者。每戰臨敵，必揚聲曰「爾曹努力圖報國家」，士皆勇奮。有戰傷者，親爲裹創，傅以良藥，慈愛薰然，撫之如子弟。至其犯軍律，亦不貸也。精於射藝，矢無虛發，著射譜行於世。作大字，遒勁有法，兼善行草，詩有佳語。居明之西湖，榜其樓曰「得趣」，軒曰「愛日」，有泉石花竹之勝。然地不越數畝，闔門千指，田止二頃，殆無以贍。或勸以增益，則曰：「匈奴未滅，何以家爲？」襟抱曠夷，不設防畛，見義敢爲，躬不自卹。以故，動遭讒謗，然賢士大夫多稱述之。侍從被命舉材堪將帥，而薦公者八人，此足以知公所存矣。

某識公久，且與其子棋游，豪爽有志，事功必能世其家者。以行述爲請，辭之不獲，故爲敘其梗概。謹狀。

校勘記

〔一〕女真之悍　四庫本作「金人之悍」。

〔二〕收復山東　四部叢刊本作「收復甲東」。

卷十六

行狀

邊汝實行狀

汝實,慶元邊氏,諱恢,世著籍於鄞。曾大父,諱日章,大父,諱用和,皆不仕。父,承奉郎諱友誠,無子。子,順昌丞諱友聞之子,是爲汝實也。

生而穎悟,少小讀書,迥然異常兒。承奉公教之嚴,未嘗令出入閭巷,延師家塾,俾專其習。黄州通判舒君烈,其姊壻也,篤學多聞,相與處累年,開其端倪,故自年十四五時,已知學問之大略矣。幾冠,就學城南,距家數里,行必歷闤闠,義方益嚴,日使以肩輿往來,奇麗紛華,不役耳目。凡所以培植美質,充養德性,而卒爲善士者,家庭之教也。幼習聲律,長而愈工,論説古今,能達意所欲言。辭采俊麗,自律愈謹,篤厚而詳慎。痛母楊氏蚤喪,事承奉公不少懈,處宗族鄉黨,甚敬以和,不自矜衒,不與乖忤,而人望其德容,無敢侮之。

太學,俊秀所萃,師儒多當時選。汝實年二十二,補諸生,念講學之機不可失也,刳心求益,甚於飢渴,師無不傾，盡日夜磨切，智識愈明。舍選較錙銖，嚴梯級，得者實艱。汝實安義命，不汲汲，獨以所能，屢戰摧堅，卒預其選，以故聲名日出。領袖一齋，謹守繩約，諸生有請於監中規免費者，汝實不許。曰：「學校久例，何可越也？」監官以臺察意風之。汝實曰：「即如是，吾去其職耳。」終莫之奪，其守正如此。

登紹熙元年進士甲科。時太上皇龍飛策士，汝實廷對數千言。其略曰：

> 不以堯舜之道，告其君者，不忠也。不知其君可以興堯舜之道者，不智也。堯舜之治，必可興於今日；堯舜之道，皆已具於聖心；知陛下所以垂問者，悉聖心所形，則不必他求矣。臣觀自昔人主，始初清明，勤於政治者，固亦無間於聖人之心。而明者卒昏，勤者卒怠，何哉？雖有是心，而不能自知，則亦不能自信爾。今陛下有堯舜之聖心，而形於政治，未如其心，盍亦反而求之乎？心所是者行之，心所疑者去之，高明光大，其則不遠。齊宣王不忍一牛之觳觫，孟子指之曰「是心足以王矣」。況陛下聖明，堯舜之道已具於聖心乎！

辭意婉切，指陳時政，具有本末，識者韙之。授鎮江軍節度推官。始，汝實嘗受教於金谿陸公，有所啓發，對策之語，蓋得於講切者。擢第而歸，不以所學爲足，覃思經籍，探其精粹，名物度數，靡不研究。孜孜於司馬氏《通鑑》，考理亂興亡之迹，而推其是非得失之原。諸子百氏，亦掇其要，蓋其志大，故所資者廣，其業專，故所得者豐。凡其充於身，行於家者，皆由是得之。

先是承奉公齊家有法，閨門肅雍，表儀鄉社。汝實敬承其意，端榘矱，嚴限制，翦浮末，培本實，家政益修焉。承奉公年踰八十，恩封疊至，命服光華，邦人以爲寵。汝實婉容愉色，左右無違，合親賓，惠窮乏，觀意所欲，而敬行之。庭闈欣懽，人無間言。承奉公歿，執喪哀甚，寢不離次，飲食不御酒肉，顏色慘悴，體若不勝衣，猶以奪於家務，哀敬不純爲恨。將及大祥，而汝實亦病矣。平居謹肅自持，雖病不改其度。有問之者，拱揖致敬，語言酬對自若，惟以除袝不時爲憂。氣息寖微，猶能自力，飭家人具祭，索哀服加諸身，如對几筵。妻孥以其疾甚，哭不出聲。汝實曰：「焉有喪祭，而不哀者！」命之哭。

蓋訖事之翼日而卒，實慶元三年十月二十九日也，年三十有八。娶李氏。子三人，長及次皆蚤亡，幼子之元，汝實卒後亦亡。一女亦夭。以從子之深爲後。三年十二月甲申，葬於縣之桃源鄉，石橋嶼之原。

自古道不明，淺局之士，梏於資稟，趣向之偏。剛者忤物，柔者順從，言理者遺事，博覽者溺心。德厚者短於才，才勝者涼於德，偏而不反，患莫大焉。汝實天資甚粹，濟以剛，學甚要，輔以博，才甚俊，養以德。蓋不安於偏，而求至於大全，其志詎可量哉！狀貌頽然，語若不出諸口，而其中奮發，勇於自立，以古人爲則，以禮經爲據。事關名教，毫髮必計，見其砥礪節行，自奮於功業者，心深敬之。喜讀兵書，曰：「知兵，固儒者事。」祖宗立國規模，講之必精。宣和、靖康渡江中興本末，訪求惟恐弗獲。充其心，固將有所建立，光明於時。終身力學，僅收一第，未及設施，而師友稱道其賢。咸曰：「是篤實不欺，堪爲世用者。」聞其殁，無不痛惜之。

嗚呼！可貴也。已葬有日，其叔父以某交親最久，熟其平生爲人，俾狀其行，不敢辭。汝實，初字汝度。某嘗爲言，子之名，廣大之謂也，大而不實，焉用之？盍配以實乎？汝實唯唯，遂易今字云。謹狀。

先公行狀代叔父作

先兄諱文，字質甫，姓袁氏，明之鄞人也。曾祖，左朝奉大夫，知處州，贈光禄大夫諱轂。曾祖妣，永嘉郡夫人葉氏。祖，左朝議大夫，尚書倉部郎中諱灼。祖妣，恭人石氏。考，承事郎諱坰。妣，夫人林氏。

先君從大父守隨，無子，禱於大洪之神。夜夢神告曰「與而二子」。是生先兄及章。先兄資稟尤厚，少小聰警，讀書數過成誦，詩語驚人。先君深器異之，爲擇賢師，敬待以禮，日偵視顔色。幾微不悦，痛自刻責，豈其拂之，何乃若是！苟悦矣，而後釋然。里士大夫咸謂：「袁公教子，可以爲法。」而先兄亦曰：「吾父教我如是，不自植立，何以爲子？」蚤夜孜孜，苦心刻意，求所以承親志者，手抄口誦，不知飢渴寒暑。於是里士大夫曰：「袁氏有子，其門不墜矣。」

成童，以能賦稱。既冠，覃思經學，尤深於《書》，考質非一師，久久通貫，得古聖賢意，勇於爲善，而恬於進取。甫踰壯歲，厭舉子業，而讀書益勤不懈。一書精熟，始更他書，几間未嘗有二書，此前輩讀書法也。爲人亮直，中無留藏，入與家人言，出與鄰里鄉黨言。是是非非，率由中出，凡世間面譽背毁，機巧鈎距之態，秋毫不存。遇人無貴賤，能否，長幼，必以誠敬，恂恂卑謙，若無尺寸可稱者。醇醲之氣，藹然見於面目，即其貌，聽其言，知其爲故家遺俗也。

中年，益務沈晦，徜徉里閭，無歆羡富貴之心。有園數畝，稍植花竹，日涉成趣，性不喜奢靡，居處服用率簡樸，喜古圖畫器玩，環列左右。前輩諸公遺墨，尤所珍愛，時時展對，想見其人。雅尚清致，俗塵不到胸次，猶以是爲累。

晚歲泊然，平生所好，視之若無，圃亦茀不治，獨好書之意彌篤。自言：「吾雖老，壯心猶在。」觀書作字，一如少時。平旦即起，日抄書數千字，端勁有力。自經史子集，下至稗官小説，奥編隱帙，多所記覽。好觀歷朝故事，既録其大者，又掇拾其小者，爲《名賢碎事》，餘三十卷，字百餘萬，皆手所自抄也，無惰筆。雜著一編，目曰《甕牖閒評》。凡制度之沿革，事物之原本，傳記之訛舛，風俗之變遷，先世之模範，與古今之善可法，惡可戒者咸在。每以爲高明之士，糠粃小學，非所以通類格物。故其讀書，雖以大體爲本，而節目織悉，亦必精研。於方言聲韻字書之學尤精，取古三百五篇，參之方言，概以韻語，往往多合，由是以觀昔人銘詩酹辭之屬。音韻若不諧者，悉皆有本，非苟作也。字書流傳，久益失真，雖六經不免。博考參訂，務歸於是，偏旁點畫，毫厘不遺。榜所居小齋，曰「臥雪」，自號「逸叟」。

人皆戚戚，我獨恬愉，至其憂深思遠，時亦愀然不樂。其行已兢惕，其處心慈祥，其於鰥寡孤獨，貧不自勝者，哀矜惻怛，如己疾痛。宗族有窘於財者，力雖不及，獨屬念不忘。諸孫滿前，撫愛均一，無有厚薄。童僕有過，不加譴責，勞則佚之，病則藥之，撫之如一體。仁不嗜殺，所全活飛潛之類，不可勝數。惟不肯治產業爲後日計，或諷以稍立基址者。油然笑曰：「人自不達耳，德則不勝，多藏何爲？吾以清德傳家，其爲基址，不既多乎？」訓誨諸子，小有不善，必怒之曰：「汝曹不自努力，其若門户何？」諸子所友賢士，必加敬禮。每曰：「吾不特敬其人，而其人之父兄，吾亦加敬焉。」謂學問之要，惟精惟專，恐分其志，未嘗累以俗務。至於世間榮辱得喪，謂有命焉，不爲欣戚。以故諸子遂其初，志學者不求速成，而仕者安於義命，蓋家庭義方之教使然。

紹熙之元，先兄春秋七十有二矣，鬚髮鬒黑，神明不衰，親友咸以福壽未艾爲慶。而先兄獨自疑我筋力，不逮往時，何以能久？及秋，果屬疾，自謂必不起，若前知者。區處家務，稱物平施，語言不亂，氣度自若，視聽益精明。屬其子燮曰：「吾《甕牖》一書，盍寶藏之。」鼻息漫微，有所咳唾，猶不以污衽席。翛然而往，無怛化意，八月八日也，無親疏近遠皆痛惜之。

娶戴氏。子男五人。長曰覺，鄉貢進士，篤學守正，後學多從之游。與先兄偕抱病，病且革，聞先兄殁，不勝悲痛，質明而殂。次曰燮，登進士第，儒林郎，新沿海制置司幹辦公事。次曰藻。次幼亡。次曰櫄，兩貢於鄉。女二人。長適宣教郎，紹興府諸暨縣丞戴樟；次未行。孫男七人；女八人。

諸孤將以三年正月丙午，葬先兄於縣之陽堂鄉，穆公山之原。惟四明袁氏，自我曾祖以儒學辭藻起家，名振一時，歷事四朝，直道寡合，卒老一州。先大父復以名節自勵，嘗守東陽，以法誅蔡氏黨親曹宗。觸京怒，得罪，時論韙之。而誌墓者有所諱忌，軼其事。先君孝友温恭，與物無競，里中稱爲長者。至於先兄，又以彊學好善有聞於鄉，君子謂家聲不殞焉。

初，東坡蘇公守杭州，我曾大父實佐之。志同道合，倡酬篇什甚衆，流風遺韻，被於後昆。先兄尚友前修，歌詩字畫，必自蘇氏編録，本末尤詳，此其風味淵源所自來者耶。諸孤以先兄言行，惟手足之愛，知之爲詳，涕泣有請。章與先兄少而共學，同歷艱難，友愛甚篤。後章游太學，廛下第，隨牒州縣，惟先兄之訓不敢忘。今其永訣，痛徹肺肝，尚忍言之哉！雖然本末之不録，則無以乞銘於當世君子，是没其美也。而可乎！因勉强綴緝，以授諸孤，用求銘焉。當必有能發揮潛德者。謹狀。

叔父迪功郎監潭州南嶽廟行狀

君諱方，字誠之，慶元鄞人。曾祖諱轂，左朝奉大夫。祖諱燀，文林郎。考諱圻。

自光禄以博學高識顯名，袁氏始大。至於皇考，端慤靖深，一毫不妄取，杜門隱約，人罕識其面，至今鄉評推之。君朝夕親旁，耳目所接，無非善道。雖年少時意氣頗豪逸，及長，克自磨揉，卒爲善士。師事鄉先生宫講屯田鄭公，浙東簽判沈公，又從從兄常德通守講學。服膺經訓，尤精於詩，以鄉薦舉，送試禮部。不得志，刻勵奮發，益取三百五篇，研覃奥旨，鄉人爲子弟擇賢師者，争館致之。東涉大海，雪浪浩渺，南踰粤嶺，風木凄吼，飄然往來其間。安於所遇，顔狀自若，敝廬纔蔽風雨，薄田不足於食。婚嫁頻仍，生理日窄，戰藝又輒左次，人所難堪，亦不慘戚焉。每曰：「吾不能自奮其身，獨不能教子乎！」

大學，殖也。長之養之，今雖未獲，獨不在桑榆時乎！家教既嚴，復受業於鄉曲之望，故諸子皆篤志。而仲子洽，遂擢儒科，人皆榮之。君曰：「是進身之階爾。丈夫植立於世，一第而已乎？」及洽官會稽，以廉勤聞，受知於帥，期以遠大。君始差自慰焉，年寖高，倦游場屋。

慶元五年，以特科補雍州文學。踰年，調迪功郎，鎮江府丹陽縣主簿。舊得末疾，沈綿歲月。及瓜，幸小愈，親故勉使之官。君曰：「竊禄養痾，非朝家設官意。」亟以祠請，監潭州南嶽廟。俸入無幾，闔門仰給，重以醫藥之費，節約自持，取不凍餒而止。護衣篝一獠婢，不憎疾之，苟可役使而止。病體支離，猶能自力，接親舊，無倦容。

嘉定二年六月庚午卒，年六十有七。娶范氏。男三人，浹，洽，漸。洽，今爲文林郎，前南安軍大庾令。二女適顧應龍、貝自明。孫男、女七人。明年九月丙午，葬於縣之陽堂鄉南嶼之原。

君内無城府，外蔑巧令，神安氣清，履道平坦。人有過，忠告之，或面折之，不恤。善則亟稱揚之，直己而發，無容心焉。舍後小圃，花竹秀野，時游息其間。命酒引滿，百慮冰釋，不知宇宙之寬，此身之微也。尤喜賓客，投轄共飲，非盡歡不得去。胸中渾融，如古達者，不慕貴勢，不諂上交，不責人以所不足。其心休休，無所怨恨，與夫執德不固，僥倖苟求，不得則熱中忿恚者，不其大相遠乎！

參知政事樓公，篤於雅故，念其病且貧也，存問不輟，遺之良藥，以扶其衰，日覬其愈，而君則死矣。窀穸有日，諸孤貽書屬狀其行，將請銘於樓公。雖我叔父之賢，可考不誣，而辭之不達，懼無以發揮也，猶豫久之，既而釋然。曰：「兹不過紀實爾。不假諸此，銘不可得，將無以爲不朽之託，是没叔父之美也。而可乎！」乃述其平生大概，而謹授之。謹狀。

叔父承議郎通判常德府行狀

公諱章，字叔平，慶元鄞人。曾祖諱轂，左朝奉大夫，知處州贈光禄大夫。妣，永嘉郡夫人葉氏。祖諱灼，左朝議大夫，尚書倉部郎中。妣，恭人石氏。考諱坰，以公升朝，累贈朝奉郎。妣，安人林氏。倉部守隨，朝奉祈子于大洪山之神，夢與二子，是歲生某之先君。明年從倉部官京師，而公生焉。

公天資儁敏，十歲遍誦五經，十二能賦，翹然秀出，奇童之譽籍甚，而嚴重静深，不苟言笑，識者知其偉器。朝奉志尚高潔，恬於榮利，惟教子是急。金先生彦博，模範一鄉，俾公受業，日偵伺顔色，惟恐毫髪不當其意，未有室家，爲之聘娶，餉遺無虚日。公承親志，愈自刻苦，日不足，繼以夜，隱几而寐，覺復誦書。聞者異之，曰："是固未嘗寢耶。"居庭闈間，婉容愉色，無纖芥子弟之過。一日燕語，偶字姊壻。朝奉曰："姊壻，尊行也。奈何字之？"自此未嘗語及其字。執喪哀毁，幾於滅性，火爇其體，曾莫之知，其篤孝如是。

既冠，志氣彌强，從李、莫二先生，質疑請益，聞見日廣，諸經皆通大義，尤邃於《書》。入太學，交友皆英俊，有司程其藝能，屢爲之最。公試高等，其選甚艱，嘗再得儁焉。自秦丞相柄朝，諱言程氏學，士以雕琢靡麗相高，公介於其間。人所不嗜，日嚌嚅之。時見謂樸學，戰或不利，公持之不變，退而授徒於鄉，以所學淑後進，開明良心，消釋鄙倍，從游者日盛，里中推爲碩師。年幾五十，未脱韋布，磨礪不倦。

尚書汪公應辰，以鴻儒領貢舉，取士先本實，後詞藝，公始得在選中。遂登乾道五年進士，第左迪功郎，紹興府諸暨縣主簿。始至，講求利害，見其封畛廣，户口衆，而怪其征科之難也。悉索累年簿書，考校其實，而匱諸廳事，多寡强弱，官有定賦，而有田者不得不輸，雖老姦巨猾，無敢復爲欺者。傳之後人，遂爲經久之利。

用舉主關，陞從政郎，爲泰州州學教授。秩滿，教授和州。淮俗安於故習，知學者鮮。庠序雖設，視爲游戲之地，群焉而食，既食而出，以爲常。公曰：「士豈有不可教者？」每旦入學，招諸生勉以進修，毋自棄暴。訓之以禮義之大經，聖賢之旨趣，陶染濯熏。善端既開矣，則又束以規矩，出入必時，課試如式，所以防其放逸者，具有條目。有來見者，不以蚤暮寒暑，從容延接，隨叩而鳴，如一家中父子兄弟，款密無間。時人以爲真能任職。

高宗慶壽，及光宗登極恩，再循儒林郎。用薦者改通直郎，簽書南康軍判官廳公事。郡事清簡，號稱道院，而朝夕勤勤，不敢以無事處。若振窮民，懲猾吏，蠲逋負，療疫疾，一時善政，力贊其長，如恐不及。僚吏有善，極口延譽，若自己出；有過，委曲覆護，冀其感悟。守有長於治郡，以能吏稱者，人少合其意，于公獨心服，時就見之。既還朝，語中都士大夫，曰：「吾之爲郡，得賢者佐之爾。」問其人，以公對，由此名重朝廷。

皇上踐阼，轉奉議郎，祀明堂，賜緋衣銀魚，主管台州崇道觀。再任踰年，通判常德府。待次於鄉，年登上壽，精明不衰。晨起整衣冠，熟復《周易》一卦，折輩行與賢士交，講明立身之要，日進不止。每與人曰：「吾以貧故，愧未納禄，可亟望爲郡耶？」將申祠請，稾具而屬疾。彌月，弗瘳，遂致其仕，轉承議郎。病且革，神色怡暢，語言自若，略不及家事，晏然而終。實慶元五年十二月二日也，享年八十。娶汪氏，封孺人。二子，燾、熹，皆先卒。孫男二，符、策。女二，適進士戴廙、吴桷。曾孫男二，魯孫、英孫。嘉泰元年九月壬申，符等奉其喪，葬於慈溪縣西嶼鄉東嶺之原。

公於學博，自少至老，未嘗廢書，雖疾病不去手。曰：「吾每觀書，不知沈痾之去體也。」對賓客無雜言，問古今事，其答如響，有一不知，深自愧怍。嘗從人借書，手自抄之，蠅頭細字，一一精謹，洽聞多識，殆少其比。而謙恭自將，與人言如恐傷之，雖幼且賤，一與均禮。書字必楷，小心齋肅，行步卑弱，如不勝衣，晏居危坐，劇暑無惰容。筆古人格言，日日對之，以自警勵。小有差失，必載之册，謂之「書過」。聞人一善，亦手識之，謂之「日志」。食味不重，衣服不華，小齋容膝，無一長物。几席凝塵，恬弗爲動，忤之而不愠，迫之而不驚。事雖方殷，從容處之，未嘗疾言遽色，如春之温，如玉之潤，如麒麟鳳凰之爲嘉祥。古所謂德人之容，睟面盎背者，公信有焉。進退窮達，安於義命。海陵將終，更薦書闕下。宗伯許之，剡奏曰：「少俟兩月，其可。」公曰：「來者獨不欲得録耶？利於己而虧交承之義，吾弗忍也。」遂去之。時宰欲處以京局，辭焉。或問其故？曰：「吾老矣，能復奔走車塵馬足間耶？」常平使者，行部南康，亟稱其賢，欲表薦之，固止之乃已。其静退類此。

臨財亦然，非其義，一介不取。居官廉静，以法不以例，及可以取，可以無取者，未嘗輒受。主郡王公正己，將漕淮南，首以薦牘及之。或問之曰：「他人求而不得，此不求而與。何耶？」王公曰：「吾觀今人宦遊而歸，鮮不買田，而斯人鬻産以自給，廉可知矣。吾是以推之。」里中有冒法抵罪，室廬入官者，公輸錢于郡。既得之矣，其人踵門拜曰：「某不幸，自速奇禍〔一〕，孥無所歸，願公垂憐。」立索槖中錢數萬畀之，無難色。或言歲所入微，宜稍廣基址。公曰：「昔人爲仕宦貧，好消息也。吾敢豐殖，以自取戾？」迄無所增。卒之日，室中蕭然，無以棺斂，質貸而後辦。

自擢第至歿，餘三十年，而生理若是，聞其風者，可以自警矣。某年十有五，奉先君命，學於叔父，殷勤教督，不啻己子。自是每見無不傾盡，挹其貌，耳其言，孝弟恭遜之心，油然而生。某之官於越也，貽書語及新功，自謂胸中融融，有無涯之樂。某竊惟耄期稱道不倦，古難其人，而況今乎？他日還鄉，朝夕親炙，庶可少進，此念方切，而公則死矣。藥弗及羞，斂弗及視，睟和之貌，不可復見，丁寧深切之語，不可復聞。痛可勝言哉！葬有日，符等將求銘，屬某敘述其行。某不敢辭，則泣而書之。謹狀。

李太淑人鄭氏行狀

曾祖，中節，故不仕。妣，鄭氏。

祖，正倫，贈奉議郎。妣，孺人陳氏。

考，昺，故任承議郎，京西路轉運判官，贈中大夫。妣，令人林氏。

太淑人諱和悟，福州閩縣人也。其先家於光之固始，五季末，徙焉。三世俱有令德，至運副公，其門始大。嘗爲樞密院編修官，因奏對，受知於孝宗，將驟用之。或梗之而止，既歿，主眷猶不忘。

太淑人穎異而孝謹，爲兒時，聞人誦父母之年，不可不知也，一則以喜，一則以懼，輒流涕不止。長而愈篤，每與人言，必以孝悌爲訓。故刑部侍郎湜，其季弟也，志操堅正，談論無不契合。宗族姻黨，翕然稱之。曰：「是真可謂賢姊弟矣。」年二十三，歸於故朝奉郎，監都進奏院，贈正奉大夫李公諱松，户部侍郎忠肅公諱彌遜之子。

紹興中，秦丞相决策議和，忠肅力争之，坐是閒廢不用。張忠獻公帥閩，深念其貧，以書招之，分俸給焉，遂挈家自臨漳歸於三山。守道固窮，嘗賦詩曰：「不作田舍謀，不爲子孫計。旁人大笑之，不會箇中意。」海内咸高其節。正奉公恪遵先訓，寓居精藍，不調者十餘年。無田以自給，無禄以代耕，一室枵然，有人所不能堪者。太淑人安之自若，經紀家務，身親其勞，秋毫不以累。夫子奉其姑碩人徐氏謹甚，日進甘脆，承顔順志，周旋無違，賓祭之費，有所不足，鬻簪珥不靳。及正奉官中都，脱州縣之勞，以爲自是少泰矣。天不假年，齎志以歿，李氏之窮，殆未易瘳也。

然忠肅之忠，貫通神明，正奉又能守家傳清白之操，世載其德，豈遂湮微而不振乎！厥後二子，皆能超然奮發，歷官中外，聲名煒煜。於是士大夫皆曰：「積善之後，慶果有餘矣。」然太淑人教督愈嚴，每曰：「今日之光榮，而祖而父之德也。其可稍自侈汰，而不念前人之清約乎？」培本根，續氣脈，惟恐家聲之或墜，識高慮遠，殆少其比。壽考康寧，備膺五福，蓋有相之者。

嘉定十二年四月己丑，終於金陵之府治，享年八十有四，七封爲太淑人。子珏，寶謨閣學士，太中大夫，江淮制置使兼知建康府，江東安撫使兼行宫留守司公事。琪，朝奉郎，守國子司業，兼玉牒所檢討官。三女，長適鄉貢進士陳景傑；次學浮屠法；次適免解進士劉砥。孫男四人。修，通直郎，新知邵武軍泰寧縣；任，宣教郎，江淮制置司書寫機宜文字；似，蚤卒；億，尚幼。女五人。長適承直郎葉棠；次適奉議郎，浙西常平司幹辦公事何處智；次學浮屠法；餘皆幼。曾孫男，昌，朝承務郎；女，尚幼。

是歲某月某日，二孤奉其柩，與正奉合葬於閩縣大義古城山之原。太淑人秉心篤實，形於氣貌，見於言語，無一毫矯僞。以此事上，以此接下，尊卑長幼，交相敬愛，和氣滿堂。內慈而外嚴，閨門整肅，不過於嘻嘻以失其節，不傷於嗃嗃而情意不通。雖古人齊家，不越於此，而太淑人乃克爲之，可不謂賢乎！

居處服用，崇尚素樸，不喜浮靡。諷誦佛書，深味其旨，有所感發，每曰：「此可以明心見性，乃受用之地。」火宅塵網，不可染著，以故神爽不衰。年垂七十，躬執婦道，定省無闕，儀狀豐碩，進止雍容，如山如河，可觀可象。尚書累更重任，凡所歷官，每見卹民利物，寬刑惠下，喜見顔色，有雋京兆之母風。討捕峒寇，全護江淮，尚書勤苦至矣，勉以王事，盡忠圖報。其迎養中都也，體力尚强，間至湖山，覽勝不倦。司成持浙東使節，亦就養焉。田夫野叟，夾道觀迎，炷香羅拜，誰實使之？或者尚書舊牧是邦，與部使者俱有善政，越人德之，故敬其母亦如是耶！此亦足以知家庭教子之驗矣。及板輿至金陵，時方多故，思念鄉關，歸心日切。尚書累表陳情，庶寬慈抱，天子以重寄在焉，未許也。變興庭闈，遂至大故，聞者皆傷惜之。嗚呼！在家則爲賢女，既嫁則爲賢婦。爲賢母，自初及終，無有玷闕。蓋生長名門，而又作配名族，風聲氣習，薰炙涵濡，所以臻此。豈世俗所能知哉！某筮仕澄江，得與尚書同寮，升堂拜母，首尾三載，屢獲進見。及尚書通守四明，保釐東郊，入儀從橐，皆得瞻望慈顔，且侍燕席，心服其賢，起敬起愛。聞訃驚怛，念此賢母，不可復見矣，能無悲乎？二子摭其善行，屬某次第之。某不敢辭，稍加隱括，識其梗概，以求銘於當世宗匠，必有能發揮盛美，傳之無窮者。謹狀。

校勘記

〔一〕自速奇禍　叢書集成本同。四庫本作「自速其禍」。

卷十七

墓　表

端明尚書何公墓表

於皇我國家，受天眷命，光有四海，德澤洋溢，中外敉寧。盛極而衰，金人肆毒〔一〕，爰俾逆臣張邦昌，盜據宫闕。徽猷閣學士、京西北路安撫使何公，深忿疾之，首倡大義。率經制使翁彦國、知淮寧府趙子崧、都水使者榮薿，登壇歃血，共赴國難。而公之前鋒獨先至京師，邦昌懼，亟迎請元祐皇后，垂簾聽政。纔兩月，高宗皇帝正位宸極，炎祚絶而復續，國威跆而復伸。雖由聖德格天，垂休無疆，亦賴夫忠臣、義士相與畢力挽回正道。所以臻此，公于是時，不可謂無功矣，而議者猶以順昌不守少之。

嗚呼！順昌之前守，以十月去。公實繼之，樓櫓不葺，師徒單弱，器甲不堅，岌岌乎其不可支矣。而以死守之，餘五十日。敵勢益張，潰圍而去。一子、二女棄而不顧，誰無天性！大義所激，忘其爲家也，可不謂忠乎！既而招集散亡敗賊趙隆輩，因併其兵。明年四月，遂有勤王之舉，距順昌之陷，日月未久也。倉猝擾攘之間，經畫有方，兵力增壯。于是謁高宗于濟陽，建請南京，實藝祖開基之地。方贊聖明，纘承鴻業，可不謂有功乎！瑕不掩瑜，瑜不掩瑕，君子所以比德于玉也。垂翅迴谿，奮翼澠池，名將所以轉敗爲成也，何獨于公而責之無已哉！

公諱志同，字彦時，處州龍泉人也。先世積德，迨公之皇考清源郡王，致身元宰，其門始大。繼擢儒科，益懋遠業，寖通顯，遂世其家。蓋嘗爲刑、兵、吏部尚書，端明殿學士，可謂榮遇矣。而卒以煩言褫職，時予時奪，至其末也，僅復徽猷閣待制。幸天子仁聖，深知忠誠，卒保持之，此所謂不以一眚掩大德者耶！始高祖父光禄公，雅聞公名，以女歸之，累封淑人。曾大父倉部公，親友之好，始終不替。逮我先君聞其事，亦能言公賢德甚悉。公之曾孫處恬，肄業上庠，某官中都時，與往還語及先世，喟然而嘆，屬所以表公墓者，某不敢辭。若夫世系履歷之詳，公壻丞相康伯所作行實，及朝散大夫邵彪之誌其墓也，已備言之矣，兹不復著。獨著其大節表表可紀者。

夫舉世混濁，獨清則難，楊朱墨翟之言盈天下，能言距之者，孟子即以爲聖人之徒，貴其僅有也。炎運中微，舍順從逆，恬不知非，肩摩袂屬，于斯時也。發於忠憤，誓不與賊俱生，萬夫之特，有如公者，又豈可摘其疵而没其美哉！某是以推尊之。

曾祖遺事

原註：《袁氏墓表》，曾祖諱灼，左朝議大夫、尚書倉部郎中。

《記》有之曰：「先祖無美，而子孫稱之，是誣也；有善而弗知，不明也；知而弗傳，不仁也。」先倉部之本末，誌銘中既詳之矣，而尚有遺者，可無傳乎！

蔡京爲宰相，姦回不忠，李林甫、盧杞之徒爾。公自軍器少監，出知婺州，往別之，因問焉，曰：「不知太師於婺州有何親戚？」此亦人情之常談爾，怒而答曰：「京無親。」既到官，朝廷方嚴荆杖之禁，寓居武臣有曹宗者，輒用之，逮至庭下。詰之曰：「今官司且不敢慢令，汝私家也，擅施之，可乎？」不答。而以指擊其所服紅鞓帶意，自以爲有官也。公怒而械之獄，數日死焉。乃京親黨，聞之大恨，公由是鐫秩。尋丁太夫人憂，服除，留滯於外。久之，始拜隨州之命，聲稱甚著，召爲省郎。

自「豐亨豫大」之説熾，竭天下之力，謂之「享上」，獻諛者袂相屬。公因面對，力勸上清心省事，安不忘危。此奏最爲明切，心知其難，言忠愛不忍緘默。黜知泗州。未上，而敵騎至闕矣。夫典州而不阿大臣，立朝而敢進忠言，人臣之大節也。而誌其墓者，以爲鐫秩、補外，皆非美事，不能備載，可爲太息。某懼夫久而泯没不傳於世，自陷於不明不仁之域，故表而出之。俾世世子孫知先世風節如是，興起于心，慕而效之，亦不爲無補云。

先祖墓表

公諱坰，字卿遠，明之鄞人也。曾大父諱揆，贈太中大夫。妣施氏，旌德縣君。大父諱轂，左朝奉大夫、知處州，贈光禄大夫。妣葉氏，永嘉郡夫人。考諱灼，左朝議大夫、尚書倉部郎中。妣石氏，恭人。光禄公以儒學辭藻，擅名當世。倉部公亦篤志遵業，無忝前人，而袁氏一門，于是始大。

公在母纔七月，足跌而生，氣稟甚弱，而爲善之志則不可禦，蚤夜孳孳，思所以不墜家聲者。服膺儒業，充養德性，家再世二千石，而恂恂退遜，甚於寒素，軫念窮乏，施予不倦。侍倉部守婺，及隨寒士有來謁者，必訪其所寓，以私錢給之。時時造可食物，散於城外，以惠貧民，或捐錢與之，前後所濟不知其幾矣。母夫人一臂甚痛，殆不能舉，公遍觀隨之城中佛廬像設，有支體不具者，皆補足之，費無所靳。母夫人中夜而瘖，謂倉部曰：「臂不復痛，伸縮自如矣。」人皆以爲誠感。

倉部澤及二子，埴始受命而卒，法當公補授，弟增欲之，推遜無難色。太守梁公汝嘉，惡厥弟之攘也，弗爲保奏，弟不敢違，公亦終不自取。老于韋布，無纖微不滿意。一惡少年無端肆駡，衆不能平，請訴於有司，撻之以懲，後公不許。曰：「駡我如駡風，然撻之亦如撻風，然駡我于我無損，撻彼于我復何益？不如已之。」每事舒緩，獨於教子甚急，隆于師範，禮敬甚備。日餽之珍膳，而伺其顔色欣喜，則以自慰。或有不怡，必研究所以然者。其受室也，聘幣酒肴之屬，一取辦焉。師感其誠，爲之盡力，二子亦不敢怠，爲學日進，見稱宗族鄉黨。

夫人林氏，和柔静專，無妬忌之行，欲爲公買侍兒一二輩，以奉巾盥，再三言之，不從。清虚寡慾，惟以觀書、賦詩、鼓琴自娱，詩律精嚴，詠物得物外意，若不迫切，而咀嚼有味，工莫甚焉。夫人先卒，鰥居晏如。五夜不能復寐，披衣暗坐，琴聲清越，發於衽席，翛然有出塵絶俗之趣。不治産業，不營室廬，矮屋數間，人情悶悶，而公雍容自若，身世兩忘。負販者入門，問價若干，如其言畀之，不減一錢。其黨類相戒，俱以實告，無增價者。誠心貫於金石，美名溢於閭巷，皆曰「今之古人也」。享年五十有九，與夫人合葬於縣之清道鄉榆村港戴岡之原。

長子文，以子恩贈通議大夫。次章，登進士第，終於承議郎、通判〔二〕常德府。于是榮及其親，贈公朝奉郎。林氏安人，女適鄉貢進士林潁。孫覺，鄉貢進士；爕，焕章閣學士、太中大夫、提舉南京鴻慶宫；藻；燾；熹；櫄，宣教郎、饒州樂平縣丞。孫女，適宣教郎、紹興府諸暨縣丞戴樟；進士吴适。曾孫喬，宣義郎、新知紹興府新昌縣；肅，丞議郎、監登聞鼓院；符，國子監進士；甫，朝奉郎、權知徽州；商，承奉郎、監臨安府新城縣税；貢；丙；向。曾孫女，適進士戴廙；吴埜；陳定；從事郎、監鎮江府寄樁庫林密；進士樓槃；國學進士鄭景淵；忠訓郎、監慶元府小溪鎮曹慦；進士舒鑢；紹興府鄉貢進士李師説；江西轉運司進士邊應時。元孫衡，國學生；衍；復；從；徽；衛。女五人。

嗚呼！古人貴世家。所謂故家者，非喬木之謂，而世臣之謂。欒卻、胥原、狐續、慶伯降在皂隸，叔向所以傷晋之衰也。然所貴乎世家者，非必七葉珥貂，如漢之金張；八葉宰相，如唐之蕭氏也。名位雖崇，而不皆賢，亦何世之！有如東京之袁、楊二氏，氣脈聯屬，名德俱隆，斯可謂世家矣。吾家之先世，雖或出或處，迹若不侔，然皆忠信正直，蔚有賢譽，其得不謂之世家乎？後嗣子孫，努力奮發，不自菲薄，必欲追前人而及之，亦足以爲世家矣。于傳有之，世濟其美，不隕其名，此唐虞之賢臣所以獨隆於古也。士之模楷，于是乎在，故併及之。

先公墓表

公諱文，字質甫，四明鄞人也。曾祖左朝奉大夫、知處州，贈光禄大夫，諱轂；妣永嘉郡夫人葉氏。祖左朝議大夫、尚書倉部郎中，諱灼；妣恭人石氏。考贈朝奉郎，諱坰；妣安人林氏。

公篤厚而聰警，方童丱時，不煩督促，自喜讀書。倉部公雅有知人之鑒，謂公與弟章，異於他孫，長必能以儒學奮發，爰取夫「敏而好學，出言有章」者而命名焉。朝奉公爲子擇師，金先生彦博授徒里中，時論歸之，命公從學，而遇其師甚厚，殆罕其比。鄉人談及此事，皆云當以袁氏爲法。親歿之後，追承先志，復受教於李公大辯、莫公冠卿、吴公化鵬三先生。充其所未及，以能賦稱，且覃思經籍，學業日富，取一第易爾，顧場屋小技，難以立身揚名，不復汲汲，而務學益勤。一書精通，始閲他書，歷代史、諸子、若集及叢編、小説，咸采取焉。前輩諸公，一言一行，萃而爲書，目之曰《名賢碎事》，手抄三十巨帙，無一字不楷。雜著一編，名曰《甕牖閒評》，搜抉隱微，辨正訛謬，雜然具載，尤詳且確。今高明之士，粃糠小學，非博通之道。公則不然，節目纖悉，亦必精詳，取古三百五篇參之方言，而概以韻語，有若不同韻而實相協者，則會歸於一，其於字書、偏旁點畫，毫髮無差。

榜所居小齋曰「卧雪」，自號爲「逸叟」〔三〕。有園數畝，日涉成趣。性不喜華侈，屋苟可以居，食苟可以飽，衣裘苟可以禦寒，如是足矣。古器圖畫則深好之，每獲一物，欣然有喜，尤寶先賢遺墨，時時展對，想見其風度。自言：「吾雖老，壯心猶在。」年踰七十，盥櫛纚履，抄録不輟。爲人直諒，中無留藏，言語率由中出。面訣背毁，巧譎鈎距之態，秋毫不存。遇人無貴賤、長幼、能否，一以誠敬，醇醲之氣，藹然面目。

乳母范氏，漢東人也。金人之難，公年始十一，生之全之，緊保護是賴。闔門四千畝田契，囊以自隨，無所遺失。遂老袁氏，躬率子婦奉惟謹，年八十六而終。號慕如童穉，以禮葬之，歲時祭焉，至于今不廢。僕病藥之，不避癘疫，迄獲痊愈。仁不嗜殺，在窘乏中，海螯珍羞不以自奉，常縱之江，及他物命，多所全活，此豈區區爲口腹計者比哉。勉力諸子，專精簡册，未嘗雜以塵務。不治産業，或諷以稍立基址。油然笑曰：「子孫賢乎，自能植立，何必遺之資財！且吾以清白傳家，其爲基址不既多乎！」諸子所友賢士，肅加敬焉，抑又敬其父母，此亦所以訓厥子也。至於伸屈得喪，謂有命焉，弗爲欣慼。家教如是，豈不大異於流俗乎！居約既久，有所假貸，計其本息而盡償之。崇陵御極之初，詔盡蠲所負，窮乏者相慶，公獨愀然曰：「豈可以霈澤而負吾心哉！」償之如故。鄉閭間敬誦其賢，曰：「此吾邦之嘉瑞也。」紹熙元年八月八日，以疾卒，享年七十有二。

娶戴氏，免解進士諱冕之女，聰明静專，自幼嗜學，多識前言往行，作字得顔體，相夫子儉約勤恪，而勉以正道。三年正月朔旦，卒，享年如公之數，合葬於縣之陽堂鄉穆嶺之原。長子覺，鄉貢進士；次燮，焕章閣學士、太中大夫、提舉南京鴻慶宫；次藻；次未名而夭；次槱，以累舉特蒙補官，終於宣教郎、饒州樂平縣丞。長女適宣教郎、紹興府諸暨縣丞戴樟；次適進士吴适。孫喬，宣義郎、知紹興府新昌縣；肅，丞議郎、監登聞鼓院；甫，朝奉郎、權知徽州；商，承奉郎、新監臨安府新城縣税；貢；丙；向。孫女適進士陳定；從事郎、監鎮江府寄樁庫林宻；進士樓槃；國學進士鄭景淵；忠訓郎、慶元府小溪鎮曹慤；進士舒鐻；紹興府鄉貢進士李師説；江西轉運司進士邊應時。曾孫衡，國學生；復；從；徽；衛。女三人。

燮之陞朝也，贈公承事郎，妣孺人。後累更郊，霈及該異恩，贈公通議大夫，妣淑人。初，光禄公秋試開封，實爲首選，而東坡蘇公第二。後通守錢塘，蘇公作牧，相得懽甚，介亭和篇有曰「秋風起鴻鵠，我亦繼華躅」，識前事也。而注家以爲同試館職，實無是事，蓋益之爾。公既修乃祖之業，而又忻慕蘇公之爲人，諷誦其言語，依放其字畫，曰：「此吾平生所深愛，至老而不衰者。」襟韻灑落，有前輩風，于是可占矣。某叨塵一第，實公教誨之力。肅、甫，復踐世科，而甫對策第一。沿流求源，豈敢忘哉！而德銘未立，可爲痛恨，姑表其墓，以詔來者。此亦歐陽公《瀧岡阡表》，明著先世賢德之遺意。辭雖不達，要非溢美，亦所以取信云。

志銘

朝請大夫贈宣奉大夫趙公墓誌銘

洪惟我孝宗皇帝，仁覆九有，與天同功，牧民之吏，必精選擇。乃淳熙二月二日癸巳，詔以玉牒趙公，知岳州。命下之日，公論翕然，曰：「此天支翹楚也，熟于臨民，久著聲績，牧養之任，真足以當之。」越五年，領郡事，果稱厥職，大得民譽。當臧否法行之初，帥漕、憲倉皆第公高等，求所以然，一言以蔽之，曰「學而已矣」。夫天下有一日不可輟者，其惟學乎！公早歲精勤，結交英俊，親炙既久，磨勵不休。寓古佛廬以居，設五書案，已處其中，諸子旁列，日以古聖人、賢人之書，課以常式，發其奥義，父子自爲師生，教學相長。公既以良牧著稱，諸子亦皆則象其賢，有聞於世。學之爲益，不既信矣乎！

公諱善待，字時舉，太宗皇帝之七世孫，而濮安懿王之五世孫也。曾祖，太師、岐王諱仲忽；妣，夫人向氏。祖，開府儀同三司、安康郡王諱士説；妣，夫人向氏、焦氏。考，銀青光禄大夫諱不柔；妣，太寧郡夫人郭氏。

公初以祖免恩補官，當紹興甲戌之歲，監四明作院，秩滿因寓居焉。擢隆興元年進士第，換左宣教郎、知崑山縣丞，歷江陰縣，通判吉州，遂知岳州。常平之儲，丞之所職也，大抵蠹于移用，公執法以拒之。會朝廷遣使覈實，鄰邑多以虚數被遣，獨崑山無斛斗之虧。又以郡檄，市絹旁郡，端已核姦，費省十一。先期告具，時方贊劇邑，而風采已振，若老于吏事者，其胸中固超卓矣。

江陰有馬氏者，積年不輸賦，一日以訟至庭，詰之不服，械之囹圄，不三日盡償所負。自是來者繦屬，至于貧民下户，則發其有餘，而代之輸，恩惠浹焉。軍有市舶務，公兼之，未嘗私買一物，人亦不敢干以私。高麗之至者，初止一艘，明年六七焉，語人曰：「吾聞長官清正，所以來此。」殆書所謂不寶遠物，則遠人格者耶！

其倅廬陵也，嘗攝郡政。時方和糴，江西吉當十萬石，官吏白公：「本錢未降，而省符屢趣，計將安出？均之諸縣其可。」公曰：「今八縣之民，輸米郡倉，斛計四十八萬，凡水脚等費，皆變米得錢，市商牟利，由是傷農，其可重擾乎？若使以米代錢，公私俱便。」行之不疑。民果樂從，比新大守至，糴已足矣，敏於集事類如此。諸司以課最奏天子，始知公器業不群，遂有彝陵之命。

其陛辭也，奏陳六事，施行者二。一論江西旱傷，秋苗減放矣，督隨苗錢如故，無所從出，必斂于民，禁之便。孝宗曰：「卿言是也。無母安得子乎？」又言：「新制宗子取解，減舊額十之七，非祖宗勸誘之意，請視太學國子監取士法，而稍優之。」孝宗嘉納，更制如公言。

岳之平阳，有以盗獄上于州者，公閱按疑非真盗，屬理官究其情。乃尉曹鍛鍊二商，强之誣服，以日月考之，民之被盗也，二商實在襄陽，驗之而信，遂直其冤。又有盗，法當貸，命奏裁，乃以死報。吏請奉行，公不可，再爲奏讞，卒免死。平江産茶，販夫集焉，吏繩之急，或激而爲盗，有執十餘輩，以犯法告者。公曰：「地産茶，官收税，法也。」倍其征而縱焉。關市之賦減三之一，魚湖河渡減三之二，仁聲四達，商賈輻湊，而財計益豐矣。乃葺官舍，乃築賓館，乃繕兵器。春秋都試，義勇、民兵藝精者厚其賞，卒徒争奮，又以餘力，闢燕公樓，一邦精采俱變。理財足用，績效立見，而無聚斂之虐；剖煩決滯，恢有餘刃，而無矜衒之累，可謂難能矣。然直道而行，不能委曲徇物。蓋自乃祖安康于靖康之難能死節，奏丞相誘銀青以内郡竟不能屈，氣脈流傳，大率堅正自持，不肯碌碌，所以公亦若是。嘗以徵税事，忤湖南劉帥，銜恨奏公違法税米，左遷一秩，掖垣力辨其誣，遂寢前命。後劉得罪罷歸，舟過洞庭，迎餞如禮，無纖微芥蔕，人益重其量。計使之推楊者已去，而繼之者抗章誣劾，卒以此罷，闔郡士民皆深惜之。

公性廉而惠，未嘗妄取，而喜周人急，俸入有限，所餘無幾，力不能辦一廬，復還曩時所寓，蕭然敝陋，殆不堪處，而公晏如也。明年主管沖佑觀漕，復言公守岳安費，詔湖北憲司究實，無一侵隱，可謂明白矣。周益公時爲樞密使，盛稱公廉直有守，丞相欲爲直前誣，或者梗之，公安之若命，未嘗汲汲也。及沖佑滿秩，丞相乃以究實之奏，敷陳榻前，欲畀以郡。梗之者曰：「是人雅意藩幕。」遂授浙東安撫司參議官。未上，得疾終於寓舍，實淳熙十五年十月丁卯也，享年六十有一。明年十二月，安厝於鄞縣桃源鄉黄嶴山之原。平生雜著，釐爲十卷。

娶開封崔氏，生一女而卒。再娶即墨季氏。子五人，汝述，中大夫、試尚書兵部侍郎、兼同修國史、實録院同修撰、兼樞密都承旨；汝逵，朝奉大夫、新知婺州；其一未名而夭；汝遇，朝奉郎、監登聞檢院；汝适，朝奉郎、通判臨安府。五女，長適修職郎、武進尉劉敏功；次適進士楊宗元；次適陳籥；次適王津；其幼不育，而歸劉氏之女，則崔出也。孫六人，蚤喪者三；崇鎮、崇絢習進士；崇滓登仕郎。孫女四人，長夭；次適進士汪龍紀；次適承務郎、荆湖北路書寫機宜文字莫德和；次許嫁童子免解胡煃。曾孫必常。公終于朝請大夫，而贈崔氏爲宜人。及諸子該恩，贈公爲宣奉大夫，崔氏爲淑人。季氏以公恩封宜人，以子恩累封太碩人。

公西北流寓，安于清貧，而主饋甚賢，躬履勤約，寡居之後，經紀家事凡十年，始畢婚嫁。四子繼踵登科，人以爲榮，而庭闈訓誨，日益切至，性行高潔，氣貌崇深，博覽圖史，通達義訓。以嘉定十年四月丁卯，終于貳卿之官舍，享年八十有三。諸孤奉喪東歸，十一年某月丙午，祔葬於宣奉公之墓。

貳卿既除喪，語某曰：「人所謂怙恃者，以有親也，今無親矣，豈不痛哉！先公之薨，今餘三十年矣。内翰高公雖詳著其善行，而銘猶未立，每以爲歉，子知先生之深者也，幸爲我申述之。」惟公德業俱茂，爲時宗英，名迹相繼，侔古世美，豈寡見謏聞所能稱贊！雖然早登公門，屢獲親炙，心服其賢，兹得附託以垂不朽，固所願也，况請之勤勤乎。乃不敢辭，敬承其命。銘曰：

太宗八王，源深流長；燕及諸孫，彌久彌昌。英皇繼統，濮爲近屬；壯哉維城，屹乎天族。公之祖考，巍巍堂堂；英名勁節，爛然有光。公實繼之，終身力學；匪玩其華，由博趨約。夫夫婦婦，正家以公[四]；施于有政，取之不窮。爲善日積，亶有餘慶；諸子崢嶸，高門日盛。周以宗强，當今亦然；翼我皇祚，於千萬年。

祕閣修撰趙君墓誌銘

慶元初，某備數成均，忤權黨意，未幾去國，爲撫屬浙東。蕞爾孤蹤，難于自立，而觀察推官玉牒趙公，一見如故。交相與款，語了無藏，襲知其爲直諒之士，而察其器能，超然逸群，是非立斷，有不可及者，每推許之。曰：「他日得志，其將有可紀之績乎？」既而某言果驗。嘉定中，同官於朝，相得益深，間闊雖久，日覬其恢此遠謨，而公則亡矣，追念疇昔，盡焉痛心。今樞密院檢詳，公之季弟也，貽書求銘，某不敢辭。

公諱仲夫，字信道，魏悼王七世孫也。曾祖訪之，修武郎；妣郭氏，安人。祖公義，忠翊郎；妣皇甫氏，孺人。考彦軾，承節郎、贈中奉大夫；妣段氏、連氏，俱贈令人。

建炎間，大父始居平江之常熟。公初以恩陰補承信郎，監南嶽廟。擢紹熙元年進士科，主處州松陽縣簿，再調紹興府觀察推官。帥尚書單公方，以能吏自名，健于裁決。嘗以休日至都廳，他幕僚無入者，而公獨審問兩詞如常。時單公心善其匪懈，與之語，大奇其材，亟表薦之。添差幹辦淮東茶鹽司，改宣教郎、知揚州江都縣。邊隙始開，宣撫招討諸使咸在，百需交至，供億靡闕。常隨發運使過都梁，忤其意，索負糧百餘驢，且屬公部之地非所隸，人孰吾從。公曰：「此欲以乏興罪我爾。」畢力營求，得半而循環焉，事集倉卒，甚整而辦，人以爲難。

敵游騎三四駸駸逼揚，大帥郭倪皇遽無策。公曰：「揚，淮東根本。外應援承楚，内蔽遮常、潤，所係不輕，何可忽哉！」推官應君謙之，佳士也。公與合謀，固吾壁壘，以待其敝。于是我之義武民兵，有洩三塘水以灌其西者，敵始引去。微公堅守，他人何所効其力哉！通守山陽湖海等作亂，趙使君師逌，與武鋒軍帥張瑀不咸，瑀不即討捕。公語之曰：「郡守以知軍事爲職，軍旅之柄，蓋兼領之矣，駐兵其地，而無所稟承，可乎？」瑀悚惕聽命。公復語其所遣將校，以擒捕方略，迄于授首，攝安豐軍帥黄公度之所薦也。朝旨散武定卒，復爲耕農，凡二萬四千有奇。安豐居其半，始紛紜未奠厥居，桀黠者相挺爲亂。公雖寬大愛人，而重爲民害者，終不汝貸。壞散其黨，以漸除之，姦民懼焉。

既十月，差知楚州。楚與敵隣，纔隔一水。青齊間，群盗猖獗，論者皆以爲女真叛亡無日，宜結楊劉之黨，爲夾攻計。公獨曰：「不然，固吾圉，防衝突，于今爲宜，不惟叛亡是納。」俄有劉顯昌者，突至漣水，力求納款，公亟調兵爲備，而遣官屬諭之，一夕而遁。城東舊有重濠，歲久湮塞，則浚而深之。西南有老鸛湖，其水散漫，則陂而蓄之。或獻議于朝，謂淮陰之門户，縣北遺址，俗呼爲甘羅城，六朝駐兵之地，盍亟修之。有旨令公相視。諸故老皆曰：「金由青、徐而來，其衝要有二，大、小清河是也，相距餘十里。小清河直縣之西，冬有淺處，不可以舟；大清河直縣之北，與八里莊對。紹興間，金三至淮，重兵皆由此出。」公即條上，以爲此地要害，若遷縣治，板築于此，形勢增壯，過于淮陰故城。從之。今之新城，乃公所創也。

以職事修舉，增秩，除軍器少監。纔三月，除右曹郎官。越月，以直祕閣再任。又六月，陞寶謨閣，知廬州。東西有兩柵，肥水貫焉。開禧用兵，敵攻東柵，軍民悉力捍禦。敵退之後，帥臣田琳，匝環甃之，西柵未及也。公帥將佐登陴覽觀，具見其疏漏，敵所必攻，爰請於朝。建三洪巨門以殺水勢，樓櫓壯偉，横跨門上，視東柵有加焉。復建議包築故城，爲久遠規。故城者，唐張崇所築，廣十九里有奇，然興兵禍夷爲丘墟〔五〕。乾道中，郭親軍振請城之，亟欲就功，縮舊址三之二，創築新城十五里，俗呼爲月城。此城既築，而合肥縣及市北居民皆隔于外，耆老有棄而不顧之怨。郭遂于斗門外築纏堡以護之，其狀如月故，亦謂之月城。此亦足以稍慰人心矣。而故城未復，緩急終不可恃，合力增築，既高厚而加甃焉，此則公之志也。

方將經營，俄敵至浮光，公亟集僚佐，訪所以應援之策。廬爲今都會，而城中屯兵不滿萬人。或勸公盡發以往，公曰：「廬距浮光五百里而遠，距濠、豐二百里，而近敵兵必由濠、豐渡淮。今道浮光，安知不爲聲西擊東之舉？我若悉師于西，敵乘虚奄至，合肥失守，直趨歷陽，窺我江滸，將若之何？」郡兵鈐王辛，舊武定軍中才之超衆者也。鋭于立事，召而告之，故踴躍承命，集武定騎卒得數百人。辛曰：「足矣，兵不在多，當以奇取勝。」公又擇帳前之勇敢者，各數十人與俱，且以强勇統領于公輔，陳剛爲之繼。公輔精審有謀，足以守城；剛拳勇敢，鬭足以出戰。若濠、豐無他，即令剛提兵以赴浮光，約束既堅明矣。會安豐報金欲以舟師渡淮，合肥父老相率詣郡，乞留陳剛，以備不虞。公不得已，別遣三將及金陵出戍，郭統制代剛而行。翼日，諜知安豐之兵，不果渡，即遣剛如初。王辛果以捷聞，陳剛繼至，鏖戰復捷，敵由是遁。

制府不深察，謂緩遣陳剛，奏公爲畏怯。奉祠而歸，復以臺評，罷祠奪職。而不知王、陳之功，發蹤指示，公實使然也。人皆寃之，安于義命，不以介意。

踰年，天子知公之忠，先復其職，申以召對。公言：

制敵之策，規模當先定，不可以緩圖。若欲與戰，而吾所調之兵，彊弱不分，勇怯相半，弱者未戰先怯，强者不能獨勇，以此攻取，勝胡可必。若欲與和，而吾備禦不周，苟求安静，縱彼久困之餘，意在休兵，焉知其不邀索于我？爲今之計，莫若以守爲主，俟其可戰而戰，則是以守爲戰俟；其可和而和，則是以守爲和。和不可恃則戰，戰或未勝則守，合和戰守爲一，操縱在我，彼豈得而邀我哉！

國初，軍兵轉至指揮使，有功遷刺史。政宣以來，始由効用，循襲至今。自將佐至于隊將，例以効用爲之，間有一二爲制領者，而軍兵則止于受宣。自都虞候以上，不復可轉，而以額充軍兵者少，求爲効用者衆。不均如是，能無偏乎！宜參稽舊法，比折换授。

時論者皆以爲然。除金部郎官。未越月，京畿擇計使，僉謂非公不可，除直敷文閣兩浙路轉運判官。公究心民事，深知州縣催科，至爲民病。建臺之始，揭三大弊，嚴行約束，鏤榜著明，所在觀者，舉手加額。將及二年，不動聲色，而條教自孚；不待督促，而財用自足。得人之效，爛然可觀〔六〕矣。然公自捍邊以來，備嘗艱阻，久而得疾。上眷公不已，進職二等，陞副使，以寵嘉之。公力請奉祠，詔以直龍圖閣、知寧國府。閱月而疾作，遂至大故。實嘉定十五年四月丁酉也，享年六十有一。積階至朝議大夫，贈祕閣修撰。

娶沈氏，封宜人，先公三年卒，葬于湖州武康縣慶安鄉黄隴之原。長子時懷，承節郎、監高郵軍稅務，先公十四年卒；次時思，將仕郎。長女適進士張梓；次適儒林郎、監户部路遂莊大兵犒賞酒庫錢紹謙。是歲十二月癸酉，其孤奉公柩，啓宜人窆，合葬焉。公篤志爲善，服膺古訓，不敢失墜，持身以廉介爲先，臨民以教化爲本。每遇兩造在庭，平心剖決，惟恐傷之。常曰：「獄重事也。一涅其面，即非全人，況不可復生者乎？」山陽有非真盜，而將就死者；安豐有脅從，而將黥者；合肥有被誣殺人，而不能自白者；皆力雪之，獲免。其哀矜慘怛如此，足以見仁人之心矣。

初，皇考中奉公，樂于施與。隆冬雨雪，有貧乏不能自活者，暮夜攜錢，寘其户内，不求人知，而壽止三十三。識者咸曰：「趙氏陰德之報，其在子孫乎！」及公繼之，秉心篤厚，有先君子風，歷官中外，蔚然時望，善積而報豐，于是可占矣。然非不陞進也，而位猶未稱；非不忠誠也，而人或見疑。康寧好德，亦既獲福矣，而又不登上壽，人子之心，有不足焉。雖然父子俱賢，氣脈相續，自足以不朽，豈必事事盡如人意哉！質諸古人，實獲我心，公亦可以無憾矣。夫銘曰：

繄人之生，難乎兩全。正直者才多不逮，通敏者節或不堅。孰如宗英，守經達權。捍邊有方，持論無偏。縱毁言以點汙，迄美譽于流傳。

朝請大夫趙公墓誌銘

慶元中，有憸人蘇師旦者，本吴中一小吏。依憑貴要，盗權植黨，不十餘年，致位通顯。一時嗜進之士，争趨其門。福建常平使者趙公，獨憤疾之，不少降屈，趣召至闕，對有日矣。師旦輒風言者逐之，奉祠而歸。明年斯人竄殛，衆由是服公先見，以爲不可及也。然更化之後，猶以韓黨廢。

嗚呼！公韓出，師旦之螯，韓不能庇。舅甥情義，若是其恝，尚何黨之云乎！今丞相雅知其賢，欲復用之，亦竟不果。窮達固有定分，君子安于所遇，心苟無瑕，得喪一也，公復何憾哉！

公諱公升，字叔明，宣祖皇帝七世孫，魏悼王之裔也。曾祖妣，恭人張氏、郭氏。考諱詵之，左朝散大夫，贈少師；妣魯國夫人吕氏、燕國夫人韓氏。家于吴門之常熟。自少師始，公以遺恩補官，歷信州司户參軍、監文思院上界，改宣教郎、知婺州金華縣，通判幹辦江東安撫司公事。丁燕國憂，服除知漢陽軍。秩滿，選知衢州未上，提舉福建常平茶鹽事，主管沖佑觀。提舉江西常平茶鹽事未上，以論列奉祠。自宣教郎九遷至朝請大夫，命服金紫，而食祠官之禄者凡四。嘉定九年，三月庚申以疾終於家，年七十四。

公之宰金華也，募鄉民爲義役，條畫甚備，邑人便之。祠于寶婺觀，刻石紀焉。加惠貧弱，多所縱舍；達官右族，督賦如式，雖宰輔之家無得幸免者。漢陽據江、漢會，因爲隄城，每漲流四集，充激侵齧，隄隨而潰。公念土功之難，非衆力不辦，而民不可勞。用尺籍伍符，衣糧既從官給，稍增其庸，必踴躍聽命，奏請從之。廣袤堅壯，遂爲經久之利。麗譙既燬，復還舊貫，費廣而民不知。倉與漕刑，建臺相若，而州縣奉之緩。公曰：「吏胥服役，柄不在我乎？」乃檄所部，凡曾以罪斥，非經本司敘理，而輒在官者，俱罷。既又慮其已甚，則令擇其實可任者以告，而姑存之。由是畏威懷德，應命如響。閩舊有舉子倉，凡僧舍之不能嗣續者，聽民佃業，歲收其入，以給窮乏産育之家，而申嚴不舉子之罰，此仁政也。而習俗不美，其請于官也，故高其價，使人莫我若。己必得之，既而力不逮，耕種失時，收斂寖薄，倉實不足，民鮮被惠。公請仍以僧主之歲入之數，不加于舊，閭閻樂從之。自是民間生子，蔑不舉者，至于今，所活者多矣。公臨事精敏，而又能委任官僚，人莫能間，屬皆盡力，而政罔不舉。

賢配曰宜人張氏，先公五十一年卒，葬於常熟縣吴山頂。皐繼室曰宜人劉氏，亦有賢行，十年七月辛巳卒。子彦許，訓武郎、江南西路兵馬副都監；彦詞，迪功郎、饒州番陽西尉；彦禾，迪功郎、衢州司理參軍。女適朝奉郎、通判紹興府潘景夔；次適迪功郎、嚴州觀察推官顔叔仁。先十二年卒，次以疾廢。孫枏夫，以遺澤補將仕郎；樞夫；機夫；栩夫；櫟夫。孫女一人。頂皐之穴或疑焉。于九月壬申，諸孤舉公及劉氏之喪，而遷張氏之柩，合葬于潤南之原。

某受知于公最深，公之領闔倉也，實爲之屬。時猶在選調，平生未嘗覓舉，獨公深念之，遂獲通籍，厥惠博矣。每念無以報，稱窀穸有期。諸孤貽書請銘。某承乏太史，士有一善，皆當紀録，賢德如公，而可無述乎！乃敬敘其出處，大節爲繫之。銘曰：

天支之貴，山澤之癯。道腴是味，豪貴是除。居官可紀，吏戢民舒。彼譖人者，巧言紛如。孰知其心，金石弗渝。我作斯銘，爲公辨誣。

校勘記

〔一〕金人肆毒　原作「外裔猖獗」，今據四庫本、叢書集成本改。按：據上下文義，張邦昌爲金滅北宋后而立之傀儡，原本恐避女真諱，有所改竄。

〔二〕通判　原作「迪判」，誤。今據四庫本、叢書集成本改。

〔三〕自號爲「逸叟」　「逸」字原缺。今據四庫本、叢書集成本補。

〔四〕正家以公　四庫本作「正家以躬」。

〔五〕丘墟　原作「邱墟」，今據四庫本及叢書集成本改。按，「邱墟」乃避孔子諱，據清《雍正實錄》卷三〇載：「先師孔子聖諱，理應迴避……嗣後除四書五經外，凡遇此字，並用邱字。」

〔六〕爛然可觀　原作「爛然可覩」，叢書集成本同，今據四庫本改。

卷十八

誌銘

侍御史贈通議大夫汪公墓誌銘

慶元六年夏四月，詔以起居舍人汪公爲侍御史。此朝廷清要之職，古人所謂「一臺正而天下治」，非虚言也。自公道不明，居此職者，鮮能竭忠以報國。類多倚法以立威，凡已所不合者，率以私意去之，姦臣未折其萌，而良士先罹其害。公既正位臺端，分别是非，明于黑白。公論所推許者，常全護之，可恃以無恐；公論所不與者，必裁正之，毋得而苟容。舉職如此，可謂真御史矣。故雖不滿三月，齎志以歿，而評品人物者，稱之至今。視一時虚譽，如雨集溝澮，朝盈暮涸者，何其相遠哉！此足以知公之所存矣。

公諱義和，字謙之，徽州黟縣人也。曾祖，贈太子太師，諱才貴。妣，西安郡夫人黄氏，建安郡夫人舒氏。祖，簽書樞密院，兼參知政事，諱勃。妣，同安郡夫人祝氏，會稽郡夫人唐氏。考，湖北提舉，贈通議大夫，諱作勵。妣，碩人祝氏。

公未弱冠，貢于鄉，以郊奏補官，主江陰簿。被計臺首薦，歷餘干丞，改宣教郎。宰隆興之新建，時歲大祲，府檄公視之，而使人私焉。曰：「幸以郡計爲念。」已而謁帥，首言旱甚，十蠲其八矣。帥艴然曰：「不我告，而專之可乎？」公曰：「農民已困，將爲餓殍，賦安從出？明示以所減數，俾户知之，猶足以繫其心。必待禀明，緩不及事，奈何？」大忤其意，以語見侵。公曰：「某頭可斷，言不可食！」帥黽勉從之。諸邑長咸在，無敢出聲。公抗首力争，八縣饑民均被大惠。

府有東湖之勝，歲久不治，屬公浚之，計工五十餘萬，日役數千人。公言取之諸邑，寧免追胥。賦於近郊，徒資游手，于饑民無預。且游觀之所，非今所急也。議由是寢，時淳熙八年也。

是歲，擢進士科，時宰欲處以他闕，辭不敢當。益勤于民事，務以仁恕教化爲本，陶然珥筆，息争善俗，獄犴遂清，漕尤公袤。丘公崈，繼以治行聞，被命審察，通判紹興府，作永思陵。朝廷委計臣躬任其責，每事舒緩，欲以不擾取名。公曰：「擾誠不便，山陵大事，而惜費如是，可乎？」孝宗聞之甚怒，移知鎮江府。張杓帥越，與公協力，靈駕既至錢清。公見其可渡也，趣之，漕以爲未可，而公趣之愈急。甫畢，而堰壞，時論服其敏達。是邦和買之弊久矣，莅官者不能精察，虚僞日滋，公深究其所以然之故。既履畝而税，務爲均平；又稍損科敷，與之覈實。實有是田，始有是賦，歷歷可考，莫之或欺，于是乎宿弊寖革焉。

繼丁太夫人及提刑公憂，服除，知武岡軍。武岡與辰爲鄰。紹熙三年，辰之溆浦蠻猺，侵邊作亂，公之官，至邵陽，或言賊勢方張，姑徐徐焉。公曰：「天子有命，急策疾趨，猶懼不及，又可緩乎？」倍道而行〔二〕，大修武備，綱目具舉，威聲震疊，且開以大信，許之自新。迄無入境者，武岡財用不能自贍，仰于永邵者半。朝家科撥舊有常數，二郡輒負不償。公弗與校，舒徐以俟之，曰：「吾惟過自撙節而已。」既而經常用度，種種無乏。又思之曰：「彼不吾與，未覩其害，而乾没焉，豈不惜哉！」爰請于朝，以二郡元撥之數，理爲武岡上供，而武岡上供截爲留州之用，有旨從之。遂爲長利，加以博訪官僚，周知利害，財計日益充衍。公宇、爨舍、營壁、橋道、亭驛、軍器之屬，無一不葺。三歲貢士增于舊額，溪洞八百餘團結，以恩信良吏之績，班班乎可觀矣。

慶元二年，以治最，爲太常博士。時權要炎炎，群邪翼之，詆天下正論以爲僞學，無敢明其不然者。公對清光，力陳人才真實疑似之辨，人所難言，義不容已。天子嘉納，亟施行之，誣善者皆悚。

三年，遷吏部郎兼禮部。四年，除樞密院檢詳。五年，以左司兼檢討玉牒。宰掾最爲機要，而壓于宰輔之威，是非予奪，多含糊其辭。公則不然，可則曰可，否則曰否，未嘗持首鼠兩端之説。

吴興有糾合兇人，盡戕主家，而火其廬，延及一市者，刑寺欲分首從定罪，死者一夫而止。公駁之曰：「殺人放火，俱合抵死，兇徒肆虐，厥罪惟均，何首從之有？」中都會子之獄，抵罪者數人，集議欲輕之，公又曰：「僞造者斬，法也。犯而輕之，是不信于民也。何憚而不犯！」皆請論如律。公平時居官，雖一鞭扑，未嘗輕用，而于是獨嚴戢姦宄，護善良兹，其所以爲仁爾。

九月，除起居舍人，直前奏事，願取司馬光五規，爲保治龜鑑。嘉言偉論，固流俗所謂迂闊者，鬱而復明，聞者興焉。又謂二史分日侍立，宜謹書言動，使有所考信，時人亦甚韙之。明日，遷侍御史兼侍講。有阿附權要，致身詞掖者，植根之固，殆未易拔，公首劾之。曰：「此俗吏也，不足以塵高選，斯人既斥，足警其餘矣。」

每患學者各私其師，趨向不一，于是交攻。建言：「昔我高宗聖訓，士當專以孔孟爲師。夫孔孟者，萬世之標準也，由之則爲正道，舍之則爲他道，孰有能加損毫末者哉？」當衆言淆亂之時，發爲正大之論，如指迷途，如藥錮疾，深有當于人心，莫不延頸以俟，傾耳以聽，望其由是日進讜言，而孰謂公止于斯乎！

卒之日，寔是歲之六月六日也。享年六十，積官至朝議大夫，贈通議大夫。朝廷惜其喪，賻贈如例。

娶程氏，給事中叔達之從妹也。姑性嚴，事之甚謹，歡然無間言。公得顓心任職，不以家務自累，抑内助爲多。封宜人，以子陞朝，封令人，嘉定三年四月三日以疾卒，享年七十有一，贈碩人。長子綱，朝散大夫，直焕章閣，知紹興府兼權提刑。次紀，爲公弟義的後，終贛縣丞。次統，奉議郎，通判楚州。次縝，宣教郎，知興國軍永興縣。女，適奉議郎通判衢州朱拂。孫曰萊、曰椝、曰棨、曰泳之，將仕郎。孫女，適修職郎，江陰軍司户程熹。次適進士朱任。餘二人未行。

公自幼及長，嗜書不倦，手抄至百餘帙，尤熟于《左氏春秋》。辭華炳蔚，援筆立成，竄定不過數字，前後奏篇，無慮數十，直己而發，不事雕琢，而皆當世切要，蓋根于學問。非苟作者，其立身處事也亦然。事親篤孝，母有疾，衣不解帶者數月。風儀峻整，而謙抑自將；事機立斷，而持循惟謹。義所難安，雖微不取；義所當與，雖多不靳。吏或以久例白，一無所受，貲産不逮其先世遠甚，而賙恤窮乏一遵舊式。推廣此心，孰不歸仁？兹非學問之力歟？宰邑丞郡，值歉歲，念常平倉儲蓄無幾，不足以賑窮，言于帥守，多方勸分，人皆樂從。以富鄭公青州救災之良策，推而行之，全活甚衆。左右司檢正，事至夥也，以一身兼之，隨宜區處，諸務俱辦。館伴北使，禁樂之際，偶聞樂聲，金使遽以爲請。公使謂之曰：「此閭巷間爲之耳，几筵未徹，國樂猶禁，而可施此乎？」片言折之，愧服而止。此皆篤于學問，積之有餘，用之不匱。故泛應曲當如此。每語諸子，吾年及耳順，即謀歸休，盡閲家藏未讀之書。此志未易量也，雖不克遂，而心聲所形集三十卷，粲若瓊玖，其學亦富矣。越帥既蔚有華問，又倡率諸弟努力爲學，此所謂世濟其美者耶！

初公葬于邑西郭家塘之原，碩人歿，重于啓窆，則葬于邑西雙溪之原。歲月深矣，德銘未立，越帥貽書，以是見屬。某惟同年之誼，有不可辭者，敬諾之。銘曰：

衣冠蟬聯，斯世所貴，古稱不朽，非是之謂。汪氏一門，世有顯人，顯以賢德，匪徒簪紳。維侍御公，樞參之裔，公侯復始，平生之志。位雖不充，德則不忝，霜臺謇謇，繩彼姦諂。天奪之速，舉世所嗟，施于後昆，韡韡其華。何以成之，續此正脉，克世其家，令名有赫。

刑部郎中薛公墓誌銘

紹興間，吾鄉年高德劭者有五人焉。其學問操履俱一邦之望，時時合并，有似乎唐之九老。本朝之耆英，故謂之五老，繪而爲圖，傳之至今。

左朝奉大夫，衡州使君薛公，其一也。公既與是四人者，以道義相交，而又得賢壻焉。曰：「禮部侍郎高公，學有根柢，氣類相若，講明義理，日益精微。」于是乎家庭間肅肅雍雍，薰蒸陶染，不扶而直，爲子若孫者，烏得而不賢哉！刑部公之持身居官，所以見推于士大夫者，其源委蓋如是。

公諱揚祖，字元振，世占籍于明，明陞府遂爲慶元郡人。曾大父諱唐，贈朝議大夫。大父諱朋龜，即衡陽使君也，嘗權工、吏部二郎官。考諱居實，朝請大夫，歷倉部郎中，直祕閣，帥淮東，贈中散大夫。妣朱氏，宜人，贈令人。

公資性穎悟，風規秀整，嗜書不倦，以父任補官。淳熙間，辟淮東帥司書寫機宜文字。丁外艱，服除調處州司户參軍。紹熙初，監編估局門。皇上履位，宰婺之義烏，通守金陵，丁太夫人憂，不赴。既除喪，主管浙西安撫司機宜文字，監尚書六部門，大理寺簿，知漳州。召爲大理丞，遷刑部郎中。尋以疾請外，得池州，改主管沖佑觀。

公始爲户掾，軍校有怨軍事判官者，伺其未明趨郡，剚刃肩輿，已而自首。郡守送之獄，公亟言曰：「軍校輒犯階級，誅之，法也。事理明甚，何必寘諸囹圄？若訊他囚乎？」聞者皆快其壯。

局門事簡，不足以觀設施。丘公崈時爲户部侍郎，風裁甚高，見公而奇之，曰：「此有用之才也。」爲之延譽。參政陳公騤，亦驟稱之。聲名藉藉，改秩之劇，不勞而辦。邑有顔孝子墓，歲久荒圮，首營葺之，申嚴樵牧之禁，有助風教。一胥大爲姦利，白諸郡將黥之，以警其餘，莫不震慴。率以五鼓視事，夜漏下十刻始休，三歲之内，無日不然，以故庭無留訟，獄無滯囚。

東江湍駛，舟多覆溺，乃創石梁，捐己俸以先之，樂助者衆，費緡錢以萬計。及守臨漳，梁南江，如東江之役。故兩橋之成，人皆以薛公名之，爲之立祠，示不忘也。漳僅有土城，高不過五尺，無以禦寇，公欲修築，請于朝，未之行也。及爲郎面對，申言此州當閩廣往來之衝，去朝廷二千餘里，而城壁不立。往時沈師竊發，以無備故，可爲覆車之戒。乞以臣任内樁積錢，輒辦兹事，上始從之。詔守臣汝讜經畫如其言，漳人賴之。

時州縣財用不足，多以科罰從事。公言民犯有司，自有成法，豈宜因以爲利？施之小罪，已非息訟之道，若罪至殺傷，由此倖免，冤枉何時伸乎？此亦切于時務之言也。

溪峒猖獗，湖廣、江西均被其毒。贛大州也，恬不爲備，賊兵深入，直趨郡城，獨幸急撤浮橋，僅免于禍，不爾守其危哉。漳距賊巢，非若贛之壤地相接也，而公豫爲之防，日繕甲兵，積穀粟常。若寇敵之至，威聲所加，足以禦侮，不既賢矣乎。

省户之除，天子固將用之，不幸而病，奉祠里居，沈綿者九載，竟至大故。寔嘉定十二年七月癸酉也，享年七十有三，積官至朝奉大夫。娶蔣氏，吏部尚書大猷之曾孫女，贈宜人。又娶汪氏，封宜人。子男五人。長師仁，迪功郎，監紹興府三江買納鹽場。師誠、師文、師謙，皆蚤卒。師魯，將該致仕恩。女二人，長適進士楊宗紹，次未行。孫男三人，長安之，餘未名。

公五歷官，歲月深矣，而資産終不甚裕，故多以廉吏爲薦。大資趙公，入侍經帷，薦慈湖楊公，而公亦預焉，時人以爲榮。初倉部公窆于奉化縣，忠義鄉之雙谷，去城幾百里。公每謂二子曰：「先隴若是之遠，子孫憚其難至，聲迹必睽，吾歿之後，得祔葬于此，爾曹展省，併及兩世，則不至于遽疏，吾瞑目無憾矣。」

明年二月某日，二孤敬遵先志，克襄大事，而屬某爲之銘。某雖老且病，然鄉黨之誼不可辭也，乃次第其本末繫之。曰：

猗歟一門，三世爲郎，象賢濟美，厥德有光。猗歟刑曹，甚敏而厚，居官可紀，有學有守。味其遺訓，先隴之思，兹爲不忘，昭昭永垂。

蘄州太守李公墓誌銘

李公茂欽，東萊吕成公之高弟也。淳熙中，成公之弟子約，爲四明倉官，茂欽不遠數百里訪焉，余因是識之。風規峻整，志氣挺特，明于義利之辨，使人起敬。入太學，結交海内賢俊，相與講切，義理益明。同舍生有病疫者，多方拯救，以身親之，義所當爲，不遑自恤。爲學録，規繩井井，諸生嚴憚。留、趙二丞相聞其賢，風使來見，一不往。

嘉定中，余同官于朝，時時合并，壯其風操。每推許之：「異時履險蹈難，以仗節死義稱者，必斯人也。」及蘄春被圍，余日日念之曰：「茂欽其死乎。」既而果死。

嗚呼！賢如斯人，而可死乎！自古國家之立，必有正人端士焉。英特之氣，與生俱生，培之養之，益堅益壯，足以興起人心，維持三綱五常，而壽其脉，則社稷可以長保。茂欽之生天，之所以佑我宋也；茂欽之死節，所以緜我宋之無彊大歷服也。寧不偉哉！

茂欽諱誠之，世家于婺之東陽。曾祖、某祖、某考、某俱不仕。考以茂欽該郊祀恩，再贈宣教郎。妣鄭氏，贈孺人。茂欽自幼莊重，不苟言笑，勤于務學。既冠而邃于《易》，登賢書，試舍選，俱第一。慶元初，解褐分教鄱陽。丁考妣憂，廬墓終喪。幹辦福建安撫司公事，性不喜覓舉，或勉之。則曰：「彼誠知我，何必有求？彼不吾知，雖求何益？」以此絶口不求，而帥若憲，俱以其公論所歸，而自舉之。

除刑、工部架閣，擢國子録。讒説肆誣，臺評且上，或言自辨可免。茂欽曰：「吾不慣爲此態，惟有去爾。」及報罷，舉朝冤之，送別者袂相屬，人更以爲榮。

再朞，起爲江西運幹，部使者稱提會子，第其物力高下，輸錢以斂之。茂欽以爲富人至少，自中家而下，安所取辦？而應此令，何如循舊例？止以鹽本錢通融，可以無擾。使者不悦，曰：「商君之令，猶能必行，今乃齟齬如此。」茂欽愀然，曰：「公以儒學發身，而欲效商君之所爲乎？吾苦言難入，求奉祠而歸。」使者遜謝，罷令而後止。

改秩通判常州，總司督經總制錢甚峻。前此爲倅者，率以不辦取辱。茂欽始至，即爲都簿，具財賦若干之目，言于主司，立爲定額，分限輸錢，罔有虧闕。宿逋亦補焉，不惟區處有方，亦由潔廉無私，吏不容姦。知郢州時，制帥頗有風力，而行事皆當。茂欽以書勉之，曰：「鎮壓不可以無威，必和易以通下情；斷制不可以不獨，必博谘以盡群策。」時以爲名言。

揣金必敗盟，大修邊防，戰攻守禦之具甚備，厥費緡錢十萬。舊有備邊，下倉復置上倉，糴米麥以實之。及敵至荆西，鄰州驛騷，制府調兵爲援，亟發州兵，及統司所益兵，及保捷民兵合二千五百人，撫而遣之。協古諸侯守在四鄰之義，且力請于朝，增新軍五百人。痛節冗費，財用常足，保此一邦，晏然如故，茂欽之力也。

移知蘄州，蘄爲次邊，中興以來未嘗被兵，邦人皆謂金必不至。茂欽曰：「備禦無素，忽長驅而來，將若之何？」相視城壁，而增益之，高與厚俱五尺，而濬其濠塹，厥深二尋，而廣五之。備樓櫓，築羊馬牆。教閱廂、禁、民兵，激之以賞。增倉廒二十，積米以石計者四萬。先是郡中酒庫月解錢四百五十千，爲太守常俸，茂欽一無所受，寄諸公帑。兵食之儲，實此錢附益之。

提點刑獄、兼知黄州何大節，欲堅守沙窩黄土諸關。茂欽曰：「古人守險，敵無他岐可入，故閉關足以絶其來。今五關三四百里，小路可入者以百數，安能盡守？若從小路，繞出關背，毋乃大被其毒乎？」不聽。大節又以黄陂一路無山可守，調民築堤，且發蘄之民兵，相與守關。茂欽言：「黄陂之旁，地多沮洳，敵騎不能馳驟，若隄爲坦途，則其來易耳。民兵可保鄉井，遠適必無固志。」皆不聽，後悉如茂欽之揣。

金決策深入，以兵牽制浮光而徑擣蘄、黄二州。時茂欽將受代，維舟江滸，欲遣其家先歸，聞敵入邊，恐人心不寧，遂不果行。而州兵迎新者半，民兵復爲憲司所分，存者僅千餘人，勢力微矣。乃選擇城中壯丁，參以寄居宗子，分布城中。金兵將至，募敢死士三百人，迎擊于十里外，挫其先鋒，大破之。金爲連珠寨百道攻城，茂欽躬擐甲冑，朝夕巡歷，不復顧其家。歸正人張奇，久居于蘄，茂欽察其有異志，并其黨誅之。金叩城呼張奇毋誤我，則知其爲間明矣。造橋欲渡，則奪之；毁民居板木，排牆以進，則焚之；積火欲燒戰樓者，以水沃之[二]；鑿小渠欲洩濠水，則盡殺而復窒之；佩銀牌率衆來攻者，則射而殪之。又禽敵將七人。池陽、合肥皆遣兵三千來援，金擊之皆敗走。統帥有擁重兵而至境上者，畏敵而不敢前，敵知外援已絶，而攻益急。茂欽調兵奪其攻具，殺兩大將。又以鈎繫長繩拽其雲梯，至前亂斧斫之，墜者如雨；又令死士夜入敵寨，攻擊不得寧息；又伏兵羊馬墻中，俟其至，掩之入濠，死者甚衆。製布囊以萬計，盛土積城上，礮不能傷。灌鵝車洞子以金汁，沃以膏油，頃刻煨燼。料地道所來之處，熏以毒藥，城得不陷。埋甕地中，令人潛聽動息，皆知掘城基者，擲火牛以燒之，發鐵礮者，張皮簾以障之。金不得志，將去。會黄州失守，併兵爲一，凡十餘萬。城中大震，茂欽神色自若，指所儲倉實曰：「但自飽食，毋憂也。」帥閫裨將徐揮，以兵八百人來援。茂欽疑之，止令助守，不令出戰。揮詐稱欲迎援師，又不許。中夜率其衆縋而下，教敵登城，魚貫而進。茂欽之子士允，力戰而死。茂欽率兵巷戰，自子至寅，殺傷相當，士卒感其恩，皆戰死無一降者，茂欽于是死之。

將死，呼其家人曰：「城已破，汝等宜速死，無辱于賊。」妻孺人許氏，及婦若孫，即赴水死，時嘉定十四年三月十七日也。金入郛，語人曰：「非爾叛將，送我登城，我明日去矣。」聞者皆惜之。

積官至郎，壽六十有九。子士昭，以守舍免；次士達，蚤亡；次士允；次士介，先一年卒。女適進士許之選。天子深知茂欽之忠，贈朝散大夫、祕閣修撰，追賜紫章服，封正節侯，賜額立廟于蘄，賻以銀二百兩、絹二百疋，仍賜爵迪功郎者三。贈其妻令人，士允通直郎，子婦及孫女之歿于難者，皆贈安人。

茂欽生長寒門，備嘗艱阻，授徒所入，專以養親，妻孥不預焉。中歲絶慾，獨寢一榻，泊如也。奉使典州，書尺饋遺，未嘗入修門，一心營職，計慮深長。至蘄之半年，便民五事中，力言六關不可恃，宜别駐一軍扼其衝，要不然必殆，先見之明有如蓍龜。又兩年間，與其弟書，豫以邊事爲憂。其言曰「既任其責，不敢顧其身」，又曰：「一身一家，未保生死，職任所在，惟當盡死以守。」此其平居真情之所形也。

臨難捐軀，豈俟擬議哉！大義著明，人心奮發。通守秦君鉅，教授阮君希甫，皆守節以死，茂欽實倡之。夫茂欽豈徒死者哉！世固有勇于徇義而無奇策，拱手以就戮者，是則徒死云爾。張巡守睢陽，賊百計攻之，隨方捍禦，出奇無窮。茂欽居重圍中，應敵之策，班班可紀，來攻者不遺餘力，捍禦者綽有餘裕。睢陽雖陷，而有蔽遮江淮之功；蘄城雖不全，而有阻遏賊勢之績。一郡罹其災，他邦受其賜，豈徒死而已哉！

既歿之三年，二月七日，其孤士昭，葬之于邑東七里東山之原。孤欲求銘于某，其鄉人工部侍郎葛公，爲達此意。某得附此以傳不朽，固所願也。銘曰：

嗚呼！茂欽萬夫之傑，學有師表，清明洞澈。如水斯寒，如火斯熱，如金斯精，如玉斯潔。死生一致，本無差別，不榮幸生，凜矣其烈。豈無才士，從容剖決，亦有詞宗，敷腴婉切。如彼春華，倏焉泯滅，潢潦無源，朝盈夕竭。維此茂欽，卓爾超越，不辱其身，全歸罔闕。茂欽云亡，梁傾棟折，凡我同志，未語先咽。東山之麓，我銘斯揭，過者肅如，斂衽祇謁。

運判龍圖趙公墓誌銘

嘉泰、開禧間，某官富沙。閩漕趙公，建臺是邦，年既高矣，清眸炯如，道貌瑩如，有出群拔俗之態。事無劇易，從容裁決，若不經意，而皆當于人心。某嘗叩請其故，公曰：「吾無他長，昔從事于伊洛之學，得其旨趣，從此胸中無復凝滯。」某始知其非偶然者。今觀道施君狀公之行，具言丞太和時，邑宰周君賓，遇公甚厚，凡所以啓告者，率根本伊洛，公服膺焉。石韞玉而山輝，水懷珠而川媚，發于容貌，形于事業，皆有本而然，此公之所以深可敬也。

公諱充夫，字可大，魏悼王之七世孫也。始名達夫，字廉善，孝宗爲更其名，公併字易焉。曾祖諱報之，保大軍承宣使。妣，惠國夫人王氏。祖諱公懋，中奉大夫。妣令人孫氏、徐氏。考諱彦孟，朝散大夫，贈金紫光禄大夫。妣，安康郡夫人孟氏、永寧郡夫人羅氏。自中原俶擾，金紫公避地婺源，娶都督孟公庾之女，遂從外舅寓居于信之鉛山。

公穎悟而嗜書，外祖奇之，室以孫女，以金紫蔭補官，主永福簿。丁父憂，服除調太和丞，監青龍鎮，辟涔水檢踏官、知宜興縣，簽書淮南軍節度判官、知新喻縣，通判湖州，守臨汀、嘉禾、吴興三郡。奉祠，起知道州，辭不赴，仍賦祠禄。擢提舉淮東常平茶鹽公事，直祕閣，福建轉運判官。告老，進直敷文閣。與祠，再告老，陞龍圖閣，致其事。

初，孝宗屬意錢幣，公以舉爲泉屬，患場兵應募者之寡，請役諸路黥隸嶺南之人。五年無過，給據自便，就役者以千計。久之，新至者欲爲變，公驅車以往，號召「從役」，收捕無遺，自是無敢叛者。茶寇賴五，方熾駸駸至廣。提點刑獄林公光朝謂公曰：「場中黥卒，得無有從亂者乎？」公保無他虞，既而帖然。林公因咨禦寇之策，公言：「贛吉間有捷徑數百里，接詔之仁化，宜分兵捍禦，亟遣摧鋒軍控扼其處。」賊果至，殲其先鋒，餘黨奔逸，自是不能復振。

新喻絶産之家，有專其利，官不得預，公許其自陳減租二之一，永以爲業，而悉蠲其宿負，靡不樂輸。砂錢禁嚴，犯者猶衆。公言上供空用銅錢，錢荒則多僞，銅楮相半，弊斯革矣。諸司皆許之，盗鑄遂息，而綱運之費亦嵗省二十餘萬。

臨汀擇守，光宗命公爲之。閫帥趙忠定公議置莊倉，公以爲此固甚善。後有逋負，未免追擾，何如冬儲粟，春糶略收一分之息，糴本稍增，而民食無闕，經久之利也。帥大然之，朝旨欲行經界，俾公籌之。公謂：「汀税産雖多，而所收十纔六七，自足郡計。若行經界，則省額一定，不容擅減，必均于民，輸將重于曩時，必有流離失業之患。」條陳利害甚悉。平生好古，而隨時處事不膠古制者類如此。

郡城頽圮，鋭意修築，而易募役及堪負重者，補闕額，而蠲雜費，得百餘人，不勞而辦。公之始至也，營卒怯懦，不知紀律，中嚴號令，日日教習，時自臨之，區別武藝，頒賚有差，士皆勇奮。會寧化妖民廖大興等作亂，聲搖諸郡，命左翼將高特率兵討之，巡尉屬焉。授以方略，銜枚宵行，五里爲一鋪，直抵其穴，斷其糧道，遮絕外援，力罷而後取。旁郡兵繼至，咸遵約束，妖氛遂清。

吴興上供，歲額百十五萬，而累政所發至百餘萬。版曹督索，無虚月，公奏蠲之，人情懽然。公曰：「此天子之德意也。」郡計既寬，捐以與民，未納者代輸焉，催徵者併閣焉。皇上雅聞公名，俾司庾事，相度淮田耕種利害。謂平曠之土，水無源流，仰雨浸灌，稍旱則乾，何以殖穀？惟當益浚陂塘，官給工役之費，則于民無擾，而其利至溥。又言民既執役，而復責免役之錢，是重困之也。請以没官田産，隨鄉分廣狹，當役者給之，助其不足，以紓民力。鹽商胥吏共爲姦利，以既支未抹之鈔重請，公推見弊源，任官而不任吏，莫之或欺。其將漕也，于鹽事尤加意。郡邑有大小，户口有多寡，計其日用之數，定其日用之額，彊不可多得，弱不至乏絕。時論稱其公平。殿司左翼軍，分屯汀、建、泉、邵，始用禦寇，出戍增給小券，名爲一兵，而有二兵之費。公以漸消之，招補闕額，止給本俸，行之不驚，人無怨言，此皆公之善政可爲後法者也。

時望傾屬，聲名焯然，顧何施不可，而公雅意静退，以道義爲樂，人所汲汲，我則徐徐。始以丞攝尉，全獲彊盜，改秩法也，推以與尉。及攝龍泉，復以盜賞，畀之鄰邑。安恬之稱，已藉藉于搢紳間矣。況學問涵養，日進不止，豈復以世俗所樂，累其清明耶？守吴興時，忤時宰之親，遄歸故里。結亭二十有五，放懷巖壑，若將終身，彊而後起，名流多稱慕之。而誠齋楊公知之最，真有契于心爾。時權姦妄開邊隙，公深言其不然，雖拂其意不恤也，非輕視軒冕其能爾乎？

有樓曰「一經」，有館曰「東塾」，子孫滿前，課以學業。嘗著《論言》，人而能仁，道足以生，生則安，安則久。《魯論》一書，求之可也，審處其方，以藥已病，病去則仁，仁則日新，日新則樂。美哉言乎！其古人進德之心乎！筋力尚彊，謝事而歸，優游自適者十有三年，人生真樂，何以尚此。

嘉定十一年正月丁亥，終于正寢，享年八十有五。積階朝請大夫，賜四品服，所著有《進策奏稿》及《東山詩集》。宜人孟氏，先公十有五年卒，葬于鉛山縣鵝湖鄉之東山。四子，時授，從政郎，監江淮等路都大提點，鑄錢司金銀場；時升，迪功郎，衢州司户，先卒；時牧，迪功郎，福州司户；時稷。三女，源伯潛、鄭欽崇、傅煴其壻也。伯潛，今爲迪功郎，某州州學教授。孫男，若璜、若璋、若琅、若琛、若璣、若璪、若珍、若瑺。孫女，一適迪功郎，隆興府司户周景舒。

十月丙午，諸孤奉其喪，合葬于宜人之墓。某不才，辱公薦舉，遂爲知己，又獲從公之長子遊，契分不薄矣。貽書求銘，義不敢辭，謹摭其表，表可稱者，揭諸幽堂，昭示無極。銘曰：

皇祖維宣，篤生悼王，天監厥衷，子孫繁昌。維此龍圖，克嗣先烈，有始有終，天潢之傑。不究于用，君子惜之，我懷斯人，播以聲詩。

通判泉州石君墓誌銘

淳熙中，余游太學，得直諒多聞之友，曰石君諱範，字宗卿，婺州浦江人也。其先占籍青社，國初徙焉。君天資俊茂，志氣超卓，師事東萊吕公，有所啓告，服膺無斁。而群居共學，又多一時佳士，薰炙涵浸，氣質增美，肄業膠庠，能道其師之賢德、學問甚悉。余竦然異之，遂與定交。後君仕日有名，嘗調官中都。權臣氣焰方烈，其黨有依勢用事，能軒輊一時士大夫者，與君有舊，諷以一登權門，美官可立得。君曰：「吾儒者，改秩爲邑，義固當爾，奚以僥倖爲？」卒不詣。余以是服君自待甚厚，而守正不撓如此。

嗚呼！兹其師訓之所自來耶？曾祖諱洏，儒學起家，宰明之慈溪，年纔六十，念母年高，隨牒遠適非所以養，致其仕而歸，時論高之。祖諱楶。考諱知言，君既歷官，贈考爲承事郎。妣于氏，繼母喻氏，俱爲孺人。

初君以紹熙元年，擢進士科，爲奉化尉。歲饑，民貧相率貸糧，境内騷動。君曰：「是之不戢，乃吾失職也。」單車疾驅。開諭而儆戒之，利害明白，聽者冰釋。又爲白官長，亟請于牧守、監司，多方賑貸，其黨遂散，不戮一夫。海寇有逞其威虐，大爲民害，延及鄰境者，君設方略，一日就禽。

改承奉郎，知處州麗水縣。大修版籍，嚴詭挾之禁，申自首之法，姦民猾吏毋得表裏交蠹，條畫既井井矣。會以繼母憂去。

徽之婺源，素號難治，令以罪罷者踵相接，無敢向邇者。君獨奮曰：「心誠求之，何事不集？」核吏姦，節冗費，裕財之源，不事科罰。月樁緡錢歲以二萬計，鑿空取辦，民力大屈，君深念之。建請蠲什之二，其言懇切，感動人心，將漕者亟從之。由是大得民譽，賦輸如期，財用自足。

通判袁州。峒寇陸梁，衡、潭、贛、吉，被禍尤酷。袁當四郡之衝，人情懍懍。君攝郡事，練禁旅，閲民兵，廣儲蓄，博訪守禦之策，爭効所長，威聲甚震，盜無敢向者。

通守泉南兼南外宗正丞，又佐舶司，而左翼養軍之費復隸焉，事亦叢矣，剖析隨宜，莫不中節。余益信君才力敏裕，非若腐儒之膠固不通，而俗吏之所爲，君亦不屑也。可不謂賢乎哉！

嘉定六年九月二十三日，終于官舍，享年六十有六。官承議郎，既納禄，轉朝奉郎。八年十月乙酉，葬于邑之松塘。原娶陳氏，封孺人。子武、戩、戡。女適永嘉進士宋纓，次未行。孫男一人仰。孫女三人。

君敬奉庭闈，得繼母歡心，拊教幼弟，恩意深篤，喜道人善，亦嫉惡，居官廉潔，俸入外，一不敢妄取。奏院劉君狀其善行詳矣。將葬，武持以請銘。余曰：「子之先君，吾同堂合席〔三〕，金蘭之契也。子不我屬，猶將稱述之，況請之勤耶？」乃作銘曰：

才之裕，莫邪銛兮；行之潔，冰霜嚴兮。老于一倅，取之廉兮；茲爲幽宫，聳兮瞻兮。

校勘記

〔一〕倍道而行　原作「倍道而前」，叢書集成本同，今據四庫本改。

〔二〕以水沃之　原作「以水决之」。今據四庫本、叢書集成本改。

〔三〕合席　原作「于周」，不通。今據四庫本、叢書集成本改。

卷十九

誌銘

滁州司理李君墓誌銘

自古忠賢之後，雖更歷數世，耳目不接，而氣脉流傳，未嘗間斷，則必有篤厚之士著稱于時。此孟子所謂「故家遺俗者」。矧惟剛毅正直，光輔明主于天禧明道間，有若丞相李公之賢，積之有餘流，而不竭其後裔，當何如耶？

君諱十鑑，字季明，丞相之六世孫也。丞相生太子少師東之；少師生中散大夫，贈金紫光禄大夫孝孫；金紫生朝奉大夫偉；朝奉生知淮揚軍，贈奉直大夫晟；奉直生浙東提舉茶鹽宗質，即君之皇考也。妣安人夏氏，先世家于濮陽。少師徙洛中提舉，宦遊浙東，謀所定居者，樂四明風土，遂爲鄞人。

君初以考遺恩補官，爲迪功郎，湖州武康縣主簿，調處州録事參軍。折獄精明，根于慈恕，鞭撻不慘，自得其情。時時爲設酒肉，躬自察之，嚴寒酷暑，尤加之意。潔爾杻械，燥爾寢處，籌度再三，不得已而後辟。執政之族，有殞于非命，而罥罣一婦人者，上官欲重其法，力争獲免。

陞從政郎、滁州司理參軍，惟刑之恤，如在括蒼時。淮東漕臣知其賢，將延入幕以自近，辟爲儀真户曹。未幾，漕以論罷，君亦解官而歸，自是倦遊，不復爲仕進計。燕處六年，鑿池累石，環以花竹，幅巾藜杖，鶴鹿自隨，時與故交極歡而罷。

嘉定十四年九月己丑，以疾卒，享年六十有七。娶韓氏，先三十有九年卒，葬于陽堂鄉太白之原。長子曰津，次曰濳，皆蚤世；季曰源。孫裕。君没之次年九月丙午，啓夫人之窆而合葬焉。君雖歷官至淺，而兩郡決獄之平，人皆稱之。

夫獄，重事也。古訓有之曰「一成而不變，故君子盡心焉」；又曰「悉其聰明，致其忠愛以盡之，毫髮有差，死生所係，豈可忽哉」。然此理甚明，居是官者孰不知之！而鮮有能遂其志者，曷爲而然？曰「反諸心而已矣」。是心清明，得失利害，無得而昏之，自然不屈于上官，不蔽于私禱，獄安得而不平？察其情僞，究其纖悉，民安得而冤？

夷考君之平生，不得罪于公議，而晚節益有光。勇決閒退，恬然自處，無聲色之奉，無侈靡之飾。室廬僅蔽風雨，圖史列于左右，委天順命，不以紛華動其心。每曰：「利禄之樂不如林泉之樂，無所羡慕。」如此，則其涖官行法，豈有不遂其志者哉！昔于公自言：「我治獄多陰德，後必有興者。」既而果驗。君之設心無愧古人，後嗣其將昌乎！是誠可書也！已孤請銘，不敢辭。銘曰：

眇然一官，名迹隱微，勇于爲善，厥德有輝。彼賤丈夫，非不顯榮，敢于爲惡，實敗其名。猗歟李君，取舍克謹，遹追先德，令名不隕。我作斯銘，大書深刻，咨爾後昆，于此取則。

台州僊居縣主簿戴君墓誌銘

某之先叔父，常德通守之末弟也，以德行經學，師表後進，里中俊秀多從之遊。戴君德甫，亦受業焉。德甫諱日宣，自少嗜學，未嘗一日廢書，鄉先生李公若訥、胡公仲臯，俱耆儒宿望，德甫師事，所蓄富矣。而自視闕然，復請益于我叔父，叔父屢稱之。

嗚呼！師道之尊，其學者之司命歟。學而無師，猶不學也。漢儒雖不逮古，而師資之益，猶汲汲焉。故司馬談，學《天官》于唐都，受《易》于楊何，習《道論》于黄子。夏侯勝，既從始昌受《尚書》，又師事簡卿，又請業歐陽氏。蕭望之，始事后蒼，復事白奇，又從夏侯勝問《論語》禮服。所學皆非一師，宜其講習之精、見聞之廣也。然則德甫之求師，至于再三，其亦篤于問學者歟！

吾鄉之士，習經術者，惟《書》最衆，三年大比，無慮數百人。以名貢者，纔一而止，德甫得之，可謂難能矣。而試南宫輒不利。德甫曰：「吾豈可以小不售，怠吾遠業。」益奮勵讀書，而努力爲善。德甫性寬平，不設防畛，遇人無貴賤老少，敬之如一，小有過差，痛自懲艾，以觀過名其齋，蓋有意于切己之學。

世居慶元之奉化。曾祖垕，祖藴，父光世，蚤失所怙，奉母劉氏謹甚。該恩者再，始封太孺人，後賜冠帔，諸儒榮之。嘉定元年，以累舉特恩，受迪功郎，台州僊居縣主簿。官雖卑，平生所藴自是少伸矣。

六年十二月四日以疾終，享年七十有七。士之窮達，固有定分，而才德如德甫，良可惜也。配湯氏，有婦德，先十五年卒，葬于程嶼。九年閏七月壬寅，諸孤葬君于忠義鄉傅嶼之原，從先塋也。乃遷程嶼之藏，以合焉。子三人，度、庶皆業進士，亮蚤亡。女四人，其壻曰舒鑄、蔣處厚、舒鉉、袁守。孫男二人，興祖、顯祖。孙女九人，適舒錞、承節郎趙汝棣、舒錙、湯叔全、戴義路、李灝，餘未行。

德甫清儉而篤義，嫁親族孤女之貧者數人。人有疾，餽之藥，有垂死而活者。掩骼埋胔，加惠既歿。舊廬頗宏敞，使令輩不戒于火，一夕灰燼，僦屋數間，居之自如。余嘗訪焉，不見其有慍色，其德量又如此。度等請銘，不敢辭。銘曰：

猗嗟良朋，如古三益，師我叔父，合堂同席。舊好之篤，迄今不忘，勒銘幽宮，厥德有光。

從仕郎汪君墓誌銘

君諱伋，字及甫，其先自歙徙明。明陞府，遂爲慶元奉化人，家于雙溪之上，非通都也。持家謹恪，不自表暴，非干譽之士也。而名聲日出，藹然芬芳，取重于士大夫。下至閭里細民，亦稱之曰「君子人也」。迨其歿，皆痛傷之，人心愛敬如此，豈易得哉！培其根，浚其源，所由來者遠矣。

曾祖諱康世，妣徐氏。祖諱邦式，高州助教；妣孺人陳氏。父諱汝賢，常州録事參軍；妣安人張氏。君自爲兒時，識趣已不凡，長益嚴重，有植立之志。宜州通守舒公之末第也，已有盛名，録參公器之，妻以女。君與之款密，薰染浸灌，新益有加，美質增長。遂因舒公，而熟聞四方師友，學問操履之詳。故太學録沈公，嚴毅不苟合，君勤勤請益，以得親炙爲幸。又從將作監楊公，講立身之要，一話一言，服膺無斁。

夫以君之志操，而周旋于明師、畏友之間，進而不止，誰能禦之？故雖生長巨室，而食飲被服與寒素無異，遵規矩，履繩約，不溺于驕侈之習。而非嗇于財者，義所當爲，勇決不靳。其于族屬也，高年者，敬餽之；匱乏者，周恤之；可教者，奬拔之。或資以脩脯，勉使從學；或畢其嫁娶；或助其喪葬。里有重費，則以爲己任。更新縣學，材良工堅，有助風教，建石梁于雙溪，新既壞于南江，續惠政于歸湖。

建炎十年，中興，興大役。費緡錢殆數百萬，歲租減價而糶，凶年捐廩賑饑，代輸口賦關征，以寬民旅。

仁心孚洽，聞風起敬，士之過其里者，必求見焉。《大學》曰「仁者以財發身」，其斯之謂歟！淳熙中，鄉士大夫列其行義于朝，補迪功郎，該思陵慶壽恩，循修職郎，調漢陽尉，不赴。紹興四年，郡太守表薦其材，超轉從事郎，請祠監南嶽廟，自是不復調矣。雖恬于仕進，居官之美，不克著見，行乎閨門者，是亦爲政也。

事親惟謹，年垂六十，愉色養母，慕若嬰孺，承其志意，而敬行之。凡輕財樂施，皆庭闈意也。不尚峻急，而家人憚之，如侍嚴師；不事苛細，而家政有條，疾徐得所。尤急于教子，以身率之，雞鳴而起盥頮，誦書有程，點勘訛舛，手自親之。心所未安，質之同志，筆其格言大訓，朝夕對之，勉自警策，至老而不倦，以故諸子皆知務學。又嘗遣其長子，受業于永嘉，其志念深矣。雅意林壑，幅巾藜杖，逍遥自適。時以基酒自隨，款故人、隱士之廬，譚論竟日，精神不衰。既屬疾，知不可爲，語人曰：「吾將逝矣，胸中了無一事。」正巾整冠，有問者必拱而對，至屬纊，亦拱。

臨死生之變，而泰定如此。寔嘉定十一年十月七日也，享年七十一。娶王氏，先三年卒，葬于邑之松林鄉安住山。子男三人，龍友，嘗偕漕計；龍紀；龍允。女四人，長適甥袁邦度；次適迪功郎、景陵尉鄭次申；次適承事郎、長興丞謝奕修；次適迪功郎、前於潛尉陳祖開。孫男一介。孫女一君。

殁之次年，諸孤來見，泣且言曰：「龍友等將以十有二月壬午，奉先君之喪，啓先妣之窆，以合葬焉。敢以德銘爲請。」余雖老且鈍，然四十年交游之久，知之深矣，奚可以辭？于是勉從之。銘曰：

汪氏一門，鄉評所宗，都漕種德，久而愈豐。偉歟及甫，前規是蹈，造次不忘，可謂克孝。猗歟渥歟，及甫之澤，洛爾後人，續次血脉。

朝奉郎王君墓誌銘

慶元初，余備數成均，與國子監書庫官王君爲僚。未幾，余以罪去國，後九年，王君卒。又十有六年，君之二子見余中都，具言往者權姦用事，一時士大夫靡然趨之，先君未嘗一造其門，遂大與之忤。書庫終更，例遷學官，次則掌故，而先君獨否，義不苟求，卒從外補。狀其行者，雖知賢而姦臣猶存，不敢登載。今歲月已深，恐遂湮没，重念先君雖屈于當時，猶可伸于後，敢以墓銘爲請。

君之中表，司農寺丞樓君伯仲，稱道其美亦然。嗚呼！此人之大節也，于此不撓，其餘可占矣，遂敬諾之。而未及作，今奉祠里居，乃克爲之。君諱中行，字知復。曾祖諱直臣，故朝議大夫，贈金紫光禄大夫；妣夫人時氏、陳氏。祖諱俣，故闕部尚書，贈光禄大夫；妣夫人黄氏、宋氏。考諱遠，國子司業；妣宜人張氏。其先大名府人，三槐丞相之近族也，五世祖修撰，徙居宛丘，尚書復寓餘姚，至今家焉。尚書以剛正爲時宰所忌，司業流落北方，間關來歸，俱有盛名于世，以故門户赫奕，海内推仰。

君蚤歲潁悟不群，熟諸經史，居親旁，時時默誦數百千言。以尚書遺恩補官，調迪功郎、婺州武義縣主簿。將上，以司業持節閩中，遠于膝下，易四明之慈溪，又遲次兩載。夫筮仕之始，孰不以資考爲急？而君獨不然，恬于進取，天性則然矣。

黠吏豪宗，邑之巨蠹也。君始爲簿，領吏試以事，觀其所爲，精明燭姦，痛繩以法，莫不驚服。巨室或憑仗勢要，故不輸賦，令未如之何？郡檄君代之，懲其最甚者，以儆其餘。不一月，輸者畢集。復被檄塞海隄之決，父老争言堤所以圮，蛟鼉實使然，先祭之乃可。君弗聽。籠巨石，舟夾而投之，衆力齊舉，隄復堅壯。

嘗攝理掾，時皇子魏王出鎮四明，君閱獄囚百餘輩，多連坐者，有司疑焉，久繫不決。君曰：「皇子作牧，疑則縱舍，豈復效俗吏屑屑苛細耶？」即日白而釋之。長史舍人莫公濟，喜曰：「名父之子，固自不凡。」

丁司業憂，既祥，監打套局。丁宜人憂，服除，充書庫官，出爲湖北提刑司。幹辦公事，澧之慈利，有訴殺人祭鬼者，君取其案，反覆推究。且訪其土俗，咸以爲設此祭者，必以兩目手足先登于俎，而此獄所驗，目及手足無不具者。言于憲曰：「是豈可遽加以法乎？」時人服其精察。

改宣教郎、知嚴州建德縣。君通練明敏，事之至前者，是非立決。嚴于馭吏，如爲主簿時，視民如子。聽訟，導之使言，務盡其情。征科，取之有制，不求餘羨。而差役則盡公無私，且深念其勞，常左右之。飲食之外，不買一物。漆蜜，土産也。親故有請者，皆辭之，不得已則委曲他人，槩以時價。德政流行，人人感悦。轉通直郎，秩滿，趨朝。偶屬疾，致其事，轉奉議郎。

嘉定三年八月三日，卒。明年正月二日，葬于餘姚縣鳳棲山雙林之原，司業公之墓側，享年五十有三。娶曾氏，禮部侍郎幾之孫女，大理卿逢之女也，封孺人。二子，大臨，通直郎，知建康府江寧縣；叔達，迪功郎、新監常州糴納倉。女先卒。孫，筌。後君以長陞朝，累贈朝奉郎。

君資稟既高，而力學不怠，又周旋于名父賢婦翁之間，涵養薰陶，培本浚源，日厚月深。其之官慈溪也，司業作詩送之，有曰「惟畏實過寡，惟勤無功虧」。既至官，即廳事爲堂，請名于婦翁，翁因以「勤畏」名之。君于是刻詩堂上，朝夕觀省，且終其身遵而行之。小有過差，必自咎曰：「吾親所以誨我者何如？而我若是也。」司業既捐館舍，躬率其婦，奉母夫人謹甚。喜交賢士大夫，議論人物，深取夫篤厚平實，表裏無異者。樓宣獻公，姊婿也，相期保全名節，故皆無所附麗。憲屬職卑而地遠，人皆爲不平，恬然自若，方以得訪湖湘山水爲喜。迨夫歸自建德，學省舊同僚，有執政者二人，皆喜其至，欲寘諸朝列，而君則死矣。雖死而名存，所獲不既多矣乎！

《語》曰：「不知命，無以爲君子。」凡升沈得喪，莫不有命。君博于記覽，引筆行墨，不勞苦思，而清雄贍蔚。一第易得爾，而不過乎三登禮部。宦塗齟齬，又不得大見施設，豈非命乎？餘姚臨大江，飛橋久壞，司業欲爲而不果。君克承先志，發藏鏹九千緡，復新之，往來其上如履坦途，遂爲久長之利。推此心也，何事不集？而止于此。傷哉！惜哉！嗚呼！玆余所以不能自已也。銘曰：

中州之俗，醇厚而直，故家流傳，遺風未息。三槐之王，源委深長，餘波所漸，典刑不忘。悼末習之浮薄，踵前修之忠篤。一官雖卑，名則不辱，雙林之藏，過者必肅。

陳承奉墓誌銘

公諱邦臣，字季良，姓陳氏，慶元鄞人也。曾祖全。祖孜。考公權，妣孫氏、李氏。娶林氏，先公四十六年卒。長子從，從事郎、徽州録事參軍；次徽，衢、徠、衍。女六人，楊叔信、林鴳汪、應祥、鮑緯、蔣繹、樓浗，其壻也。孫駒、駿、驤、驎、騏、彌壽、彌堅。孫女適紀樞、沈昱、朱銓，餘二人未行。曾孫女二人。紹熙四年，該慈福慶壽，恩封承務郎。是歲，皇上登極，轉承奉郎。開禧二年正月戊子，卒，壽八十有五。明年十月己未，葬于奉化縣溪口新建之原。

公天資孝謹，奉繼母如實生己，人不見其有先後之間。敬順皇考意，倡率諸弟，厲志爲學。故宗丞張公遜，鄉之賢大夫也，方未第時，居與之鄰，輩行相若，同師承，同出處，有交相浸灌磨礱之益。中歲進取稍怠，還桃源故居，勤儉葺理，伏臘僅足，而能厚于宗族。凡孤苦無依者，悉撫教之，隨其能而任以事。季弟早亡，以其産均給諸弟，纖介無取。胸次寬平，未嘗面指人過。事或紛至，處之無難，舒徐排解，無不適當。喜服金石藥，多蓄之，有以疾告者，與之不靳。年益高，耳目聰明，飲啖如壯歲，步武輕便。其保養固自有道，抑誠心實德，默相之者至矣。平生所履可書者衆，而教子有法，尤爲人所稱道。既朝夕訓飭之，又擇明師俾之，受業從師事國博楊先生，學有源流。擢進士第，尉玉山，甚有能名。爲糾掾，受知郡太守，無問細鉅，委以參訂。家庭義方之教，不既信矣乎？兩被恩寵，閭里歆艷，亦足以自慰矣。

葬有日，從泣請銘，姻家之誼，不可以辭，乃述其大概而系之。曰：「其德不耀，其賢可紀，天報以福，亦既豐只。命服耋耄，蕃蕃孫子，凡今之人，如公鮮矣。」

武翼大夫沈君墓誌銘

嘉泰中，余官富沙，有東南副將沈君者，姿沉毅，善治兵，約束嚴，甚于其教也，卒皆奔走以赴。稍或愆期，即大懼。曰：「吾將性剛，必痛懲我矣。」以故人人奮勵，武藝精習。

嗚呼！使掌兵之官，皆能舉職如是，豈復有不可用之卒哉！余愛其才，因與還往，訪其家世，則武功大夫成州團練使諱德之子也。武功嘗隸大將少保岳公麾下，親見其謀略勇鷙、禽敵決勝之方，以語其子。習聞舊矣，軍政之熟，教閲之嚴，兹其所自來者耶？

君諱世顯，字光祖，世居開封，今爲廬陵人。曾大父諱福。大父諱全生，武功其門始大，贈其親武顯郎，奏補君承節郎。初，調湖南提刑司緝捕官。次，沅州大田巡檢。密迹蠻猺，有剋日欲侵擾者，君督厲士卒，俘十餘人，爲首者罪焉。群猺固以請，君不許，俾從至境上，斷頭以示之，皆怖而走，自是無敢犯者。尉衡之茶陵，爲漳之沿海，廉之管界，二巡檢攝合浦、石康二縣，皆以治辦稱，漳人爲之立祠。

充東南第十將副將，分駐于建。秩滿，陞東南第十三將，駐于邕管。先是買馬有勞，捕峒寇時，峒長黃燦，坐法繫獄。朝家督馬方急，無應之者，郡將良窘，僚佐共議。君曰：「使功不如使過，燦誠有罪，而蠻人之所信，宥而遣之，必感恩盡力從之。」未旬日，事果辦。

嘉定六年正月九日，以疾卒，壽六十三，官至武翼大夫。娶蕭氏，先二十一年卒，贈宜人。子四人。師宗，從義郎、雷州徐聞令，餘並補承節郎：師孟，先卒；師尹，監潭州衡山酒税；師皋，監邕州都作院。女三人，進士劉應運、張孝祥、陳士豪，其壻也，士豪嘗鄉貢。孫六人，應期，以遺恩補承信郎；次應麟、應誠、應符、應龍、應瑞。孫女六人。

七年三月七日，葬于廬陵縣儒林鄉長崗之原。君秉心忠實，居處樸陋，疏財篤義。其在邕也，士大夫之家有落拓不能歸者，爲教其子，而助其孀幼道里費，還之故鄉。設心如是，其撫愛士卒，當如何哉？掊剋之政，奉一己之欲，君之所必不爲也。故教閱雖嚴，而人不怨，可尚也已。師尹請銘，余不敢辭。銘曰：

養兵之費，吾民膏脂，養而不教，雖衆奚爲？猗嗟若人，汲汲于兹，豈不懷安，是心敢欺。相彼流俗，知此者希，興懷若人，我心傷悲。

胡府君墓誌銘

士君子生乎斯世，非必器業宏偉、名位顯榮，足以取重也。修身爲善，無大玷闕，足以行于家人，信于鄉黨，亦可謂之賢矣。嶮巇以規利，緣飾以沽名，反諸其中，恧然不安。雖復光榮于一時，必將得罪于公議，則亦奚足貴哉？

嗚乎！若吾友壻胡君諱玘，字致廣者，真鄉黨之善人也。頽乎其貌，訥乎其辭，循循謹飭，若無異于常人。然考其平生，稽諸公論，實有非衆人之所能及，是則可貴也。君之上世，家于金陵，避五季之亂，徙四明之慈溪。曾祖諱奕，祖諱祚，俱不仕。考諱竦，累贈中大夫。

君襁褓而孤，伯氏修職君撫養之，恩意備至，又延師以教督之，束以規矩，故能保其真淳不遷于末俗。待人以信，一言之發，金石弗渝。居家嚴整，雖隆暑不袒裼，無聲伎之奉，無遊觀之娱，無戲謔之語。每旦早作，至老不倦，人或犯之，恕而不校，無一毫害物之心。家故饒財，當兄弟析産之時，未習于事，生理寖微，率先儉約，衣不華采，食不擇味，又得賢配爲之助，資用以豐。然有所貿易，聽其自至，未嘗籠以智術。所儲穀粟，務在濟人，不多取贏，歲歉尤不靳。故朝奉大夫知澧州諱瓘者，君之兄也。自少至老，雍睦無間，兄宦游既久，至綰郡符，雖同處，然無欣慕之心。蓋嘗補官，歷階而上，亦足以爲榮，安于定分，不求加益，雖澧州不能强也，以道義終其身焉。平生寡嗜慾，善調養，高年華髮，顔渥如丹。

病且革，謂諸子孫曰：「生必有死，吾亦何憾。」晏然而終。實嘉定十年七月十日，享年八十五。娶孫氏，朝議大夫宗孟之女，先五十一年卒，葬于金川鄉，覺林僧舍之南岡。繼室邊氏，先十有二年卒。子五人，該，先十七年卒，詳、謽、宜、革。女一人，適進士高賢之。孫男十二人，源、淮、浩、灝、浤、正，餘早亡。孫女八人，其壻曰沈端臣、章楷、高麟之、方克柔、高益謙、陳傅弼、高櫄伯、馮惟信。曾孫男六人，橚、槵、植、桶、樿、樸。曾孫女二人。

明年十二月壬寅，諸孤奉公之喪，與元配合葬焉。初季子革，勇于自立，不得志于儒科，必欲以武奮，仕爲鎮江府都統司左軍統領。帥甚重之，駸駸榮途，志不克遂，君未葬而先卒。蓋嘗囑某銘其先君子之墓，既諾之矣，遂敬爲之。銘曰：

居家孝友，是亦爲政，旨哉斯言，發于先聖。人道之立，篤實不欺，賢若斯人，奚以仕爲。

統領胡君墓誌銘

君諱革，字從之，慶元慈溪人也。少從余學，余愛其氣質之純茂，志操之堅確，名之曰諶，字以實之。讀書窮日夜不懈，忘饑渴不知寒暑，苦心刻意，自期有立。而拙于辭華，度不足以進取。喟然嘆曰：「吾終于此而已乎？吾不得志于場屋，吾習騎射，讀兵書，結交豪傑、智勇之士，獨不能自奮其身乎？」由是逸氣騣騣，班定遠投筆之興，不可復遏矣。每曰：「志士不忘在溝壑，勇士不忘喪其元。」遂更其名，并字易之，取從革之義，圖變通之功也。

嗚呼！亦可謂不群矣。曾祖祚，祖竦。父玘，妣孫氏、邊氏。祖以子瓘，仕至朝奉大夫，知澧州，累贈爲中大夫。澧州于君爲伯父，奇君而愛之，尤與之謀議，語及出處，勸以止足。四任祠禄，遂掛衣冠者，從忠告也。

君既欲以武發身，乃不憚遠役，周旋江淮襄漢之間，審觀形勢，熟察事宜，雖二廣煙瘴之域，亦深入焉。九江大軍所駐，謁其主帥，一見契合，遂從之遊。峒寇之平，君預有勞焉。又嘗至京口，軍帥尤器重之，得旨權馬司準備將。久之，改鎮江都統司準備，再陞副將，遂權統領。竟以竭誠盡力，勞瘁得疾，至于大故。實嘉定十二年四月二十三日也，享年五十有五。統帥劉侯，歸其喪于故鄉，且厚給之。娶戴氏，諸暨丞樟之女。一男，濟；一女，適進士馮信道。十三年十一月壬寅，葬于縣之金川鄉龍山應嶴之原。

君事親篤孝，承顔順志，克敬以和。家于狹鄉，役頻費廣，將無以自立，每以門户爲念，求所以興起者，然不忍一日輒離親傍。偶讀山谷詩，有云「但使新年勝舊年，即如常在郎罷前」。乃知立身揚名，不必朝夕膝下，始有驅馳四方之志。父嘗屬疾，危甚，奔走營求，不勝痛切，得善醫者，治之立愈，人以爲誠感。後母嚴毅，察其意向，奉承惟謹，母爲之感悦。大監慈湖楊公，今之師表也。君嘗親炙誨益，服膺不忘。楊公聞君輕財賑窮，無所靳惜，語人曰：「此君家不甚裕，而能施乃爾，未易得也。」其在京也，撫愛士卒，病則藥之，雖疫癘流行，而挾醫躬問，覬其安全，不遑自恤，故有疾者多愈。

嗚呼！有如君之志節，推以事君，必能盡忠，捐軀徇國之舉，心誠甘之。天不假年，齎志以殁。余故表而出之，使人觀焉。壽雖不究，爵雖不貴，而衆推其賢，與夫眉壽高爵而公論弗歸者，其孰爲愈？亦足以警斯世矣。然則可無述乎？銘曰：

士而懷居，不足爲士，先聖此言，端有深旨。君如驊騮，致遠不倦，豈若駑駘，棧豆是戀。草居露宿，艱阻備嘗，卒隕于途，可爲悲傷。人皆傷之，我則壯之，裹屍槀葬，古人尚之。

訓武郎荆湖北路兵馬都監顧君義先墓誌銘

昔我曾大父，宣和間，由倉部郎中出知泗州，待次于鄉，屢與東湖顧君還往。金人肆虐，避地其家，相親倚如骨肉。夫曾大父何如人哉？其守嫠也，以法誅蔡氏黨親曹宗，觸京怒，獲罪。及登省屬，時事紛紛，嘗因面對，力勸徽皇清心省事，安不忘危，敢于犯顔，不顧利害。其堅正如此，詎肯交非其人哉？而顧君乃與同，其休戚相與甚厚，則其賢可知。路分君，緣先世之契，遇某亦不薄。路分殁，其孤哀泣請銘其墓，辭之不獲，乃敬述之。

君諱義先，字忠卿，慶元鄞人。曾祖，將仕郎宗明，與先倉部交遊者也。祖，文彊。考，成忠，贈武義大夫。妣，宜人畢氏。故史越王之童幼也，曾祖奇其風骨，曰：「他日必甚貴。」既冠而壯，每接對必款語。太師位登台鼎，果如平昔所期，眷之不衰，燕及諸孫，得以爲依歸之地。君之補官，太師所奏也。承信郎十遷爲訓武郎，歷浙運催綱軍器所受給，樞密院正將，京畿第二將，提舉邕州左江四鎮兵馬都監主管。

華州雲臺觀軍器所，久不葺，物多朽腐，增造屋百餘間，經畫有方，出納有時，庋之而不壞，秩之而不紊。計慮深長，隄防嚴密，而躬率以公廉，凡服役其中者，無所容其姦，而宿弊革矣。同寮有以病卒，而家貧甚者，爲經紀其棺斂，纖毫無闕，多費而不靳。

京師之卒，所以增壯國威，彈壓姦宄，關繫至不輕也。而向來爲將者，多以私意撓之，凡公宇營葺之費、從者供給之物，悉取辦于軍伍。君深念之，曰：「是安從出？」捐金自爲，絲毫不擾，察其饑寒而犒之，訪其疾痛而藥之，官用不給，常爲之助，無不感悦。而閲習則甚嚴，雖執役于朝士者，無敢不至。恩威並用，弛張隨宜，人人争奮，緩急可仗。嘗考此軍顛末，本東京畿邑駐兵。建炎間，調發以平陳通，遂留錢塘，指揮十六，凡七千六百六十六人。及嘉定十一年春，教閲，纔一千六百七十二人。軍弱如此，君深慮之。盡復其舊，誠難猝辦，稍增于今，而定爲定額。春秋大閲之時，募其子弟，試以武藝，有闕隨補，則兵不至寖虧，而糧不至于頓增。已具稿矣，會得疾而歸，不果上。此君居官之大略也。

敬奉二親，凡可以養其體，悦其心者，委曲周盡。父母既終，兄弟四人相依爲命，産雖已析，故廬猶在，日集于此，歡然無間。對人如賓客，酷暑亦正衣冠，肅乎其嚴，温乎其和。親故以急難告，必竭力拯救之。其子之師，妻喪未舉，不俟其有請，捐地葬之。閭巷困窮，施惠不倦，鄉爲義役，首以膏腴倡之。人情孚洽，厥應如響，遂次第其高下，循環爲之，無復異議。

錢湖之葑，歲歲滋長，水利日虧。君每欲糾率鄉人，合錢買田，歲收其入，買葑而遠運之，葑減則水增，誠無窮之利。前太守程公經理此事，頗與君合，因助成之。其始約束，以物力最高者爲典領，未爲不善也，然敷買民田，官自爲之，則非私家之所得專。數年之後，郡計不足，未免移用，典領之家，故爲遏之，而買葑之本，于是寖微矣。輸租稍稽，追逮立至，民又不堪其擾，此所謂「未覩其利，先見其害」也。君以爲此事正如義役，聽民之所自爲，以官司參之，乃可以經久。念之至熟，將以爲請，而君已疾不起矣。

卒之日，實嘉定十五年三月丙子也，享年七十有七。娶陳氏，封孺人，先六年卒，葬于邑之翔鳳鄉青雷峰之原。三子，錡、鏞，皆蚤世，泳之。女適奉議郎、添差通判紹興府趙師備；朝奉郎、通判建寧府趙善并；通直郎、前主管城北石廂汪之綱。孫，似道、立道。孫女適國子監進士陳鉅。是歲十有一月壬申，泳之舉君之柩，啓陳夫人之窆，而合葬焉。

君操心有常，策名仕路，不無知己，而局于天分，不甚如其志，晚所得闕，又抱疾不克往，是其真有命耶！然其居家効官，處鄉黨，皆行善道，有補于當世。夫士患無補爾，安于卑陋不能奮發，自同于鄙夫賤隸，而尺寸無補于時者，竟何爲哉？此亦足以知君之所爲，賢于衆人也。士有一節，猶當書之，况此數美乎！此余所以不能自已也。銘曰：

拔足閭里之中，致身簪纓之列，苟無其才，胡能曄曄？我懷故交，悵焉永訣，銘以昭之，庶不泯滅。

卷二十

誌銘

章府君墓誌銘

君諱焕，字昭卿，慶元慈溪人。曾祖翊，祖詔，父景初。家于藍溪之上，或曰：「黄巢之亂，其先世避地，自睦徙焉，迄今三百年矣。」而常爲合族。夫有盛則有衰，有興則有廢，自古及今皆然。其或常盛而不衰，常興而不廢，必有道焉。上而公卿大夫之能世其家，下而鄉閭庶士之能保其業，皆非偶然得之，所以培其根，壽其脈者，既深且遠矣。

章氏之先德，余不能悉知，詢諸鄉論，是家温厚長者，篤實不浮，稱美無異辭。當建炎兵禍之酷，君大父攜家避之，自長及幼，下逮僕役，無及于難者，室廬囷倉器皿養生之需咸在，人皆以爲積德之報。敵退，大饑，米斗千錢，傾其積以食餓者。病給之藥，愈然後去；遠不能歸者，託諸其親；不幸死者，葬之。後適他邦，有拜于途者，有書其名氏，炷香而祝之者，人益歎其施惠之博。考及君又皆力于爲善，温厚篤實之德，無忝前人。故雖門户寒素，而藹然芬芳，與衣冠蟬聯，世濟其美者等。此非余所謂培其根壽，其脈既深且遠者耶。

君初刻意學問，能爲詞賦，通易大旨，有俊邁之稱矣。顧家務方殷，念其親之勞也，以身任之。經畫井井，家日益裕，學力遂分，然稍暇即繙習，不終廢。考未六十而卒，痛事親日淺，每誦昔人語，樹欲静而風不寧，子欲養而親不待，閲遺書必流涕，終身追慕不衰。色養母夫人趙氏，竭誠畢力，務適其意，勉諸弟力學弗任事，弟亦皆服其能，信其公，一聽于兄。友恭之美，著于家庭，達于鄉黨。母夫人以是自慶，高堂燕頤，陶然歡樂者，幾二十年。

君志識通明，才有餘地，而臨事謹審，務當于理。其治家也，勤而不貪，儉而不固，有餘而能散。歉歲官賦無缺，而輸己租者必減，憫其服勞，竟歲而一飽之難覬也。曰「吾寧自損爾」，又曰：「救人之饑，自吾家故事，何敢忘之！」里中艱食，多賴君以濟。躬行善道，不爲空言。每語諸子：「稼穡艱難之不知，先世勤勞之弗念，浮薄是習，福祚不長，今人大患也。吾家居此地，若是其久，而緜延弗替者，皆吾先世厚德積累以致此。汝曹識之，續而不絶，則吾家愈久矣。」聞人善行，稱道以爲法；其有薄惡，苦口以爲戒。寬平樂易，心焉休休，達于面目，粹如也。然性本嚴正，重然諾，不戲狎，非良士弗與爲友。中外親姻，不以貧富有所厚薄。其舊游或往來不絶，仕有達者，幾不相聞，以爲交游在道義，而非勢力之謂也。恨少壯時學不竟力，而磨厲諸子不少休，擇師從之，禮敬備至。家庭燕語，訓之以日月之可惜，年少之不足恃。平旦盥櫛，以躬先之，且命其子皆早起。曰：「鷄鳴而起，孳孳爲善者，舜之徒也。」晚喜觀史，尤熟于《通鑑》，又俾其子日誦習之。

嗚呼！篤厚植其本，而發揮以學業，諸子之進修，其可量哉！此余所以知章氏之門，興盛而未已也。

嘉泰二年正月乙亥，以疾卒。又十日，夫人張氏亦亡，壽俱六十有六。夫人婉嫕有賢操，與君處，自始曁終，克敬以和。子男三人，麟、鳳、龍。女五人，壻曰胡謂、施佐、楊璩、圭璞、張容。孫男四人；女二人。四年十一月甲申，諸孤奉君之喪，葬于紹興府餘姚縣通德鄉文後山之原。窀穸有期，麟等泣請銘。始余授徒里校，君俾麟受業，自是往還，熟其賢行。餘二十年，相與如始識，契好深矣，敢以衰朽辭。乃叙其平生大略，而繫之曰：

行修于閨門，名著于鄉閭。緜緜其傳，慶則有餘。與夫宦達之徒，熒煌之居，牆高基厚未幾爲墟者，孰爲智愚哉！

李府君墓誌銘

余嘗論士生于世，人品固不齊矣，然能卓然奮發，有以自見者，皆非庸庸之男子也。或起于書生，遭時得君，垂功名于不朽者，其人信可尚矣。或終身不遇，無所用其才，而能經理其家，寖致興盛者，亦豈可少哉！雖然是有道焉，遵道而行不任智術者，斯爲可貴。亦猶委質立朝，特立不撓可也。不然何貴之有？此余所以因李君之賢，有感于心也。

君諱必達，字伯通。曾大父文，大父修，父唐輔。舊占籍四明，至大父始徙餘姚。有子三人，唐輔爲長；仲將，以特恩補官，爲吉之安福尉；季唐卿，登進士乙科，終于承議郎、婺之義烏宰，而贈其親爲承事郎。長子無子，子承議公之子，即君是也。

生而穎悟，長而貧學，不肯録録與俗子爲伍。從師四明，知以義理爲宗，歸即閉門不出，發憤力學，雖隣里有不識其面者。先是祖母孫夫人，鬻嫁時裝具，買國子監書數千卷。君朝夕孜孜，披覽諷誦，擷其菁華，發于辭藝，可以决勝矣。而試終不利，乃知天分素定，非人所能爲。惟修身爲善，是誠在我，盍自勉乎？自始知學，取古人格言大訓，書之四壁，旦旦觀之，常自警勵〔一〕。謂「百行以孝爲首」，而爲人後者，彌縫稍闕，嫌隙易開，人子所難處也。母馮氏，年七十餘矣，多疾。君謹奉湯劑，調適旨甘，惟恐不當。其意誠心感格，歡愉無間，人不知其非己出。其始生理甚微，痛自撙節，久而寖裕，又久而益裕，人見其有餘也。而推尋機巧籠絡之術，曾不一見，其諸異乎人之治生歟。

古人有言「無政事則財用不足」，非獨爲國也，治家亦然。君之平生，獨能修其家政，井井有條，故效驗自如此爾。豈智術之云乎哉？遇歉歲平價而糶，邑人賴之；親故以匱乏告，賙之無靳色。吾友孫君應時，貽書稱伯通以寒苦起家，而不倦于周朋友之急，可謂難能，此足以知其所存矣。

嘉定十二年正月甲申，以疾卒，享年六十有五。是歲十一月庚申，葬于上林鄉梅嶼之原。娶張氏。子男二人，長師尹，鄉貢進士，先七年卒；次師說。女五人，長適四明沈唯曾；次適甥馮興宗；次適同里高鑑；二蚤亡。孫男一人。孫女二人。

窀穸有期，師說泣請銘。余雖不識君，而久聞其賢，義不容已。初，友人沈君炳家居甚貧，以經學教授鄉里，君遣長子師事之，又以長女室其子。吾弟樂平丞某，亦非有餘者，聘其女爲介婦。惟賢是與，曾不問其豐約，可謂明于義利之辨矣。銘曰：

屯有時而亨，塞有時而通，穮蔉不輟，雖饑必豐。觀高門之興盛，知積善之在躬，勒諸堅珉，以詔無窮。

胡君墓誌銘

吾友胡正之，修謹士也。一日訪余，具言其從兄詳之之賢。且自謂天資惷愚，所以獲親師友，勉自磨厲，無大玷闕者，兄實使然也。兄之將終，語及執事，曰：「是翁吾所敬，弟其爲我求銘。」今累歲矣，追念其勤勤之意，欲託于不朽，異乎苟自菲薄者，敢以爲請。

余于詳之，雖獲瞻其顔色，猶未能深探其所存，將何以發揮之？然我先叔父常德郡丞之授徒于豐山也，詳之實從之學，叔父不妄許可，而稱詳之爲佳士。則既有可紀之實矣，乃不敢辭。

詳之諱處約，詳之其字也，慶元奉化人。曾祖畓，祖建澄。父宗，宗該慈福慶壽恩，補迪功郎；妣，孺人屠氏。詳之幼有識趣，長而貪學，晨昏不懈。後以幹蠱之勞，雖稍分其志，然立身處事，未嘗不以前言往行爲準。尚氣節，重然諾，或以義舉告，躍然從之無難色。每曰：「吾無他長，惟信義二字，終身不敢違。」其親若故亦曰：「是非吾欺者。」晚築室于萊山之麓，下瞰碧泉，取大易山下出泉之象，牓其堂曰「育德」。朝夕觀省，涵養此心，又將招致賢師，日與子若孫講肄其間如已。所以自警策者，其志念深矣。

嘉定八年二月癸卯，以疾終，壽六十四。娶戴氏，通敏謹慤，善綜家務，十一年四月丙辰卒，壽六十有七。十四年二月甲申，合葬于邑之松林鄉賈溪之原，祔迪功之墓。子二人，潛、浹。孫六人，琪、琢、琥、琬、球、瑄。孫女一人。

詳之平居簡淡，不干名譽，而心聲所發，自有協于古訓者。蓋《孟子》嘗曰：「求則得之，舍則失之，是求有益于得者也，求在我者也。求之有道，得之有命，是求無益于得者也，求在外者也。」訓告後學，可謂著明，而不達是理者，多逆施之。固有不可力求，而求之甚切者；亦有不可不求，而未嘗用力者。此義命之所以不明也。詳之則不然，詔其子曰：「爾曹讀書，以孝弟忠信爲本，此可求者也。富貴利達，天分素定，豈可求哉？」深有合于孟氏之指，可謂教以義方，不納于邪矣。

嗚呼！兹其所以爲佳士歟。銘曰：「人有道心，天所均賦，遵道而行，孰不欽慕？猗嗟若人，孚于鄉閭，咨爾後昆，尚克勉諸。」

居士阮君墓誌銘

東萊吕君子約，某之畏友也。長子喬年，巽伯，克肖厥父，議論勁正不阿。一日訪余，具言居士阮君，持身律家，信于鄉黨，有古君子風。又旬日，與阮君之子泰發，偕過我。泰發出其先居士行實一編，泣且言曰：「先君篤志爲善，鄉評所推也。惟是窀穸有期，而德銘未立，無以昭示來世。不肖孤大懼泯没，不遠數百里，徒步重趼，敬以爲請。」幸哀而許之，閲其行實，則巽伯之辭也。盛有所推許，而皆著其實，可信不誣。余不敢辭，乃叙而銘之。

君諱某，字元向，婺州武義人也。昔阮氏有名孚者，仕晋爲鎮南將軍，葬是邑明招山。有名瑶者，隱居不仕，廟食白楊，與明招相望。厥今諸阮，皆其族類。而君之祖考，人咸稱爲長者。曾祖良，杭州助教；祖端彦，承信郎；父鴻，修武郎、監行在豐儲倉。

君天姿純茂，故中書舍人汪公涓，嘗與豐儲府君俱官武昌，器君于童幼中，使與子弟共學，曰「得良友矣」。長補初品官，試計臺不利。既終父喪，年幾四十，慨然有感于陶公「富貴非吾願」之語。遂厭科舉業，閉門不出，刻意讀書，不爲章句辭藻之學。取古格言，筆諸屋壁觀以自省。

嚴于義利之辨，嘗曰：「世人之所謂利者，非吾所利也。」家世衣食田疇，乃于舍旁修隄防，闢曠土，植桑千本。曰：「昔人稱齊魯千畒桑，與千户侯等，非吾力所及，顧此豈不足耶？」人有乞假，惻然與之，或負不償，亦不以綴意。宅負山，近村樵焉，不忍禁也，故雖材木叢茂而日益稀。負租者習其寬厚，督賦者狃于循良，俱弗深較，故雖名田數頃而用不足。津梁道路有不便往來者，倡率鄉閭，協力修治。貧有疾者與藥，或珍異不可得者，遍閲方書，參之本草，取其易辨者，亦足以愈疾。里中生女或不舉，委曲開譬之，周其乏，絶全活者衆。或以私憤鬪鬩，必爲平之，以故同里無深相讎隙者。

每言世道如砥，非有艱深迴曲。古人所謂「作善降之百祥，作不善降之百殃」。作者所以著其修爲之實，積善之家必有餘慶，積不善之家必有餘殃。必者所以表其決定之辭，積善有餘慶，毋以小善爲無益而不爲也；積不善有餘殃，毋以小惡爲無傷而不去也。凡與人語，必推廣此義，雖田夫野老，亦因事訓告，亹亹不厭。

嘗自言教人以善謂之忠，吾其庶乎？然非徒頰舌，必本躬行，尤篤于閨門之内。八歲喪母，夫人汪氏事繼母劉氏謹甚，得其歡心。伯兄既殁，友其季弟，歡若童孺，未嘗一日暫舍。弟幼官金陵，弗忍訣别，與之俱行。殁，護其喪以歸，哀感行路。天倫之愛如此，可謂有本矣。

晚節擺脱塵累，專以治圃爲娱，名花奇果，儼然成列，凭欄穿徑，竟日忘歸。時時見于篇詠，長于攝生，鬚髮有復生而黑者，儀觀豐碩，襟度坦夷，薰然以和，無所怨惡，人皆愛敬之，神亦歆焉。邑有支大夫祠，每遇旱暵，鄉人勉君致禱，無不響答。此皆巽伯所以稱述君者。

余雖不及識君，觀所稱述，其賢可知矣。昔者成周盛時，鄉大夫賓興賢能，出長入治，無不爲當世用。古今殊制，故以君之抱負，終身沈淪，不得見于施設，可爲慨歎。然積善在躬，私淑諸人，玉在山而木潤，淵生珠而崖不枯，有助于風教，不既多矣乎。

君之疾篤也，精爽不亂，盡屏左右，曰「毋使婦人近我」。以嘉定十二年七月十八日卒，享年七十有七。娶劉氏，繼母之姪也，先二十一年卒，葬于東臯之唐山。子男五人，長即泰發也，以嘗預修歷，特旨免解；次修；次洵，鄉貢進士；次康；次奉符。女一人，嫁邑子葉綬。餘一女一男皆夭。孫男七人；女十人。

明年某月某日，葬君于清溪石佛山之麓，而還唐山之窆以祔焉。泰發深于古學，世儒所不能通者，多能通之，蓋師事子約，源流有自。士友咸曰：「阮氏之昌，殆未艾也。」此亦足以觀君積善之報矣。銘曰：

善人天地之紀，三綱五常，不闕不壞，緊善人是賴。賢哉阮君，一夫之微，隱約田里，炳乎光輝，雖藏器兮不用，而公論兮攸歸。有補世道，從古所希，我偉斯人，兹焉發揮。

應從議墓誌銘

余外兄户部侍郎林公之次子，寧海軍節度推官密，數爲余談外舅應君之賢。應君卒且葬，又爲叙其家世、歷官、行己之大略，請銘其墓，余不敢辭。

按應氏，故居相州，中興南渡，散處于信、于婺、于台、于紹興。君紹興餘姚人也，諱洙，字師魯。曾祖佑，妣張氏。祖常，文林郎，贈中奉大夫；妣令人吕氏、張氏、章氏。考衮，通直郎；妣孺人董氏、陳氏。通直莅官通川[三]，敵騎至淮，人情岌岌。時君年甚少，已能勉其父效死不去，而與其家俱歸，長途帖然，人以爲難。居家孝謹，庭闈無間言。自少嗜學，有拔足凡陋、致身榮達、興起門户之志，磨厲刻苦，藝日益精，數見擯有司。于是乃爲瑣廳計，娶濮邸武顯郎不懾之女，補承節郎、監泉州興化銅場，慶元府慈溪縣酒税，調江陵府江陵縣尉。以憂不赴，自承節六遷爲從議郎、監建康府轉般倉。性通敏，而處事精審，廉勤自將，吏姦無所措，故所至皆辦。金陵適當軍興，尤以才著，上官多委任之。

罷于酬應，得疾弗瘳，遂以開禧三年三月戊寅卒，享年五十六。長子早卒，次相。一女即林氏婦。相奉其喪歸。是歲十一月甲申，葬于蘭風鄉新湖之原。

君倜儻好誼，喜周人急，敬禮佳士，筆端有警策語，賢公卿大夫争薦進之。儒學榮名平生所覬，見宗族之派别者，决科相望。而叔父亦登進士科，每慨然曰：「吾何以録録没其身乎？」終于齟齬，則恪共厥職，以自表見，而讀書不輟，曰：「吾讀後世書爾。」此君子所以哀其志也。銘曰：

惟古治世，仕無殊途，修其職業，奚分細麤。猗歟若人，居今志古，職業既修，何嫌乎武？

吴君若壙誌

四明賢士大夫有卓然可稱者。故樞密院計議官吴公諱秉彝；及其弟，吏部侍郎諱秉信。俱服膺儒學，决科起家，遂爲鄞著姓。計議有子諱魯卿，家居不仕，自號「芝堂」。潛夫有子諱鑑之，即某之親友名适，字君若之先考也。本嚴陵人，七世祖徒焉。

潛夫篤于教子，聞鄉先生簽判沈公之女淑而才，聘以爲子婦，及君若長可娶。厥考追述先志，聘某妹以爲婦。某家與沈氏，寒素相若也。而君若之祖考，皆不以多貲爲貴，直欲臭味不殊，以德義相熏炙爾。君若涵濡義方，自幼警敏，長益奮厲，涉筆屬辭，不肯録録。母舅以《戴氏禮》名家，君若師承焉。一時流輩皆曰：「君若，俊人也。」期以遠到，周旋庭闈，得其歡心，執喪哀甚。遇吾妹有恩，禮睦于諸弟，處人倫中，蓋庶乎寡過者，而連蹇不偶。

寖成羸疾，竟以嘉定七年十月丙申終于家，年四十有一。諸弟哭之，皆過乎哀。自喪紀廢壞，人多易而寡戚，君若弟兄乃能與流俗殊，故家典刑不在兹乎。

長子曰祈，次曰裕。十年二月壬申，葬于陽堂鄉崔嶼之原。某知君若最詳，哀君若之不幸。其葬也，爲書其平生大略，而納諸壙，亦以寫我心之悲云。

舒君仲與墓誌銘

舒氏之子名沂，字仲與，後更其名曰衍，四明之佳士也。始余授徒里中，仲與寔來，氣貌清臞，若不勝衣，而志念殊不録録。習《禮經》，作舉子業，屬辭奔放，不爲場屋程度所窘束。余甚異之，曰：「此子未易量也。」始與深語，益知其勉自植立，修身進德之要，不敢忘于心。嘗登名禮部矣，試輒不利，發憤讀書，青燈熒然，夜分未寢，非徒擷菁華，膏筆端而止。古人堂奥，將策而進焉，親炙鄉先生沈、楊二公，又從東萊呂君子約質疑請益，聞見日廣，智識日明，而踐履不倦。

色養以孝聞，侍疾彌旬，衣不解帶，執喪哀毁，寢處不離次，蔬食三年。兄弟自爲師友，非義理不談，論古人物，分别邪正如辨黑白。聞善人爲時用，則喜，苟非其人，憂見于色。表裏真淳，鄉黨信重之，稱其賢無異辭。

曾祖勔，故通直郎、知嚴州建德縣。祖邦臣。父霆，母孔氏。有于熙寧間，爲中執法者，則其高叔祖也。以仲與之才，取一第易爾，而終于無成。齎志以殁，爲可哀也，然力學修身足以行乎家人。厥配袁氏，郡人也，奉舅姑惟謹，處娣姒無間，言其家政肅而和。喪其夫，亦如夫所以喪其親者，儀刑固有自矣。

仲與以嘉定六年八月壬辰卒，壽五十有一。八年八月壬申，葬于鄞縣豐樂鄉櫟斜之原。袁氏以十一年十一月丁卯卒，年四十有九。次年九月丙午，合葬于仲與之墓。二子，長曰鍔，次曰錫。一女，適國子進士樓棁。鍔等請銘，余知其賢，不敢辭。銘曰：

先聖有言「匹夫不可奪志」。此志苟篤，誰能禦之？嗟吾仲與，薾然臞儒，有志斯道，膽大于軀。雖坎壈兮，終身秉厥，志兮弗渝。瞻彼流俗，厥德不洪，我懷斯友，勒銘幽宫。

李雄飛墓誌銘

雄飛，慶元奉化李氏，名鶚，雄飛字也。乾道中，吾友楊子嘉授徒里中，雄飛師事之。余時時往訪子嘉，因識雄飛，見其氣貌之深厚，學業之精專，而知其不自菲薄也。既又從太學録沈公、今將作監楊公學，雖余之淺陋，亦受業焉。

雄飛家于金谿，沈公嘗曰：「吾觀此地，山川未爲奇麗，而人物秀出，乃有若雄飛者耶？」雄飛工詞賦，作策言當世得失甚辨，決科無難，而試每不利，退而誨其徒，乃有得雋場屋，至于擢第者。余然後知雄飛藝而不售，蓋有命焉。

曾祖晟，祖崇，父鼎，母王氏，三世俱不顯。而乃翁隆于教子，其從城中，便二子之從師也。雄飛發憤讀書，亦欲仰副親意，力學精思，一語不輕發。始若難合，既久相與，乃厚共學者，咸愛敬之。事親不有私財，執親喪惟謹。户部尚書李公，時倅吾邦，欲遣其子就學，一日訪焉，端憂遜謝，不敢以衰服見，李公歎美而返。余讀孟氏書，有天爵、人爵之辨，且曰：「人之所貴者，非良貴也。」三復其言，乃知良貴在躬，人爵不足多羡。雄飛隱約閭巷，而取重當世，是必有優于宦達者矣。

嘉定八年五月戊寅，以疾終，享年六十。娶何氏。子四人，泳、灝、洙、瀛。女一人，適進士周某。十年正月丁酉，葬于金谿縣鄭嶼之原。泳走京都，乞銘考其平生，誠有可記者，余不敢辭。銘曰：「維貴與賢，所得孰多？賢而不貴，命也奈何，無慊于心，足以不磨。」

路子齡墓誌銘

路氏世居河南，金據中原，有諱覲者，義不臣屬，渡江南歸，歷官州縣，樂四明象山風土，始定居焉。爲人渾厚質直，終從議郎，娶趙氏。生康，字子齡，容貌嶷嶷，氣醇以方，有父風。刻意學問，事親從兄，惟謹遇諸弟，友愛而嚴，與朋友篤信義，始終如一。貧無餘貲，潔廉自將，非其有不取，遇所當費，亦無所靳惜。精舉子業，詞賦尤工，屢不利有司，益自磨淬，求古人進德修業之實，不敢自欺人，亦敬信之。内而家人，外而朋友，僉曰：「是真可信者，其躬行有驗矣。」

嘗從余學，余調官江陰，爲子擇師，將與之俱。時娶婦屬邇，婦黨尼之。子齡勇不顧，曰：「吾亦欲卒業也。」蓋歲餘而後歸，其篤志如此。真州守林侯以禮招致，道京口，遇之官安豐者，陳其姓，相與款語，因俱至儀真。秦氏夫婦僕妾病疫甚，無敢近者，子齡挾醫數候視，人皆危之，諫止不聽，已而病者皆愈。非雅故，激于義，不自止。

嗚呼！充子齡之心，使之仕進，略見于施設，其濟人及物豈少哉？終身齟齬，卒窮以死，可哀也。先娶姚氏，繼葉氏、黄氏，一子一女。年四十有四，卒于慶元二年五月丁亥。以其年十二月己酉，葬于縣之政賢鄉大嶼之原。

子齡始僑寓，無尺寸生産業，既婚姚氏，始有田三十畆，以贍兄弟姪，又經營于外，以佐其乏。然則孚于家于鄉，豈偶然哉？弟廣請銘，某不得辭。系曰：「猗歟若人，似不能言，生而人信之，殁而人哀之，其必有原。中州遺俗，醇厚以直，其德之美，而年之嗇。此古人所以重世家也。」

邊友誠墓碣

紹熙五年九月庚辰，承奉郎四明邊公以疾卒，壽八十有一。越十一月丙午，葬于鄞縣桃源鄉石橋嶴之原。子恢泣請銘，銘所以發幽光，余則安能，然鄉黨老成有如公者，可無傳乎？

公信厚人也，余爲童子時，已聞公賢，長娶公兄女，獲從之遊。挹其貌，肅而温；聽其言，簡而真。徐察其人，安常務實，不自表襮，恂恂退遜，有前輩典刑，余深敬之，而未知所以用力者。一日入其室，視其銘諸座右者，有曰「逆心行，事必生；安吾分，無他恨」。余然後喟然歎曰：「公可謂知本矣。」流俗滔滔，不反諸心，故去古人遠甚。今公以心爲師，其本如是，其爲安分大矣。美在其中，功深力久，宜有不可掩者。嗚呼！豈偶然哉！

公諱友誠，字仁叟，一字應叟，世家于鄞。曾祖玘，祖日章，考用和，三世俱不顯。及公習儒學，游場屋，則又屢不得志，屏居深念，求所以自表見。雖生理未裕，經畫勤勤，而雅志爲善，不用世人詭譎、牟利之術。財日裕，德亦日充，處己應物，必誠必敬。行雖遽，必端直；坐雖久，不傾倚。品節内外，井井秩秩，庶乎孔門，所謂不驕且好禮者。尤嚴于祭祀，先事敬戒，備物以薦，鞠躬屏氣，如將見之。年益高，持敬愈篤，雖細故不敢忽，所使令亦加敬。每誦昔人此亦人子之語，曰：「敬人所以敬己也。」以是自律，復以教子。自嬰孩時，飲食好惡，毋得自肆。長而繩約愈嚴，家事無鉅細，躬其勞。縱恢使學，恢游成均，親四方師友，衆皆稱之。公曰：「吾門户有望矣。」

凡財計事，無復綴意，一日翻然取曩，所以治生者，盡更其轍，棄末從本，益發儲蓄。散給親黨，饋無虚月，費廣不靳。貧士登門，延之坐，敬與之。每曰「人不當爲財役」，又曰：「錢財所以輔養吾氣，當與人時，吾心快適」。其高致如此。夫人孰不憚繩檢，而公行篤敬；孰不欲專利，而公志及物。所謂師心而行者，于是可驗焉。

紹熙初，恢擢甲科，得鎮江軍節度推官，該慈福慶壽恩，封公爲承務郎。今天子嗣位，進承奉郎，鄉閭榮之。夫人楊氏，先二十三年卒，至是合葬焉。一子恢也。一女適承議郎、知湖州德清縣舒烈。孫男曰驩老。

公篤于信道，清心寡欲，雅好書，尤喜讀《論語》。若有所契合，終身披翫，目昏不輟。晚多疾，或勸之修鍊。答曰：「《論語》一書，無非養生法，何以他爲？」有味其言，非口傳耳授者，平生少怒，既老益習不怒。曰：「怒未必人畏，先自亂心，無損于人，祇以自損。」余以是知公德度，非淺丈夫所及可尚也。夫銘曰：「嗟吉人兮端良，雖則幽潛，其究芬芳，久彌光兮，石橋之藏。」

邊用和墓誌銘

案：本集燮自爲夫人邊氏壙誌云：「邊氏祖諱用和，父諱友益」，前篇邊友誠墓碣云：「長娶公兄女」，是燮爲友益之壻。友誠其丈人行，而用和實爲邊氏夫人之祖。此篇題爲用和墓誌銘，而誌中孫女七人，無適袁氏者，末云某之室，公兄女也。又子男三人，愉、懷、悛，無友益、友誠其人。而愉、懷、悛三子之名，適與友誠墓碣中，所稱子恢，字義相伯仲，已大可疑。計友誠卒于紹熙五年，壽八十有一，實生于徽宗政和四年甲午。今稱用和享年七十有六，卒于慶元六年，實生于徽宗宣和七年乙巳，反少友誠十一歲。則此誌銘非用和明矣。

且發端即云：「邊氏家慶元之鄞，始猶未著，公與其兄五人，俱有植立門户之志。」語氣亦似突如，當由篇首脱去諱字郡邑數行。而篇中「公諱用和，妣劉氏」云云，「公」字爲「父」字之譌，標題遂因譌附會。兹就其生卒歲月參互考證，其爲邊用和之子，而友益、友誠之季弟無疑。特原名不復可考，姑仍舊文，謹識于此。

邊氏家慶元之鄞，始猶未著，公與其兄五人，俱有植立門户之志。讀書立身，頡頏争奮，久乃有仕進顯名州縣者，有子擢甲科，該恩再封者。餘雖不得仕，而皆行誼卓然，起敬鄉黨，少相友愛，長而彌篤，通有無，共休戚。協和議論，修整禮法，秩然有倫，炳乎相輝。又皆隆于教子，服膺儒業，率由矩矱。諸兄既皆考終，公益維持不懈，以故里中德門推邊氏。

公諱用和，案：公當作父，設見前案。妣劉氏、王氏。公五歲而孤，育于伯兄，長游鄉校，嗜學如飢渴，閉户不出，遨嬉殆絶，輩類多方撼之，弗能動也。口誦手抄，以精勤聞，在舉場二十年，既不得志，而生理闕然，謀所以致豐裕者。不爲世俗龍斷之術，始若難就，苦心刻意，惡衣菲食，期必裕乃已。久之果裕，又久而益裕。

卜築小湖之濱，地勢爽塏，風景殊勝，高堂邃宇，規爲既廣矣。而所好不存焉，惟日孳孳，益種厥德，材質既美，培養加厚，語若不出諸口，而誠心達于面目。其樂易可親，其謹肅可敬，望而知爲吉人良士也。生理雖贍，服用飲食，儉約如舊，人疑其陋，而處之怡然。舍旁有圃，不加葺治。曰：「任其天然，華者自華，實者自實，吾随取而随得，如是足矣。」自以不及養親，終身追念，造次不能忘。有莊焉，歲久將圮，或請新之。公愀然曰：「此吾先人舊廬，何可毀乎？」每至卧故塌上，雖甚敝不忍易。曰：「吾生焉于此乎寢，念劬勞也。」

公之喪親，年方童幼，幼而壯，壯而老，七十餘年之間，思慕如一日，天性之厚如此。承祭祀，奉丘壠，必誠必敬。推是心于宗族，相與欣歡，無纖芥隙。有貧乏者，月必饋之，貸久不償，置而不問，推之旁親，亦皆恩意周浹。婦翁既殁，子女皆幼，爲畢喪葬，而字其孤，迨長爲之嫁娶。子卒無嗣，而妻更嫁，復營其葬，而俾其族子後之，又爲之娶。疏財貴義，有前輩風。又推之鄉閭，飲人以和，惟恐傷之。其鄰始多桀暴，有見陵者，公不與較，而語之曰：「吾在此，當使汝輩人人循理。」既久，果然皆敬以服。而修頖宮，建義莊，濟饑民之類，又皆樂助不靳，鄉評益歸重焉。

治家有常度，寬而不弛，嚴而有恩，綱目井井，可觀可法。躬率惟謹，而教子甚篤，擇鄉之賢德，俾師事焉，不專爲進取計。一器一物，必書中字。曰：「吾欲與汝曹事事適中，無過不及也。」教之恭謹，曰：「毋不敬，人必自侮而後人侮之。」晚又闢書室以教諸孫，將使詩禮之傳，相承而不絶，志念深矣。而世味益薄，端居默養，從容自適。嘗有掇過去，行見在，準未來之説。自謂吾行己處事，有得于釋教者如此，然實自孔氏，每三復君子務本之語。或問何者爲本？曰：「胸中有主，作事務實而已。」味其言，考其平生顛末，大抵皆由是心推之。君子以是知公著稱一鄉，非偶然者。

慶元六年二月二十五日，以疾卒，享年七十有六。娶夏氏。子男三人，愉、懷、忭。女一人，適鄉貢進士沈晟。孫男八人，之本、之機、之樞、之萃、之烈、之阜、之權、之模。女七人，長適迪功郎、湖州長興尉張珩；次許嫁宗子希猶〔三〕；餘尚幼。

嘉泰元年四月乙酉，諸孤舉其柩，葬于鄞縣桃源鄉西山稠嶼之原。始公樂其處，豫有規畫，爲屋數間，數往來不厭，諸子遵其志，不敢易云。葬得日，愉等泣請銘。某之室，公兄女也，義不得辭。系曰：「猗歟若人，宅心吉祥，積德在躬，深潛而芳。猗歟若人，考思罔極，揭諸幽堂，百世之則。」

從兄學録墓誌銘

君四明袁氏，諱濤，字巨濟。曾祖諱灼，左朝議大夫，尚書倉部郎中。祖諱琪，迪功郎。考諱有年，妣范氏。君自幼不群，長嗜書如饑渴，嚴寒酷暑，披覽諷誦，未嘗暫輟，以能賦稱。叔父常德郡丞，以儒學教授里中，君親炙焉，質疑請益，聞見日廣。屬辭典雅清壯，尤覃思經籍，叔父稱美之。某，君之再從弟也。年十七八時，共學于鄉校，嘗一日起差晏。呵之曰：「何若是昏怠耶！」屢爲某言，高大父光禄公，有大名于當世，倉部繼之，無忝前人，吾家固嘗興盛矣。某因是有所感發，自誓曰：「先世如是，吾當復之。」未嘗一日忘于心，其言歷歷，今猶在耳也。君試庠序，屢占前列，至鄉舉，輒不利。乃自歎曰：「是真有命，非人力所可爲。縱不得志于場屋，獨不能勉于進修，求所以自表見者乎？」

同郡夏氏，頗饒于財，盜胠其篋，夏意某人爲之，訴諸有司。君時寓館其家，察其不然也，固止之。不聽，囚竟以瘐死。既而真盜始獲，人服其精識。親喪蔬茹，家雖至貧，棺殮窀穸，必誠必信。服膺聖哲之言，潛心義理之學，久而益明，乃作《易説》《詩指意》《論語管窺》《孟子説》。餘力所及，貫穿歷代史，采摭諸子百代。于是乎有《三國箋辨》，有《記林》，有《蘧㝉叢編》。手自抄之，至老而不倦。

每見世之儒其衣冠者，弗能忍窮，經營書問，干叩官府，其俗至陋，恬不知愧，爲之太息。故雖清貧至骨，終不肯低首下氣，有求于人。沈酣簡策，自得其趣，無慕于外。舊廬既燬，屏居蕭寺，門雖設而常關，外言不入，内言不出，如女子深藏，莫識其面，亦足以知家法之嚴謹矣。耋耄不忘儆戒，大書于座右，正以行已，謙以待人，勤以積學，静以凝神，此其平生爲人之大略也。郡博士深知其賢，延請爲學録，以倡率諸人，皆起敬焉。

嘉定十二年六月二十四日，以疾卒，享年八十二。娶朱氏，先二十五年卒。三子，機、栝、棅，俱業儒，而機、棅先卒。女適進士徐南林度。初，君弟瀹既殁，猶未葬，二子亦然。十五年十二月二十三日，栝舉君之柩，及三喪之未窆者，俱葬于天童小白山金嶼之原，從先兆也。栝請銘，不敢辭。銘曰：「四壁蕭然，無儋石儲，藏書滿室，其樂有餘。彼豪家子，珍寶山積，腹兮空虚，寧無愧色。」

亡弟木叔墓誌銘

嘉定六年九月丙午，余弟木叔，卒于樂平之官舍。將終，謂其子向曰：「吾無他憾，獨恨不及見吾兄爾。」哀哉！余尚忍聞之，亟遣子肅往，偕向護喪歸葬。向求銘，余痛傷不能爲，又念不可無述，乃敍而銘之。

木叔名檦，慶元鄞人，自高大父光禄公，以儒學起家，袁氏始大。曾祖諱某，左朝議大夫，尚書倉部郎中。祖諱某，考諱某，俱朝奉郎。妣令人戴氏。木叔天資穎悟，年十四五時，已知景慕前修。清敏豐公，嘗有詩云「日來月往無成期，好把心源蚤夜思」。木叔大書之壁，以自規警。長益奮發，究心群書，不專治舉子業。持身惟謹，事親愉色，婉容與余處，怡怡無間，而切偲兼之。嘗作《論語説》，有所未合。余告之曰：「儒者能解釋此經，始見學問功夫。」木叔自是研求奥旨，日有新益。味虞夏商周書，有所感發，曰：「吾道固如是。」讀《莊子》，曰：「是有傲心，非所敢知也。」

余尉江陰，秩滿，有旨陞擢，而遲之數月。木叔曰：「是豈可復俟？」力贊之决。余感其言，亟求制屬，木叔之識高矣。兩上禮部，退而授徒里中，榘矱端嚴，私淑者衆。門人相繼决科，而師猶未第，晏如也。敝廬倚脩竹，因以爲名，求古人草廬之趣。

以累舉特恩，授迪功郎、蘄州黄梅縣尉。將之官，會邊隙漸開，退懦者多易闕内地。木叔勇不顧，挈其婦子以往，時開禧二年冬也。莅職纔月餘，旁郡被兵，邑人驚擾。木叔以身任之，曰：「朝廷張官置吏，正爲今日。」閲弓兵，治器械，無日不修守禦之備。或曰：「事急矣，寄孥彭澤，儻可以逃難。」木叔又不許。厥婦亦曰：「即有緩急，共死于此。」聞者俱壯之。先是尉廨將壓，鄰有宗子森夫者，請易以他地，宰許之矣。

木叔至，毅然曰：「是官舍也，若他屬，柰公論何？」不果易。于是葺治之，而又創營房，置軍器庫舍。北有鳳臺，築亭其上，名曰「覽輝宣獻樓」，公爲賦詩焉。

歲大祲，捐俸爲粥，以活饑民。郡委之賑濟，異時官吏足跡不到處，皆計口給食。羅田有疑獄，久不决被，郡檄鞫之，專精致思，默與理會，具得其實，吏民神之。守大喜，亟移爲録參，以自近，每事咨焉。

再調饒州樂平縣丞。郡以前任人曠職留不遣，而督其逋負甚急，木叔請代之償，許之。嚴于束吏而寬其民，既償宿負，復有餘財，不假鞭箠而辦。邑長不幸卒，木叔攝焉，未幾亦病，切于爲民，强起從事，遂不可爲。卒之前一日，生辰也。整冠對客，酬酢無倦容，將易簀，猶正身危坐，招同僚與之訣，語琅琅不亂。

壽六十有四。累以恩賞，進承直郎。病益侵，致其仕，轉宣教郎。明年二月丙申，葬于縣之翔鳳鄉，滄門里鍾保嶼之原。娶林氏。子三人，今惟向在。四女，長適進士陳定；次適保義郎、新監信州在城酒税曹愬；次適進士李師説；次幼亡。

木叔才器不群，而强于爲善。執親喪，寢處不離服，舍丘壠〔四〕之念，終身不暫忘。奉己儉，居官廉，未嘗敢妄取。見人有侈費而苟求者，每曰：「吾寧以儉嗇貽譏，不欲以輕財邀譽。」潔白自將，始終不變。而于義甚急，故交有貧病而死者，爲辦其喪葬，而經紀其家。斯心豈獨爲一身計哉！

屬辭勁健有筆力，年踰五十不衰。策名之後，復偕漕計，詩語尤工新，字畫亦清遒可愛。喜交賢士大夫，游君誠之、吕君子約，官于吾鄉，木叔時請益焉。講切精當，共圖不朽，其中未可量也。而止于此，交游且深惜之，况同氣之親乎？誠可痛也！銘曰：「是爲吾弟之藏，匪爲吾弟，抑友之良。失此三益，我心悲傷，曷其可忘。」

校勘記

〔一〕常自警勵　原作「當自警勵」，今據四庫本、叢書集成本改。

〔二〕通川　叢書集成本同。四庫本作「通州」。

〔三〕希猶　四庫本、叢書集成本均作「希偤」。

〔四〕丘壠　原作「邱壠」，「邱」乃避諱。今據四庫本、叢書集成本改。

卷二十一

誌銘

蔣安人潘氏墓誌銘

鄉友朝奉郎蔣君如晦，嘉泰中爲閩漕屬官之長，時余亦爲倉屬。朝奉生長大家，飲食衣服之奉，宜與寒士不類，而止以一子自隨，主中饋，護衣篝者，咸不在。余疑焉，請問其故。朝奉曰：「吾婦之不來，憚遠而止爾，固嘗飾一婢以從我。吾以爲古者妻不在，妾御莫敢當夕，著在《禮經》，此所以弗與俱也。」余于是歎曰：「賢哉！君之夫婦，婦人之不妬，男子之無欲，自古所難。今君婦選擇妾媵奉承君子，確乎無妒忌之行。君亦恬淡自處，不累于欲，蕭然若山澤之癯，可謂夫夫婦婦矣。度越流俗，豈不遠哉？」朝奉欣然曰：「是知我夫婦者。」一時士大夫備聞此論，亦皆兩賢之。

朝奉之婦，安人潘氏也，諱妙静，故家濟南。金據中原，父大宗正丞諱致祥，與其兄郎中渡江南，而寓四明之小溪，因卜居焉。郎中使金庭，不辱命，以正論忤權臣，世高其節。宗丞亦以才氣不群，有聞于時。故論名族者，推潘氏安人。自髫齔時，端静如成人，年將及笄，歸于蔣氏。時族之尊行，不啻百數，皆屬目視其所爲，既而人人致敬禮無違者，翕然譽之。姑李氏，莊簡公兄女也，治家有法度，嚴不可犯，事之盡禮，歡然無間言。近親孤幼甚衆，舅姑之無恙也，實任撫育之責。既歿，克繼先志，并包兼容，有求響答，厚爾供億，畢爾嫁娶，無不意滿，而資用寖微矣。多方撙節，量入爲出，賴以均給焉。

朝奉天資鯁亮，以廉節自勵，安人敬而承之。同德一心，冰清玉映，警策二子，常以門户爲念，誨女若婦，具有規繩。嫠居之後，備嘗艱阸者。十五年，日用幾不支矣，而軫卹孤寡，扶助親黨，無異于往時。益勤益儉，不資他人。每曰「吾與其不足而有求，孰若儉約而無求也」，可謂名言。士大夫不能忍窮，猶貪求以飽其欲，而閨閫中持論乃如此，豈不深可敬歟！故家典型，于是乎不墜矣，兩該恩封。

嘉定十二年七月丁未疾卒，壽七十有三。是歲十二月壬午，葬于奉川溪口之原，祔朝奉之窆。子亢宗、克家，俱力學，克家嘗兩預鄉舉。長女適兵部侍郎趙汝述；次適進士潘倓伯，父郎中之孫也。孫師佑、岳老。

葬有日，二子泣請銘。余觀自昔論婦德者，率以柔順爲貴。柔順信可貴也，然有志操殊常，不以柔順自足者，尤爲可貴。是故無違夫子，雖婦人之德，而夙夜警戒，乃相成之道，豈徒柔順而已哉！安人之立身，所可稱述者，蓋如此。固嘗學佛矣，曉其大義，而不喜誦經。或問之，則曰：「直心道場，佛亦如是，何以經爲？」此達者之言也。勒諸堅珉，孰曰不宜？于是敬諾之。銘曰：「謂一于柔兮，堅正乃爾；謂列于才兮，家政則理；生于名門兮，作配君子；相觀而善兮，宜爾具美；門户之昌兮，曷其有已。」

何夫人宣氏墓誌銘

《詩》稱「無非無儀，惟酒食是議」。此言婦人之職，不過乎中饋而止，非若偉丈夫經營于外，以才能自表見也。嗚呼！是則然矣。不曰「釐爾女士」乎？蓋所謂「女士」者，女子而有賢士之行也。其識高，其慮遠，其于義理甚精，而不移于流俗，閨閫楷模，于是乎在。豈獨惟中饋是供乎？此詩所以反復此義，而余于宣氏夫人，所以深有取也。

夫人諱希真，上世家太末，高大父徙鄞，故今爲慶元鄞人。曾祖士隆，贈太子太保。祖贈太子太傅。考與言，贈太子太師。母史氏，贈濟陽郡夫人，故太師越忠定王之從妹也。夫人天資穎悟，五六歲時，聞讀書聲，即歷歷成誦，曾不待教。長益闓爽，篤于事親，而達于世故，宫師每以事咨之，皆據理以對，深奇愛之。今樞密同知，夫人之弟也，自幼端粹不群。宫師曰：「此兒他日必大吾門，顧吾老不及見爾。」夫人于是勉同知以務學，無負于宫師所以期待者。

年二十，歸于同郡何公懋之，不及養舅姑，而奉伯兄夫婦，與舅姑等。叔有童丱者，姑有未適人者，皆依于夫人，躬任其責，彌縫順適，成立而後止。二子能言，授以《論語》《孟子》。及長，徙居城中，擇精于教導者，俾師事焉。歸必叩其學業，而待其師，禮敬甚備。又以《曲禮》《内則》《中庸》《大學》，冠婚鄉飲諸篇，時時爲兒輩諷誦，而開警之。生理素微，而賓祭惟謹，喜周人之急，有告以寒不可耐者，家止二衾，輟其一以畀之。盗入其室，篋胠無餘。有司以責里正，不堪嚴急，請代之輸。何公以爲非義，質諸夫人。夫人曰：「如此，則非我遭寇，乃里正遭寇爾。」何公然之，遂不復訴。科舉之士，有得雋場屋，又兼人以獲厚貲者，頗自矜衒。夫人曰：「士子當砥礪廉隅，今嗜利無恥，而不知其非，又自以爲能。他日苟得一官，豈不重爲民害乎？」聞者深愧之。衣冠之裔出贅，既有子矣，而厥婦亡，夫黨以爲未廟見也，或尼其歸葬。夫人曰：「納采、問名，已告其先矣。婦之資装，夫必得之矣，矧又有子乎？申告于廟，以義起禮，于我乎葬可也。」卒如其説。中年晨興誦道釋書。一日慨然曰：「虚無之言，誦之何益？孰若吾聖經修身齊家之道，具在其中乎。」觀《程氏遺書》，則曰：「義理之同然者，固如是。」嘗夢人指其肩，覺而肩痛，家人以爲疑。夫人曰：「吾所以疾寒襲其膚也，藥之而已，又何疑焉？」既而果愈。及其將殁也，藥屢進而不效，二子請禳之。夫人曰：「汝曹執德不固，乃若是耶！」蓋自宮師教以義方，而又屬曁舅氏大夫公漸之訓，昭晰無疑，故卓然有立如此。

卒之日，實嘉定十四年五月癸丑也，享年七十有七。二子，長錡，次耕，以夫人之教，皆畏義而自修，彊學而立志，耕嘗以漕舉登名春官。女二，長蚤亡，次適進士戴燧。孫男三人；女五人，長適進士鄭宗魯。初，何公窆于鄞縣陽堂鄉下水陽山之原，于今三年矣。是歲十一月丙申，二子奉夫人之喪合葬焉。

嗚呼！見善則遷，有過則改，立身之要道也。以小善爲無益而不爲，以小惡爲無傷而不去，自學者不能免，况婦人乎！而夫人則異。于是方髫齓時，嘗省其外伯祖樞密公，愛几間漆合，取而玩之，復置其處。樞密之女曰：「中有可食，汝欲之耶，吾取以與汝。」夫人甚慚，曰：「因好弄，而見謂有欲，是吾過也。」此豪髮之事爾，而終其身深以爲戒，其志念篤切如此，且非獨自淑其身而已。時事得失，未嘗不關心，聞蘄之禍，不勝慘怛，寤寐不能忘。曰：「吾民何辜，而至此極。」惟明智，故多憂；惟慈仁，故博愛，此夫人平生之所存也。

二子求銘，稔聞其賢，不敢辭。銘曰：「吾觀夫人之殁，賢弟同知，追思痛切，屬辭祭之。」其間有曰：「嗟吾姊兮，非吾姊兮，實吾畏友兮。」蓋若古有訓，切偲怡怡，今閨門之内，乃兼有之。此同知所賴以立其身，原所繇來，故意篤而語真，亦足以知夫人之賢，超絶乎等倫矣。

林太淑人袁氏墓誌銘

太淑人袁氏，贈通議大夫林公諱勉之妻也。林氏四明大家，紹興中，特進公爲名侍從，治家有矩矱，謹擇冢婦，知淑人柔順端肅，爲通議聘焉。淑人事母篤孝，夫人信愛異他女，使掌珍藏，無秋毫私。及嫁，歸諸母氏，不以一物自隨，其廉正如此。時年十有七，普寧郡夫人早世。淑人不逮事姑，事特進兄嫂以姑禮，下氣怡聲，供盥櫛，奉食飲，罷然後退。諸姑有未行者，損己以益之，事無鉅細，身親其勞，罔不肅給，人以爲難能。

通議爲黄姚支鹽。將行，會特進被命，提鹽江東，子若婦莫從。淑人謂通議事親爲重，姑遲官期，奉庭闈乎？因留侍數月，喻遣再三，而後就道。黄姚瀕海，鬻鹽多私賈，賤于官榷，莅官者私焉。淑人曰：「監臨敢爾可乎？」通議然之。迄去，買官鹽以食，人服其清，抑内有助焉。

通議嗜學不倦，淑人既順適其意，又自課諸兒，讀書聲琅琅終日。特進甚悦，畀以所佩魚，曰「而子後必有達者」。通議官中都而卒，淑人于是年二十七爾，守節堅確，誓無他志。哀痛方切，重以特進之喪，備嘗艱棘，念門户凋落，欲振起之。教子益嚴，名儒碩師，亟使請益，所以培植磨厲者甚備。後其子祖洽，以學行材諝，丞司農，守三郡，爲時聞人。賢母之教俱顯，其亦勞矣。而自視歉然若不及，所至郡，聞職辦，喜見顏色。即雨暘不時，齋戒以助請禱。歲凶民饑，趣使賑卹，毋得少安。言特進起家寒素，亹亹不厭，戒子孫勿敢忘。自奉甚薄，曰：「寧不足，毋得逾分。」居不求安，食不御肉，寒暑絺紈，僅給而止。然義所當用不靳，歲時祭饋，不問有無。極于精潔，周人之急，過于己私，甚者傾箱篋聽自擇，無毫髮顧惜意。親黨以此，益賢淑人，翕然稱曰：「雖古賢婦不過也。」

天下是非之分，實與不實而已。淑人德非一端，以篤實爲本。偏私巧僞，不萌于心，詖辭詭語，未嘗一出于口。《易》所謂「有孚盈缶」，淑人有焉，可不謂賢乎！考其平生，爲女、爲婦、爲母之道，始終咸備，不根諸篤實，能如是乎！凡七叙封，晚益光華，則其實德之報。

紹熙五年冬，寺丞君以朝議大夫守真州，奉板輿以行。明年當慶元元年，十一月二十八日，淑人終于官舍，壽七十六。輀車還鄞，遂以二年九月二十六日，葬于陽堂鄉龍山之原。蓋淑人之志云。始，通議君塋桃原西嶼。今幾四十年矣，弗果合。

淑人家世鄞人。曾祖諱轂，左朝奉大夫，贈光祿大夫。祖諱灼，左朝議大夫。考諱埴，登仕郎。子男四。廣壽，早卒；次，寺丞君也；次，祖壽；次，祖昌，登仕郎，亦皆早卒。一女，適朝請郎陸杞。孫男，岳，修職郎；密，迪功郎；嶸；峉。孫壻，儒林郎錢萃；宣教郎陳卓。曾孫男四，女六。

維林氏世載令德，閨閫多賢。有蔡夫人者，寺丞君之四世祖妣也，婉淑有節操，嫠居介然起敬。鄉黨醉呼者，過門亦羞愧自戢，曰「毋驚此母」。淑人聞其風而師焉。每曰：「吾何法？法蔡夫人爾。」冰寒玉潔，前後相望，有補于世教。故宗黨爲之語，曰：「百世之紀，蔡袁夫人。」

淑人葬有日，寺丞君雪泣屬某以銘。某知吾姑爲詳，不敢辭。乃繫之曰：「惟古賢婦，聲于詩歌，我名斯人，千載不磨。」

太夫人戴氏壙誌

太夫人戴氏，明之鄞人，免解進士諱冕之季女。戴爲鄞之桃原鄉著姓，家故饒財，外祖父始修儒業，教子有法度。以夫人聰明静專，柔嘉孝謹，可教也，授以諸經，肄業如二兄。母蔡氏誨之尤力，婉娩聽從，織紝組紃，酒漿籩豆葅醢，凡古公宮所教，彤管所紀，德言容功，日從事焉惟謹。字畫倣顔體，甚婉而勁，不喜遊觀博奕聲歌浮靡之習，親黨愛重之。

年十八，歸我先君，惟志于學。太夫人雅亦好書，夙夜警戒，相成之道，如益友然。先君執大父喪，家務不理，太夫人攻苦食淡，斥房奩，營喪葬，償逋負，買田宅，恭儉恪勤，生理粗立。歲時祭祀，潔蠲盡誠，睦宗族，待賓客，井井有條，皆可爲閨閫法。

先君教子甚切，太夫人助之。始學，則教之《書》，手寫口授，句讀音訓必審。長則期以遠業，朝夕誨勵。每自抄録，自古人言行，前輩典型，與夫當今事宜，班位崇卑，人物高下，及民間利病休戚，大抵皆能道之。諸子從容侍旁，議論往復，亹亹不厭。教孫如教子，童幼既多，群嬉成市，夫人頹然堂上，且喜且戒，課以讀書作字，無敢不謹。遇子婦以恩，于妾媵不妒，處事必度于義，待物寧過于厚。寬而明，愛而公，其德美未易于悉數，其多能餘事，至于尺牘之工，屬辭措意爲人傳玩。晚而好佛，讀其書甚悉，委諸子家事，澹然無營。

先兄承顔順志，倡率家人奉之甚謹，足以佚老矣。不幸而嬰大戚，晝哭之明日，復晝夜哭，變故非常，積憂熏心。淳熙辛亥之冬，奉先君輴車及墓。除夜，漏未盡數刻，腹疾作。黎明益侵，俄至不救，寔三年正月朔旦。諸子哀號隕絶，罔知所爲，獨念先君葬日既卜，不可復易，乃翼日襄大事，退而棺斂。太夫人將奉以還里舍，川涂間關，咸謂非宜，即寓館爲殯宫。遂以其年閏二月壬申，與先君合葬于陽堂鄉之穆公山。

嗚呼痛哉！積善之報，宜吉而凶，事起倉卒，不得竭力醫療，不終于寢，不殯于家。冤乎酷哉！享年七十有二。長子覺，鄉貢進士，先太夫人十有七月卒。次燮，儒林郎，沿海制置司準備差遣。次藻。次，未名而夭。櫄，預鄉舉。長女適太夫人之姪，宣教郎，諸暨縣丞戴樟。次，未行。孫男、女八。

初吾家父母俱高年，兄弟相友愛，綵衣團欒，其樂也無涯。歡娛未終，酷罰及之，追思俱存無故之時，何可復得？親庭慈愛，隆于山岳，人子補報，未能毫末，相繼淪喪，慈顔永訣，痛可勝言哉！葬有日，燮等忍死書歲月，納諸壙。當代人物，必有能銘吾親者，嗣將有請焉。

先君，姓袁氏，諱文，字質甫。男燮等，泣血謹記。

太儒人范氏墓誌銘

昔我先伯祖，十三府君，清約自守，不染俗塵，若古所謂「山澤之癯」。同里有范十九丈者，倜儻尚氣，遇事敢爲，若古所謂「閭里之俠」。此兩公者，氣質不侔，而同于爲善。亦猶拱璧寳劍，器物雖殊，而同爲可珍。鄉曲公論，俱推其賢，足以合二姓之好。故范氏之女，遂歸袁氏，實爲先叔父迪功郎、監南嶽廟，贈通直郎諱方之室。晚以仲子陞朝，封太孺人者是也。

諱普元，世家于鄞。曾祖諱文。祖諱佺。考諱醇，以承事郎致仕，累贈奉議郎。妣，孺人楊氏。太孺人之初嫁也，年十有八，而熟于禮節，家裕于財，而謙謹與寒女等。伯祖見之大喜，曰：「此我家之子婦也。」而叔父亦年十八，志氣頗豪，舉裁以正道。勉使從學，脩脯之費，率由己出，且經紀家事，不以累其夫。叔父于是乎收斂精神，遵蹈規矩。伯祖所居地，不滿三畝，欲稍闢之，力不及。太儒人謂通直曰：「褊小如是，雖苟安目前，獨不爲子計乎？」會並鄰有求售者，亟鬻嫁時所自隨之田以買之，納其券于舅。舅驚喜曰：「有婦如此，吾得所託矣。」其無所靳惜，既有似乎乃翁之倜儻；其薄于自奉，又有似乎乃舅之清約。得于薫炙，兼此二美，以故令名日出里中。

三歲大比，精于詩學者，纔取其一，而通直得之。其後累舉不利，資用良窘，太儒人苦心刻意，累積纖微，躬蠶桑，若補紉等事。男女滿前，衣服楚楚，曾不見其垢敝。通直年五十餘，多疾，勸以清静，獨設一榻，而調脈藥膳，費無所靳。迄獲痊愈，察其心，無一日不以門户爲念。警策諸子，專精務學，毋自棄暴，仲子由是踐世科，而通直亦以科補官。平昔所期，至是少遂矣。

既盡力于夫家，而又深念其親，不能暫忘，親亦深愛信之。奉議之寢疾也，屏左右悉不用，而專屬以湯劑之供，昕夕卧内，跬步不敢離。月餘，衣不解帶，以篤孝稱。就養黄巖，每聞箠楚之聲，掩耳避之。仲子敬承其意，率以寬厚爲本，時分俸金，賙給親族，亦母氏之志也。

歲在庚辰，鄉邦遭鬱攸之變，延及舊廬，聞之流涕。曰：「百年之居，燬于一朝。前人遺跡，略無存者，是可痛也。」既而釋然，曰：「吾賦禄之家，力猶足以葺治。生計蕭然，全無可仗者，何以堪之？」爰命其子，亟走一介，存問而補助焉。其仁心惻怛如此，所以培植本根者，志念深矣。長子雖未第，而辭采可觀，有進取之具。諸孫亦多俊秀，門户之昌，其未艾乎。

維袁氏素以儒學起家，而范氏亦然。蓋自太儒人之兄，臨川丞渠，實啓其端，而弟楷繼之。今爲諸王宫學教授，宫教之子光，又繼之。今分教金陵，兩家相望，名節班班，餘慶所鍾，久而未歇。非若尋常之流，儌倖于一時，易盈而易涸也。君子以是知通直締姻之初，采諸鄉評，契合無間者，豈偶然也哉！仲子爲邑，滿秩，以奉議郎通判紹興府。密邇鄉邦，禄廪差厚，他日之官，將母以往，人子之至願也。新居始成，宏敞明潔，殊與舊廬不類。以垂白之年，安處其中，始足以極燕頤之樂。

旬有五日，忽感疾焉。百端治之，沈綿累月，竟至不起。實嘉定十五年二月丙申也，享年八十。子，浹、洽、漸。漸，先一年卒。女適進士顧應龍，國子進士貝自成。孫，世公、世範、世仁、世輔。孫女，長適張炳，次許嫁孫源，皆進士。餘二人，尚幼。

孤以其年十一月庚申，舉太孺人之柩，啓通直之窆，合葬于鄞縣陽堂鄉南嶼之原，哀泣請銘。惟太孺人在家，則爲賢女；既嫁，則爲賢婦；及預家政，又爲賢母。其爲人也，温柔可親，而不失之弱；聰達過人，而不矜其能。其相夫子也，切磋如朋友，而未嘗不和。其御婢妾也，雖不厲威，而終不敢慢。德厚而才裕，識遠而慮深，春秋雖高，精明自若。凡我族黨論，閨閫之賢行，以爲稱首。此名豈虚得哉！某辱在子姪之列，知之悉矣，不敢輒辭。

銘曰：「蘭生深林，其薌自達；玉韞石中，其輝自發。猗歟若人，養德閨闥，不求聲名，乃爾烜赫。慶源深長，福基不拔，猗歟若人，端可爲法。」

夫人邊氏壙誌

吾妻邊氏，慶元鄞人。曾祖諱日章，祖諱用和，父諱友益。年十九，歸于我。

夫人母張氏，嫠居守節，教子女有法度。每語之曰：「而夫之貧，而父所知也。爲汝擇對，惟以嗜學故，毋敢不恪。」夫人敬遵之，承上拊下，服勤不懈。男女八人，自乳其七，飢飽寒燠，節適謹甚，無頃刻不繫于心，無毫厘不至之處。自言吾之心寫于兒之身，兒小不安，終日抱持，未嘗置之袵席，委之他人也。察之微，護之謹，故咸遂以長，而無夭折之患。一室纔丈餘，隆冬不見日色，而盛夏烈日暴之，居其中者，二十有九年。安卑陋，忍窮乏，母家饒財，曾不取貸焉。與吾處，外若少和，察其私，愛敬備至。吾飲食衣服，烹飪補紉，常躬其勞，而不使吾盡知之。其用錢，其遺人，物雖甚微，亦必以告。每曰：「吾心如大路，人皆可行。」言由中出，行無外飾。

少壯時，性頗嚴，久而寖寬。十餘年間，婢妾無捶撻者。雅意澹泊，不貪榮利。吾與子肅忝世科，若固有之，無欣喜色。吾以罪去國，達官有憫其失職，欲稍致力者。艴然曰：「若因人而得之，何榮之有？」吾爲浙東帥屬，俸入或循舊例，可以取，可以無取，間與之謀，必以勿取告。爲子擇婦，資遣厚薄，聽其所爲，無幾微見于言色。拊之均平，愛憎之迹，泯然無有。家事細物必親，中歲猶然。諫止之，弗聽，夜率彊半乃寢。衣或三十餘年不易，嫁時所服，比其終之歲。有可以見賓客者，用雖甚儉，禮無遺闕，有綱有紀，閨門間肅如也。

嘉泰三年春，吾將之官閩中。念其方屬疾也，難之。夫人曰：「家貧仰禄以給，盍亟往。」既行，閱篋中衣必有副，或至于三。以吾單車獨行，慮有缺也。

嗚呼！居疾病中，不遑自恤，而爲吾區處纖悉如是。此意詎可忘耶！及秋疾平如常時，有適閩之興。十有二月，疾遽劇，旬有一日竟以不起。凶訃至閩，哀痛切骨，追思平昔，艱難辛苦，人所不能堪者備嘗之，乃不得一見而訣。倉皇還家，物是人非，慘愴之懷，何可具言哉！

男四人，長喬；次肅，從事郎，江州觀察推官；次甫；次商。女四人，長適從事郎，監鎮江府寄樁庫林密；次適進士鄭景淵；餘未行。四年三月壬申，葬夫人于縣之陽堂鄉，穆嶺先墓之旁。

夫有美而弗書，不仁也；書之而溢美，不信也。摭其平生大略，據實以書，義所當然，非私也。葬之日，納其石于壙，茲吾妻之藏，密邇先舅姑，取古人族葬之遺意云。

安人趙氏壙誌

安人趙氏，故太師郇王諱仲御之曾孫女，太師韶王諱士樽之孫女，而武節大夫諱不忸之女也。妣，宜人黃氏；繼母，宜人高氏。年十六，歸于今武經郎、新樞密正將袁君任。

安人生長皇族，耳目所接，熟于豪華貴盛之習，與寒素有間矣。武經吾弟也，自高大父光禄公以儒起家，子孫遵教，居處服用，率從儉約，與貴家不類。安人之來，宜若不相契者，而姿性婉淑，篤志爲善，無驕暴侈泰之心。奉承舅姑，載祇載肅，相夫子柔而正，夙夜警戒，有古賢婦風。蘋藻吉蠲，米鹽靡密，織組補紉之事，皆身親之，殆有甚于寒女。又遇下有恩，無嫉妒行，尤婦人所難能。武經于是委以家政，一無所預，而得以專其精神，勤修職業，安人之内助爲多。

開禧二年，大饗。覃霈，封孺人。嘉定五年，郊恩，封安人。六年十二月六日，卒于長沙之官舍，享年五十。反葬于鄞縣，翔鳳鄉青山之原，以九年二月乙酉，窆。子一人，南，補承信郎。女一人，適修職郎、新紹興府司户參軍趙時。

擇葬有日，武經痛賢助之亡，追思不已，請書其平生大略，而納諸壙。余平生喜道人善，凡一節可稱者，率録不棄。矧吾弟婦德美著聞，親黨交譽，僉曰「此閨閫之則也」，而可以無述乎！遂書以授之。

卷二十二

廟碑

簽書樞密院事王節愍公廟碑

紹興十有四年，七月戊午，故簽書樞密院事王公，不屈于金，死之。公之使金也，以天子命，諭其帥歸我河南地以和，其帥聽命惟謹，事且集矣。烏珠惡其專，譖而殺之。留公河間者六年，彊以僞命，公義不辱，駡敵以死。

嗚呼！大節巍然，于是乎貫日月，通神明矣。蓋嘗論國家之興，非獨腹心之臣，謀謨于内，爪牙之士，戰伐于外，仗以成功也。亦惟有肝膽忠烈，達于大義，冒死不顧者，爲之砥柱焉。故齊以田單存，而王蠋亦有功；漢以三傑昌，而紀信、周苛亦有功；唐以李、郭復振，而顔杲卿、張巡、盧奕之流亦有功焉。然則我宋之中興，趙、張、岳、韓之功，信偉矣。而全節如公者，亦豈可少哉！

公始至敵廷，問二聖起居，悉心經營，卒達上意。厥後迎梓宫，迎太母，犯難而行，曾不自顧。每先以酈食其、唐儉自處，屢言于上，苟有可乘之機，毋以臣故，憚于進取。又言臣昔在金，知烏珠幾爲我擒，山東、河朔，日徯王師，時不可失。此豈區區怯懦，專以成好爲足恃者。河間之留，歲月既深，金以公備嘗艱阸，不堪其苦，可啗也，而終不少屈。堂堂乎，與忠愍李公，英風義概，前後相望。迄今聞者，莫不興起，其有補于世道，豈不博哉！

君子之所爲，固有初若昧昧而其後昭昭者。公秉心如是，而持正論者，詆時宰議和之失，并以及公，蓋未覩其忠爾。時宰忘國讎恥，自爲身謀，和議既決，不易宰相，著爲信誓，豈忠臣之用心哉！彼惟固位，公乃捐軀，邪正之辨，明于黑白。故要其終，而途轍判矣。時宰恥其不若，不以實聞。既歿，天子始知公之死節。

孝宗嗣位，官其三孫。至光宗時，賜謚節愍。逮我皇上，褒贈有加，以公葬吴陽山，乃詔廟祀于吴，卜築于子城之真慶坊。時公孫枏尹正京邑，建請于朝，故有是命。枏遵奉之，乃斥私財，是營是度，崇閣屹如，寢堂翼如。豁以高軒，繚以長廊，處祝史于旁舍，募道流以汛掃。買良田，收其入以贍給之。規模既備具矣，會遭内艱，故雖賜額「忠肅」，而碑猶未建。既免喪，復拜京輦之命，始録顛末，而屬某潤色之。某雖寡陋，然高山仰止之詩，詠之久矣，兹不敢辭。

公諱倫，字正道，大名人。景德、祥符間，名宰相魏公之諸孫也。先是晋公手植三槐于庭，曰「吾子孫必有興者」。源深流長，奕世顯融，至公復以節著，明于君臣之義，達于死生之説。本心卓然，俯仰無愧，可謂一代之奇傑矣。

嗚呼！金人無道，戕我忠臣，天實惡之。數傳之後，迫于强鄰，奔迸竄伏，不絶如綫。我有忠臣，不屈于金，天實右之。列聖相承，迄今昌盛。天之福善禍淫，豈不甚昭然哉！公之忠誠，向也未白，時宰抑之也。然斯人之後，湮没無稱，而公有賢孫，振興門户，福善禍淫之理，益信不誣。公之所存，天固知之矣。

雖更百世，英靈如在，于其祭也，其可無歌以侑之歟！乃作詩曰：

河朔人物如渾金，稟資篤厚天機深。故家遭亂悲陸沈，南來氣骨猶蕭森。惟公貌古氣駸駸，自請掉舌鋤驕淫。剛腸憤激涕沾襟，一死如蜕獲我心。乾坤倏變晴爲陰，雪雹隨雨風號林。精誠上徹天監臨，誰其蔽之繄孔壬。事久論定昭純忱，有嚴廟貌峨冠簪。牲肥酒洌神其歆，可解民愠如薰琴。驅彼疫癘無敢侵，油然層雲旱爲霖。豐我廩庾高于岑，神有大賜民其欽。

祭　文

祭參政大資樓公文

嗚呼！元老大臣，國之表儀，萬姓所仰，天子是毗。不有人傑，孰堪尸之？人皆謂公，寬平樂易，并包兼容，渺無涯涘。孰知其德，濟弘以毅，自登瑣闥，高節凛然，守正排姦，弗撓于權。屏居甬東，閲十三年。更化伊始，歸見天子，遂參政機，寵光有煒。人皆謂公，若無同異，孰知其心，有一無二。自古共由，惟一坦途，苟適他岐，兹惟姦諛。公之燕居，榜曰「攻媿」，行己大端，其敢有戾。身雖廊廟，心則巖壑，念念歸休，庶無愧怍。帝惜其去，固挽留之，疾云甚矣，始容其歸。歸纔浹辰，奄焉易簀，訃聞四方，孰不痛惜！古也有訓，生榮死哀，人哀其亡，豈易得哉！

某實惷愚，荷公誘掖，兹還班綴，值公寢疾。日俟其愈，得復親炙，公今往矣，我將疇依。遐想音容，悵不可追，薄奠一觴，涕泗交頤。嗚呼哀哉！

祭倪尚書文

嗚呼！自古爲國，必有正人，主張維持，公道以伸。故立于朝廷，則忠言讜論，不知有身。而位乎岳牧，則撫民如子，養之如春。其或退而歸休，則德望歸然，人皆覬其復用。及夫不幸而殁，而人心盡然，莫不爲之傷痛。此公始終之大致也。

博通古今，探索精微，詞華炳蔚，端有指歸。方當盛年，早登青貫，屢起屢仆，卓然不亂。年未六十，剛腸窒慾，清明温潤，如冰如玉。更化之始，正位常伯，瑣闥封駁，正途斯闢。自爾居閒，山巔水濱，逍遥自適，不緇不磷。遺奏懇切，有規有戒，死不忘君，可謂深愛。此公之始，終無愧也。嗚呼！曾謂盛德如斯，而不克究其設施乎？

某始以諸生，事公成均，及官于閩，模範益親。我性好直，惟公能容，有所切磨，靡不樂從。我或抱疾，問勞不絶，亦既見止，改容歡悦。平生知己，如公實希，幽顯永隔，再見無期。追念疇昔，潸然賈涕，薄奠一觴，昭此誠意。

代宰執堂祭林樞密文

自古公朝，必登正人。屹然特立，標準薦紳，紀綱乃張，風采聿新。公秉直道，出逢昌辰，學有根源，行無緇磷。聖主嘉之，如獲鳳麟。寘諸周行，温温其仁，仁固有勇，力回萬鈞。其在柏臺，忠不顧身，其在省闥，直氣益伸。兩踰禁橐，出牧小民，吏治藹聞，如古之循。彼何人斯，妒我忠純。逃讒于鄉，巖隈澗濱，藝花植竹，恬養天真。屬時更張，拯溺亨屯，起公既老，倚其經綸。宥密本兵，碩輔龐臣，中國可尊，四裔可賓。

甫六閱月，大故遄臻，人望賈傾，誰不酸辛？矧我同列，心跡俱新，忽焉僊去，挽留無因。惟有痛哭，涕泗霑巾，公之憂國，生死則均。正途方闢，不可復榛，公道方明，不可復堙。追惟此心，敢有所遵，相期努力，慰公之神。薄奠一觴，矢心以陳。嗚呼哀哉！

祭提舉趙公文

嗚呼！公之此心，天日可鑒，人不盡知，公則無憾。公方壯歲，仕已有名，剖决從容，繩直準平。更歷中外，始得一壘，吏畏其明，民誦其美。帝用嘉之，擢之庾司，周爰咨度，民瘼究知。乃趨嚴召，指日清切，誰其間之，事復中輟。公于權臣，親雖舅甥，公則不阿，直道而行。權黨曰蘇，炙手可熱，公深疾之，彼乃媒孽。折簡要地，諷使逐公，心苟無瑕，喪與得同。大化既更，公應復起，竟以前累，棲遲故里。才非不高，窮達在天，奄焉長辭，齎志九泉。

某官于閩，充員賓幕，困躓之蹤，賴公橐籥。出谷遷喬，誰實爲之？匪公獎拔，曷臻于斯？永懷此德，其敢忘報，屢言公賢，曾不少效。天族之英，薦紳所推，位不配德，孰不嗟咨？矧惟門牆，辱知不淺，豈期一朝，遽隔幽顯。欲拊其官，身縻于兹，恫哉此心，寓此一巵。

祭大丞趙公幾道文

嗚呼！人才之難久矣幸，而卓犖不群，器能足以任重，謀慮足以經遠者，又不幸而正途荆榛。時論枘鑿，戛戛乎其難合，則亦終不得以有所展布。

嗚呼公乎！何其才之傑而命之屯乎！英明敏達，是非立斷，宦游所至，聲稱籍籍，天資可謂高矣。學問以充之，師友以磨之，養之以寬洪，守之以堅正。寧陸沈于下位，恥阿世以苟求。迨夫賢輔當國，推揚甚偉，可以奮飛矣。

時事驟變，卷而懷之，棲遲巖壑，樂道無悶。潛心于義理之精微，周覽乎記載之浩博。國朝之本末源流，中興之經營建立，講之尤詳。固將以有爲也，此志未伸，獨以所學，施諸閫内。勞則身先之，財則衆共之，雍雍肅肅，人無間言。善類推輓，漸爲時用，禮樂筆削之選，亦稍清矣。其若沮之者，何沮之未害也；其若病之者，何病猶未愈也。重以内艱，朝方更化，久屈復伸，而公獨不預。沈綿兩年，竟不起疾。

嗚呼！何其才之傑而命之屯乎！公之隕傾，海内所痛，矧惟姻親，痛當如何？雖然士生于世，患乎斯心有愧而已。苟無愧心，窮猶達，死猶生也。公復何憾？若夫天下之元氣，惟得善人保養之，則邪氣不能干。天下之公論，惟得善人主張之，則邪論不能勝。公之存没，所繫匪輕，是則可憾焉爾。想公精明，如在目前，薄奠一觴，千里寓誠。嗚呼哀哉！

祭郎中詹公子南文

昔我與公，同僚會稽，道義磨切，古人相期。惟公秉心，篤實不欺，學有根源，象山是師。維此象山，發揮精微，毫髮不差，昭晰不疑。公遊其門，累年于兹，既疏瀹之，又培植之。充此美質，如璋如圭。

天台之政，吏戢民依，自列于朝，人望益歸。典司宗祏，蘭省有輝，出牧大邦，仁恩是施。貴名方起，胡擿其疵，心苟無瑕，孰爲成虧？一疾不起，曷止于斯，吉人云亡，孰不嗟咨？矧我恩親，諧如塤篪，喪此良友，孰箴孰規？欲拊其棺，職守所縻，平生交情，寓此一巵。我心之悲，曷其已而。

祭李蘄州文

嗚呼！父母全而生之，子全而歸之，古之明訓也。所謂全歸者，豈獨其形體哉！雖殺其身，苟得其正，即全歸也。故曰：「志士仁人，無求生以害仁，有殺身以成仁。」

嗚呼！若公者，可謂能全其仁矣，可謂不負所學矣。大義所在，視死如歸，高節凜然，夫復何憾！所可惜者，朝家失此真賢，朋友喪此彊助。國事將如之何？吾徒將如之何？嗚呼哀哉！嗚呼痛哉！

祭通判舒公元質文

某與吾兄，金蘭之契，餘三十年，義均兄弟。聞兄之疾，旦旦懸繫，自温還明，休息勞勩。謂沈痾之既痊，每拊躬而自慰。曾不幾時，遽以訃至，驚呼失聲，何以至是！喪我良友，如之何不痛心霣涕也。

嗚呼兄乎！天稟之粹，如彼鳳麟，爲時嘉瑞。自始奮發，蜚聲槐市，經術淵源，辭采宏麗。退然不矜，日益磨厲，隆師親友，刳心刻意。思古聖賢，標準萬世，仰攀高躅，謂必可繼。操行有常，屋漏無愧，不求名聲，不貪榮利。護養良心，毋敢失墜，孚于家人，施諸政事。教養作成，士賢而藝，吏畏其公，民懷其惠。平生力學，纔見一二，謂福履之方隆，俄一朝而川逝。

嗚呼兄乎！孰能盡力閨門，如兄之躬行孝悌乎！孰能保養名節，如兄之肝膽忠義乎！又孰能舉世信之，如兄之不遭譏議乎！考其終身，蹈履純備，死生夜旦，夫復何喟？而所可深痛者，朋友乏切磨之益，而後學失歸依之地也。聞兄之喪，欲往莫遂，拊棺慟哭，形于夢寐。寓哀情于一觴，望靈帷而涕泗。嗚呼哀哉！

祭豐宅之文

嗚呼公乎！生長名門，人品卓如。長纔六尺，膽大于軀，見義勇于必爲，見惡果于驅除。若大川之決，勢莫能禦；若莫邪之刃，利無與俱。自參謀于宣幕，始漸展于鴻圖；洎丞郡于豫章，憫疾疫之毒痛。委巷窮閭，遍歷勤劬，人給之葯，病者以蘇。推是心于作牧，達民情之慘舒；推是心于建臺，究邦用之盈虛；當邊陲之驛騷，分閫寄于名都。氣讋强鄰，誰敢侮予？帝深念其勞勩，俾易鎮于南徐。俄一疾兮不起，飛丹旐兮歸歟。殊勳未立，真才先徂，朝家失所倚仗，壯士爲之長吁。生輕財而重義，殁傾囊兮無餘。信清敏之裔孫，庶乃祖兮無殊。嗟我與公，肝膽交孚，屢貽我以書尺，豁此心之鬱紆。覬復接于誨言，講濟時之規模，此志莫酬，愴焉欷歔。念牽帷兮一慟，纏衰病兮躊躇，陳薄奠兮一觴，表素心之區區。嗚呼哀哉！

祭胡達材文

維兄資禀端良，德宇粹夷，刻意爲學，古人自期。求師友于四方，探聖賢之淵微，不違世以立異，不同流而詭隨。恬淡自守〔一〕，不求聞知，此善類所資以磨琢，而吾道所賴以扶持。謂降年其有永，何一往而莫追，信夭壽之不可必，而造化之未易推也。

頃年以來，四海師資，彫零亡幾，猶有友朋，相與發揮。孰謂吾達材氣方盛，志方篤，德業方茂，平生抱負，百未一施，而遽爲九泉之歸也。自達材之殁，朋友痛悼，哭過乎悲。而予縈于世故，病不得問其疾，死不得撫其尸，葬不得臨其穴，愧吾顔以忸怩。兹行役之既返，始克奠于靈帷，嗟亡友之永隔，滂涕泗以交頤。平生交情，寓此一巵。

祭戴宣義文代先淑人作

嗚呼！昔我先君，積善成德，燕及後昆，團欒之樂，萃于一門。遭時艱虞，老穉驚奔，慶源未竭，數口猶存，雙親兩兄，與己而五。喪亂既平，幸且安處，嗟我微軀，阸于棄捐，保抱攜持，賴兄以全。親闈辭世，終天抱痛，猶有兩兄，白首康共，相期百年，三壽作朋。云何不淑，喪我伯兄？惟我伯兄，色和氣清，處己待物，一根于誠。天屬之愛，同氣之親，情義相與，始終惟均。典刑未泯，篤老不昬，自古有死，哀哉若人。有懷疇昔，五人相倚，豈謂今者，兩人而止。窀穸有期，幽顯永隔，祖奠一觴，心焉如割。嗚呼哀哉！

祭叔父通判文

昔我先君，與吾叔父，曾無間言，俱敏于學，好是懿德，厥有本原。其學維何，洪河長江，衆流所奔；其德維何，拱璧大圭，天然粹温。

先君既殁，每見叔父，如親猶存。教我誨我，六經百氏，靡不討論。叔父之賢，智愚戚疏，誰不敬尊？

典教兩州，贊治一邦，名徹帝閽。年登上壽，好古嗜書。神明不昏，謂當期頤，永錫難老，福禄便蕃，如何不造？武陵風月，曾不平分，位不配德，倏然長往，孰招其魂？二子早世，克承其家，賴有二孫，畢力經營，蔚其新阡，董溪之墳。吉人云亡，行路霣涕。矧某弟昆，喪我叔父，孰開其明？孰導其源？追念平昔，警策諄諄，永矢弗諼，無以報德。惟當勉勵，不辱吾門。輀車首途，幽顯永隔，有淚如翻，嗚呼哀哉！

鄉人祭魯國夫人文

人傑之生，必有賢配，聲氣相符，天作之對。猗歟夫人，生長名族，左圖右史，景仰高躅。來嬪大門，蔚有令儀，承上接下，德無不宜。儷我元宰，曲盡婦道，相對如賓，琴瑟静好。元宰賴之，閨門肅雝，乃得專精，興起治功。君恩日深，相門益大，人所甚榮，不忘敬戒。象服魚軒，湯沐大都，人所歆羡，視之若無。克儉克勤，始終惟一，克齊其家，井井秩秩。平生學道，了達死生，曾不怛化，時行則行。人亦有言，仁者必壽，天胡嗇之，其年不究。皇情愴然，念我宗工，失此良助，此心其恫。乃頒䘏典，載優載渥，旌我柔嘉，慰此冥漠。夫人之亡，孰不悲傷？矧我諸人，枌榆相望，痛念淑德，當今鮮儷。薄奠一觴，將此誠意。

校勘記

〔一〕恬淡自守　四庫本、叢書集成本均作「恬澹自守」。

卷二十三

古體詩

以鑑贈趙制置

吁嗟此鑑，惟銅之精，磨之治之，瑩乎其明。其明維何？洞燭毫髮，非由外至，實自中發。我有良友，天支之英，雄鎮江淮，爲時長城。我寶此鑑，持以贈之，此鑑此心，昭晰無疑。鑑揭於斯，中涵萬象，物自不逃，初非鑑往。人心至神，無體無方，有如斯鑑，應而不藏。鑑以塵昏，心以欲翳，欲全其明，盍去其累。經武折衝，厥任匪輕，勿貪小利，勿徇虚名。律身惟謹，上功必實，欺心不萌，精忠貫日。選擇僚佐，爲己强助，衆明翼之，厥光彌著。昔者武侯，發教群下，孜孜求益，不自滿假。陸抗摧敵，東還樂鄉，貌無矜色，謙沖如常。兩賢之心，惟其罔蔽，千載凜然，猶有生氣。惟君天資，無歉古人，願如斯鑑，光景常新。

丁未之冬，營房告成，有亭翼然，名之曰「勸功」，且爲歌訓迪有衆

維此江壖，控扼之所，居安思危，可無備禦？維彼强狡，巧於乘隙，萌蘖弗除，其欲罔極。孰堪制之？維汝弓兵。猛虎在山，百獸震驚，勇無堅敵，謀無遺慮。如彼獵師，靡逸狐兔，亦如農夫，稂莠是芟。寇盜斯戢，善良斯安。

吾民膏血，爲汝衣食，可不念此，爲民除慝。國用方窘，于汝常給，可不念此，竭誠報國。無或徇私，貪求肆虐；無或荒嬉，酣飲蒱博。强汝志氣，精汝武藝，習汝行陳，昭汝果毅。我聞在昔，元勳茂烈，發迹弧矢，登壇授鉞。反觀此身，均一丈夫。彼既能然，我豈不如？黽勉從事，不辭險阻，風餐露宿，含辛茹苦。汝身則勞，民獲安堵，肝膽忠義，神其福汝。

我作營房，亦既勞止，用集爾衆，緩急有備。營房之居，義均弟兄，務在和睦，毋或紛争。營房之居，法如軍旅，什伍相長，其傳自古。以大總小，先正其身，以小承大，期於率循。我築斯亭，名曰「勸功」，爾有勤勞，是奬是崇。爾或有罪，吾不汝貸，鞭扑斥逐，其恥爲大。凡爾有衆，各敬爾德，習此歌詩，持循罔失。

安邊

安邊在良將，至矣晁生語。邊疆無良臣，胡能固吾圉！孰爲國之良？四德貴兼取。智能制勍敵，仁能撫軍旅。勇足任爪牙，忠足寄心膂。信哉人中傑！勳名在王府。斯人世不乏，感會待明主。藝祖英睿資，一劍定區宇。憤彼戎狄驕，求我萬虎侣。三邊十四將，人人奮材武。威名被草木，折衝自樽俎。當年

寵遇隆，噲等莫爲伍。闠市擅征榷，金帛豐賜予。機要時面陳，延見虚當宁。天顔對咫尺，殿坐得容與。等級忘尊卑，親愛均肺腑。久戍二十載，近亦十寒暑。

漢超守關南，販鬻如巨賈。法令安有此，優詔特聽許。進也治居第，甋瓦覆其宇。有司每堅執，視進等兒女。府庫有餘蓄，捐棄如糞土。犒賞飫牛酒，驍雄率鼓舞。貪夫冒絶險，敵情畢親覩。陰謀數侵犯，先事嚴備禦。師徒雖不多，勇悍莫予侮。攻伐雖不聞，威德自周普。乃知安疆策，保境功最鉅。

漢高豈不偉，平城亦良苦。卑詞結和親，金繒奉驕虜。何如我宋興，主聖群龍輔。北人先屈膝，兹事掩前古。方今雖治平，徹桑未陰雨。和好寧可恃，人材要多貯。古來蕞爾國，拔十且得五。蜀有關及張，吴用周與魯。多士今如林，錯薪刈其楚。勿由權要門，要以公論舉。會當略細苛，毋使畏網罟。深宏植本根，周密固牖户。恩榮有感激，施設無齟齬。聞昔淳化中，有臣曰承矩。方田遏敵騎，塘濼深險阻。當其建策初，群議亦交沮。皇心斷不惑，邊城迄按堵。往事可爲則，明時豈無處？規模要經久，廢闕要紉補。器械要習熟，人民要生聚。委任果不疑，讒言敢輕吐。守衛果得人，成功要有敘。孰爲當今時，視我開基祖。

上中書陳舍人三首

嗚玉青瑣闥，揮毫紫微垣。仰參鸞鵠翔，俯視燕雀喧。異時憂世士，才學窮根源。亦有濟時策，無因通帝閽。公居清切班，日對龍顔温。嘉會千一遇，論思毋憚煩。

士方負材業，高價敵璠璵。一朝聲稱減，碌碌盆盎如。貴名豈不欲，名盛復難居。所以古君子，謹終如厥初。自公到京國，聞望傾萬夫。願言益進德，名與天壤俱。

重明麗宸極，萬國熙王春。翹首望德政，從今斯一新。當年羽翼客，休戚一體均。致主欲堯舜，規模戒因循。古來王佐才，宇宙歸經綸。期公繼前作，百世稱偉人。

與范總幹

賢士未達時，懷寶混塵境。得志行所爲，澤民效伊尹。常深納溝念，疾苦勤訪問。所期培殖豐，肯詑裁決敏。所以龔黄輩，仁聲達幽隱。是時民氣樂，魚躍快於牣。高躅欲追攀，是心先戒謹。日憐老鈍資，不敢汙蘭省。朅來楚江邊，宣布寬大令。牧養乃其職，此事無窮盡。孳孳撫凋瘵，凛凛憂饑饉。今歲雨意慳，齋心罄三請。甘澤幸滂沱，良田稍膏潤。雜種亦復熟，窮閻庶安枕。亭平富詞學，春華灼千品。貽我喜雨篇，仁心極矜軫。源流自介庵，句法深以穩。擾擾淫蛙中，聞此古歌詠。我無爲霖乎，丹闕何由覲？兀坐哦君詩，字字堪企敬。

送黄疇若尚書

軒裳本外物，輕重非所關。俗子不識真，貪榮强躋攀。苟求既得志，巧計仍朋姦。誰知國士胸，取舍超人寰。不憂節不高，任重憂力孱。公家太史氏，閱世多險艱。無心羡尊顯，名塞穹壤間。尚書續正脈，清泉瀉潺潺。操修不敢怠，粹美無可删。垂垂躡政途，念念思江山。上欲登絶頂，下欲臨碧灣。勇退得所願，喜見冰雪顔。是中有真趣，景貺天所慳。一朝歸領略，拔萃玉筍班。豈若嗜進徒，終身墮荒菅。家聲遂復振，舊觀欣重還。平生萬事足，只欠素與鑾。美官非我願，寧復憐綠鬟。却須富篇什，麗錦争斕斑。

九重念耆德，詎許長清閒。强敵未殄滅，罷甿正恫瘝。譬如建大厦，運斧無輸般。願公勉加餐，暫歸隨賜環。

寄武岡使君表兄

符竹剖千里，休戚繫一方。田里息愁嘆，民安由吏良。方今重茲選，俾近天子光。臨遣重丁寧，考察何精詳。吾兄富才業，敏鋭鋒莫當。論事切時務，玉音屢褒揚。都梁雖遠郡，于今爲邊防。帝曰惟汝諧，專城賴紀綱。吾兄勤布宣，德意達窮鄉。朝夕念此民，啓處幾不遑。世方急催科，下令嚴秋霜。罷瘵因鞭笞，男女失耕桑。財貨豈不足？衆弊實蠹傷。但能澄其源，府庫有餘藏。無告深可憫，盻盻將流亡。根本不護惜，忍以斤斧戕。吾兄獨反是，屬邑賴小康。願言堅此志，益使仁風翔。此邦介荆蠻，其俗氣稟剛。宜以寬治之，馴擾狡與强。用法人固畏，中心要易忘。十步有茂草，多士詠思皇。況有賢師儒，德行侔珪璋。薰陶亦既久，濟濟觀趨蹌。儒風果大振，鄒魯相頡頏。爲政有先務，本固末乃昌。規模欲傳後，計慮宜深長。天下久無事，武備弛不張。干戈朽且鈍，卒伍驕而狂。教習不可緩，常若赴敵場。軍陣日修明，姦宄敢陸梁。塞下憂空虛，積粟乃金湯。郡事無不宜，休譽寖以彰。吾君不忘遠，大明燭無疆。承宣有如此，促召歸周行。嗟予寡所合，幽居空激昂。每懷濟川志，自愧非艅艎。吾兄捨我去，矯首遥相望。我懷不能已，作詩述肺腸。微塵裨高山，可笑不自量。相期配古人，豈徒出尋常？努力進此道，千古垂芬芳。罔俾循吏傳，專美龔與黄。

送李鳴鳳使君

道山群玉府，密邇日月光。夐與塵世隔，恍如白雲鄉。李侯好古士，來自天一方。峨冠英俊林，掉鞅翰墨場。著庭秉直筆，省户推望郎。高情遽勇退，遠業真難量。黎庶多困窮，撫摩仗循良。鷹鸇豈不鷙，鳳鳥乃嘉祥。生財固有道，視民當如傷。寧乏强敏稱，毋令本根戕。仁聖子萬姓，邇遐如一堂。賢牧著聲績，璽書隨褒揚。我歸伏茅荆，翹首觀高翔。

送李左藏三首

中都衣冠地，振羽良獨難。美材副時須，步武隨鵷鸞。平生根柢學，萬卷胸中蟠。清規照冰玉，健筆翻波瀾。宦游聊復爾，榮利不可干。去去展壯圖，士友拭目看。

憶昔議和日，權門機穽深。平居自好者，亦或喪其心。偉哉人中傑，獨立山萬尋。佐時豈不欲，枉己非所欽。蔚然歲寒姿，肯受霜雪侵。願言繼前作，冠冕英俊林。

人生貴得友，勝己我所求。搜尋窮怪珍，逢此荆山璆。虚懷略輩行，傾盖均交游。許賡清絶句，每嘆風雅儔。中年畏作别，握手如隱憂。尺素煩警策，慰我思悠悠。

送治中楊司直

岷蜀古多士，聲名争頡頏。近代推三蘇，奮發眉之陽。君侯亦眉人，源委故深長。少日隨游宦，中年擅詞場。笑談掇高科，步武聯周行。蟠胸富籌策，振羽方翱翔。一朝遽勇退，萬里還故鄉。名邦贊佳政，海沂還復康。無計留君行，臨分徒自傷。我亦歸舊隱，後會殊渺茫。小兒獲同升，此好固難忘。流俗久頹敝，棖也焉得剛。期君懋遠業，志氣常堅彊。

送姜子謙丞於潛

磻溪有君子，玉壺貯寒冰。一朝辭舊隱，去爲畿邑丞。畿邑天下劇，贊府須賢能。才刃肯嘗試，心源先自澄。古來人中傑，進德如川增。規模百年後，感慨中夜興。終焉不碌碌，泰華高崚嶒。君侯資敏達，而以古自繩。嗜書殆成癖，幾載雞窗燈。詞場賈餘勇，先取螢弧登。成功不自伐，得善勤服膺。筌蹄寧復顧，堂奧從今升。時哉佐裁決，行矣蜚聲稱。吾民久憔悴，德政先哀矜。寧書考下下，莫忘心兢兢。俯仰無愧怍，正直神所憑。相期志遠大，可但觀飛騰。久要忽語別，慘戚不自勝。我無錦繡段，何以贈良朋。一言布心腹，舊貫古所仍。

送樓叔韶尉東陽三首

吾鄉多賢士，我友更偉奇。見之立哀懦，不見令人思。暫別已作惡，况乃三歲暌。躊躇西郊外，此意誰能知？剛强不可恃，柔弱難自恃。願君日進德，古人以爲期。

古人重世家，非爲世其禄。世禄非不朽，風流要相續。君家富才傑，海内仰名族。豈徒衣冠盛，要使操履篤。邇來益光華，君其繼高躅。

尉職最親民，亦足行所學。吾民苟安枕，微官有餘樂。嘗聞長老言，人性原不惡。迷塗偶忘返，見善寧不怍。君能復其初，治行乃超卓。

送路德章芾三首

窮途分愚賢，是非少復真。圭璧委道側，輪囷爲國珍。由來磊落士，處世多邅迍。對越我無歉，幽居志常伸。豐城有利劒，紫氣干星辰。終然不埋没，龍化延平津。

後學寡師承，私知妄穿鑿。緬懷東萊公，天才負超卓。英詞粲星斗，偉量包海嶽。寬平復謹嚴，精密更恢廓。哀哉梁木摧，誰歟繼前作。幸有二三友，潛心味博約。相期在不朽，與道爲郛郭。

賢哉子路子，德性兼剛柔。險難極變態，志節凛高秋。訪我大江濱，亟别挽莫留。問子將何之，長淮理扁舟。主人得仁賢，欲爲經遠謀。男兒處斯世，器業追前修。努力建碩畫，勿貽師門羞。

送趙大冶晦之

謝公中年後，畏與親友别。歲月苦不長，交情固難輟。况於桑榆景，撫事心欲折。一朝舍我去，遂恐成永訣。感君遇我厚，肝膽每傾竭。惓惓念斯時，言論多激烈。憶君哦松日，志操已超越。庾臺欲推薦，風之使來謁。恥於呈其身，保此端以潔。君今宰壯縣，便道理舟楫。不騎京國鯨，不改歲寒節。升沈分自定，義理我所説。黎甿久困窮，恩惠思周浹。姦欺巧蒙蔽，精神要昭徹。鄰境猶繹騷，武備不可闕。弓兵暨保甲，閱習貴嚴切。懸賞勸之射，人人藝精絶。莫言一邑小，振作在賢傑。士氣苟奮揚，威聲必震疊。

自憐老且病，羡君健而決。老病保餘生，健決廣賢業。自期素不淺，有志終煒燁。日誦論孟書，端如明鑑揭。聖賢以爲法，今古同一轍。便郵頻寄音，解我寸心結。他年再覿面，偉論起衰怯。

贈蔣德言昆仲三首

平生無所嗜，耽玩惟古今。以我淺陋質，期於江海深。萬事不掛胸，須臾惜光陰。五夜常自起，簡牘勤披尋。清風遞晨鐘，鏗然感予心。年來因多事，力弱不自任。叢書未暇讀，塵埃積中襟。何當脱鞅絆，歸歟松竹林。

平生寡所諧，疏拙以自守。天鍾鑿枘性，人棄我獨取。世道方荆榛，營利不絶口。我欲挽衰俗，每每掣其肘。仕版謂假途，何用醫國手。再拜謝誨言，古人貴不苟。乘田與委吏，勤勤魯中叟。吾心不可昧，豈問人知否？此意當與誰，寄我二三友。

我生亦何幸，佳友在鄰墻。道義共講貫，心親形迹忘。邇來忽間闊，千里遥相望。爲别似未久，炎赫變飛霜。歲月易因循，志士宜自强。良心虞放逸，古人嚴範防。及此閒暇日，書林擷其芳。他年恢遠業，雲路觀騰驤。

贈游宣教

連日雨滂沱，閭閻應甚苦。慨念樂隱翁，蕭然坐環堵。術業豈不精，一寒乃如許。請君姑置之，對婦酌芳醑。

贈吴氏甥二首

男兒何所急？爲學要立志。此志苟堅彊，天下無難事。超然貴於物，萬善無不備。厥初本高明，有過則昏蔽。但能改其過，輝光照無際。厥初本篤實，有過則虚僞。但能改其過，金玉等精粹。改過貴乎勇，不勇真自棄。有過如坑穽，改過如平地。平地可安行，坑穽宜急避。事親貴乎孝，事長貴乎弟。是爲立身本，奉承無失墜。門户久衰頽，盍作興起計。是心通神明，勿使形骸累。持之久而純，百福如川至。

農夫力耕耘，歲功必倍收。吾儒用心苦，學業亦有秋。聖賢有遺訓，好古敏以求。韋編至三絶，發憤窮深幽。寢食俱相忘，此志何時休？矧今後生輩，未脱童丱儔。刻苦猶不足，詎可思悠悠？而母早孀居，其窮未易瘳。殷勤撫二子，不暇爲身謀。雜然萬馬群，望爾爲驊騮。翕如衆樂奏，望爾爲天球。勿云年尚幼，歲月如川流。及今不加鞭，壯大徒包羞。輕璧惜寸陰，前哲勤進修。勉爾務謹重，戒爾無輕浮。人百已千之，庶解而母憂。

夏日早起

舉世憚炎赫，當暑思高秋。秋高豈不好，蕭瑟令人愁。何如三伏中，五夜風颼颼。遥空淡月落，將旦群陰收。却嫌絺綌薄，轉覺林塘幽。出門任所適，清與耳目謀。借問塵埃人，知此佳致不？

枕上有感呈吕子約

俗學淺無源，澗谷纔咫尺。志士務廣深，滄溟渺難測。俗子一作吏，書几塵土積。志士雖涖官，群書玩無斁。廢書固俗子，既俗又奚責。嗜書苟不已，無乃曠厥職。臧穀均亡羊，孰爲失與得？古人有大端，後學宜取則。有餘不可盡，不足在所益。努力求至當，毋蹈一偏失。

和吕子約霜月有感二首

寒松飽霜雪，冉冉翠光濕。萬物困波流，砥柱獨中立。比德有君子，逸氣難拘縶。平生憂世心，如彼救焚急。竭來席未温，冥鴻去何適。勸君且淹留，斯民待安輯。小試活國手，腠理猶可及。

頑夫襌作窟，狂士醉爲鄉。誰知名教中，悠悠滋味長。嗟余學無窮，勺水淺可揚。講習得益友，麗澤期交相。風月古猶今，時序燠與凉。一笑聊復爾，片心到羲皇。乾坤入吾懷，始信居中央。

喜雪謝東林

去冬雪意慳，稍稍臘三白。飛霙纔到地，轉盼已消釋。緬懷大有年，兆見瓊玉積。今兹杳難期，春信亦已迫。天公豈不仁？拙政難感格。何時愜人意，四顧苦無策。東林惠佳句，似慶平地尺。見戲唯何甚，余方自刻責。東林達余心，精禱覬有獲。沈水煙未收，冰花已如席。皓皓埋群山，霏霏連數夕。郊原迷畔岸，徑畛失分畫。兒童見未曾，耆老記疇昔。幾年無此瑞，驚喜欲折屐。皆云窮臘中，得此夜光璧。

莫言不堅牢，究竟多利益。端能珍遺蝗，亦復滋宿麥。歡聲沸閭里，和氣蠲厲疫。老守差自慰，足寄孤危跡。小已不足道，吾民幸安宅。作詩謝東林，至誠動金石。

遊寶方山

幽巖如高人，氣骨天所賦。凛然超塵寰，不受俗氣污。湖湘饒峰巒，往往窮僻處。城郭去之遠，誰能躡芒屨？安知古都梁，爽塏有真趣。徜徉東郊外，青山在指顧。山中八洞列，天巧於此覷。蜿蜒老螭蟠，嶄巖怒虎踞。如屏亦如龕，一起復一仆。卷阿坐良穩，狹徑足難措。旁觀若險隘，中道本宏裕。疊翠常回環，寒泉日傾注。石乳一何粲，和氣知有聚。所見皆可人，十步目九寓。造物不能祕，奇詭遂呈露。奎晝賁精舍，鬼神昔呵護。古稱小有天，仇池乃其附。甬東有勝境，豁然四牕具。玲瓏皆自然，匪以雕鐫故。誰謂寶方小，是亦洞天數。誰謂此邦陋，有景即可慕。我本煙波徒，雅性厭馳騖。搜尋得所欲，心境頓明悟。賞玩有餘味，躋攀了不怖。得意或忘歸，蒼然迫曛暮。茲山雖可樂，用之乃成路。有徑不能用，茅塞大可懼。對此發深省，歲月勿虛度。俗態易湮没，清遊莫辭屢。援筆述鄙懷，愧乏驚人句。

峽水

峽石險而怪，峽水清且湍。伊誰剪蒙密，發此奇偉觀。兩龍會爲一，激烈不可干。蜿蜒潄鳴玉，千古甘以寒。誰云巖扉窄，亦復氣象寬。我生囂塵中，區區縛微官。一見爽心目，古井生波瀾。同遊二三子，清賞有餘歡。雖非暮春日，便作舞雩看。

含清亭

累石爲層峯，而以水環之。所貴超俗累，瀟灑含幽姿。卻虞窮臘中，四顧陰雲垂。飛霙冷徹骨，智巧無所施。督彼執役者，努力無遲遲。果然霰先集，六出争效奇。繽紛一晝夜，翦刻非人爲。豐登自此兆，疫癘寧復滋。明朝便晴朗，工作無愆期。二事古難全，今也都不虧。天公念下土，所欲皆相隨。我山既嶔岑，我沼仍漣漪。頻遊不知倦，清坐堪忘饑。追懷舞雩風，童冠俱怡怡。豈徒耳目玩，要是無瑕疵。此樂未易得，天意扶吾衰。宿恙不再作，康寧當自兹。

題庸齋

人生一世間，當爲一世傑。瑣瑣混常流，有愧古明哲。努力求至道，毫髮無差別。偉哉平常心，光明配日月。

題習齋

寓形宇宙間，所至習乃成。事以習故熟，藝以習故精。嬰兒始匍匐，習之能自行。南人初學没，習慣如履平。承蜩有餘巧，解牛新發硎。是皆習熟故，見者爲之驚。矧惟君子學，吾道深而宏。欲窮聖賢域，精微故難明。聖賢與愚鄙，何啻莛與楹。愚夫墮惡習，自蹈谷與坑。善惡分舜跖，毫厘當細評。莫將朱奪紫，無使渭濁涇。根源見端的，履踐嚴度程。容貌必齋莊，坐立無倚傾。視聽一於禮，言語純于誠。百行孝爲本，戰戰如奉盈。操行潔冰玉，宇量涵滄溟。經德豈干禄，爲善非近名。方其學習初，是非交戰争。見義勇必爲，有過時自抨。造次必致察，思慮防始萌。惡念痛掃除，用力如用兵。善端謹護持，保己如保城。新功生者熟，舊習熟處生。一心湛不撓，四體明且清。平居寡悔尤，處困心亦亨。誰知人寰中，有此天爵榮。嗟予資淺薄，役于藐爾形。主宰未純一，氣血時縱横。歲月不我與，循省敢遑寧。以習名其齋，爲我座右銘。

謝吴察院惠建茶

佳茗世所珍，聲名競馳逐。建溪拔其萃，餘品皆臣僕。先春擷靈芽，妙手截玄玉。形模正而方，氣韻清不俗。故將比君子，可敬不可辱。御史萬夫特，剛腸憎軟熟。味此道之腴，清泠肺肝沃。精新味多得，烹啜不忍獨。磊落分貢包，殷勤寄心曲。斯時屬徂暑，低頭困煩溽。一甌瀹花乳，精神驚滿腹。此物雪昏滯，敏妙如破竹。誰知霜臺傑，功用更神速。莫辭風采凛，要使班列肅。一朝奮孤忠，萬代仰高躅。

題豢龍圖

良馬苦羈縶，巨魚畏網罟。神龍獨超軼，威焰莫能禦。噓爲寒空雲，散作無邊雨。能幽復能明，可敬不可侮。如何豢龍氏，狎玩等兒女。巍然受其朝，勁氣金石沮。龍兮喪其魄，聽命無敢拒。矧復察秋毫，洞見龍肺腑。飲食不强致，嗜好隨所取。日日飽甘滋，馴伏固其所。誰謂有餘知，拘牽乃如許。人生天地問，良心實爲主。利慾汩其真，甘與俗子伍。胡不鑒此圖，保養虛明府。道義有真樂，不羡圭與組。於我如浮雲，服膺聖師語。吾家素風在，辛苦立門户。勇决早抽身，從我涉幽圃。

題朝鯉圖

魚品不勝多，而鯉爲之宗。曷爲此獨貴，無乃能爲龍。一躍浪千級，一噓雲萬重。變化須臾間，神妙無終窮。其他點額輩，不敢攀高蹤。維人亦如是，拔萃斯爲雄。聖師名其子，勉以德業崇。我作朝鯉圖，一鯉居其中。衆鯉競趨之，若效臣子恭。巨鱖獨不朝，悍然欲争鋒。可憐汝無識，不揆資凡庸。一生只爲魚，鯉豈汝可同。我亦不如鯉，年老無成功。時時展此卷，著鞭期變通。

鳳仙花

鳳仙窈窕姿，階前爲誰容。淺深十八本，形貌紛不同。或饒鮮明色，巧笑雙頰豐。或作掩抑態，擡舉差且慵。憂彼積雨摧，愛此晴日烘。施粉聊自喜，奪朱巧争雄。熒熒似得意，慘慘如無悰。妍媸孰與分，我欲爲青銅。西子信姝麗，無鹽敢希蹤。並育亦已難，我欲爲老農。美者倍豐殖，惡者加藴崇。花神夜見夢，君何太匆匆。正復容顏殊，等是紫與紅。何貴復何賤，有淡還有濃。氣類豈相絶，塗澤間不工。胡爲妄憎愛，襟度殊未洪。君看宇宙間，物象無終窮。化工大鑪鞴，一一歸陶溶。而君獨褊心，不少垂帡幪。强分清白眼，力辨雌雄風。物情固參差，宇宙要擴充。一笑謂花神，嗟爾何顓蒙。品彙豈無別，畛域固有封。有生分美惡，異路生西東。如何暗且劣，並彼昌而丰。剪伐咸自取，裁培本無功。形聲及影響，天然巧相從。人才有邪正，用舍歸至公。不聞堪與猛，下比顯與宮。案：宮，原本作功。複前韻，考《漢書》，「堪」、「猛」同「時」，人亦無名功者，應是馬宮。今改正。包含貴周遍，能否難混融。花神聞是語，竦聽鞠爾躬。再拜謝誨言，堅壘不敢攻。

桂花上侯使君

秋雨洗殘暑，秋空渺寥廓。秋清入花骨，風致殊灑落。何人剪瑠璃，被以寶瓔絡。英英妙點綴，細細疑紛錯。誰知一粟中，十里香噴礴。自便金氣爽，不赴東皇約。黄裳得中正，無心羡丹雘。我欲縱幽賞，村醪不堪酌。攀折不辭勞，相對空索寞。風流賢使君，襟懷富丘壑。敬爲使君壽，芳菲兩相若。

咏竹二首

去年種蒼玉，今歲抽華簪。初萌節已具，欲奮力未任。雷風驅急雨，滂沱三日霖。籜龍不許蟄，倏起騰深林。遶徑初戢戢，穿籬俄森森。吾觀植物性，漸長歲月深。此君獨超軼，生來氣駸駸。偉哉歲寒種，有此特達心。大勇久不作，進尺退復尋。對此發幽興，作詩因自箴。

野性與俗違，澹然都無營。窗前水蒼玉，未能獨忘情。對之三伏中，爽氣高秋横。數竿亦已好，况此繁陰成。中虚洞無物，節勁老更清。霜雪自凌厲，柯葉長敷榮。物意有相合，人心原自明。僻居寡朋儕，命汝爲友生。雖無切磋語，而有清越聲。入耳久亦佳，此意不可名。

竹几

深林碧琅玕，直節空其中。截爲小曲几，貫以青絲總。自然光瑩質，不費髹漆工。偃仰隱背穩，提挈繞指從。兒曹莫輕毁，此物便老翁。

病目

年年苦目眚，過午眊不明。治之昏轉甚，不治無由平。何如閉目坐，湛然萬慮清。非治非不治，無思亦無營。不勞薰與沐，神全明自生。勿忘勿助長，此理真至精。

白髭

人生惡白髭，鑷去恨不速。欲留少年容，藻飾欺盲俗。欺人實自欺，舉世迷不復。黄葉隕秋風，明年會重緑。髭白不再黑，白白長相續。光陰駒過隙，轉盼黄粱熟。青春挽不住，暮景暗相促。古人少壯時，耳目萬夫矚。今我忽已老，事業未絲粟。蒲柳不禁秋，撫己堪慟哭。成功固有分，進德豈不足。忽將六尺軀，終身甘退縮。白髭謹勿摘，留以警録録。勇奮千里驥，懈怠轅下跼。人生百種病，厥根在多欲。芟夷藴崇之，庶使茂嘉穀。每懷風木感，悲痛纏心曲。立身揚令名，此罪儻可贖。旦旦鑑白髭，進進毋自辱。

他山之石

他山之石能攻玉，詩人此意宜三復。莫嫌山骨太堅峭，足使國珍充韞匵。磨礱砥礪功日新，圭璧琮璜光可燭。人生行己良獨難，晝夜營營昏利慾。欲爲全德古君子，莫棄忠規甘諂曲。忠規未必皆我友，言是人非亦可録。彼雖蒙蔽不自知，察人過差窮隱伏。聖人閫域未易到，責我謂我追遐躅。觀渠待我最深厚，我聽其言當佩服。端知良藥苦難堪，已我沈疴功甚速。古人聞過每欣喜，要令忠告來相續。今我昏怠不自强，逆耳闊疏親軟熟。嗟予未免世俗病，每讀古書知不足。今朝偶誦攻玉詩，從此聞善三薰沐。

昭君祠

昭君天賦傾城色，何事君王未曾識。徘徊顧影無計留，一朝遠嫁匈奴國。匈奴風日暗飛塵，昭君絶艷驚國人。單于駭嘆昔未覩，甘心保塞爲藩臣。從來敗德由女美，褒妲驪姬及西子。玉環飛燕更絶佳，遺臭千載堪咨嗟。毛生善畫古無有，强把丹青倒妍醜。却教尤物擯絶域，能爲君王罄忠益。聞説昭君出塞初，朔風蕭颯吹衣裾。聊將琵琶寄離恨，痛絶玉顔嬪老胡。老胡死矣義當返，慷慨懷歸曾上書。君王有詔從胡俗，慟哭薄命終穹廬。自古佳人多命薄，亦如才士多流落。人才有益尚疏外，佳人無補何可懟。君不見，蕭生堪猛豈不忠，君王疑信相半終不容。

題吴參議達觀齋

朱公胸次清絶塵，吴公當日心相親。風流藴藉接前輩，寥寥斯世能幾人。達觀名齋深有意，欲把前修相警厲。只今吴公德彌劭，始信磨礱成偉器。古人心廣體亦胖，紛紛世俗争豪端。已私未克欲求道，窺見一二皆童觀。達人大觀觀底事，天地爲物原不貳。癢疴疾痛皆吾身，彼我胡爲分賤貴。達觀主人心地明，分符贊幕無虧成。每言此身非我有，年来直欲齊死生。白髪紅顔難老態，福禄方隆殊未艾。願君善保千金軀，歸覲紫宸鏘劒佩。

和傅太卿喜雪

人情誰不愛飛雪，臘中再見尤奇絶。對雪吟哦色即空，仙翁洞照無生滅。既積既消還復飛，且飛且積俄又非。了然不是堅牢玉，緬懷有感蘇公詩。誰知潤澤工夫遠，須索詩家爲明辨。香風天上亦飛花，較之窮臘功猶淺。緑窗怯寒顰翠娥，窮儒忍凍不能歌。何如制閫賢師帥，賸喜嘉祥重婆娑。鄮山妝點千嚴白，全勝輕花飄細麥。氣和之應非偶然，善政端由老邦伯。

林寺丞許惠桂花

羡君仙隱占龍山，愛君風度超人寰。手移仙葩第一品，布列竹籬松徑間。秋來月色轉清好，秋半花蕊方斕斑。對花如在月宫裏，誰道人境非天關。徹骨濃薰真酷烈，可人佳態原幽閒。雖復施朱未嫌赤，定知鄰女難同班。聞説名園富奇麗，芬芳次第如循環。丹心自與君子合，瓊枝更許諸郎攀。我亦生來有花癖，每逢絶艷一解顔。知君百金重然諾，和根遺送應不慳。

和李左藏離支

姑射山中冰雪姿，凛然標格欺寒威。一經蒙莊品題後，使人起敬如賓尸。仙風道骨今何有，韶顔豐頰誇絶奇。閩中有美信姝麗，衣被五色光參差。熒煌已訝色奪目，柔滑更喜香浮肌。天工著意破炎毒，故遣佳實生繁滋。旨哉悦口衆所嗜，豈聞來去分招麾。其他所産亦有取，游女敢自同宫妃。我家甬東萃閩舶，勝事屢入騷人辭。有時根拔信宿至，風枝露葉殊未衰。雜然紅緑間陳紫，圖牒所在生致之。始知河豚與江柱，詩人取譬聊滑稽。賓朋恣食水晶顆，殘膏賸馥霑群兒。年來吏役困奔走，此志不展常低垂。輕紅釃白不易得，西風每起蓴鱸思。忽蒙傑句警偷懦，一洗塵慮忘渴飢。此中滋味甚不薄，吾曹嚌嚅當及時。揮毫詠物聊復爾，相待莫負平生期。

謝毗陵使君惠畫

都尉風流貴公子，結交海内知名士。磨礱禁臠驕侈習，雅意登山與臨水。十幅煙江疊嶂圖，當時展玩忘朝晡。老仙一顧歎奇絶，落筆妙語春華敷。此詩千載傳不朽，此畫如今寧復有。我来薄宦大江濱，無價之珍俄入手。一山雄特倚天立，下視群峰如拱揖。斷崖飛出玉虬龍，元氣淋漓鬼神泣。山中喬木堪棟梁，山外煙波凝翠光。數間野店傍林樾，一葉扁舟浮淼茫。往時只誦蘇公句，想像都尉圖中趣。豈期今日見逼真，端與前輩同機杼。自憐老大無他求，塵勞羈絆空悠悠。安得千巖萬壑裡，尋幽擇勝逍遥游。我心欲往足無力，縱觀此畫如親歷。毗陵使君真可人，嘉惠不啻千金直。平生辭受關鑰嚴，兹焉詎敢傷於廉。毗陵萬口皆歸重，道義相與吾何嫌。

蜀海棠

海棠自是花中傑，西蜀此花尤勝絶。濯錦江邊艷欲然，浣花溪上繁於纈。疇昔聞名未識面，對之頓解憂心結。東皇著意欲開時，不許芳心輕漏洩。風前醉態真嫣媚，雨過啼妝更鮮潔。格高不受塵點汙，韻勝須那香酷烈。東南顔色豈不佳，甲乙品題終少劣。我公胸次秋水瑩，海内人人頌清節。世間珍玩一物無，獨此妖嬈費提挈。墀間堂下不勝春，赬頰丹脣儼成列。嫣然尤物不移人，未害廣平心似鐵。幾年隔絶劍閣外，拔擢孤忠自明哲。願公持此坐廟堂，天下妍媸要區別。

挽丞相忠定公

孝皇龍飛策多士，宗英第一天顔喜。力言萬事實爲原，要與邦家立基址。堂堂碩望聳中外，耿耿丹心貫終始。紹熙之末天步艱，忠臣義士肝膽寒。元樞扶日上黄道，指顧宗社磐石安。億萬生靈疑慮釋，轉移愁嘆爲欣懽。帝謂忠勞無與並，爰立作相專魁柄。大開公道延時髦，相與同心究民病。區分玉石殊薰蕕，賢人得志憸人憂。不堪狂雲巧妬月，何意積羽能沈舟。案：積羽，原本誤作積雨。今據《史記·張儀傳》改正。衡陽道上霜松勁，日色慘澹風颼颼。行路咨嗟淚相續，興懷安靖恩難酬。皇情愴然思舊德，辨誣雪謗分白黑。誅鋤元惡氛翳掃，昭揭殊勳鼎彝勒。由來物理屈必伸，況此柱石真偉人。萊公獲譴死海上，至今勳績摩蒼旻。中興趙李二人傑，亦復身後褒忠純。嗟爾讒夫太無識，徒把巧言汙碩德。正人摧折不妨榮，爾輩羞愧寧有極。蚤知此事悔難追，當年詎敢懷姦欺。我作此詩慰忠烈，因爲人間息邪説。

卷二十四

近體詩

渡江

浮天傳自昔，萬古一澄清。月耿光猶爛，風號勢欲傾。滔滔原不竭，漠漠却無聲。便欲乘槎去，臨風試濯纓。

送樓尚書赴詔

聽履辭榮反舊廬，高堂燕坐每申如。肯隨流俗趨邪徑，要使吾身宅廣居。告老未能三閱月，趣歸已奉十行書。願公努力扶皇極，展盡胸中萬卷餘。

和孫吉父登第二首

幾載英名表一鄉，今年仙籍始浮香。恩隆雲漢頒宸翰，燕賜韶鈞出教坊。父子同登尤煒煜，詩騷爲貺轉鏗鏘。願言努力酬天造，勉使吾君冠百王。

生平心事渺無涯，老去情悰豈復嘉。便合扁舟歸故隱，却尋小圃種幽花。癡兒僥倖居前列，樸學流傳本故家。第一不宜貪顯宦，更煩師友護蘭芽。

倚天閣

西川劒閣偉岡巒，雖復崢嶸苦未寬。豈意危欄臨楚望，獲瞻喬岳峙江干。雌雄並立排鋒刃，紫翠相縈繡帨鞶。珍重主人貪好景，邀賓攬秀俯林端。

和治中雪後

名利那須較有無，登臨樂處即吾廬。興濃不覺朔風勁，景好貪看晴雪餘。竟日送青娱座客，先春解凍躍潛魚。與君不但分風月，水色山光總一如。

大雪與俞少卿二首

由來臘雪兆年豐，新歲還應與臘同。可喜三陽纔應律，便看六出驟漫空。緘藏蟄獸安林下，約束遺蝗入地中。積至尺餘猶未已，始知嘉政與天通。

歉歲隆冬水不冰，鈴齋誰與破愁城。繽紛忽作纖腰舞，照曜俄添老眼明。玉不堅牢終可貴，花非剪刻自然成。大田來歲應多稼，看取倉箱處處盈。

寄陳伯耕二首

時郊外賑濟邀伯耕同之偶攝秋官過時不至以詩督之。

風梳雨沐厭馳驅，我馬虺隤我僕痡。惟有風流髯主簿，才高不肯混泥塗。阡陌周旋約已成，妓圍纔合更渝盟。宴安有毒君休戀，亟爲蒼生決此行。

贈毛希元二首

浮世塵勞墮渺茫，真儒器業要韜藏。誰知寂寞空山裏，修省工夫未易量。

當年罵賊真忠激，今日藏身似隱淪。抱負如君豈無用，會看膏澤潤斯民。

贈史坑冶二首

吾儒根本在修身，恬淡無爲樂性真。此性本無塵可去，去塵猶是未離塵。

公子詞鋒莫敢當，更兼世故飽更嘗。區區殘寇猶侵侮，願試胸中却敵方。

再用前韻二首

乞取刀圭救病身，韓公于此枉天真。何如夜坐忘軀殼，但有纖毫俱是塵。

無味之中味最長，東湖居士獨先嘗。乃知此藥真良藥，何必求他肘後方。

贈陸伯微三首

勝士由來挽不前，肯臨高興復翩然。浮雲可籋真天馬，應笑駑駘走市廛。

斗大書齋以絜名，冰壺表裏要清明。如今塵土填胸臆，幸挽滄浪爲濯纓。

自古真才多命薄，欣聞同志不長貧。堪嗟世道今如許。願爲吾君致此身。

贈京尹八首

妙年志氣已超然，不肯隨群苟目前。才美驟爲當世用，青雲直上躡天躔。

彈壓工夫妙入神，能令晋盜總奔秦。盤根錯節游餘刃，奏課當爲第一人。

儒學當年究指歸，服勞王事不言疲。遥知今日張京尹，不暇閨房畫婦眉。

年纔六十已爲卿，際會明時蚤顯榮。禄厚恩深何以報，惟當努力罄忠誠。

吾徒切已無他事，萬善根源一片心。外若崢嶸中有愧，何殊麋鹿强冠襟。

美名疇昔藹循良，重任今兹典浩穰。摯若蒼鷹非不健，何如鸞鳳效嘉祥。

前古哲人端可法，遺編遐躅尚堪尋。公餘莫厭頻繙閱，要使胸中廣且深。
上醫醫國豈無方，讜論扶持弱必强。屹若中流爲砥柱，男兒如此是真剛。

與韓撫幹大倫八首

故國由來重世臣，芬芳緐葉鎮如新。中興第一功臣裔，卓犖如君信有人。
肯隨流俗慕紛華，閉户觀書遍五車。器業要爲當世用，直須渟蓄渺無涯。
等閒援筆賦新篇，句法新奇思涌泉。絶勝唐人作詩苦，推敲一字强雕鐫。
幾年慣踏軟紅塵，終日眉攢氣不伸。每到山齋聞好語，令人胸臆便生春。
劇談時事言皆驗，籌略知非小丈夫。獨恨人微言不效，未能推挽上亨衢。
思君風度心如結，何日從容迭獻酬。凉入郊墟能過我，奉陪童育兩山游。原註：天童山、阿育王山，並在鄞縣東。
年幾五十無知己，乘興將爲劒閣行。從此與君尤隔絶，興懷疇昔若爲情。
作詩真欲挽君留，蜀道平寧倚運籌。他日功名成遂後，猶能枉顧絜翁不。

和圓通禪老韻二首

浮世營營只自私，誰參落葉與枯枝。西來面壁原無語，却費圓通幾首詩。
新詩的皪綴明璣，道行清通照碧溪。塵絆無因到蘭若，聊將兩絶當留題。

贈天童監寺

平生樸拙本無奇，珍重高人不我遺。自顧原無一滴水，何能復有兩篇詩。原註：楊誠齋詩「歸來大衆空歡喜，只有誠齋兩首詩。」

贈卜道人二首

道人遍閲世間人，休咎先知若有神。多少媸妍歸藻鑑，秖緣唐許是前身。

道人怪我年如許，宿債胡爲未盡償。寧識吾心烈於火，得歸林下便清涼。

郊外即事七首

春風簸雨濕郊原，春水浤浤復舊痕。寂寞道傍堪歎處，柴門茅屋數家村。

舟中無事閲陳編，千古高風挹聖賢。奔走徒勞竟何補，興懷舊隱思凄然。

雨聲初斷暮雲横，天意欲晴猶未晴。好向長空施巨手，掃除氛翳見清明。

清香忽向暗中來，應爲梅花取次開。愛汝風標真絶俗，何當環繞百千迴。

幾處汪汪成巨浸，傳聞昔日盡良田。興除利害寧無策，忍把膏腴久棄捐。

陰雲解駁晴光好，藜杖逍遥足自怡。月色漸遲風力細，初春便似〔一〕浴沂時。

乍從塵土俯澄泓，瑩徹心神眼倍明。天下淵泉有如此，流清端的自源清。

遊靈山二首

何人題作一靈山，千古佳名不可刊。欲識此聲非浪得，試于高處一憑欄。

湖山秀美冠東南，況此山椒枕碧潭。眼界寬平無限景，箇中好處不容參。

雨中度東湖

宿靄埋山未肯收，晚風吹雨濕衣裘。漁舠一葉烟波裏，添我胸中萬斛愁。

望東湖五首

澄泓萬頃浸冰輪，千尺驚看玉塔新。滿目輝光相照耀，乾坤何處不精神。

天上金波印水心，心中波浪亦成金。小舟蕩漾金波裏，陡覺廣寒宫殿深。

世故紛紛賺白頭，何如良夜一扁舟。霜風拂面心神肅，塵慮寧容一髮留。

五十頹然一禿翁，湖山清興渺無窮。扁舟欲學鴟夷子，未有平吴霸越功。

世上功名姑置之，微茫心事要深思。水光月色精神好，長使襟懷似此時。

又二首

重巒疊嶂巧縈紆，中有汪汪萬頃湖。山色水光相映發，清輝含處妙難摹。

平生酷愛水浮天，每到東湖意豁然。要識此湖功利溥，早時無限蔭民田。

天童道上二首

巃嵸嶄巖太白峰，高名千古獨稱雄。放懷擬向山頭立，宇宙都歸一望中。
太白峰前三十里，古松夾道奏竽笙。清輝秀色交相映，未羨山陰道上行。

登塔二首

塵俗區區咫尺間，著身高處眇人寰。平生望塔今登塔，聊向風前一解顏。
遠望巍峩聳百尋，今朝特達快登臨。最高未是真高處，無盡應須更盡心。

百步尖

一山屹立萬山朝，壯觀稜稜倚碧霄。惆悵故交埋玉處，高名千古共岧嶢。
原註：故交謂沈國録也，沈葬象坎，在百步尖之下。

山中

古松奇石水潺潺，小小茅庵一兩間。野性自知難適俗，山林僻處且偷閒。

山居二首

舍北巑岏萬疊青，門前列岫巧相迎。天公有意憐寒士，錫與公侯百雉城。

城居未免囂塵役，野處閒觀德性初。究竟孰爲清與濁，此心安處即吾廬。

和姜子謙遊晁景迂祠

百年風節〔二〕仰英遊，喜見新詩爲點頭。微詆大賢雖可恨，不妨千載略同流。

原註：景迂先生，大節不愧古人，獨于孟氏有疑，令人怏怏。雖然此景迂之見也，與夫世之隨聲是非，不自己出者，固有間矣。剛大之氣，老而彌篤，不以榮辱得喪動其心，有孟氏之風焉。故子表而出之。

題景范堂

曾子才高事事能，就中一事最堪稱。前賢拯救蒼生意，賴有斯人解服膺。

書先塋二首

我卜山岡畝百金，家貧自嘆力難任。杉松盡是親栽植，寄與樵人念此心。

杖藜數數款松關，豈爲多情酷愛山。痛念慈顔隔泉壤，此心那得片時閒。

覽鏡二首

朝來覽鏡一何衰，髮秃容枯半白髭。老態侵尋光景促，著鞭從此勿遲遲。
工夫一日不專精，面目塵埃已可憎。何必鑑人明得失，青銅相對即良朋。

聞鶯

春曉園禽百族鳴，未知黄鳥可人心。閒中静聽緜蠻語，絶勝歌喉要眇音。

觀魚

波清日暖足優游，去去來來總自由。只爲貪心除未得，竟隨香餌上金鈎。

桔槔

誰作機關巧且便，十尋繞指汲清泉。往來濟物非無用，俯仰由人亦可憐。

織婦

列屋閒居曳綺羅，霜刀裁剪競新磨。那知紅女經營苦，軋軋寒機幾萬梭。

梅雨

江鄉梅熟雨如傾，茅屋低頭困鬱蒸。小小悶人人莫厭，解教禾稼勃然興。

秋霽

怪底中秋尚鬱蒸，滂沱三日勢如傾。今朝雨霽新涼入，始信清秋本自清。

霜

肅肅嚴威不可干，劒鋩莫作等閒看。丈夫砥礪平生節，到此孤忠激肺肝。

新月二首

昨夜璇霄素魄淪，一痕初復便精神。輝光萬里從兹始，今夕端倪即是真。
至精那得久沈淪，造化回環自有神。滿意只須三五夜，十分全體見天真。

霜月

霜氣横空月色明，寒侵肌骨不勝清。支笻忍凍遊山徑，胸次都無世俗情。

山月

好風吹雨到山前，月與山翁故有緣。静夜相看兩寥寂，水流巖下瀉潺潺。

冬至二首

朝來雲物效嘉祥，和氣初萌日漸長。相慶紛紛緣底事，由來人道貴陽剛。
陽剛初復一何微，萬彙亨嘉肇此時。只此胚胎須護惜，要教宇宙總熙熙。

冬日

茅簷窮臘負朝暾，不羨紅爐獸炭温。始信太陽和氣别，擬將此味獻金門。

和東林湛堂禪師喜雪韻五首

去歲寒雲久積陰，四郊雪片臘中深。今年一稔民安業，老守區區慰此心。
祈禱精誠覬上通，嘉祥未與去年同。老懷日夜憂無奈，安得寒花屢舞風。
恨無佳政布民間，賦斂猶繁獄未寛。來歲若非禾稼熟，窮檐何以免饑寒。
皇皇有若救頭然，爲計無聊只籲天。殲厥遺蝗須尺瑞，由來積玉兆豐年。
寂寞東林一老禪，殷勤念我惠佳篇。敢煩見在慈悲佛，爲我投誠過去僊。

玉簪

琉璃爲葉玉爲葩，妙質天然不汝瑕。精彩照人香絶俗，遺簪端的自仙家。

紫薇花二首

蒙茸曲經紫薇花，幾載藤蘿巧蔽遮。暫借斧斤還舊觀，依前萬蘂吐新葩。

紫薇花對紫薇郎，何事齋前一樹芳。造物似教人努力，他年準擬侍君王。

芙蓉

淺深紅穗遶汀洲，笑舞西風體力柔。雅意陂塘非玩物，令人却憶蓼花遊。久不見竹堂高篇，輒以湘蕁索之。

壺中老子興不淺，豐頰樽前勝玉梅。肯爲蕁羹下犀箸，聊憑催促好詩來。

往時贈喜親標格，今日無因款話言。兀坐書齋飽蔬食，想公飲客厭熊蹯。

兩詩繼至，因用其韻。

詠凌霄花

松柏扳援有女蘿，紅英亦復蔓高柯。侵尋縱上雲霄去，究竟依憑未足多。

拒霜花

誰將名字强稱揚，弱質區區敢傲霜。霜隕葉枯紅粉落，元來棖也未爲剛。

園蔬六首

攜鋤抱甕不辭勞，要使霜根足土膏。我去艱難生理窄，卻疑學圃屬吾曹。

白菘肥脆真佳品，紫芥蒙茸亦可人。環舍滿畦多且旨，寒儒專享未爲貧。

深林十月飽清霜，寒氣侵淩味轉長。世上甘腴有如此，擬排閶闔獻君王。

良朋過我食無魚，茅屋相尋只茹蔬。莫道藜羹滋味薄，要知瓜祭必齊如。

朱門終日飫甘肥，綺繡盤筵鱠縷飛。寧識山林枯槁士，清風千古首陽薇。

葷羶屏去忽三年，筋力扶持老尚堅。所養固知先大體，人生何苦嗜肥鮮。

黄葉

黄葉紛紛舞勁風，反膏收液歲成功。明年滿眼春容好，卻在今時索寞中。

詠橘

風勁霜清木落時，金丸粲粲壓枝垂。貧家不作千奴計，一樹庭前也自奇。

謝王恭父惠石巖花二首

巖畔移來漫一叢，鮮鮮忽發十分紅。細看頗與礟明類，言善方知美在中。
生平悃愊了無華，投老胡爲也愛花。家釀朋壺助清興，會看落筆吐天葩。

梅花四首

百卉芳菲二月時，先春梅萼著疏枝。只緣姑射風姿别，不怕寒威損玉肌。
清香妙質總宜人，老幹青枝更絶塵。徹骨風流真我友，竹籬茅屋故相親。
寒花得水或成仙，體素含香亦可憐。韶嫩有餘清不足，此花獨步信無前。
其間妙處不容評，玉潔冰清亦强名。要識此花高絶處，解成佳實作和羹。

病起見梅花有感四首

不費春工巧剪裁，自然精彩粲瓊瑰。也知受命如松柏，故向隆冬取次開。
霜月交輝色愈明，風標高節聖之清。諦觀毫髪無遺恨，始信名花集大成。
古澗荒郊人迹少，幾枝摘索爲誰芳。因思陋巷甘岑寂，爲已工夫味更長。
病餘百念不關心，偶見幽芳只自驚。世故紛紛易湮没，會須借此滌塵襟。

臘梅

金相玉質舊同科，暗裏清香萬斛多。絶俗風流寧不似，調羹功用竟如何。

小松二首

瑣瑣新松雜樨杉，青青數寸倚〔三〕嶄岩。牛岡自有神呵護，未怕林間走鹿麕。

初栽準擬雨如膏，無奈晴暄思鬱陶。造物見憐甘澤霈，倚天會見百尋高。

咏竹

此君林下静無塵，苗裔生來便逸群。頭角嶄然圓玉峙，養成直節要凌雲。

校勘記

〔一〕似　叢書集成本同，四庫本作「是」。

〔二〕風節　原作「英節」，不通。今據四庫本、叢書集成本改。

〔三〕倚　原缺。今據四庫本、叢書集成本補。

附録

《絜齋集》書後

渾然天成者，有道、有德之言也。道德不足言，辭雖工，所爲天者已不全矣。君子奚尚焉！我先君子之屬辭也，吐自胸中，若不雕鐫，而明潔如星河，粹潤如金玉，真所謂渾然天成者乎！

先君子自言兒時讀書，一再過即成誦，精神純固，無寒暑、晝夜之隔。及壯，寢多不寐，凡所著述，率成枕上。至暮年亦然，記覽甚博，停畜日富，然未嘗襲人畦逕，尤不喜用難字。每誦先聖之言，曰：「辭達而已矣。」立朝抗疏，懇惻忠愛，不爲矯激，至其指事力陳，略無回撓。入侍經幄，講讀從容，每援古誼以証時務，啓沃之功良多。訓誘後進，開明本心，一言一字，的切昭白，聞者感動。其他論著，多有補於世教。凡矜夸、粉飾、峭刻、奇險之語，一無有焉。非全於天，而能若是乎！

嗚呼！先君子往矣。遺編猶在，不肖孤不能窺其彷彿，又安能擬諸形容？惟是散落人間，兄弟相與裒輯，尚多闕略，姑取其已彙次者，刻梓以惠後學。俾知有道、有德之言，渾然天成蓋若此。不肖孤倘未即死，庶幾旦旦熟復，以自警云。紹定初元，八月既望，男，朝奉郎、權知衢州軍州兼管内勸農事甫，拜手謹書。

宋史・袁燮傳

袁燮字和叔，慶元府鄞縣人。生而端粹專静，乳媪置槃水其前，玩視終日，夜卧常醒然。少長，讀東都《黨錮傳》，慨然以名節自期。入太學，登進士第，調江陰尉。

浙西大饑，常平使羅點屬任振恤。燮命每保畫一圖，田疇、山水、道路悉載之，而以居民分布其間，凡名數、治業悉書之。合保爲都，合都爲鄉，合鄉爲縣，征發，争訟，追胥，披圖可立決，以此爲荒政首。除沿海制屬。連丁家艱，寧宗即位，以太學正召。時朱熹諸儒相次去國，丞相趙汝愚罷，燮亦以論去，自是黨禁興矣。久之，爲浙東帥幕、福建常平屬、沿海參議。

嘉定初，召主宗正簿、樞密院編修官，權考功郎官、太常丞、知江州，改提舉江西常平、權知隆興。召爲都官郎官，遷司封。因對，言：「陛下即位之初，委任賢相，正士鱗集，而竊威權者從旁睨之。彭龜年逆知其必亂天下，顯言其奸，龜年以罪去，而權臣遂根據，幾危社稷。陛下追思龜年，蓋嘗臨朝太息曰：『斯人猶在，必大用之。』固已深知龜年之忠矣。今正人端士不乏，願陛下常存此心，急聞剴切，崇奬樸直，一龜年雖没，衆龜年繼進，天下何憂不治。」「臣昨勸陛下勤于好問，而聖訓有曰：『問則明。』臣退與朝士言之，莫不稱善。而側聽十旬，陛下之端拱淵默猶昔也。臣竊惑焉。夫既知如是而明，則當知反是而闇。明則輝光旁燭，無所不通；暗則是非得失，懵然不辨矣。」

遷國子司業、秘書少監，進祭酒、秘書監。延見諸生，必迪以反躬切己，忠信篤實，是爲道本。聞者悚然有得，士氣益振。兼崇政殿説書，除禮部侍郎兼侍讀。時史彌遠主和，燮争益力，台論劾燮，罷之，以寶文閣待制提舉鴻慶宫。起知温州，進直學士，奉祠以卒。

燮初入太學，陸九齡爲學録，同里沈焕、楊簡、舒璘亦皆在學，以道義相切磨。後見九齡之弟九淵發明本心之指，乃師事焉。每言人心與天地一本，精思以得之，兢業以守之，則與天地相似。學者稱之曰絜齋先生。後謚正獻。子甫自有傳。

直齋書録解題

《絜齋集》二十六卷、《後集》十三卷。案：《後集》，《文獻通考》作十二卷禮部侍郎四明袁燮和叔撰。

四库全书总目提要

《絜齋集》二十四卷，永樂大典本。

宋袁燮撰。燮有《絜齋家塾書鈔》，已著録。乾道、紹熙之閒，陸九淵以心學倡一世。燮初與同里忱焕、楊簡、舒璘同師事之，均號金谿高弟，猶程門之稱游、楊、吕、謝也。簡與璘各有全集流傳於後。焕之著述，久已不存，今亦無從蒐輯。惟燮《絜齋集》二十六卷，《後集》十三卷，見於《書録解題》者。明初尚有其本，故《永樂大典》採掇頗多。厥後遂罕相傳録，漸就散亡。即祖述象山之派者，亦不能舉其篇目矣。

今據《永樂大典》所載，裒集編次，得文二百四十八首、詩一百七十六首。大抵淳樸質直，不事雕繪，而真氣流溢，頗近自然。其剖析義理，敷陳利病，凡議論爲語録所未採，事迹爲史傳所未詳者，亦多足證焉。固不徒以文章貴也。惟《永樂大典》於前、後二集，不各爲標識，今遂無可辨别。謹以類排纂，并爲一集，勒成二十四卷，而以燮子甫所作序一篇附之。用存其舊云。

後記

二〇一四年夏，我博士畢業，來到寧波大學工作，主要從事唐五代史及浙東文化史方面的研究工作。入宋以來，浙東人文鼎盛。明州地區相繼湧現了以楊適、杜醇爲代表的『慶曆五先生』和以楊簡、袁燮爲代表的『甬上四先生』。《絜齋集》乃袁燮文集，今有二十四卷流布於世。

袁燮是南宋浙東學派的代表性人物，是陸九淵心學在浙東的主要傳播者。《絜齋集》是今天我們研究袁燮學術思想的重要文獻。對其展開點校整理，無疑能推動浙東文化研究的深入，並服務於寧波『名城名都』建設。

《絜齋集》點校乃寧波市浙東文化研究基地立項課題，並獲得全國高等院校古籍整理研究工作委員會間接資助。在書稿的點校過程中，寧波大學張偉、唐燮軍、劉恒武、童傑、鄭潔西等諸先生對我提供了較大幫助。近來又得到浙江大學出版社吳偉偉老師、王榮鑫老師的精心校對。在此，本人一併表示衷心感謝。

李　翔

寧波大學浙東文化研究院

二〇二〇年一月十日

圖書在版編目(CIP)數據

絜齋集 / (宋)袁燮撰;李翔點校. —杭州: 浙江大學出版社, 2020.4
ISBN 978-7-308-18597-4

Ⅰ.①絜… Ⅱ.①袁… ②李… Ⅲ.①地方文化—研究—浙江 Ⅳ.①G127.55

中國版本圖書館 CIP 數據核字(2018)第 204129 號

絜齋集
(宋)袁 燮 撰　　李 翔 點校

責任編輯　吴偉偉 weiweiwu@zju.edu.cn
責任校對　王榮鑫
封面設計　木 夕
出版發行　浙江大學出版社
　　　　　(杭州市天目山路 148 號　郵政編碼 310007)
　　　　　(網址:http://www.zjupress.com)
排　　版　浙江時代出版服務有限公司
印　　刷　虎彩印藝股份有限公司
開　　本　710mm×1000mm　1/16
印　　張　26.25
字　　數　356 千
版 印 次　2020 年 4 月第 1 版　2020 年 4 月第 1 次印刷
書　　號　ISBN 978-7-308-18597-4
定　　價　118.00 圓